Coopérer en droit international des cours d'eau transfrontaliers

État du droit et étude du cas chinois

Logiques Juridiques
Fondée par Gérard Marcou
Dirigée par Jean-Claude Némery et Thomas Perroud

Le droit n'est pas seulement un savoir, il est d'abord un ensemble de rapports et pratiques que l'on rencontre dans presque toutes les formes de sociétés. C'est pourquoi il a toujours donné lieu à la fois à une littérature de juristes professionnels, produisant le savoir juridique, et à une littérature sur le droit, produite par des philosophes, des sociologues ou des économistes notamment. Parce que le domaine du droit s'étend sans cesse et rend de plus en plus souvent nécessaire le recours au savoir juridique spécialisé, même dans des matières où il n'avait jadis qu'une importance secondaire, les ouvrages juridiques à caractère professionnel ou pédagogique dominent l'édition, et ils tendent à réduire la recherche en droit à sa seule dimension positive. À l'inverse de cette tendance, la collection « Logiques juridiques » des éditions L'Harmattan est ouverte à toutes les approches du droit. Tout en publiant aussi des ouvrages à vocation professionnelle ou pédagogique, elle se fixe avant tout pour but de contribuer à la publication et à la diffusion des recherches en droit, ainsi qu'au dialogue scientifique sur le droit. Comme son nom l'indique, elle se veut plurielle.

Dernières parutions

Jean-Paul VALETTE, *La dynamique du pouvoir exécutif sous la Ve République (1958-1993)*, 2020.
Rachid NACER, *Les normes internationales du travail entre global et local, Étude internationale et comparée de l'interprétation des instruments de l'OIT*, 2020.
Cyprien DAGNICOURT, *La protection de l'environnement en période de conflit armé*, 2020.
Nawel BELHAJ, *La notion de droit réel*, 2020.
Gilles TOULEMONDE, *Le droit constitutionnel de la Ve République, quatorzième édition*, 2020.
Daniel BORRILLO & Félicien LEMAIRE, *Les discriminations fondées sur le sexe, l'orientation sexuelle et l'identité de genre*, 2020.
Charles Christian K. CAKPO, *Les institutions démocratiques au Bénin, Analyse comparée avec des évolutions en France et aux États-Unis, 2020*
Gaëtan MARAIN, Méthode du commentaire des arrêts de la Cour de cassation, 2020.
Jackeline Patricia CÉSPEDES ARTEAGA, *La Communauté andine variante du droit communautaire*, 2020.
Alice PHILIPPE, *Le monopole de fait*, 2020.

Yue ZHAO

Coopérer en droit international des cours d'eau transfrontaliers

État du droit et étude du cas chinois

L'Harmattan

5-7, rue de l'Ecole-Polytechnique, 75005 Paris

www.harmattan.fr

ISBN : 978-2-343-20561-8

EAN : 9782343205618

Je dédie ce travail à ma famille,

son amour a fait de moi ce que je suis aujourd'hui

Remerciement

Je tiens à remercier Madame Hélène Trudeau, professeure à l'Université de Montréal, qui m'a encadrée tout au long de cet ouvrage et qui m'a fait partager ses brillantes intuitions. Qu'elle soit aussi remerciée pour sa gentillesse et pour les nombreux encouragements qu'elle m'a prodigués.

Je tiens également à exprimer ma gratitude à la Fondation des Science Sociales du Ministère de l'Education de Chine (18XJCGJW004), pour avoir cru en ce projet dès la première version. Sans ce soutien, cet ouvrage n'aurait pas vu le jour.

Sommaire

Introduction 11

Partie I : Consécration générale de l'obligation de coopérer en droit international dans le domaine des cours d'eau transfrontaliers 27

Titre I : L'obligation de coopérer et le principe de la souveraineté 29
Titre II : Nature normative de l'obligation de coopérer en droit international 47
Titre III : Le cadre juridique de l'obligation de coopérer en droit international des cours d'eau transfrontaliers 75

Partie II : Identification des règles coopératives en droit international dans le domaine des cours d'eau transfrontaliers 97

Titre I : Le cadre d'analyse positiviste de l'obligation de coopérer 99
Titre II : L'obligation de coopérer dans le contexte des deux Conventions d'application mondiale 115
Titre III : Les régimes coopératifs définis dans les traités bilatéraux et régionaux 163

Partie III : La Chine et l'obligation de coopérer en droit international en matière de cours d'eau transfrontaliers 229
Titre I : La coopération internationale dans les doctrines des relations internationales 231
Titre II : Les identités de la Chine 257
Titre III : Identification des règles coopératives 303

Conclusion générale 355
Bibliographie 365

Introduction

La bonté supérieure se porte comme l'eau,
bénéfice à tout Être et paisible avec tout.
Elle habite les lieux que déteste la foule.
C'est pourquoi (le sage) s'approche du Tao.
Il se plaît dans la situation la plus humble.
Son cœur aspire au profond comme un abîme.
... Il ne rivalise avec personne ;
c'est pourquoi il ne reçoit aucune remarque de blâme[1].

Tao De King Livre I, Chapitre 8

Le texte liminaire est un extrait du livre canonique taoïste de Lao Tseu, selon qui rien n'est plus souple ni plus faible que l'eau. Or, en tant que la plus souple et la plus faible de toutes les ressources naturelles, l'eau a suscité, et ce dès la genèse de l'humanité, les conflits les plus vifs de par le monde.

L'eau est un élément fondamental de la vie. Elle représente 97 % de la masse corporelle d'un fœtus d'un mois, 75 % de celle d'un nouveau-né, 71 % de celle d'un adulte et 65 % de celle d'une personne âgée[2]. La vie apparaît comme une histoire d'eau, et la mort comme une déshydratation[3]. Si l'eau est une ressource critique pour les humains, elle joue aussi un rôle indispensable dans l'interdépendance des

---

[1] Texte original en chinois : « 上善若水. 水善利万物而不争, 处众人之所恶, 故几于道. 居善地, 心善渊, 与善仁, 言善信, 政善治, 事善能, 动善时. 夫唯不争, 故无尤 ».

[2] Voir Joyce leFever Kee, Betty J. Paulanka et Carolee Polek, *Handbook of Fluids, Electroyles and Acid Base Imbalances*, 3e éd., New York, Delmar, 2009 à la p 2.

[3] Yves Pariaud, « L'eau sera-t-elle le poison du 21e siècle ? Les bienfaits de l'eau alcaline ionisée » (2010) à la p 3, en ligne : Brochure eau ionisée Novatech < http://www.fichier-pdf.fr/2010/07/12/bd4mnzj/>.

hommes. Disons tout d'abord que l'eau est une ressource fugitive. Les pays peuvent légiférer sur l'eau en tant que ressource nationale, mais la ressource elle-même fait fi des frontières politiques qu'elle franchit sans passeport, sous la forme de cours d'eau, de lacs et d'aquifères[4]. Il en résulte que « l'usage que l'on peut en faire dans un pays dépend de celui qui en est fait dans d'autres »[5]. Ensuite, l'eau représente une ressource polyvalente. Il est impossible de gérer l'eau « dans un but unique ou bien dans le cas de l'eau transfrontalière, au bénéfice d'un seul pays »[6].

L'interdépendance humaine définie par les caractéristiques de l'eau entraîne inévitablement la nécessité d'une coopération efficace entre les pays d'amont et d'aval. L'obligation générale de coopérer est l'un des principes fondamentaux du droit des cours d'eau internationaux. Aujourd'hui, les chercheurs sont convaincus que « the management of international watercourses should be determined less by the traditional notion of 'restricted sovereignty' than by a positive spirit of cooperation and effective interdependence »[7].

La Chine est l'État d'amont en voie de développement le plus important du monde. À l'aide d'une étude de cas en Chine, nous allons expliquer, d'une perspective constructiviste, l'évolution du mode d'application de cette obligation de coopérer et nous proposerons une explication possible des motivations qui se cachent derrière le choix du mode de coopération de la Chine.

Point de départ de la recherche : l'importance d'une définition plus précise de l'obligation générale de coopérer en droit international en matière de cours d'eau transfrontaliers

---

[4] Programme des Nations Unies pour le développement (PNUD), *Rapport mondial sur le développement humain 2006 : Beyond Scarcity: Power, Poverty and the Global Water Crisis,* par Kevin Watkins et al., New York, Palgrave Macmillan, 2006 à la p 203.

[5] *Ibid* à la p 204.

[6] *Ibid.*

[7] Green Cross International, *National Sovereignty and International Watercourses: Report of the Sovereignty Panel,* La Haye, Green Cross International, 2000 à la p 18 [Green Cross International].

La coopération, qui a marqué la naissance des tribus primitives ainsi que la grande division manufacturière du travail et la spécialisation de la révolution industrielle, représente toujours le moteur de transformation de la société humaine. Cependant, nous constatons que l'obligation de coopérer est une expression utilisée bien fréquemment par les États, mais dont le contenu normatif n'a pas été défini d'une manière systématique.

Le 30 mai 2014, la *Convention des Nations Unies sur le droit relatif aux utilisations des cours d'eau internationaux à des fins autres que la navigation*[8] est enfin entrée en vigueur 17 ans après son adoption par l'Assemblée générale des Nations Unies. La *Convention de New York* a repris les principes établis par les *Règles d'Helsinki sur l'utilisation des eaux des fleuves internationaux*[9], à savoir le principe de l'utilisation équitable et raisonnable[10], le principe de l'obligation de ne pas causer

[8] *Convention des Nations Unies sur le droit relatif aux utilisations des cours d'eau internationaux à des fins autres que la navigation*, Rés AG 51/229, Doc off AG NU, 58e sess, 21 mai 1997 (entrée en vigueur : 17 août 2014) [*Convention de New York*].

[9] Association du droit international, « The Helsinki Rules on the Uses of the Waters of International Rivers » [*Règles d'Helsinki*], 1966.

[10] L'article 5 de la *Convention de New York* :

> « 1. Les États utilisent sur leurs territoires respectifs le cours d'eau international de manière équitable et raisonnable. En particulier, un cours d'eau international sera utilisé et mis en valeur par les États du cours d'eau en vue de parvenir à l'utilisation et aux avantages optimaux et durables, compte tenu des intérêts des États du cours d'eau concernés, compatibles avec les exigences d'une protection adéquate du cours d'eau.
> 2. Les États participent à l'utilisation, à la mise en valeur et à la protection d'un cours d'eau international de manière équitable et raisonnable. Cette participation comporte à la fois le droit d'utiliser le cours d'eau et le devoir de coopérer à sa protection et à sa mise en valeur, comme prévu dans les présents articles. »

de dommages significatifs [11] ainsi que l'obligation générale de coopérer[12]. Elle en a fait ses principes fondamentaux.

L'obligation générale de coopérer est probablement le principe le moins contesté, mais demeure, néanmoins, peu étudiée sur le plan juridique[13] parmi les trois. Les États d'amont et d'aval peuvent être en désaccord sur la définition de certains termes tels que « raisonnable » et « équitable » et sur le critère commun des « préjudices

---

[11] L'article 7 de la *Convention de New York* :

« 1. Lorsqu'ils utilisent un cours d'eau international sur leur territoire, les États prennent toutes les mesures appropriées pour ne pas causer de dommages significatifs aux autres États ainsi qu'aux états des cours d'eau.

2. Lorsqu'un dommage significatif est néanmoins causé à un autre État, les États dont l'utilisation a causé ce dommage prennent, en l'absence d'accord concernant cette utilisation, toutes les mesures appropriées, en prenant en compte comme il se doit les dispositions des articles 5 et 6 et en consultation avec l'État affecté, pour éliminer ou atténuer ce dommage et, le cas échéant, discuter de la question de l'indemnisation. »

[12] L'article 8 de la *Convention de New York* :

« 1. Les États coopèrent sur la base de l'égalité souveraine, de l'intégrité territoriale, de l'avantage mutuel et de la bonne foi en vue de parvenir à l'utilisation optimale et à la protection adéquate du cours d'eau international.

2. Pour arrêter les modalités de cette coopération, les États du cours d'eau peuvent, s'ils le jugent nécessaire, envisager de créer des mécanismes ou commissions mixtes en vue de faciliter la coopération touchant les mesures et procédures appropriées compte tenu de l'expérience acquise à la faveur de la coopération dans le cadre des mécanismes et commissions mixtes existant dans diverses régions. »

[13] Marcelo Kohen, « Les principes généraux du droit international de l'eau à la lumière de la jurisprudence récente de la Cour internationale de Justice » dans *Colloque d'Orléans de la Société française pour le droit international : L'Eau en droit international,* Paris, A. Pedone, 2011, 91, en ligne : <http://www.pedone.info/sfdi/orleans/eau.html> [Kohen] ; voir aussi Kai Wegerich et Oliver Olsson, « Late Developers and the Inequity of Equitable Utilization and the Harm of do no Harm » (2010) 35:6, *Water international* 707 [Wegerich et Olsson].

significatifs »[14], mais ils ne nient pas que la coopération internationale est le facteur décisif pour une meilleure gestion des cours d'eau internationaux. Par conséquent, l'obligation de coopérer fait consensus. C'est pourquoi elle est devenue l'exigence minimale pour les États riverains.

Néanmoins, la compréhension de l'obligation générale de coopérer manque encore de précision. Beaucoup d'auteurs ont contribué à l'étude du droit international des cours d'eau transfrontaliers et plus spécifiquement de la *Convention de New York*, mais la plupart se limitent aux articles les plus contestés : le principe de l'utilisation équitable (article 5, 6) et l'obligation de ne pas causer de dommages significatifs (article 7), ou le règlement des différends (article 33)[15].

Nous souhaitons donc, par la présente thèse, effectuer une étude approfondie de cette obligation générale de coopérer. En raison de la contiguïté physique des cours d'eau transfrontaliers, l'obligation de coopérer découle du principe de bon voisinage du droit international. La définition spécifique du modèle de coopération d'un bassin donné constitue toujours le résultat d'un équilibrage des intérêts entre les États d'amont et d'aval. Les difficultés qui ont marqué l'entrée en vigueur de

---

[14] Les États d'amont tendent à être en faveur de l'adoption du principe de l'utilisation équitable et raisonnable, parce qu'il offre davantage de possibilités pour utiliser leurs parts du cours d'eau, l'utilisation qui peut avoir des impacts négatifs sur les États d'aval, en revanche, les États d'aval penchent principalement pour l'obligation de ne pas causer de préjudices significatifs, parce qu'elle protège davantage l'utilisation existante contre les préjudices causés par les États d'amont.

[15] Voir Wegerich et Olsson, *supra* note 13 ; Arlbert Eutton, « Which Rule Should Prevail in International Water Disputes: That of Reasonableness or That of No Harm » (1996) 36 *Nat. Resource J*; voir aussi Kohen, *supra* note 13 ; Peggy Kalas, *International Environmental Dispute Resolution: Why We Need a Global Approach*, New York, World Federalist Movement & Center for Development of International Law, 2002 [Kalas]; Natalia Ochoa-Ruiz, « Dispute Settlement Over Non-navigational Uses of International Watercourses: Theory and Practice » dans Laurence de Chazournes et Salman A. Salman, dir, *Water Resources and International Law*, Bilingual ed, Brill Academic Pub, 2005; Patricia Wouters, « Universal and Regional Approaches to Resolving International Water Disputes: What Lessons Learned From State Practice?» dans *Resolution of international water disputes: papers emanating from the Sixth PCA International Law Seminar*, La Haye, Kluwer Law International, 2003, 111 [Wouters].

la *Convention de New York* ont montré les tensions entre les États d'amont et les États d'aval[16]. Les trois États qui ont voté contre l'adoption de la Convention étaient tous des États d'amont en voie de développement, soit la Chine, la Turquie et le Burundi.

La Chine se situe en amont de la plupart de ses cours d'eau transfrontaliers. Elle est, sans doute, le plus important État d'amont en voie de développement du monde. On prétend généralement que la Chine, profitant de sa position géohydrologique avantageuse, adopte une stratégie unilatérale dans ses projets hydrauliques. Néanmoins, rares sont les auteurs qui ont examiné en profondeur les pratiques de la Chine dans les coopérations hydriques bilatérales et multilatérales ainsi que sa perspective du droit international des cours d'eau transfrontaliers ; plus rares encore sont les recherches qui visent à explorer les raisons derrière ses choix de modèle de coopération[17].

Parmi tous les bassins fluviaux dont la Chine fait partie, le bassin du Mékong est le plus étudié par les auteurs occidentaux ; néanmoins, jusqu'à maintenant, la Chine n'a pas participé à la Commission du Mékong. Par conséquent, la plupart de ces études critiquent son attachement au principe de la souveraineté permanente sur les ressources naturelles et son approche apparemment non coopérative

---

[16] Voir toutefois Joseph W. Dellapenna, « Possible Reasons Slowing Down the Ratification Process » dans Flavia Rocha Loures et Alistair Rieu-Clarke, dir, *The UN Watercourses Convention in Force : Strengthening international law for transboundary water management*, Londres et New York, Routledge, 2013, aux pp 20-27.

[17] Voir Joshua D. Freeman, « Taming the Mekong: The Possibilities and Pitfalls of a Mekong Basin Joint Energy Development Agreement » (2009) 10:2, *Asian-Pacific Law & Policy Journal* 453; Dore John, Lebel Louis et Molle François, « A Framework for Analysing Transboundary Water Governance Complexes, Illustrated in the Mekong Region » (2012) 466, *Journal of Hydrology* 23 ; Louis Lebel, Po Garden et Masao Imamura, « The Politics of Scale, Position, and Place in the Governance of Water Resources in the Mekong Region » (2005) 10:2, *Ecology and Society* ; François Molle, Tira Foran et Mira Käkönen, *Contested Waterscapes in the Mekong Region: Hydropower, Livelihoods and Governance*, vol. 24, Earthscan London, 2009; Milton Osborne, *River at Risk: the Mekong and the Water Politics of China and Southeast Asia*, Longueville Media, 2004; Louis Lebel et al., *Democratizing Water Governance in the Mekong Region*, Mekong Press, 2007. etc.

dans son développement des ressources en eau transfrontalières[18]. Cependant, il s'agit probablement d'une perspective simpliste, même superficielle. Dellapenna et al. ont fait remarquer que

> [r]ecent policy statements and bilateral agreements tend to suggest that – while the precise parameters of how China perceives its sovereignty over international watercourses have yet to be clearly and collectively defined – there is a growing outward recognition within the Chinese Government that sovereignty over international watercourses is indeed restricted[19].

Wouters figure parmi les juristes qui ont étudié la pratique de la Chine en droit international des cours d'eau dans une perspective relativement objective[20]. Elle a étudié la coopération de la Chine avec chacun de ses voisins et a conclu que la Chine adoptait une approche flexible. Elle fait remarquer ceci :

> The recent transition to new leadership in China under Xi Jinping has included an express commitment to address environmental issues more fully and the management of China's waters will be a top concern. There is also to be a

---

[18] Voir surtout Davis L. Waldron, « Reversing the Flow: International Law and Chinese Hydropower Development on the Headwaters of the Mekong River » (2006) 19, *New York International Law Review* 1 ; W. Sieverst Eric, « Transboundary Jurisdiction and Watercourse Law: China, Kazakhstan, and the Irtysh » (2002) 37, *Texas International Law Journal* 1.

[19] Joseph W. Dellapenna, Alistair Rieu-Clarke et Flavia Rocha Loures, « Possible Reasons Slowing Down the Ratification Process » dans Flavia Rocha Loures et Alistair Rieu-Clarke dir, *the UN Watercourses Convention in Force : Strengthening International Law for Transboundary Water management*, Londres et New York, Routledge, 2014 au p 24.

[20] Voir surtout Partricia Wouters, « Considering China's approach to the UN Watercourses Convention: Time to revisit? », en ligne : International Water Law Project Blog <http://www.internationalwaterlaw.org/blog/2014/07/28/professor-patricia-wouters-considering-chinas-approach-to-the-un-watercourses-convention-time-to-revisit/>.

more neighbourly approach to international diplomacy and increased efforts at regional multilateral relations[21].

En comparaison avec leurs contemporains occidentaux, les chercheurs chinois, tout en étant conscients de la participation insuffisante de la Chine à des régimes coopératifs sur ses cours d'eau transfrontaliers, tendent à mettre plutôt l'accent sur le côté coopératif de la pratique chinoise et à proposer des solutions. Yu Yuanling a étudié dans sa thèse doctorale la coopération entre la Chine et les pays du Bas Mékong[22]. Elle soutient qu'il est possible de réaliser une coopération hydrique efficace dans la région sur la base des régimes coopératifs régionaux existants, à savoir, l'ANASE. En partant de cette constatation, Yu a conclu que le régime coopératif comprend un mécanisme de coordination, un mécanisme de supervision et un mécanisme de règlement des différends[23]. Ma et Yi ont traité de la question de la pollution transfrontalière des cours d'eau internationaux en Chine. Ils proposent d'établir un régime de consultation pour mieux prévenir les dommages transfrontaliers et répondre aux crises environnementales sur les fleuves internationaux[24]. Guo propose d'adopter un mécanisme hiérarchisé de réponse en cas d'urgence, tant

---

[21] Patricia Wouters, « Forthcoming 2013 – Journal of Water Law – Exploring the legal regimes that govern China's international », en ligne : Academia <https://www.academia.edu/2427420/Forthcoming_2013_-_Journal_of_Water_Law_--_Exploring_the_legal_regimes_that_govern_China_s_international_watercourses_A_survey_of_current_practice_analysed_through_the_prism_of_the_1997_UN_Watercourses_Convention>; voir aussi Huiping Chen, Alistair Rieu-Clarke et Patricia Wouters, « Exploring the Legal Regimes that Govern China's International Watercourses: A Survey of Current Practice Analysed throuth the Prism of the 1997 UN Watercourses Convention » (2013), *Water International* 217.

[22] 余元玲, *中国-东盟国际河流保护合作法律机制研究*, *Le régime coopératif sur la protection des fleuves internationaux Sino-ANASE*, thèse de doctorat en droit, 重庆大学, 2011, [non publié] [Yu 2011].

[23] Yu 2011, *Ibid.*

[24] 易志兵 et 马晓明, «我国跨界水污染问题产生的原因及防治对策分析», « L'analyse des causes des pollutions sur les eaux transfrontalières de la Chine et des contre-mesures» (2008) 25:12, *科技进步与对策* [Yi et Ma].

au niveau international que régional et national[25]. He a indiqué dans un article les sept facteurs qui constituent une coopération efficace : la collecte et l'échange d'informations, la notification et la communication, la consultation et la négociation, la conclusion de traités bilatéraux et plurilatéraux, la création de mécanismes institutionnels, le mécanisme de mise en conformité et le règlement pacifique des différends[26].

Tout en proposant des mécanismes différents pour améliorer la coopération hydrique entre la Chine et ses voisins, les chercheurs chinois partagent la même conscience politique et éludent l'aspect non coopératif de l'approche chinoise, omettant ainsi l'analyse des raisons qui ont conduit la Chine à choisir son mode de coopération. Dans leurs analyses des règles du droit international des cours d'eau transfrontaliers, ils se contentent d'étudier la structure juridique générale et les doctrines principales, ce qui reflète un niveau de recherche peu avancé[27]. Faute d'étude approfondie, la plupart des chercheurs n'ont décrit le problème que dans les grandes lignes.

Notre thèse a pour objet de combler certaines de ces lacunes doctrinales. Nous allons étudier les pratiques de la Chine dans les coopérations hydriques bilatérales et multilatérales en exposant sa vision du droit international, surtout en matière de cours d'eau transfrontaliers. Pour ce faire, nous allons explorer les raisons qui ont motivé son choix de modèle de coopération à l'aide de la théorie

---

25 郭杰, *跨界河流损害的国际法应对机制研究, L'étude sur la réponse en droit international aux dommages transfrontaliers sur les fleuves internationaux*, thèse de doctorat en droit, 中国政法大学, 2010 [non publié].

26 何艳梅, « 跨国水资源保护的法律措施——兼及中国的实践», «Les mesures juridiques pour protéger les ressources en eau transfrontalières et les pratiques de la Chine » (2009) 18:010 *长江流域资源与环境* [He]; voir aussi 何艳梅，*中国跨界水资源利用和保护法律问题研究*，Shanghai, Fudan University Press, 2013 [He 2013].

27 Voir surtout les trois ouvrages les plus importants : He 2013, *ibid*; 孔令杰 et 田向荣, *国际涉水条法研究, Études sur les règles du droit international des eaux*, Beijing, 中国水利水电出版社，2011; 王志坚，*国际河流法研究, International River Law*, Beijing, 法律出版社，2012.

constructiviste et essayer, ainsi, de prévoir l'évolution de sa stratégie future.

En proposant une perspective chinoise ainsi qu'une approche plus explicative que descriptive, nous espérons que notre travail contribuera de façon originale à apporter un nouvel éclairage sur un concept important du droit international, l'obligation générale de coopérer, dont le but ultime est la paix et la prospérité de tous les peuples, surtout de ceux qui partagent le même cours d'eau transfrontalier.

Nos problématiques et notre démarche

Notre thèse a deux objectifs : étudier l'existence de l'obligation de coopérer en droit international des cours d'eau transfrontaliers et sa mise en pratique par les États souverains ; examiner le choix du mode de coopération de la Chine et montrer les raisons de son existence et de sa possible évolution sur le plan juridique.

Nous devons donc répondre aux questions suivantes : d'abord, est-ce qu'il existe en droit international, et surtout dans le domaine des cours d'eau transfrontaliers, une obligation générale de coopérer pour les États souverains et quel est son contenu normatif ? En second lieu, comment les États ont-ils interprété cette obligation dans leurs pratiques ? Troisièmement, si les États de chaque bassin fluvial ont choisi de façon volontaire leur mode de coopération, qu'est-ce qui motive leur choix ? Enfin, dans le cas de la Chine, est-ce qu'elle a réellement suivi une stratégie non coopérative dans ses pratiques d'État et quel sera son mode de coopération dans le futur ?

Pour répondre à la première question (existe-t-il une obligation de coopérer en droit international ?), puisque les entités étudiées dans notre thèse et participant à la coopération hydrique sont des États souverains, il est donc tout d'abord nécessaire de clarifier la relation entre l'obligation de coopérer et le principe de souveraineté en droit international. Nous allons, tout d'abord, analyser le rapport entre l'obligation de coopérer et le principe de la souveraineté en droit international général et en droit international des cours d'eau transfrontaliers (Partie I, Titre I). Deuxièmement, nous nous interrogerons sur la nature normative de cette obligation de coopérer : s'agit-elle d'une règle du droit international coutumier ayant force contraignante pour tous les États et n'implique-t-elle que des règles procédurales (Partie I, Titre II) ? Une analyse des documents internationaux nous permettra de présenter le cadre juridique des règles et normes de l'obligation générale de coopérer applicables en matière de cours d'eau transfrontalier et nous aidera à mieux saisir la nature normative de l'obligation générale de coopérer en droit international, surtout en matière de cours d'eau transfrontaliers (Partie I, Titre III).

Si la Partie I consiste à prouver l'existence de l'obligation de coopérer en droit international, dans la Partie II, nous identifierons les règles et les modes d'application de l'obligation de coopérer en droit international. Adoptant le cadre d'analyse de Wouters, nous effectuerons nos analyses à l'aide de cinq paramètres : le champ d'application, les règles substantielles, les règles procédurales, les arrangements institutionnels et le règlement des différends[28] (Partie II, Titre I). Nous allons, tout d'abord, appliquer ce cadre d'analyse aux deux conventions-cadres d'application mondiale, la *Convention de New York* et la *Convention d'Helsinki* (Partie II, Titre II), puis quatre bassins fluviaux feront l'objet de nos analyses positivistes (Partie II, Titre III).

Pour répondre aux deux dernières questions (qu'est-ce qui motive le choix du mode de coopération des États ; quel est le mode choisi par la Chine et quel sera son mode de coopération à l'avenir ?), nous consacrerons la Partie III à une étude constructiviste du cas de la Chine. Afin de mieux expliquer les raisons de son choix de mode de coopération, nous situerons nos analyses dans un contexte plus complexe (historique, politique, culturel, etc.) en introduisant une analyse de ses identités d'État dans une perspective constructiviste (Partie III, Titre I). Nous nous interrogerons plus spécifiquement sur les aspects de cette obligation de coopérer qui doivent être nuancés pour répondre plus particulièrement au contexte à la fois international et national de la Chine, qui est un État d'amont en voie de développement (Partie III, Titre II). Pour conclure notre thèse, en nous appuyant sur la nature évolutive de la notion d'identité pour le constructivisme, nous

[28] Patracia Wouters, « The International Law of Watercourses: New Dimensions» (2010) 3, *Collected Courses of the Xiamen Academy of International Law*, aux pp 347-541.

essayerons de prévoir le choix de mode de coopération de la Chine à l'avenir (Partie III, Titre III).

Méthodologie

Le positivisme et le constructivisme constituent les deux paradigmes de recherche de notre thèse.

Paradigme positiviste

Considérant que le sujet de notre thèse est une règle normative du droit international, le positivisme représente toujours malgré ses défaillances notre paradigme dominant, mais il s'agit ici d'un positivisme complété et adouci par l'approche constructiviste. Nous expliquerons plus loin ce « positivisme adouci ».

Puisque l'objet principal de notre thèse est l'obligation de coopérer en droit international surtout en matière de cours d'eau transfrontaliers, il est nécessaire d'axer d'abord nos analyses sur le droit positif international. Le droit positif international est composé de l'ensemble des accords et des traités en vigueur qui créent des droits et des obligations pour les États. Nous allons donc dans la Partie I, passer en revue les textes des traités et des accords internationaux[29]. Néanmoins, nous n'entendons pas nous limiter à la définition strictement kelsennienne. Nous examinerons non seulement le droit international positif, mais aussi la *soft law* internationale, entre autres, les déclarations internationales et surtout les résolutions de l'ONU. La *soft law* internationale, qui reflète l'interaction sociale entre les États et l'évolution du droit international, sert de preuve de la pratique internationale de l'obligation de coopérer comme norme coutumière internationale. Quant à la jurisprudence et à la doctrine qui sont des moyens auxiliaires de déterminer les règles de droit international,

---

[29] « Selon le positivisme traditionnel du droit, la condition d'existence d'une norme du droit positif est que son caractère juridique lui soit attribué par un pouvoir compétent », c'est-à-dire, l'État. Sur la relation entre le droit positif et le droit international, voir Roberto Ago, « Droit positif et droit international » (1957) 3 : 3, *Annuaire français de droit international* 14 à la p 21. Voir aussi Awalou Ouedraogo, « Le positivisme en droit international : fondement épistémologique d'un paradigme mécaniciste » (2010) 40 : 2, *Revue générale de droit* aux pp 505-540

elles servent d'objets d'analyse moins importants, mais également indispensables dans notre recherche positiviste. En incluant ces sources diverses, notre paradigme positiviste devient, donc, en ce sens moins rigide et est ainsi adouci.

Deuxièmement, en examinant les doctrines hydropolitiques, nous constatons que le mode d'application de cette obligation de coopérer est, en réalité, un processus dynamique et qu'un régime coopératif peut toujours évoluer vers un autre de caractère plus avancé (Partie II, Titre I). Le conflit et la coopération coexistent toujours, interagissant et se transformant mutuellement. Donc, nous ne supposerons pas qu'il existe un meilleur mode d'application de l'obligation de coopérer. À l'aide des cinq paramètres proposés par Wouters (le champ d'application, les règles procédurales, les règles substantielles, les arrangements institutionnels, le règlement des différends) et sur la base d'une analyse positiviste et comparative des traités internationaux, nous allons identifier quatre modèles coopératifs. En ce sens, notre paradigme positiviste sera encore adouci par cette vision dynamique de la coopération hydrique internationale.

En privilégiant cette approche du positivisme adouci, nous allons consacrer la Partie I de notre thèse à la consécration générale de l'obligation de coopérer en droit international surtout en matière de cours d'eau transfrontaliers. Nous pouvons raisonnablement confirmer l'existence du principe de coopération en droit international, mais des doutes subsistent encore sur l'existence de l'obligation de coopérer comme règle du droit international, surtout en raison de l'insistance des États sur le respect de leur souveraineté dans la gestion des ressources en eau transfrontalières. Nous examinerons, donc, d'abord le rapport entre le principe de souveraineté et l'obligation de coopérer en droit international. Puisqu'elle constitue sans doute la plus importante prémisse de nos analyses, il nous incombe alors d'examiner la nature normative de cette obligation. En passant en revue des documents internationaux, nous essayerons de prouver que l'obligation de coopérer se justifie dans les pratiques répétitives des États souverains et constitue ainsi une règle émergente en droit international coutumier qui comprend à la fois des normes procédurales et substantielles.

Même si l'obligation de coopérer est généralement reconnue, sa définition ainsi que son mode d'application restent, toutefois, encore vagues et ambigus. Pour justifier l'existence de l'obligation de coopérer en droit international, il ne suffit pas de prouver la représentativité de la règle du droit international, mais il faut aussi démontrer qu'elle répond à certains critères de précision. Une autre étude positiviste des deux conventions-cadres d'application mondiale et de quatre bassins fluviaux servira donc à préciser les règles et les normes impliquées dans cette obligation de coopérer.

Grâce à leurs efforts communs, les États riverains des quatre bassins étudiés ont créé leur propre régime coopératif. Mais ils ont choisi des modes de coopération différents. Sur la base d'une analyse positiviste et comparative des traités fondateurs des régimes coopératifs de chaque bassin, nous décrirons quatre modèles typiques de coopération : le mécanisme consultatif, le mécanisme communicateur, le mécanisme de coordination et le mécanisme d'action conjointe. Chacun propose une définition différente de l'obligation de coopérer et chacun fait état d'un niveau d'acceptation différent des limites imposées à sa souveraineté.

Paradigme constructiviste

À la suite de ces études positivistes, nous introduirons une perspective constructiviste qui nous aidera à déterminer les motivations des États dans leurs choix de leur propre modèle de coopération.

Les études positivistes ont pour effet de décrire des phénomènes internationaux, tandis que les études constructivistes cherchent à les expliquer. Nos analyses des régimes des quatre bassins suivent strictement la méthodologie positiviste pour présenter la nature et le mode d'existence de l'obligation de coopérer en droit international. Cependant, notre étude des pratiques hydriques de la Chine vise à faire comprendre comment les identités d'État, construites dans un contexte historique et culturel particulier, influencent la mise en pratique de l'obligation de coopérer en droit international. Pour ce faire, nous adopterons une approche constructiviste et utiliserons une épistémologie non positiviste[30] pour centrer notre recherche sur le contexte complexe de la Chine.

On peut se demander pourquoi les États riverains ont opté pour des modèles de coopération différents. S'agit-il d'un choix rationnel des États fondé sur le calcul de leurs gains relatifs, comme le prétendront sans doute les réalistes, ou font-ils leur choix à cause des arrangements institutionnels qui réduisent beaucoup les coûts de négociation, comme peuvent l'avancer les tenants du libéralisme ? Nous soutenons qu'aucune de ces deux propositions ne peut donner une réponse satisfaisante à notre question. Les théoriciens des deux écoles réduisent les raisonnements des États en supposant qu'ils décident et agissent seulement en fonction des ressources matérielles et militaires dont ils disposent. Il est plus pertinent d'adopter une perspective constructiviste qui met l'accent sur un capital symbolique : les identités d'État, qui prédéterminent les intérêts de l'État. En introduisant la notion constructiviste des identités d'État, nous essayerons d'expliquer les choix que fait la Chine pour concrétiser l'obligation de coopérer et pour prévoir l'évolution de sa stratégie coopérative future. Pour ce faire, nous analyserons, tout d'abord, les identités intérieures et extérieures de la Chine (Partie III, Titre II, Chapitre 1 et 2) et plus spécifiquement, ses identités dans le domaine des cours d'eau transfrontaliers (Partie III, Titre II, Chapitre 3). Sa culture juridique traditionnelle et son rapport historique avec le système international feront, ainsi, le champ d'études de notre recherche.

Cette approche constructiviste que nous adoptons consiste à élargir notre cadre d'analyse pour inclure d'autres formes d'expression, par exemple, des déclarations officielles des États surtout dans des organisations internationales ; ainsi qu'une multitude de déclarations unilatérales de leur position d'État dans les occasions politiques ou

---

[30] Kratochwil et Ruggie ont analysé les contradictions entre l'ontologie et l'épistémologie de la doctrine du régime du néolibéralisme, tandis que Wendt propose de réduire « ontological differences to epistemological ones » ; voir aussi Alexander Wendt, *Social Theory of International Politics*, New York, Cambridge University Press, 1999 à la p 40 [Wendt 1999] ; Friedrich Kratochiwil et John Ruggie, « International organization: A state of the art or an art of the state » (1986) 40, *International Organization* 753.

même diplomatiques. Le constructivisme a pour objet d'expliquer la formation et l'évolution des normes dans les interactions internationales. Dans cette perspective, les expressions unilatérales permettent d'entrevoir l'évolution identitaire de l'État surtout dans les domaines où le cadre juridique n'a pas encore été précisé ou reste contesté, comme c'est le cas pour les cours d'eau internationaux.

Néanmoins, cela ne signifie pas que nous abandonnerons totalement l'approche positiviste dans la Partie III de notre thèse. La Chine a longtemps été réputée pour mettre l'accent sur la souveraineté de l'État et sur le principe de non-ingérence dans les affaires intérieures. Mais cela n'empêche pas qu'elle a, elle aussi, établi ses régimes de coopération avec ses voisins. En réalité, la Chine a signé une quarantaine de traités sous des formes assez diverses sur l'utilisation des cours d'eau, ce qui constitue le droit international positif pour elle et les pays périphériques. Une analyse positiviste, qui est de nature plus descriptive qu'explicative, est nécessaire pour nous aider à identifier son propre mode de coopération, soit la version chinoise de l'obligation générale de coopérer en matière des cours d'eau transfrontaliers.

Ayant identifié le modèle de coopération adopté par la Chine et toujours à l'aide des cinq paramètres servant à définir notre cadre d'analyse positiviste de l'obligation de coopérer en droit international qui ont chacun une différente implication identitaire pour la Chine, nous examinerons comment la Chine interprète l'obligation de coopérer en droit international. Nous essayerons de prouver que la Chine s'est intéressée davantage aux facteurs relativement indépendants des identités d'État. Dans cette perspective constructiviste, nous examinerons, à la fin de notre thèse, l'évolution de la compréhension de l'obligation de coopérer par la Chine émergente.

PARTIE I

Consécration générale de l'obligation de coopérer en droit international dans le domaine des cours d'eau transfrontaliers

Si le principe de coopération internationale est généralement reconnu comme la base du droit international, l'obligation de coopérer reste encore contestée et donc moins développée par les légistes. Comme l'explique McCaffrey: « it is all well and good to champion the proposition that states should cooperate, but can it be established that they must ? »[31]. En d'autres mots, est-ce qu'il existe à la charge de tous les États une obligation juridique de coopérer en droit international, surtout en matière de cours d'eau transfrontaliers ? Dans cette Partie I, nous essayons de répondre à cette question primordiale.

Les États représentent le sujet le plus important en droit international public. La souveraineté est un attribut essentiel de l'État souverain et ce sont toujours des États souverains qui s'engagent à coopérer avec d'autres États. Pour prouver l'existence de l'obligation de coopérer en droit international, il faut donc d'abord mener une étude sur le rapport entre le principe de la souveraineté qui définit l'existence des États et la coopération internationale qui redéfinit le mode d'existence de cette souveraineté. Nous allons consacrer le Titre I à cette analyse importante. Nous estimons que la coopération est devenue une exigence intrinsèque de la souveraineté et que le droit international contemporain sur les

[31] Stephen McCaffrey, *The Law of International Watercourses*, 2e éd, Londres, Oxford International Library, 2007 à la p 401 [McCaffrey 2007].

cours d'eau transfrontaliers se fonde sur la doctrine de la souveraineté territoriale limitée qui témoigne d'une stratégie coopérative des États. En s'appuyant sur les documents internationaux, nous allons, ensuite, essayer de clarifier dans le Titre II la nature normative de l'obligation générale de coopérer. Le Titre III sera consacré à l'analyse du mode d'existence de l'obligation de coopérer en droit international des cours d'eau transfrontaliers.

TITRE I

L'obligation de coopérer et le principe de la souveraineté

Dans les recherches en droit international des cours d'eau, il existe une tendance à considérer l'eau transfrontalière comme un bien commun des États riverains. En privilégiant « les aspects humains et environnementaux de l'eau »[32], certains auteurs avancent la notion de bien public mondial, notion qui internationalise les ressources en eau, et écarte ainsi leurs dimensions étatiques [33] . Néanmoins, « la concrétisation d'un régime juridique correspondant à cette qualification paraît inadaptée et difficilement réalisable »[34]. Les ressources en eau malgré leur fluidité demeurent encore en pratique sous le contrôle des États souverains. Les entités qui participent à la coopération hydrique et qui sont étudiées dans notre thèse sont des États souverains. Pour comprendre l'obligation de coopérer au sens du droit international dans le domaine des cours d'eau transfrontaliers, il est donc tout d'abord nécessaire de clarifier la relation entre l'obligation de coopérer et le principe de souveraineté en droit international (Chapitre 2) surtout en matière des cours d'eau transfrontaliers (Chapitre 3).

---

[32] Marie Cuq, *L'eau en droit international : Convergences et divergences dans les approches juridiques*, Bruxelles, Éditions Larcier, 2013 à la p 34.

[33] Voir Jean Jacques Gabas et Philippe Hugon, « Les biens publics mondiaux et la coopération internationale » (2001) 4 : 12, *L'Économie politique* 19 ; voir aussi Frédéric Lasserre, Préface dans Sylvie Paquerot, *Eau douce : la nécessaire refondation du droit international*, Québec, Presse de l'Université du Québec, 2005 [Paquerot] ;

[34] *Ibid* à la p 86.

Malgré sa tendance à être moins rigide, le principe de souveraineté constitue toujours le fondement du droit international qui définit les règles de communication interétatique et délimite les frontières à l'intérieur desquelles les États assurent leur suprématie politique. Comme nous l'avons dit, dans le contexte de droit international, l'obligation de coopérer est interprétée et mise en pratique par les États souverains. Pour illustrer l'évolution de la relation entre l'obligation de coopérer et le principe de souveraineté, il nous faut tout d'abord analyser l'historique du développement du principe de souveraineté en droit international général (Chapitre 1).

Chapitre 1. Le principe de la souveraineté permanente en droit international

La souveraineté est un principe fondamental en droit international. La théorie traditionnelle de souveraineté part de l'affirmation de l'indépendance des États[35]. Les États souverains reconnaissent la nécessité et la légitimité du droit international et se soumettent à l'autorité des institutions internationales. La souveraineté est « la doctrine constitutionnelle fondamentale du droit des nations » [notre traduction][36].

Le principe de la souveraineté permanente sur les ressources naturelles prend son origine dans cette indépendance étatique. Le droit international sur la gouvernance des ressources naturelles se fonde sur le fait que l'État souverain a le droit d'utiliser et de contrôler les ressources naturelles à l'intérieur de son territoire ; c'est là le principe de la souveraineté permanente de l'État sur ses ressources naturelles. C'est probablement aussi l'un des principes les plus contestés en droit international[37]. Proclamé surtout par les États nouvellement

---

[35] Voir Marc St. Korowicz, *La souveraineté des États et l'avenir du droit international*, Paris, A.Pedone, 1945 à la p 27. Voir aussi Georg Wilhelm Friedrich Hegel, *Principes de la philosophie du droit*, Paris : Gallimard, 1940.

[36] Ian Brownlie, *Legal Status of Natural Resources in International Law: Some Aspects*, dans *Collected Courses of the Haye Academy of International Law, vol. 162,* Buffalo, New York, William S. Hein & Co, 1979 à la p 287.

[37] Voir Franz Xaver Perrez, « The Relationship between Permanent Sovereignty and the Obligation Not to Cause Transboundary Environmental Damage » (1996) 26, *Envtl. L.*187 [Perrez] ; voir aussi Nico Schrijver, *Sovereignty over Natural*

indépendants durant le mouvement mondial de décolonisation après la Deuxième Guerre mondiale dans les années 1950, le principe de la souveraineté permanente, réclamé dans le cadre du droit des peuples et des nations à disposer d'eux-mêmes[38], est à l'origine une proposition politique qui veut assurer le droit des peuples coloniaux d'exploiter les ressources naturelles sur leurs territoires. La reconnaissance de la souveraineté permanente comme un principe a remarquablement changé l'aspect du droit international « from a European-oriented law towards a truly universal law »[39].

Les débats de l'Assemblée générale de l'ONU dans les années 1950, période de formation de ce principe, insistent particulièrement sur la souveraineté permanente, ce qui montre à l'époque les préoccupations des peuples coloniaux d'être indépendants et de se développer économiquement[40]. En 1960, la résolution 1515 (XV) recommande « le respect du droit souverain de chaque État de disposer de ses richesses et de ses ressources naturelles »[41]. En 1962, l'Assemblée générale de l'ONU a adopté la résolution 1803 (XVII) qui est dédiée à la définition de la souveraineté permanente[42]. Selon cette définition, « le droit de

---

Resources: Balancing Rights and Duties (Vol. 4), Cambridge University Press, 2008 [Schrijver]; Hans Kelsen, *Principles of International Law*, 2e éd, New York, Holt, Rinehart and Winston, 1966; Martti Koskenniemi, *From Apology to Utopia: The Structure of International Legal Argument*, New York, Cambridge University Press, 2005 à la p 226.

[38] *Recommandations concernant le respect, sur le plan international, du droit des peuples et des nations à disposer d'eux-mêmes*, Rés AG 837, Doc off AG NU, 9e sess, supp n° 21, Doc NU A/2890, 1954 ; *Recommandations concernant le respect, sur le plan international, du droit des peuples et des nations à disposer d'eux-mêmes*, Rés AG 1314, Doc off AG NU, 13e sess, supp n° 18, Doc NU A/4090, 1958.

[39] Dr. B. V. A. Röling, *International law in an expanded world*, Djambatan, 1960 à la p 73.

[40] *Charte des droits et devoirs économiques des États*, Rés AG 3281, Doc off AG NU, 29e sess, supp n° 31, Doc NU A/9631 (1975).

[41] *Action concertée en vue du développement économique des pays économiquement peu développés*, Rés AG 1515 (XV), Doc off AG NU, 15e sess (1960).

[42] La Commission on Permanent Sovereignty over Natural Wealth and Resources a été établie par la résolution 1314 (XIII) en 1958. Voir *Souveraineté permanente*

souveraineté permanente des peuples et des nations sur leurs richesses et leurs ressources naturelles doit s'exercer dans l'intérêt du développement national et du bien-être de la population de l'État intéressé ». Les États souverains exercent donc, en faveur de leurs peuples, un droit suprême sur leurs ressources naturelles. En 1972, l'article 2 de la résolution 3281 définit la souveraineté permanente de façon encore plus radicale : « Chaque État détient et exerce librement une souveraineté entière et permanente sur toutes ses richesses, ressources naturelles et activités économiques, y compris la possession et le droit de les utiliser et d'en disposer ». En vue de créer des conditions stables après la décolonisation, la même résolution 3281 mentionne que la nationalisation des entreprises étrangères doit être conforme au droit national et soumise aux tribunaux nationaux et préconise ainsi une souveraineté absolue sans faire référence aux règles du droit international.

C'est surtout dans les années 1960 que la dimension environnementale a été introduite dans la notion de souveraineté, lorsque les États commencèrent à se préoccuper des sévères dégradations environnementales causées par les activités économiques. Il ne faut pas s'étonner que le principe de la souveraineté permanente ait fait face à des défis importants dans le cas de la gouvernance des ressources naturelles transfrontalières. People began to see the world as an entity [43] ; cette nouvelle donne a remarquablement changé la perspective concernant la souveraineté. Peu de temps après avoir affirmé la souveraineté permanente en droit international (1962), l'Assemblée générale a adopté la résolution 1831 (XVII)[44]. Par cette résolution, les États ont reconnu l'importance fondamentale des ressources naturelles pour l'économie ainsi que pour les peuples et ont exprimé leurs inquiétudes quant à l'impact d'une exploitation excessive des ressources naturelles. Dix ans plus tard, la fameuse *Déclaration finale de la Conférence des Nations Unies sur l'environnement de 1972* a réaffirmé la souveraineté permanente dans le principe 21 :

---

sur les ressources naturelles, Rés AG 1803, Doc off AG NU, 17e sess, supp n° 17, Doc NU A/5217 (1962).

[43] Schrijver, *supra* note 37 à la p 120.

[44] *Développement économique et conservation de la nature*, Rés AG 1831 (XVII), Doc off AG NU, 17e sess, (1962).

> Les États ont le droit souverain d'exploiter leurs propres ressources selon leur politique d'environnement et ils ont le devoir de faire en sorte que les activités exercées dans les limites de leur juridiction ou sous leur contrôle ne causent pas de dommage à l'environnement dans d'autres États ou dans des régions ne relevant d'aucune juridiction nationale[45].

En comparaison avec la résolution 1803 (XVII) de 1962, le texte susdit a mis en relief les limites de la souveraineté permanente en juxtaposant le principe de la souveraineté et le principe de ne pas causer de préjudices significatifs. D'après Perrez, bien qu'il existe un conflit entre les deux principes, ils sont au fond non seulement compatibles, mais aussi inséparables : « sovereign rights and duties are two sides of the same coin and cannot be analyzed separately »[46]. Schrijver propose un équilibre entre les droits et les obligations dans le cadre du principe de la souveraineté permanente[47]. Selon lui, la notion de souveraineté permanente implique le droit de disposer, d'exploiter, de contrôler les ressources naturelles de l'État, de gérer ces ressources naturelles conformément à la politique nationale et d'utiliser ces ressources pour le développement national, de régulariser les investissements étrangers, et de régler les différends selon les lois nationales. Elle implique aussi certaines obligations telles que l'obligation de respecter les droits et les intérêts des aborigènes, de protéger le bien-être du peuple, de coopérer pour le développement international, de conserver et d'utiliser d'une façon durable les ressources naturelles, de respecter le droit international et de traiter les investisseurs étrangers raisonnablement. Il

[45] La Conférence des Nations Unies sur l'environnement, *Déclaration finale de la Conférence des Nations Unies sur l'environnement,* Stockholm, 16 juin, 1972 [*Déclaration de Stockholm*] ; comparer l'article 2 de la *Déclaration de Rio sur l'environnement et le développement*, La Conférence des Nations Unies sur l'environnement et le développement, *Déclaration de Rio sur l'environnement et le développement*, Rio de Janeiro, 3-14 juin 1992, Doc. A/ CONF.15/5/Rev.1 [*Déclaration de Rio*].

[46] Jeffry D. Kovar, « A Short Guide to the Rio Declaration » (1993) 4, *Colo. J. Int'l Envtl. L. & Pol'y* 119 à la p 125.

[47] Voir Schrijver, *supra* note 37 aux pp 255-367.

ajoute aussi l'obligation de partager avec les voisins les ressources naturelles transfrontières de façon équitable.

Chapitre 2. Le principe de coopération et la souveraineté

Comme mentionné préalablement, il est aujourd'hui généralement reconnu que la souveraineté se justifie dans la mesure où son exercice ne porte pas atteinte de façon significative aux territoires à l'extérieur de la juridiction de l'État. Ce principe se retrouve en droit international de l'environnement qui se fonde sur la maxime latine *sic utere tuo ut alienum non laedas*, c'est-à-dire, utilise ton bien de façon à ne pas nuire à autrui. Mais ce principe n'expose qu'un aspect du problème. Il spécifie ce que les États n'ont pas le droit de faire en exerçant leur souveraineté, mais ne précise pas les obligations positives qui s'imposent à eux. Une analyse de la relation entre la souveraineté et le principe de coopération nous propose une réponse intéressante. On estime qu'il n'existe pas de conflit entre ces deux principes puisque le principe de coopération est incorporé dans la notion de souveraineté, ce qui a changé le droit de coexistence en droit de coopération.

Le principe de coopération constitue l'une des assises du droit international. Il apparaît tout d'abord dans le domaine du développement économique qui était parmi les plus grandes préoccupations de la communauté internationale[48] après la Deuxième Guerre mondiale[49]. La Charte des Nations Unies a posé la première pierre pour l'incorporation du principe de coopération dans le droit international général après la Deuxième Guerre mondiale. La Charte

---

[48] La Communauté internationale constitue, selon Oppenheim, la base de l'existence du droit des Nations (droit international). Kant prétend également que « la communauté (plus ou moins soudée) s'étant de manière générale répandue parmi les peuples de la terre est arrivée à un point tel que l'atteinte au droit en un seul lieu de la terre est ressentie en tous. » Néanmoins, est-ce qu'il existe réellement une communauté internationale où l'on partage la même valeur. Si la réponse est oui, quelle communauté ? M. Chateauraynaud a fait une étude positiviste sur les modes d'existence de la communauté internationale, voir M. Chateauraynaud, « Une entéléchie d'après la guerre froide », 2002, en ligne : <https://hal.archives-ouvertes.fr/halshs-00114311/document>.

[49] Voir Christina Leb, *Cooperation in the Law of Transboundary Water Resources*, New York, Cambridge University Press, 2013 à la p 23 [Leb 2013].

cherche à assurer le développement économique et « entre les nations, des relations pacifiques et amicales fondées sur le respect du principe de l'égalité des droits des peuples et de leur droit à disposer d'eux-mêmes »[50]. Si le « principe de l'égalité des droits des peuples » et le « droit à disposer d'eux-mêmes » rappellent la notion de souveraineté, l'idée sous-jacente est que la souveraineté de l'État constitue l'enjeu prioritaire dans la coopération, tandis que celle-ci n'est qu'un simple moyen facilitant la résolution des problèmes internationaux dans le domaine économique et social.

L'Accord général du commerce des services (AGCS en français à l'époque ou GATT en anglais) était à la fois le résultat et le cadre de la coopération internationale dans le domaine du commerce entre les États souverains. Les traités régionaux signés dans le cadre de l'AGCS mettaient également l'accent sur l'importance de la coopération entre les États.

Dans les résolutions des Nations Unies des années 50, on retrouve cette position prioritaire de la souveraineté par rapport à la coopération. La Résolution 837 adoptée en 1954 demande à la Commission des droits de l'homme d'élaborer des recommandations

> [t]ouchant le respect, sur le plan international, du droit des peuples et des nations à disposer d'eux-mêmes, y compris des recommandations concernant leur souveraineté permanente sur leurs richesses et leurs ressources naturelles, compte dûment tenu des droits et des devoirs d'État en vertu du droit international et de l'importance qu'il y a à encourager la coopération internationale pour le développement économique des pays sous-développés[51].

La résolution 1314 (XIII) de 1958 propose elle aussi de tenir compte de l'importance de la coopération internationale pour le développement économique des pays sous-développés. Néanmoins, dans les deux résolutions, la coopération reste tout de même une option possible des

---

[50] *Charte des Nations Unies,* 26 juin 1945, RT Can, 1945 n° 7, les articles 56-60.
[51] La Rés 837, *supra* note 38, au para 1.

États souverains. Les résolutions susmentionnées illustrent le droit international traditionnel de coexistence qui impose surtout « des règles d'abstention mutuelle » [52], essentiellement par des interdits et accessoirement par des impératifs, par exemple l'obligation de ne pas causer de dommages significatifs. Wolfgang Friedmann définit ce droit international de coexistence comme suit :

> Il se base sur la souveraineté politique et juridique des États et il consacre leur égalité au moins théorique. Son but est de réglementer juridiquement les relations diplomatiques entre États sur la base du respect mutuel des souverainetés nationales. Ce système limité de coexistence basé sur des relations intergouvernementales offre l'avantage de ne pas tenir compte des conditions internes juridiques et sociales des États[53].

Nous pouvons nous demander si l'apparition du droit international de coopération est justifiée après celle du droit de coexistence. Avec l'émergence de nouveaux domaines en droit international et la participation de nouveaux acteurs sur la scène internationale, le droit international a connu des changements radicaux.

Premièrement, l'objet de la coopération internationale n'est plus exclusivement ou essentiellement commercial et économique comme autrefois. À cause du développement de la technologie et des sociétés, les buts poursuivis par la communauté internationale sont diversifiés : environnement, travail, transports, éducation, droit de l'homme, etc., soit des domaines réservés autrefois aux États. Le droit international touche ainsi presque tous les secteurs du droit national. L'extension de

---

[52] Wolfgang Friedmann, « Droit de coexistence et droit de coopération : Quelques observations sur la structure changeante du droit international », présenté à la Faculté de Droit et au Centre de Droit international de l'Université de Bruxelles, 1970, à la p 5, en ligne : http://rbdi.bruylant.be/public/modele/rbdi/content/files/RBDI%201970/RBDI%2019701/Études/RBDI%201970.1%20-%20pp.%201%20%C3%A0%209%20-%20Wolfgang%20Friedmann.pdf [Friedmann].

[53] *Ibid*, à la p 6.

son champ d'application a modernisé les relations internationales qui doivent dorénavant être plus coopératives que conflictuelles. Deuxièmement, de nouveaux acteurs ont commencé à surgir. Non seulement les organisations internationales sont soumises au droit international, mais aussi les organisations privées peuvent aussi être affectées par le droit international, telles que les sociétés plurinationales qui concluent des accords directement avec les gouvernements, et qui jouent elles aussi leur rôle dans l'arène juridique internationale[54]. Troisièmement, le développement rapide de l'institutionnalisation de la société internationale a aussi suscité l'espoir d'une meilleure coopération internationale. Tous ces nouveaux facteurs contribuent à modifier le mode d'existence du droit international.

Dans le cadre de ce droit international de coopération, Perrez va même plus loin en proposant une « souveraineté coopérative »[55], selon laquelle la coopération serait inhérente à la souveraineté. Cooperation is not an independent principle supplementing state sovereignty or even a counterweight to state sovereignty, but [. . .] cooperation has to be conceived as an element of the very notion of sovereignty itself[56].

On retrouve cette souveraineté coopérative dans les pratiques des États membres de l'Union européenne[57]. Selon l'article 5 du Traité sur l'Union européenne[58], les institutions de l'Union européenne ne peuvent agir dans des domaines de compétences concurrentes que lorsque les objectifs de leurs actions ne peuvent être suffisamment atteints par les États membres. Ce principe de subsidiarité qui est au cœur de la répartition des compétences dans l'UE implique ceci :

---

[54] Les personnes ou les entités soumises au droit international peuvent être décrites comme possédant une personnalité internationale. Voir E. Szazi, *NGOs : Legitimate Subjects of International Law*, Leiden, Leiden University Press, 2012; Jeffrey Dunoff, Steven R. Ratner et David Wippman, *International Law: Norms, Actors, Process: A Problem-Oriented Approach*, New York, Wolters Kluwer, 2010.

[55] Franz Xaver Perrez, *Cooperative Sovereignty – From Independence to Interdependence in the Structure of International Environmental Law*, La Haye, Kluwer Law International, 2000, aux pp 331–333.

[56] *Ibid.*

[57] Il y a en 2015 au total 28 États membres.

[58] UE, *Traité sur l'Union européenne* [2012] JO n ° C 326.

> La détermination de l'entité politique compétente dans chaque cas dépend de son aptitude à réaliser l'objet en cause de la meilleure manière possible. Tout exercice de la souveraineté sera donc soumis à l'examen de son adéquation au sens de la subsidiarité et éventuellement adapté afin d'assurer la meilleure réalisation possible des valeurs recherchées[59].

Besson juge que l'exercice de la souveraineté dans le contexte européen est passé « d'un simple exercice individuel à une entreprise coopérative »[60], et qu'elle n'est pas nécessairement « amoindrie » par la nature coopérative de son exercice qui est simplement plus « concerté par son partage »[61]. En ce sens, l'obligation de coopérer, en devenant une exigence minimale pour l'exercice de la souveraineté, tend à être même incorporée dans la souveraineté. Cette tendance constitue une réponse à l'accroissement de l'interdépendance entre les États souverains et a ainsi redéfini leur mode de comportement.

Chapitre 3. Le principe de la souveraineté dans le domaine des cours d'eau transfrontaliers

L'interdépendance humaine dans l'utilisation de l'eau entraîne inévitablement la nécessité d'une coopération efficace entre les pays d'amont et d'aval. L'obligation générale de coopérer est l'un des principes fondamentaux du droit international des cours d'eau transfrontaliers. Nous sommes aujourd'hui convaincus que « the management of international watercourses should be determined less by the traditional notion of 'restricted sovereignty' than by a positive spirit of cooperation and effective interdependence »[62].

---

[59] Samantha Besson, « La souveraineté coopérative en Europe ou comment la Suisse pourrait être à la fois européenne et souveraine » dans T. Balmelli dir, *La Suisse saisie par l'Europe*, Éditions interuniversitaires suisses, 2003, 5 à la p 11 [Besson].

[60] *Ibid* à la p 8.

[61] *Ibid.*

[62] Green Cross International, *supra* note 7 à la p 18.

Dans le domaine des cours d'eau internationaux, l'émergence à la fin du 19e siècle de différentes doctrines sur la souveraineté reflète aussi le rapprochement de la notion de souveraineté et de l'obligation de coopérer. Ces doctrines sur l'utilisation des eaux transfrontalières proposaient deux stratégies opposées : la non-coopération et la coopération.

Stratégie non coopérative : la doctrine Harmon et l'intégrité territoriale absolue

En 1896, Judson Harmon a établi la fameuse doctrine Harmon dans son avis judiciaire sur la dérivation des eaux du fleuve Rio Grande[63]. Selon cette doctrine, pour la distribution des ressources en eau, la souveraineté territoriale des États riverains devrait être prioritaire par rapport à n'importe quel facteur ou circonstance. Elle reconnaît à l'État l'entière souveraineté sur les ressources hydriques situées sur son territoire, et elle justifie l'utilisation unilatérale des États d'amont au détriment des intérêts des États d'aval ou de ceux qui ont un intérêt direct.

La doctrine de l'intégrité absolue du territoire (ou la doctrine des droits des riverains)[64] est diamétralement opposée à la précédente. Elle préconise que les États d'aval soient habilités à exiger de leurs voisins d'amont la même quantité et qualité d'eau que celle qui leur serait assurée par le cours naturel du fleuve, soit l'intégralité du débit de celui-ci. Cette doctrine confère ainsi un droit de veto aux pays d'aval et a été invoquée par l'Espagne dans l'affaire du lac Lanoux[65].

Oubliant que la souveraineté comporte à la fois des devoirs et des droits, les deux doctrines adoptent une stratégie non coopérative. La

---

[63] Cette doctrine a été « buried, not praised » d'après McCaffrey. Voir Stephen McCaffrey, « Harmon Doctrine One Hundred Years Later: Buried, Not Praised » (1996) 36, *Nat Resources J* 549 ; voir aussi Stephen McCaffrey, « An Assessment of the Work of the International Law Commission » (1996) 36, *Nat Resources J* 297 [McCaffrey].

[64] Voir aussi Lucius Caflisch, « Règles générales du droit des cours d'eau internationaux » dans *Recueil des Cours de l'Académie de Droit international de La Haye, 1989-VII*, Martinus Nijhoff Publishers, 1992 à la p 51 [Caflisch].

[65] *Affaire du Lac Lanoux (Espagne c. France)* (1957), 7 Recueil des sentences arbitrales 281 [Affaire de Lac Lanoux].

doctrine Harmon était favorable aux États d'amont, tandis que la doctrine de l'intégrité absolue du territoire mettait l'accent sur les intérêts des États d'aval. Elles constituent deux extrêmes d'un même continuum[66] et proposent une stratégie totalement non coopérative.

Figure 1 Stratégie non coopérative et stratégie coopérative

Stratégie non coopérative

Droit international de coexistence :

Souveraineté territoriale absolue (États d'amont) ⟷ Intégrité territoriale absolue (États d'aval)

Stratégie coopérative

Droit international de coopération :

Souveraineté limitée ou intégrité territoriale limitée, Communauté d'intérêts

En pratique, aucune des deux n'a reçu d'appui réel. Après la publication de l'avis de Harmon, les États-Unis ont négocié activement avec le Mexique, ce qui a entraîné en 1906 la signature d'une convention bilatérale[67]. Le Mexique a obtenu des États-Unis 60 000 acres à pied de l'eau par année et en retour, les États-Unis ont eu le droit de compléter la construction du barrage. De même, dans l'affaire du lac Lanoux, le tribunal arbitral n'a pas non plus appuyé le veto espagnol, puisqu'il apporte « une restriction essentielle à la souveraineté d'un État, ce qui paralyse [ainsi] l'exercice de la compétence territoriale d'un autre État »[68]. D'après le tribunal,

> La règle suivant laquelle les États ne peuvent utiliser la force hydraulique des cours d'eau internationaux qu'à la

---

[66] Voir la figure 1, ci-dessus.

[67] *The Convention between the United States of America and Mexico Concerning the Equitable Distribution of the Waters of the Rio Grande for Irrigation Purposes*, 21 May 1906, en ligne: <http://www.ibwc.gov/Files/1906Conv.pdf> [*Convention Rio Grande*].

[68] L'Affaire de Lac Lanoux, *supra* note 65 à la p 306.

condition d'un accord préalable entre les États intéressés ne peut être établie ni à titre de coutume ni encore moins à titre de principe général du droit[69].

Stratégie coopérative : la souveraineté limitée, l'intégrité territoriale limitée et la doctrine de communauté des intérêts

La doctrine de la souveraineté limitée ou de l'intégrité territoriale limitée[70] est à la base du principe de l'utilisation raisonnable et équitable de l'eau. C'est aussi la doctrine dominante aujourd'hui. D'après cette doctrine, tout État peut faire usage de la partie d'un cours d'eau située sur son territoire aussi longtemps qu'il ne cause pas un préjudice important à d'autres États riverains.

Le droit international sur les cours d'eau transfrontaliers n'a jamais cessé de remettre en cause le principe de la souveraineté absolue. L'affirmation de la liberté de navigation sur les voies d'eau internationales représente l'exemple parfait de la souveraineté limitée en droit international. La servitude de passage, qui tire son origine du droit romain constitue d'abord une règle du droit civil, selon laquelle le propriétaire doit autoriser son voisin à l'accès d'un terrain à un autre. De même, en droit international, au sujet du droit de navigation sur les fleuves partagés entre plusieurs États, il existe également un droit de servitude de passage qui restreint la souveraineté territoriale des États riverains[71]. En 1868, les six États riverains du Rhin ont signé ensemble la Convention de Mannheim[72] qui accordait la liberté de navigation sur

---

[69] *Ibid* à la p 308.

[70] Voir Kohen, *supra* note 13 ; voir aussi McCaffrey 2007, *supra* note 31.

[71] L'existence du droit de servitude en droit international reste encore très controversée. Voir The Maurizio Ragazzi, *The Concept of International Obligations Erga Omnes*, Oxford, Clarendon Press, 1997 aux pp 19-24 [Ragazzi]; voir aussi Boleslaw Adam Boczek, International Law : A Dictionnary, Scarecrow Press, 2005, *sub verbo*, « 225. Servitude » ; William Edward Hall, *A treatise on international law*, 8e éd, Oxford, Higgins, A.P., 1924 à la p 203.

[72] *Convention révisée pour la navigation du Rhin*, Grand-Duché de Bade, la Bavière, la France, la Grand-Duché de Hesse, les Pays-Bas et la Prusse, 17 octobre 1868, RO 1969 1645. (le 20 novembre 1963 a été signé, à Strasbourg, la Convention portant l'amendement de la Convention revisée pour la navigation du Rhin de Mannheim du 17 octobre 1868. Voir Henri Walther, « la révision de

le Rhin à tous les États riverains. Le traité de Versailles[73] a étendu ce privilège aux bateaux de toutes les nations en statuant que « les bateaux de toutes les nations et leurs chargements jouiront de tous les droits et privilèges accordés aux bateaux appartenant à la navigation du Rhin et à leurs chargements » [74] . En 1923, dans l'Affaire du vapeur Wimbledon[75], la CPIJ a estimé ceci :

> Lorsqu'une voie d'eau artificielle mettant en communication deux mers libres, a été affectée d'une manière permanente à l'usage du monde entier, cette voie se trouve assimilée aux détroits naturels, en ce sens que le passage même d'un navire de guerre belligérant ne compromet pas la neutralité de l'État souverain sous la juridiction duquel se trouvent les eaux dont il s'agit [...][76].

En utilisation l'expression « une voie [...] affectée d'une manière permanente à l'usage du monde entier », la CPJI a affirmé la liberté de navigation sur les voies d'eau mêmes d'un « navire de guerre », malgré la neutralité de l'Allemagne, imposant ainsi une restriction même plus grave à la souveraineté de l'État.

Tandis que la doctrine de la souveraineté limitée correspondait au droit international traditionnel de coexistence, la doctrine de communauté des intérêts renvoie plutôt au droit international de coopération. Elle propose de « dénationaliser les cours d'eau en ôtant la gestion aux États individuels pour la confier à des organismes communs

---

la Convention de Mannheim pour la navigation du Rhin » (1965) 11 : 11, *Annuaire français du droit international*, 810.)

[73] *Traité de Versailles,* 1919, en ligne : <http://www.herodote.net/Textes/tVersailles1919.pdf>.

[74] L'article 356 du Traité de Versailles.

[75] *Affaire du vapeur Wimbledon* (1923), CPJI (sér A) n 1 à la p 6 [affaire du vapeur Wimbledon], en ligne : <http://www.icj-cij.org/pcij/serie_A/A_01/03_Wimbledon_Arret_08_1923.pdf>. Elle s'agit d'un différend entre l'Angleterre, la France, l'Italie, le Japon et la Pologne d'une part et l'Allemagne d'autre part.

[76] *Ibid,* Affaire du vapeur Wimbledon, à la p 28.

tenus d'agir au profit de l'ensemble de ces États »[77]. La doctrine a été invoquée officiellement pour la première fois dans l'Affaire de l'Oder[78]. Selon la Cour permanente de justice internationale,

> Cette communauté d'intérêts sur un fleuve navigable devient la base d'une communauté de droit, dont les traits essentiels sont la parfaite égalité de tous les États riverains dans l'usage de tout le parcours du fleuve et l'exclusion de tout privilège d'un riverain quelconque par rapport aux autres[79].

Comme les États riverains ayant une communauté d'intérêts sont égaux entre eux, ils ont le droit d'utiliser de manière équitable et raisonnable les cours d'eau, mais ils ont aussi l'obligation de coopérer.

Même si les États ne sont pas tous prêts à l'accepter et malgré sa tendance idéaliste, la doctrine de communauté des intérêts se retrouve dans certaines pratiques des États[80]. Le préambule du *1995 Agreement on the Cooperation for the Sustainable Development of the Mekong River Basin*[81] utilise l'expression « la communauté des Nations Mékong ». Le terme « actions collectives »[82] prévu dans la *Convention*

---

[77] Caflisch, *supra* note 64 à la p 60.

[78] Voir *Affaire relative à la juridiction territoriale de la Commission internationale de l'Oder (Allemagne, Danemark, France, Grande-Bretagne, Suède, Tchécoslovaque c. Pologne)* [1929], Cour permanente internationale de justice, CPIJ rec série A N 23 [Affaire de l'Oder] ; voir aussi Caflisch, *supra* note 64 à la p 60.

[79] *Ibid*, Affaire de l'Oder à la p 27.

[80] Beatriz Garcia, « Exercising a Community of Interests: A Comparison Between the Mekong and the Amazon Legal Regimes » (2009) 39, *Hong Kong LJ* 421.

[81] *Agreement on the cooperation for the sustainable development of the Mekong River Basin*, Cambodge, Laos, Viet Nam, Thailand, Birmanie,4 May 1995, 2069 RTNU 3, 34 ILM 864[*Accord du Mékong*].

[82] Mesures prises conjointement : établissement d'un système d'avertissement et d'information, création d'un inventaire des sources de pollution, etc.

pour la protection du Rhin[83] et la *Convention sur la protection du Danube de 1994*[84] fait aussi écho à l'idée que les cours d'eau transfrontaliers constituent en quelque sorte le patrimoine commun des États riverains et que les États concernés forment ainsi une communauté d'intérêts.

Cette doctrine n'a pourtant pas été généralement reconnue[85]. Selon Caflish, la communauté d'intérêts suppose que les cours d'eau sont la propriété commune de tous les États concernés. Il se forme ainsi un « condominium » de ces États. D'après Caflish, l'existence de ce condominium impliquerait que « chacun dispose d'un droit de veto dès qu'un autre État envisage d'entreprendre une nouvelle activité »[86]. Comme nous l'avons indiqué dans la doctrine de l'intégrité territoriale absolue, ce droit de veto, ne trouve pas encore de fondement dans le droit international ou dans les pratiques générales des États. Il n'en reste pas moins que la doctrine de la communauté d'intérêts indique l'orientation des pratiques d'États en matière de cours d'eau transfrontaliers[87].

Pour conclure, il est aujourd'hui généralement reconnu que la notion de souveraineté permanente est limitée par l'obligation de ne pas causer de dommages significatifs ; c'est une obligation de *non-facere*. Pourtant, en pratique, les États souverains sont généralement forcés d'agir de façon plus active. Il nous faut reconnaître que, dans le cadre des cours d'eau transfrontaliers, l'interdépendance des États souverains s'est renforcée par leurs interactions. Grâce à cette interdépendance, le droit international est passé du droit de coexistence[88] composé principalement des règles d'abstention, au droit

---

[83] *Convention pour la protection du Rhin*, France, Allemagne, Luxembourg, Pays-Bas et Suisse 12 avril 1999 (entrée en vigueur : le 1er janvier 2003) [*Convention pour la protection du Rhin*].

[84] *Convention sur la coopération pour la protection et l'utilisation durable du Danube, Jo* n° L 342 du 12/12/1997 à la p 19 (entrée en vigueur 22 oct. 1998) [*Convention du Danube*], en ligne :<http://europa.eu.int/eur-lex/fr/lif/dat/1997/fr_397D0825.html>.

[85] Caflisch, *supra* note 64 ; McCaffrey, *supra* note 63.

[86] Caflisch, *supra* note 64 à la p 61.

[87] Voir aussi McCaffrey, *supra* note 63.

[88] Leb 2013, *supra* note 49, à la p 33.

de coopération qui comprend essentiellement des obligations positives de *facere*. Comme le dit Friedmann,

> [t]here has been a shift from a state-centred model derived from the peace of Westphalia, which sanctioned an international law of coexistence, towards a more collaborative approach based on common interests and values, giving rise to an international law of cooperation[89].

Dans une étude assez approfondie, Smith a aussi montré dans son livre *The Economic Uses of International Rivers*[90] que de nombreux principes en droit international en matière de cours d'eau transfrontaliers provenaient des pratiques des États ; le premier de ces principes est :

> the positive duty of every government concerned to co-operate to the extent of its power in promoting this development, though it cannot be called upon to imperil any vital interest or to sacrifice without full compensation and provision for security any other particular interest of its own [...][91].

Ainsi, chaque bassin fluvial constitue naturellement un « ensemble unitaire »[92] indivisible qui est donc destiné à développer un système visant à servir la communauté, et ce peu importe qu'elle soit divisée ou non en deux ou plusieurs entités politiques. La notion d'ensemble unitaire n'implique pas l'exclusion des intérêts d'un État ou l'exercice de sa souveraineté. Bien au contraire, le bon fonctionnement d'un

---

89 Friedmann, *supra* note 52 à la p 60 ; voir aussi Georges Abi-Saab, « The Changing World Order and the International Legal Order: The Structural Evolution of International Law Beyond the State-centric Model » dans Yoshikazu Sakamoto, dir, *Global Transformation : Challenges to the State System*, New York, United Nations Univ. Press, 1994, 439.

90 Herbert Arthur Smith, *The Economic Uses of International Rivers*, Londres, PS. King & Son, 1931.

91 *Ibid* à la p 150.

92 Article 2 (a) de la *Convention de New York*.

régime de coopération, qui a pour objectif principal la réalisation des intérêts communs dans le bassin, sera assuré par l'exercice raisonnable de la souveraineté coopérative des États riverains.

Conclusion de TITRE I

La souveraineté westphalienne, qui suppose une égalité et une indépendance totale des États, implique un droit international de coexistence, de *non-facere*. Dans notre thèse, nous essayons de prouver qu'au lieu d'être une idée démodée et abandonnée, la souveraineté n'a pas perdu son importance en droit international. La souveraineté a connu, elle aussi, une évolution historique pour s'adapter aux pratiques des États qui sont plus coopératifs que conflictuels, surtout dans l'utilisation des ressources en eau communes. Nous avons démontré que l'incorporation de la notion de coopération dans le principe est une tendance manifeste. Elle consiste à transformer le droit de coexistence, qui se compose principalement de règles d'abstention, en droit de coopération qui comprend essentiellement des obligations positives de *facere*, dont la plus représentative est l'obligation de coopérer.

TITRE II

Nature normative de l'obligation de coopérer en droit international

Dans le Titre II, nous essayons de répondre à deux questions : premièrement, cette obligation de coopérer est-elle une règle du droit conventionnel ou du droit coutumier international (Chapitre 1) ; deuxièmement, s'agit-il d'une obligation de nature procédurale ou plutôt d'un principe portemanteau offrant la base nécessaire aux autres principes généraux (Chapitre 2) ? Nous allons proposer une réponse à chacune de ces deux questions.

Chapitre 1. L'obligation de coopérer : règle émergente du droit international coutumier

Le droit coutumier constitue, avec les conventions internationales et les principes généraux de droit reconnus par les nations civilisées, une source principale du droit international. Si le principe de coopérer est généralement reconnu comme l'un des principes fondamentaux du droit international, l'affirmation en droit coutumier de l'obligation de coopérer provoque encore de vives contestations.

Dans un cadre coopératif, la notion d'obligation implique une certaine conformité internationale des États aux règles tant procédurales que fondamentales. Que signifie cette obligation de coopérer en droit international, est-elle une règle du droit international coutumier ? En droit international, les normes du droit coutumier se distinguent de celles du droit conventionnel par le fait que celles-ci ne se justifient que par un accord des États concernés et ne sont contraignantes que pour ceux qui ont participé à la création de ces normes. Par contre, les normes du droit coutumier trouvent leur fondement dans une pratique étatique étendue, représentative et généralement acceptée comme étant le droit[93]. L'obligation de coopérer est officiellement définie dans la *Convention de New York* qui est une codification à la fois du droit coutumier et des règles coutumières émergentes en droit international.

Est-ce que l'obligation de coopérer peut constituer une norme du droit international coutumier ayant force contraignante pour tous les États ? Une étude de la nature normative de l'obligation de coopérer en droit international consiste donc à répondre à la question soulevée par McCaffrey : « it is all well and good to champion the proposition that states *should* cooperate, but can it be established that they *must* ? »[94]. En d'autres mots, existe-t-il à la charge de tous les États une obligation juridique de coopérer ? Nous allons démontrer dans ce chapitre que l'obligation de coopérer constitue pour l'instant une règle émergente du droit international coutumier. Pour ce faire, nous étudierons tout d'abord les pratiques des États en droit international conventionnel et par la suite les discours dans la *soft law* (en particulier, les résolutions de l'Assemblée générale). Enfin, les opinions des juristes spécialisés dans le domaine des cours d'eau internationaux et les décisions judiciaires ou arbitrales vont nous servir de preuves complémentaires de la nature normative de l'obligation de coopérer en droit international.

Section 1. L'obligation de coopérer dans les conventions internationales

Les conventions multilatérales « have an importance role to play in recording and defining rules deriving from custom or indeed in developing them »[95]. Nous pouvons trouver des preuves de l'existence de l'obligation de coopérer dans les conventions internationales.

---

[93] Voir l'article 38 du *Statut de la Cour internationale de Justice*. *Statut de la Cour internationale de justice*, 26 juin 1945, RT Can 1945 no 7 [*Statut de la CIJ*]

[94] McCaffrey 2007, *supra* note 31 à la p 401.

[95] *Affaire du plateau continental (Jamahiriya arabe libyenne/Malte)* [1985], CIJ rec 1985, 13 à la p 29 para 27, en ligne : ICJ < http://www.icj-cij.org/docket/files/68/6415.pdf >.

Néanmoins, l'obligation de coopérer est interprétée différemment quand il s'agit de cours d'eau transfrontaliers. Nous allons montrer cette différence dans cette section.

Après la Deuxième Guerre mondiale, les États membres des Nations Unies ont exprimé leur volonté commune de « réaliser la coopération internationale en résolvant les problèmes internationaux d'ordre économique, social, intellectuel ou humanitaire, en développant et en encourageant le respect des droits de l'homme et des libertés fondamentales pour tous, sans distinctions de race, de sexe, de langue ou de religion »[96]. Une obligation de coopérer a été reconnue dans l'article 56 de la Charte des Nations Unies, selon lequel « [l]es membres s'engagent, en vue d'atteindre les buts énoncés à l'article 55, à agir, tant conjointement que séparément, en coopération avec l'Organisation ».

Dans la même Charte, l'article 2.1 stipule que « l'Organisation est fondée sur le principe de l'égalité souveraine de tous les membres ». Avec l'apparition des nouveaux États indépendants dans les années 1950, le développement du droit international s'est manifesté par l'affirmation internationale du principe de l'égalité entre tous les États à l'ONU. Le principe « un État, une voix » a permis à tous les États membres, peu importe leur taille et leur importance politique, de s'affirmer sur la scène internationale et de participer réellement à la prise de décisions et à l'élaboration des règles internationales. Cette égalité des souverainetés constitue le fondement indispensable du droit international contemporain et donc du principe de coopération. Néanmoins, les États nouvellement indépendants ne se contentent pas d'une simple égalité diplomatique ou procédurale ; ils revendiquent une « égalité substantielle » en proposant un « nouvel ordre »[97] politico-

[96] L'article 1.3 de la Charte. L'article 13 et l'article 62 ont également abordé le principe de coopération à différents niveaux.

[97] Selon Cot et Pellet, « [l] e concept de nouvel ordre n'est pas apparu aussi soudainement qu'on le dit parfois : certains pays du Tiers Monde, soucieux de voir se traduire dans les faits et s'inscrire dans le droit, les conséquences de l'accession de nombre d'entre eux à l'indépendance, ont utilisé l'expression dès le début des années 1960. » Voir Jean-Pierre Cot et Alain Pellet, La Charte des Nations Unies, Paris, Economica, 1991 à la p 1967 [Cot et Pellet].

économique international. Cette égalité substantielle a pour but de garantir le droit au développement[98] des pays du Tiers Monde. C'est sur la base de cette égalité substantielle que la Communauté internationale[99] a consenti à l'établissement de régimes préférentiels en faveur des pays en développement, surtout dans le domaine économique.

L'obligation de coopérer prend aussi une importance particulière dans le domaine des droits de l'homme. En 1966, le *Pacte international relatif aux droits économiques, sociaux et culturels*[100] affirme dans l'article 2 :

> Chacun des États partis au présent Pacte s'engage à agir, tant par son effort propre que par l'assistance et la coopération internationales, notamment sur les plans économique et technique, au maximum de ses ressources disponibles, en vue d'assurer progressivement le plein exercice des droits reconnus dans le présent Pacte par tous

---

Lors de la sixième session extraordinaire de l'Assemblée générale, les membres ont proclamé leur volonté d'instaurer « un nouvel ordre économique international fondé sur l'équité, l'égalité souveraine, l'interdépendance, l'intérêt commun et la coopération entre tous les États indépendamment de leur système économique et social, qui corrigera les inégalités et rectifiera les injustices actuelles, permettra d'éliminer le fossé croissant entre les pays développés et les pays en voie de développement [...] ». Voir *Déclaration concernant l'instauration d'un nouvel ordre économique international,* Rés AG 3201 (S.VI), Doc off AG NU, 1970.

[98] Voir la discussion plus approfondie du droit au développement aux pp 219-225, ci-dessous.

[99] Sur la « communauté internationale », voir Francis Chateauraynaud, « Une entéléchie d'après la guerre froide : Note sur les modes d'existence de la communauté internationale » (2002), en ligne : Halshs <https://halshs.archives-ouvertes.fr/halshs-00114311> ; voir aussi John G. Guggie, « What Makes the World Hang Together? Neo-utilitarianism and the Social Constructivist Challenge » (1998) 52, International Organization 855 ; Alexander Wendt, « Collective Identity Formation and the International State » (1994) 88, American Political Science Review 384 [Wendt 1994].

[100] *Pacte international relatif aux droits économiques, sociaux et culturels,* 16 décembre 1966, 993 RTNU 13 [*le Pacte*].

les moyens appropriés, y compris en particulier l'adoption de mesures législatives.

Selon la plupart des auteurs, en juxtaposant les obligations d'assistance et de coopération internationale, le Pacte entend imposer aux pays développés l'obligation de fournir une aide tant économique que technologique aux pays en voie de développement[101].

La même tendance se manifeste dans les accords internationaux relatifs à la protection de l'environnement. Les régimes préférentiels institués en droit international de l'environnement consistent à « integrate developing countries into international environmental regimes »[102]. Comme les éléments environnementaux de notre planète constituent un ensemble indivisible et qu'aucun pays, face à la globalisation des problèmes, ne peut trouver ou imposer seul une solution, la coopération internationale représente une exigence impérative pour la gestion internationale des ressources et la protection globale de l'environnement. Presque tous les accords environnementaux d'application mondiale ou régionale ont intégré dans leurs textes des dispositions sur la coopération entre les États. Cependant, comme les États en voie de développement sont souvent désavantagés dans les mesures de protection globale de l'environnement, et comme les États développés sont censés avoir l'obligation de fournir de l'aide technologique ou économique aux États en développement, ceux-ci bénéficient ainsi d'un droit international à recevoir de l'aide de la part des États développés[103].

Prenons l'exemple de la *Convention sur la diversité biologique*[104] qui a été signée au cours de la Conférence des Nations Unies sur l'environnement et le développement, tenue à Rio de Janeiro du 3 au

---

[101] Voir Philip Alston et Gerard Quinn, « The Nature and Scope of States Parties' Obligations under the International Covenant on Economic, Social and Cultural Rights » (1987) 9 : 2, *Human Rights Quarterly* 156 aux pp 186-229.

[102] Voir Lavanya Rajamani, *Differential Treatment in International Environemental Law*, Oxford, Oxford University Press, 2006 à la p 1.

[103] Allain Pellet, *Le droit international du développement*, 2e éd, Paris, Presses universitaires de France, 1987 à la p 87.

[104] *Convention sur la diversité biologique*, 5 juin 1992, 1760 RTNU 79 (entrée en vigueur : 29 décembre 1993) [*CDB*].

14 juin 1992. Nous avons remarqué un appauvrissement considérable de la diversité biologique au niveau mondial. La CDB vise donc à conserver et à utiliser d'une façon durable la diversité biologique. D'une part, la biodiversité est beaucoup plus riche dans les pays tropicaux que dans les pays au climat tempéré. D'autre part, les États développés ont réduit la biodiversité biologique, surtout par le déboisement durant leur industrialisation. Il en résulte que la plupart des ressources génétiques se retrouvent maintenant dans les États en voie de développement. Tandis que les utilisateurs de ces ressources peuvent obtenir d'importants avantages des activités pharmaceutiques et biochimiques sans que les « pays source » (souvent les pays en voie de développement qui fournissent les ressources génétiques) n'en tirent profit. La CDB a ainsi établi un régime de l'accès et du partage juste et équitable des avantages provenant de l'utilisation commerciale des ressources génétiques (APA)[105]. Selon l'article 5 du *Protocole de Nagoya sur l'accès aux ressources génétiques et le partage juste et équitable des avantages découlant de leur utilisation relative à la Convention sur la diversité biologique*[106] :

> Les avantages découlant de l'utilisation des ressources génétiques et des applications et de la commercialisation subséquentes sont partagés de manière juste et équitable avec la Partie qui fournit lesdites ressources et qui est le pays d'origine de ces ressources ou une Partie qui a acquis les ressources génétiques conformément à la Convention.

[105] Voir Morten Walløe Tvedt et Tomme Rosanne Young, *Au-delà de l'accès: l'application du partage juste et équitable des avantages en vertu de la CBD*, IUCN, 2009 à la p 1.

[106] *Protocole de Nagoya sur l'accès aux ressources génétiques et le partage juste et équitable des avantages découlant de leur utilisation relative à la Convention sur la diversité biologique,* 29 décembre 2010, en ligne : Collection des traités des Nations Unies <https://treaties.un.org/doc/Publication/UNTS/No%20Volume/30619/A-30619-08000002802b5335.pdf> (entré en vigueur: 12 octobre 2014) [*Protocole de Nagoya*].

La célèbre *Convention-cadre des Nations Unies sur les changements climatiques*[107] qui a affirmé le principe de responsabilité commune, mais différenciée[108], a institué elle aussi un régime préférentiel pour les pays en développement. Le *Protocole de Kyoto à la Convention-cadre des Nations Unies sur les changements climatiques*[109] est ouvert aux 189 pays Parties à la CCNUCC, et a été ratifié par 184 pays, mais il comporte un engagement de réduction des émissions seulement pour les pays visés à l'annexe 1, c'est-à-dire, les 38 pays industrialisés ou en transition vers une économie de marché. Un régime préférentiel en faveur des pays en développement est mentionné également dans l'article 4 de la *Convention de Vienne pour la protection de la couche d'ozone*[110] :

> Les Parties coopèrent, conformément à leurs législations, réglementations et pratiques nationales, et en tenant compte, en particulier, des besoins des pays en développement, pour promouvoir, directement ou par l'intermédiaire des organes internationaux compétents, la mise au point et le transfert de technologie et de connaissances. La coopération se fera notamment par les moyens suivants : a) Faciliter l'acquisition de technologies de remplacement par les autres Parties; b) Fournir des renseignements sur les technologies et le matériel de remplacement et des manuels ou des guides spéciaux à leur sujet; c) Fournir le matériel et

---

[107] *Convention-cadre des Nations Unies sur les changements climatiques,* 9 mai 1992, 1771 RTNU 107 (entrée en vigueur : 21 mars 1994) [*CCNUCC*].

[108] L'article 3 de la CCNUCC :

> « Il incombe aux Parties de préserver le système climatique dans l'intérêt des générations présentes et futures, sur la base de l'équité et en fonction de leurs responsabilités communes, mais différenciées et de leurs capacités respectives. Il appartient, en conséquence, aux pays développés parties d'être à l'avant-garde de la lutte contre les changements climatiques et leurs effets néfastes. »

[109] *Protocole de Kyoto à la Convention-cadre des Nations Unies sur les changements climatiques*, 11 décembre 1997, 2303 RTNU 162 (entrée en vigueur : 16 février 2005) [*Protocole de Kyoto*],

[110] *Convention de Vienne pour la protection de la couche d'ozone,* 1985, 1513 RTNU 339 (entrée en vigueur : 22 septembre 1988) [*Convention de Vienne de 1985*].

les installations de recherche et d'observations systématiques nécessaires; d) Assurer la formation appropriée du personnel scientifique et technique.

Ce régime préférentiel est donc institué dans la plupart des conventions internationales en matière de la protection de l'environnement, dans lesquelles le mot coopération pourrait être remplacé par le mot assistance. Il s'agit d'une obligation de coopération interprétée comme le traitement différentiel qui « does not encompass every deviation from the principle of sovereign equality [...] refers to non-reprocical arrangements which seek to foster substantive equality in the international community »[111].

Pour ce qui est de l'utilisation des cours d'eau transfrontaliers, le « devoir » de coopérer est d'abord apparu dans la *Résolution sur la pollution des fleuves et des lacs et le droit international*[112], rédigée en 1979 par l'Institut du droit international. La Résolution d'Athènes représenta à l'époque une codification du droit international en matière de cours d'eau transfrontaliers.

La coopération est interprétée différemment dans le domaine des cours d'eau internationaux. Les différences entre les pays du nord et les pays du sud ne représentent pas vraiment un facteur déterminant dans les relations internationales hydriques. Lorsqu'il y a coopération pour l'utilisation de cours d'eau internationaux, les acteurs principaux ne sont pas les pays développés et les pays en développement, mais plutôt les États d'amont et les États d'aval. Cette obligation de coopérer découle ainsi plutôt du principe de bon voisinage que du principe de l'égalité, car les États tendent à mettre l'accent sur la réciprocité.

---

111 Philippe Cullet, *Defferential Treatement in International Environmental Law*, Burlington, Ashgate Publishing Limited, 2003 à la p 15.

112 IDI, *La pollution des fleuves et des lacs et le droit international*, session d'Athènes, 1979 [*Résolution d'Athènes*]. Selon l'article VII de la résolution d'Athènes « [d] ans l'exercice de *leur devoir de coopération*, les États faisant partie d'un même bassin fluvial ou lacustre recourent, dans toute la mesure du possible, notamment par la voie d'accords, aux modalités suivantes de coopération [...] ».

La *Convention de New York* se distingue par sa définition impartiale de l'obligation générale de coopérer. En 1997, elle a proposé pour la première fois dans une convention internationale d'application mondiale, une obligation générale de coopérer en matière d'utilisation des cours d'eau internationaux. Cette Convention, qui est aussi une codification des règles du droit international général concernant les utilisations des cours d'eau internationaux à des fins autres que la navigation, reflète le développement progressif du droit international dans ce domaine [113]. Elle englobe à la fois des règles du droit international coutumier et d'autres règles qui sont en train d'apparaître, comme l'obligation de coopérer qui gagne peu à peu une reconnaissance internationale. À noter qu'il n'existe pas de régime préférentiel pour les pays en voie de développement dans le cadre de la *Convention de New York.*

Dans la *Convention sur la protection et l'utilisation des cours d'eau transfrontaliers et des lacs internationaux de 1992*[114], la nécessité de coopérer a également été mentionnée maintes fois. La *Convention d'Helsinki* met en lumière l'importance de l'aspect institutionnel de la coopération internationale dans la gestion des eaux transfrontalières et suggère aux États riverains de créer un organisme de coopération « sur une base d'égalité et de réciprocité »[115]. Cette position fait écho à celle de la *Convention de New York* selon laquelle le principe de l'utilisation raisonnable et équitable représente le principe primordial qui devrait sous-tendre la coopération internationale hydrique.

---

[113] *Développement progressif et codification des règles de droit international relatives aux voies d'eau internationales,* Rés AG 2669, Doc off AG NU, 25e sess, Doc NU A/2669 (1970). L'Assemblée générale des Nations Unies recommandait à la Commission du droit international (CDI) d'entreprendre « l'étude du droit relatif aux utilisations des voies d'eau internationales à des fins autres que la navigation, en vue du développement progressif et de la codification de ce droit ».

[114] *Convention sur la protection et l'utilisation des cours d'eau transfrontaliers et des lacs internationaux,* 19 mars 1992, 1936 RTNU 269 [*Convention d'Helsinki*].

[115] Voir l'article 2 de la *Convention d'Helsinki,* il stipule que « les Parties riveraines coopèrent sur une base d'égalité et de réciprocité, notamment au moyen d'accords bilatéraux et multilatéraux. »

Le droit international des cours d'eau transfrontaliers propose donc une obligation de coopérer fondée sur la réciprocité et l'équité de l'utilisation des eaux entre des États voisins riverains. Le principe de l'égalité substantielle qui implique un traitement différentiel pour les pays moins développés ne trouve pas son fondement dans les régimes internationaux de coopération hydrique. Les États d'amont et les États d'aval ont, tous, le devoir de coopérer également dans la gestion des cours d'eau transfrontaliers.

Cette particularité est due aux différences entre les ressources visées. Dans le cas de la CDB, la disparité géographique des ressources génétiques coïncide avec la disparité des richesses économiques. Les pays moins développés ont pu conserver la plus grande diversité biologique de notre planète, ce qui implique une énorme réserve des ressources génétiques, tandis que les pays développés, qui ont longtemps déboisé leurs forêts vierges, disposent du savoir-faire nécessaire à l'exploitation des ressources génétiques. Cette disparité n'existe pas dans le cas des cours d'eau transfrontaliers. Bien au contraire, les États qui partagent les mêmes cours d'eau tendent à avoir un niveau de développement économique et social comparable, à cause des facteurs géopolitiques similaires [116]. Cette situation facilite l'établissement de régimes coopératifs fondés sur la réciprocité et l'équité.

L'effet global des changements climatiques ne s'applique pas non plus au cas des cours d'eau transfrontaliers. Les ressources en eau sont généralement assujetties au principe de la souveraineté permanente de l'État sur ses ressources naturelles. L'utilisation conflictuelle et concurrentielle des ressources en eau peut parfois être étroitement liée aux revendications territoriales. C'est pourquoi les accords de coopération hydrique ne s'appliquent souvent qu'aux États riverains d'un fleuve donné.

---

[116] Ce qui est le cas du bassin du Rhin, du bassin du Bas Mékong, du bassin du fleuve Sénégal et du bassin de l'Indus. Voir l'analyse plus approfondie des régimes coopératifs établis au sein des quatre bassins fluviaux aux pp 120-178, ci-dessous.

Par conséquent, le droit international des cours d'eau transfrontaliers consiste à réglementer les relations entre des États voisins pour l'utilisation d'un cours d'eau. L'obligation générale de coopérer proposée dans la *Convention de New York* est, en effet, une obligation de coopérer entre voisins, c'est-à-dire, qu'elle découle du principe de bon voisinage en droit international.

Les États ne peuvent pas échapper à leurs relations de voisinage. En droit international, le concept juridique de voisinage, emprunté au droit privé, a été développé « surtout pour les eaux séparant les États voisins, ou passant d'un État à un autre État voisin »[117]. En droit privé, il s'agit « en substance des obligations du propriétaire d'un fonds qui, dans l'exercice de ses droits, doit avoir certains égards pour la propriété de son voisin »[118]. En exerçant son droit, le propriétaire peut faire subir des dommages à son voisin. Avec le principe de bon voisinage, le législateur propose « d'éviter les conséquences nuisibles et, si elles sont produites, de réparer les dommages respectifs »[119].

En droit international des cours d'eau transfrontaliers, en raison de la contiguïté physique ou de la proximité des territoires, les États riverains se sont naturellement engagés dans des relations de voisinage[120]. Le principe de bon voisinage exige que chaque État considère de façon diligente les intérêts des autres États riverains. Pour éviter les dommages, il faut essayer de « concilier le droit d'utiliser la propre portion du territoire selon les intérêts propres et le droit de l'autre État à ne pas être affecté dans sa propre zone »[121], d'où proviennent les obligations d'informer les voisins, de négocier éventuellement avec eux et de considérer de manière sérieuse, efficace et de bonne foi leurs intérêts. Autrement dit, l'obligation de coopérer est le corolaire du principe de bon voisinage.

---

[117] Iftene Pop, *Voisinage et bon voisinage en droit international*, Paris, Éditions A. Pedone, 1980 à la p 29 [Pop].

[118] Pop, *Ibid* à la p 30.

[119] *Ibid.*

[120] Il faut néanmoins retenir qu'il existe des différences majeures entre le voisinage privé et le voisinage international. La souveraineté est un attribut essentiel d'un État souverain, mais la propriété ne sert pas à définir le propriétaire.

[121] Pop, *supra* note 117 à la p 68.

Pour conclure, en juxtaposant l'obligation d'assistance et la nécessité de coopérer, le droit international général entend en réalité instituer un régime préférentiel en faveur des pays en développement. Ce régime résulte des efforts des pays nouvellement indépendants pour établir un nouvel ordre international. En ce sens, la coopération internationale est partielle, trompeuse même, puisqu'il n'existe pas de volonté réelle de coopérer en respectant le principe de réciprocité du côté des pays en voie de développement[122]. Ainsi, l'obligation de coopérer entre États souverains n'a probablement pas de fondement solide dans le droit international général. Par contre, en droit international des cours d'eau transfrontaliers, l'obligation de coopérer découlant du principe de bon voisinage tend à se justifier. Après avoir étudié les conventions internationales, nous allons maintenant examiner l'existence de cette obligation de coopérer dans la *soft law* du droit international.

Section 2. L'insistance mise sur la coopération dans la *soft law*

La *soft law* internationale représente les sources dans lesquelles, « binding quality is somehow missing or attenuated »[123]. Néanmoins, elle joue un rôle important dans l'affirmation de l'obligation de coopérer.

Selon Dupuy, la *soft law* est un phénomène qui émerge après la Deuxième Guerre mondiale. L'existence des diverses organisations internationales a énormément facilité les négociations normatives et plurilatérales entre les États membres de la communauté internationale. Les États nouvellement indépendants, qui étaient à l'époque de nouveaux acteurs sur la scène politique et économique internationale, souhaitaient ardemment un nouvel ordre international[124]. En ce sens, la

[122] Voir Vaughan Lowe, « Sustainable Development and Unsustainable Arguments » dans Alan Boyle et David Freestone dir, *International Law and Sustainable Development : Past Achievements and Future Challenges*, Oxford, Oxford University Press, 1999, 19.
[123] Hugh Thirlway, *The Source of International Law*, Oxford, Oxford University Press, 2014 à la p 164.
[124] Voir Pierre-Marie Dupuy, « Soft Law and the International Law of the Environment » (1990) 12, *Mich. J. Int'l L.* 420.

soft law a été prise par certains juristes pour un instrument du développement de la *hard law* internationale[125].

La *soft law* qui englobe, par exemple, les résolutions de l'Assemblée générale de l'ONU et les recommandations d'organes internationaux, a énormément contribué au développement de nos connaissances sur l'existence et les implications de l'obligation de coopérer. Dans la *Déclaration relative à l'instauration d'un nouvel ordre économique international*[126], la coopération internationale a été mentionnée comme la base pour l'instauration d'un nouvel ordre économique international. *La Déclaration relative aux principes du droit international touchant les relations amicales et la coopération entre les États conformément à la Charte*[127] a aussi mentionné dans son texte « le devoir des États de coopérer les uns avec les autres conformément à la Charte » :

---

[125] Voir M. E. O'Connell, « The Role of Soft law in a Global Order » dans D. Shelton dir, *Commitment and Compliance : The Role of Non-Binding Norms in the International Legal System*, Oxford, Oxford University Press, 2000, 100; voir aussi Onuma Yasuaki, *A Transcivilizationnal Perspective on International Law*, Leiden/Boston, Matinus Nijhoff Publishers, 2010 aux pp 34-35 [Yasuaki 2010]. Selon Yasuaki, « the UNGA resolutions, the UNSC resolutions, etc. [...] have much higher values than the so-called customary international law. They can satisfy the requirements of representative legitimacy, transparency and other procedural legitimacy [...] the traditional norms of so-called customary international law cannot », parce que, d'après Onuma, les normes du droit international coutumier « were not based on customs of the majority of nations, but the product of a few powerful Western States » ; voir toutefois J. d'Asremont et T. Aalberts, « Which Future for the Scholarly Concept of Soft Law? » (2012) 25, *Leiden JIL* 309 ; J. Klabber, « The Redundancy of Soft Law » (1996) 65, *Netherlands JIL* 173.

[126] *Déclaration concernant l'instauration d'un nouvel ordre économique international*, Rés AG 3201, Doc off AG NU, 6e sess, Doc NU A/RES/3201 (S-VI), 1974, en ligne : ONU <http://daccess-dds-ny.un.org/doc/RESOLUTION/GEN/NR0/071/98/IMG/NR007198.pdf?OpenElement>.

[127] *Déclaration relative aux principes du droit international touchant les relations amicales et la coopération entre les États conformément à la Charte des Nations Unies*, Rés AG 2625, Doc off AG NU, 25e sess, A/RES/2625 (XXV), 1970 [*Déclaration relations amicales*].

> [l]es États ont le devoir de coopérer les uns avec les autres, quelles que soient les différences existant entre leurs systèmes politiques, économiques et sociaux, dans les divers domaines des relations internationales, afin de maintenir la paix et la sécurité internationale et de favoriser le progrès et la stabilité économique internationale, ainsi que le bien-être général des nations et une coopération internationale qui soit exempte de discrimination fondée sur ces différences[128].

Le texte met principalement l'accent sur la coopération politique, économique, culturelle et sociale. L'aspect écologique ou environnemental n'est pas pris en considération. Mais en énonçant le « devoir » de coopérer, la résolution souligne la nécessité de normaliser le principe de coopération en droit international. Cependant, le développement économique et l'interdépendance des États font surgir de nouveaux domaines juridiques. Une coopération internationale qui contribuerait à la protection de l'environnement représente un nouveau sujet dont il faut traiter. Le principe 24 de la *Déclaration de Stockholm*[129] et l'article 7 de la *Déclaration de Rio*[130] ont tous deux

[128] *Charte des Nations Unies,* 26 juin 1945, RT Can, 1945 n°7.

[129] Principe 24 de la *Déclaration de Stockholm*, *supra* note 45.
« Les questions internationales se rapportant à la protection et à l'amélioration de l'environnement devraient être abordées dans un esprit de coopération par tous les pays, grands ou petits, sur un pied d'égalité. Une coopération par voie d'accords multilatéraux ou bilatéraux ou par d'autres moyens appropriés est indispensable pour limiter efficacement, prévenir, réduire et éliminer les atteintes à l'environnement résultant d'activités exercées dans tous les domaines, et ce dans le respect de la souveraineté et des intérêts de tous les États. »

[130] Principe 7 de la *Déclaration de Rio*, *supra* note 45.
« Les États doivent coopérer dans un esprit de partenariat mondial en vue de conserver, de protéger et de rétablir la santé et l'intégrité de l'écosystème terrestre. Étant donné la diversité des rôles joués dans la dégradation de l'environnement mondial, les États ont des responsabilités communes, mais différenciées. Les pays développés admettent la responsabilité qui leur incombe dans l'effort international en faveur du développement durable, compte tenu des

énoncé l'importance de la coopération internationale en matière de protection de l'environnement. En 1978, le Programme des Nations unies pour l'environnement (PNUE) a adopté le document intitulé *Projet de principes de conduite dans le domaine de l'environnement pour l'orientation des États en matière de conservation et d'utilisation harmonieuse des ressources naturelles partagées entre deux ou plusieurs États*[131] pour encourager les États à échanger de l'information (principes 5, 6, 7 et 9), à s'adresser des notifications (principes 6 et 7) et à procéder à des consultations (principes 5 et 6), etc[132].

---

pressions que leurs sociétés exercent sur l'environnement mondial et des techniques et des ressources financières dont ils disposent. »

[131] *Draft Principles of Conduct in the Field of the Environment for the Guidance of States in the Conservation and Harmonious Utilization of Natural Resources Shared by Two or More States*, voir dans « The law of the non-navigational uses of international watercourses: Note presented by Mr. Constantin A. Stravropoulos » (1983) II (1), *Annuaire de la Commission du droit international* 195 aux pp 197-199 [Projet de principles de conduite].

[132] *Ibid.*

Principe 5

« States sharing a natural resource should, to the extent practicable, exchange information and engage in consultations on a regular basis on its environmental aspects. »

Principe 6

« (1) It is necessary for every state sharing a natural resource with one or more other States:

(a) To notify in advance the other State or States of the pertinent details of plans to initiate, or make change in, the conservation or utilization of the resource which can reasonably be expected to affect significantly the environment in the territory of the other State or States; and

(b) Upon request of the other State or States, to enter into consultations concerning the above mentioned plans; and (c) To provide, upon request to that effect or the other State or States, specific additional pertinent information concerning sub plans. And

(d) If there has been no advance notification as envisaged in sub-paragraph (a) above to enter into consultations about such plans upon request of the other State or States.

(2) In cases where the transmission of certain information is prevented by national legislation or international conventions,

D'autres résolutions des Nations Unies ont beaucoup contribué au développement de l'obligation de coopérer. La résolution 34/186 des Nations unies, intitulée *Coopération dans le domaine de l'environnement en matière de ressources naturelles partagées par plusieurs États*[133], a reconnu « le devoir des États de faire en sorte que les activités exercées dans les limites de leur juridiction ou sous leur contrôle ne causent pas de dommage à l'environnement dans d'autres États et de coopérer pour développer le droit international en ce qui concerne la responsabilité et la réparation de ces dommages ». La Résolution 34/188, intitulée *Coopération internationale dans le*

> The State or States withholding such information shall nevertheless, on the basis, in particular, of the principle of good faith and in the spirit of good neighborliness cooperate with the other interested State or States with the aim of finding a satisfactory solution. »

Principe 7

> « Exchange of information, notification, consultations and other forms of cooperation regarding shared natural resources are carried out on the basis of the principle of good faith and in the spirit of good neighborliness and in such a way as to avoid any unreasonable delays either in the forms of cooperation or in carrying out development or conservation projects.»

Principe 9

« 1. States have a duty urgently to inform other States which may be affected.

> (a) Of any emergency situation arising from the utilization of a shared natural resource which might cause sudden harmful effects on their environment.
>
> (b) Of any sudden grave natural events related to a shared natural resource, which may affect the environment, of such States.
>
> 2. States should also, when appropriate, inform the competent international organizations of any such situation or event.
>
> 3. States concerned should cooperate, in particular by means of agreed contingency plans, when appropriate, and mutual assistance, in order to avert grave situations, and to eliminate reduce or correct, as far as possible, the effects of such situations or events. »

[133] *Coopération dans le domaine de l'environnement en matière de ressources naturelles partagées par plusieurs États*, Rés AG 34/186, Doc off AG NU, 34e sess, (1979).

domaine de l'environnement[134], porte sur l'aspect institutionnel de la coopération internationale.

Les institutions scientifiques ont aussi contribué à l'interprétation de l'obligation générale de coopérer. L'Association de droit international a adopté en 1982 *Les Règles de Montréal de droit international concernant la pollution transfrontière*[135], selon lesquelles les États ont l'obligation de notifier aux États intéressés sur toute activité susceptible d'avoir un impact transfrontière préjudiciable sensible et d'engager des consultations sur les questions concernant la pollution transfrontière. L'Union internationale pour la conservation de la nature (UICN) a aussi adopté le *Projet de principe sur l'environnement et le développement*[136].

---

[134] *Coopération internationale dans le domaine de l'environnement,* Rés AG 34/188 Doc off AG NU, 34e sess, (1979).

[135] ADI, *Montreal Rules of International Law Applicable to Transfrontier Pollution*, 1982, Montréal.

[136] *Projet de principe sur l'environnement et le développement* constitue un document d'orientation pour un accord-cadre international d'environnement, qui précise les principes et règles principales du droit international concernant l'environnement et le développement. L'article 39 du document stipule que :

> « [p]arties shall cooperate in the conservation, management and restoration of natural resources in areas under the jurisdiction of more than one state, or fully or partly in areas beyond the limits of national jurisdiction. To this end, based inter alia on the ecosystem approach:
> (a) Parties sharing the same natural system shall make every effort to manage that system as a single ecological unit notwithstanding national boundaries. They shall cooperate on the basis of equity and reciprocity, in particular through bilateral and multilateral agreements or arrangements, in order to develop harmonized policies and strategies covering the entire system and the ecosystems it contains. With regard to aquatic systems, such agreements or arrangements shall cover the catchment area, including the adjoining marine environment and recharge and discharge areas in the case of aquifers [...]. »

The Environmental Law Programme of the International Union for the Conservation of Nature and Natural Resources (IUCN) et The International Council of Environmental Law, Environmental Policy and Law Paper No. 31 Rev. 3, *The Draft International Covenant on Environment and Development*, 4e éd. IUCN, 2010, en ligne: <https://portals.iucn.org/library/efiles/documents/EPLP-031-rev3.pdf>

En 2004, l'Association de Droit International (ADI) a rédigé un autre document, intitulé les *Règles de Berlin sur les ressources en eau*[137] qui inclut également l'obligation de coopérer. Le commentaire relatif à l'article 11 allait jusqu'à affirmer que « [l]'obligation de coopérer est le principe le plus fondamental du droit international sur l'eau » et qu'elle se justifie en dernier ressort par le fait que, sans coopération entre les États du bassin, « il est quasiment impossible pour les États de s'acquitter de leur obligation de partager les ressources en eau transfrontalières pour favoriser le développement durable, de protéger l'intégrité écologique et de s'acquitter des nombreuses autres obligations juridiques exprimées dans ces Règles »[138].

Section 3. Les doctrines des spécialistes du droit international

D'après les auteurs Yoffe, Wolf et Giodano, qui ont recensé tous les accords internationaux et tous les conflits liés à l'eau, après le déclenchement d'un conflit, au lieu d'entrer directement en guerre, les États cherchent toujours la coopération, tout comme l'eau qui coule spontanément de l'amont à l'aval bas[139]. Historiquement, il n'y a eu qu'une vraie guerre de l'eau au sens strict, et elle remonte à 4500 ans[140]. Elle opposa deux cités mésopotamiennes à propos du Tigre et de

---

[137] ADI, « Fourth Report of International Law Association Berlin Conference (2004) Water Ressource Rules », la 71ère Conférence de l'ADI, tenue à Berlin, 2004, en ligne : < http://www.ila-hq.org/en/committees/index.cfm/cid/32> [*Règles de Berlin*].

[138] *Ibid.*

[139] Voir les analyses plus approfondies sur « le discours de la rationalité hydrique » de la recherche de l'hydropolitique dans la Partie II-I-1, ci-dessous. Shira Yoffe, Aaron T. Wolf et Mark Giordano, « Basins At Risk: Conflict and Cooperation Over International Freshwater Resources: Indicators and Findings of the Basins at Risk Project » (2003) 39:5, *JAWRA* 1109 [Yoffe, Wolf et Giordano] ; voir aussi Aaron Wolf, Shira B.Yoffe et Mark Giordano, « International Waters: Identifying Basins at Risk » (2003) 5:1 *Water policy* 29 [Wolf, Yoffe et Giodano] ; Voir aussi Frédéric Lasserre et Luc Descroix, *Eaux et territoires: tensions, coopérations et géopolitique de l'eau*, 3e éd, Sainte-Foy, Québec, Presses de l'Université du Québec, 2005 [Lasserre et Descroix].

[140] Base de données sur les conflits transfrontières sur l'eau : the Transboundary Freshwater Dispute Database (TFDD), en ligne : Program in Water Conflict Management and Transformation of Oregon State University <http://www.transboundarywaters.orst.edu/database/index.html>.

l'Euphrate. Les conflits de l'eau peuvent envenimer les relations internationales, mais le plus souvent les États ennemis coopèrent au sujet de l'eau même s'ils se déchirent pour d'autres raisons, comme c'est le cas pour l'Inde et le Pakistan[141].

Après la Deuxième Guerre mondiale, une obligation de coopérer a tout d'abord été reconnue dans l'article 56 de la Charte des Nations Unies[142]. Néanmoins, selon Cot et Pellet, « il pose une obligation très générale, difficilement identifiable, sans préciser les voies et moyens permettant de mettre en œuvre la coopération entre les États membres et l'ONU »[143]. Même si les rédacteurs ont utilisé le mot « s'engagent », selon Bouony, il ne s'agit que d'un engagement des États de « s'abstenir de toute action, obstruction ou manœuvre contraire à l'esprit qui l'anime et [d']agir de bonne foi pour réaliser les fins qu'ils se proposent d'atteindre »[144]. Il est ainsi difficile de prétendre, selon ces experts, qu'il existe une obligation de coopérer en droit international général.

Par contre, en raison de la mobilité de l'eau et de son importance vitale pour tous les peuples riverains, l'obligation de coopérer entre les

---

141 Voir Undala Z. Alam, « Questioning the Water Wars Rationale: A Case Study of the Indus Waters Treaty » (2002) 168:4, *The Geographical Journal* 341 à la p 349, selon lequel:

> « [d]espite water scarcity, competitive use, [...] the two countries cooperated instead [...] India and Pakistan cooperated because it was water rational. In other words, cooperation was needed to safe-guard the countries' long-term access to shared water. This suggests that the issues of water scarcity, competitive use and a wider conflict do not necessarily lead to war, since war cannot guarantee a country's water supply in the long term. »

Les deux États ont signé en 1960 le fameux *Traité des eaux de l'Indus* créant un régime de coopération bilatéral ; voir aussi M. A. Salman et Kishor Uprety, *Conflit and Cooperation on South Asia's International Rivers: A Legal Perspective*, Washington, DC, World Bank Publication, 2002 aux pp 37-57 [Salman et Uprety].

142 *Supra* note 50.

143 Cot et Pellet, *supra* note 97 à la p 1509 ; voir aussi Hans Kelsen, *The Law of United Nations: A Critical Analyses of Its Fondamental Problems*, the Law book Exchange, 1951 à la p 99.

144 Cot et Pellet, *supra* note 97 à la p 1510.

États riverains qui découle du principe de bon voisinage peut trouver son fondement dans le droit international fluvial.

D'après McCaffrey, la coopération entre États n'est pas seulement nécessaire, mais aussi « probablement requise par le droit international général »[145]. En passant en revue les traités, décisions de justice, résolutions d'organisations internationales et autres instruments juridiques internationaux qui viennent confirmer cette obligation générale, MacCaffrey a voulu prouver dans son troisième rapport l'existence de cette obligation de coopérer[146]. Son opinion a été soutenue assez largement par d'autres chercheurs. Selon Ruiz-Fabri, en droit international fluvial, aux règles coutumières telles que « la liberté de navigation, l'utilisation équitable du fleuve, l'obligation de négocier, l'interdiction d'utilisation dommageable », il faut ajouter de plus en plus souvent « une obligation de coopérer, qui imposerait au minimum un devoir d'échanger des données et informations relatives au fleuve »[147]. Majzoub partage aussi cette opinion en invoquant les règles coutumières, y compris « la liberté de navigation, l'utilisation équitable du fleuve, l'obligation de négocier, l'interdiction d'utilisation dommageable ; et parfois l'obligation de coopérer »[148].

Malgré cette reconnaissance par certains auteurs de la nature coutumière de l'obligation de coopérer, des voix discordantes se font toujours entendre. On peut constater que l'obligation de coopérer est si essentielle que presque tous les accords bilatéraux et régionaux en matière de ressources naturelles partagées par plusieurs États l'ont explicitement ou implicitement incluse dans leurs textes comme l'un des principes de base. D'après l'étude empirique et positiviste de certains experts[149], les États qui partagent le même système de cours d'eau préfèrent généralement une stratégie coopérative à une approche

---

145 *Ibid* à la p 404.
146 Stephen McCaffrey, « Third Report on the Law of the non-navigational Uses of International Watercourses » (1987) II : 1, *Annuaire de la Commission du droit international* à la p 23 [troisième rapport].
147 H. Ruiz-Fabri, « Règles coutumières générales et droit international fluvial » (1990) 36, *Annuaire de français de droit international* 821 à la p 831.
148 T. Majzoub, *Les fleuves du Moyen-Orient*, Paris, L'Harmattan à la p 157.
149 Yoffe, Wolf et Giordano, *supra* note 139.

agressive. Néanmoins, dans toutes les décisions jurisprudentielles de la CIJ concernant les cours d'eau, l'obligation de coopérer n'est pas traitée comme une obligation *erga omnes*[150], mais plutôt examinée sur la base des accords entre les Parties liées. C'est probablement parce que la définition de cette obligation reste encore vague. Ce point de vue est soutenu par M. Calero Rodrigues. Selon lui

> [c]e n'est pas une obligation juridique stricte qui, si elle est violée, met en jeu la responsabilité internationale. Les États peuvent accepter des obligations limitées de coopérer dans des domaines définis avec précision, et ils le font par voie d'accord. En fait, il est fréquent qu'ils acceptent de telles obligations pour l'utilisation des cours d'eau internationaux, mais, même en pareil cas, on peut douter de l'existence d'une obligation en l'absence d'accord[151].

Autrement dit, Rodriguez n'admet pas qu'il existe une règle générale de coopérer en droit international coutumier[152]. Parce que les règles coutumières « s'imposent à tous puisque la logique de la coutume est plus régulatrice que contractuelle »[153]. L'obligation de coopérer ne représente donc, en ce sens, qu'un principe général du droit international. Au lieu d'être une obligation juridique stricte mettant en jeu la responsabilité internationale de l'État, l'obligation de coopérer est plutôt un principe de comportement. Elle exige tout d'abord le respect général de l'obligation de négocier de *bonne foi.* « Une fois que le devoir de coopérer est reconnu dans la négociation, il est alors impératif de permettre aux États du Bassin de participer à un régime coopératif qui en émerge »[154]. En d'autres mots, tant la portée que la mise en œuvre de l'obligation de coopérer sont définies sur la base des traités bilatéraux ou multilatéraux entre États concernés. Il n'existe donc pas de définition universelle de l'obligation de coopérer en droit international.

---

150 Voir Maurizio Ragazzi, *supra* note 71.
151 Troisième rapport, *supra* note 146 à la p 74.
152 Voir Paquerot, *supra* note 33 à la p 61.
153 *Ibid* à la p 48.
154 Projet d'articles, *supra* note 168 à la p143.

Leb a pris une position médiane, selon laquelle,

> the legal nature of the general duty to cooperate therefore resides somewhere in the grey zone between definitions of the concepts of 'specific obligation' and 'legal principle'; it is neither one nor the other but rather includes elements of both. The general duty to cooperate is a general obligation with a legal nature of its own: it has all of the attributes of a legal principle and yet is an obligation of general nature[155].

En tant qu'obligation d'importance croissante pour la bonne gouvernance des ressources de l'eau, la coopération se trouve aujourd'hui au centre de la relation hydrique des États riverains. De plus, la réalisation d'une utilisation équitable et raisonnable exige aussi une coopération efficace entre les États concernés. Dans la pratique des États, cette obligation a été, en réalité, mieux observée que les autres principes généraux[156]. Les décisions de la CIJ nous apportent aussi des preuves de son existence en droit international[157]. Dans leur ensemble, les preuves existantes ne sont pas encore suffisantes pour soutenir que l'obligation de coopérer est une règle bien fondée du droit international coutumier.

Il faut reconnaître qu'au lieu d'être une obligation juridique strictement imposée, l'obligation de coopérer se caractérise généralement par sa flexibilité. En d'autres mots

> [l]'application du principe de la coopération en tant que règle de fond du droit international devrait être renforcée par des modalités dûment précisées [...] en tant que norme positive, devrait être complétée sur le plan pratique par des règles et des prescriptions de procédure[158].

---

[155] Leb 2013, *supra* note 49 à la p 81.
[156] Yoffe, Wolf et Giordano, *supra* note 139.
[157] Voir la Partie I-III-3, ci-dessous.
[158] Voir dans ce texte, 3.2 Règles principales dans le cadre de l'obligation de coopérer.

Pour conclure, l'obligation générale de coopérer constitue une obligation « portemanteau » qui implique des règles coutumières bien établies (l'utilisation non dommageable du territoire, l'obligation de négocier, l'obligation de notification, etc.). Comme l'a proposé McCaffrey, « One should be able to speak of a general obligation of riparian states to cooperate as forming a part of customary international law »[159]. En ce sens, l'obligation générale de coopérer est une coutume émergente du droit international. Ce point de vue correspond également aux deux buts de la codification du droit international. Le premier est de « formuler avec plus de précision et de systématiser les règles du droit international dans les domaines dans lesquels il existe déjà une pratique étatique considérable, des précédents et des opinions doctrinales »[160]. Le deuxième but est « le développement progressif du droit international » qui consiste à « rédiger des conventions sur des sujets qui ne sont pas encore réglés par le droit international ou relativement auxquels le droit n'est pas encore suffisamment développé, dans la pratique des États »[161]. La *Convention de New York* est considérée de manière générale comme une codification du droit international coutumier (à savoir, l'utilisation équitable et raisonnable, la prévention des dommages importants) et reflète aussi le développement progressif du droit international dans ce domaine.

Chapitre 2. L'obligation de coopérer : les règles procédurales et les règles de fond

La deuxième question que nous posions au début du Titre II au sujet de la nature normative de l'obligation de coopérer est celle-ci : s'agit-il d'une obligation de simple nature procédurale ou plutôt d'un principe offrant également une base nécessaire aux autres principes généraux ? Encore une fois, nous allons procéder à notre analyse en nous fondant sur le matériel documentaire dans le domaine des cours d'eau internationaux.

---

159 McCaffrey 2007, *supra* note 31 à la p 397.

160 L'article 15 du Statut de la Commission du droit international.
CDI, *Statut de la Commission du droit international*, 1947 [*Statut de la CDI*].

161 *Ibid.*

En affirmant que la coopération constitue la base indispensable au bon fonctionnement des autres règles procédurales, McCaffrey place l'obligation de coopérer dans la catégorie des obligations procédurales[162]. Il propose de considérer l'obligation de coopérer « as a foundation for succeeding articles on procedural rules »[163]. Il cite aussi les paroles de Paul Reuter et selon lequel, en raison de l'ambiguïté du sens de l'obligation de coopérer, « [...] the term cooperation, [...] was something of a portmanteau term [...] the obligation to cooperate was a kind of label for an entire range of obligations »[164]. Cette perspective simplifiée est aussi soutenue par Sironneau qui propose même une « obligation de coopérer de négocier avec l'intention d'aboutir à un accord »[165].

Fitzmaurice et Elias ont pris l'exemple de l'Europe du Nord pour examiner le mode de coopération « pour l'avenir ». Il s'agit d'une étude qui non seulement englobe les règles procédurales, mais qui propose aussi une analyse détaillée du rôle des autres principes généraux dans la coopération internationale[166], et ils ne sont pas seuls. En réalité, il est généralement reconnu que l'obligation de coopérer constitue une obligation de nature générale qui n'a pas pour but de prescrire des règles spécifiques en droit international coutumier. Ainsi, même si elle inclut des règles procédurales, en tant qu'obligation fondamentale, sa portée est évidemment plus large. Islam partage aussi ce point de vue lorsqu'il écrit : « cooperation provides a link between substantive rights, obligations, and procedural rules »[167].

---

162 McCaffrey 2007, *supra* note 31 à la p 397 ; voir aussi troisième rapport, *supra* note 146 à la p 24.

163 Troisième rapport, *supra* note 146 à la p 28.

164 McCaffrey 2007, *supra* note 31 à la p 24.

165 Jacques Sironneau, « L'eau, enjeu planétaire : Dossier » [1993], Géopolitique 42 à la p 63.

166 Malgosia Fitzmaurice et Olufemi Elias, *Watercourse cooperation in Northern Europe: A Model for the Future*, La Haye, TMC Asser Press, 2004 à la p 178.

167 Nahid Islam. *The Law of Non-Navigational Use of International Watercourses:Options for Regional Regime Building in Asia,* Alphen aan den Rijn, Kluwer Law International, 2010 à la p 155 [Islam].

Le commentaire de la Commission du droit international (CDI) sur le projet d'articles de la *Convention de New York* au sujet de l'obligation générale de coopérer l'indique bien également que

> [l]a coopération entre les États d'un cours d'eau international au sujet de leur utilisation du cours d'eau est fondamentale si ces États veulent parvenir à une répartition équitable des utilisations et des avantages du cours d'eau et la maintenir et assurer par ailleurs une bonne application des règles de procédure contenues dans la troisième partie du projet d'articles[168].

Le guide d'application de la *Convention d'Helsinki* partage aussi ce point de vue, selon laquelle

> [t]he obligation of cooperation stands out as an independent obligation. However, as repeatedly stressed, it is an integral part of the three-pillar normative cornerstone of the Convention together with the obligation of equitable utilization, under article 2, paragraph 2 (c), and the obligation of prevention, control and reduction of transboundary impact under article 2, paragraph 1. That is to say that cooperation between riparians is instrumental to full compliance with the other two obligations[169].

Puisqu'il s'agit ici d'une obligation instrumentale en vue de garantir l'obligation de prévenir, maîtriser, réduire l'impact transfrontière ainsi que le principe de l'utilisation raisonnable et équitable, il faut que l'obligation de coopérer soit concrétisée dans des

---

168 Commission du droit international, « Projet d'articles sur le droit relatif aux utilisations des cours d'eau internationaux à des fins autres que la navigation » (1994) II : 2, *Annuaire de la Commission du droit international* à la p 111 [Projet d'articles].

169 CEE-ONU, *Guide to Implementing the Water Convention* (2013), n° de doc ECE/MPWAT/39, en ligne: CEE-ONU<http://www.unece.org/env/water/publications/ece_mp.wat_39.html> [Guide *Convention d'Helsinki*].

normes ou règles substantielles et procédurales qui entraînent de réelles responsabilités des États.

Nous pouvons donc dire que l'obligation de coopérer est une obligation de nature fondamentale et procédurale. Il ne faut nullement s'en étonner parce que les règles substantielles et les règles de procédure sont étroitement liées. Généralement, les règles de fond ne s'appliquent pas automatiquement, car elles ne peuvent s'appliquer que conformément aux procédures établies par les accords. Bien que les règles procédurales aient pour objectif de garantir l'imposition des règles substantielles, une violation des obligations de nature procédurale n'entraînerait pas nécessairement celle des obligations de fond. Le respect des règles procédurales ne signifie pas non plus l'observation des règles substantielles. Dans l'Affaire des usines de pâte à papier sur le fleuve Uruguay (Argentine c. Uruguay)[170], la CIJ estime ceci :

> [L]e statut n'indique nulle part qu'une partie pourrait s'acquitter de ses obligations de fond en respectant seulement ses obligations de nature procédurale ni qu'une violation des obligations de nature procédurale emporterait automatiquement celle des obligations de fond. De même, ce n'est pas parce que les parties auraient respecté leurs obligations de fond qu'elles seraient censées avoir respecté ipso facto leurs obligations de nature procédurale, ou qu'elles seraient dispensées de le faire[171].

En d'autres mots, le respect de simples procédures ne peut pas satisfaire automatiquement aux exigences des principes substantiels. Il existe certes « un lien fonctionnel, relatif à la prévention, entre les deux catégories d'obligations »[172], mais ce lien « n'empêche pas que les États parties soient appelés à répondre séparément à l'une et à l'autre, selon

---

[170] *Affaire relative à des usines de pâte à papier sur le Fleuve Uruguay (Argentine c. Uruguay),* [2010], CIJ rec 14, en ligne : Cour internationale de Justice <http://www.icj-cij.org/docket/files/135/15877.pdf > [Affaire des usines de pâte à papier].

[171] *Ibid,* à la p 49.

[172] *Ibid.*

leur contenu propre, et à assumer, s'il y a lieu, la responsabilité qui découlerait de leur violation »[173].

Pour conclure, l'obligation de coopérer n'est pas simplement une obligation procédurale, même si les règles procédurales constituent une partie importante de cette obligation. Elle a une implication beaucoup plus étendue. Il est à noter que la *Convention de New York* a défini la notion précise de l'obligation générale de coopérer qui englobe l'aspect institutionnel de la coopération[174]. Ce sont donc les règles procédurales et fondamentales ainsi que les arrangements institutionnels dans les régimes de gestion des eaux qui précisent l'obligation de coopérer dans un contexte donné.

Conclusion du TITRE II

Au lieu d'être une règle généralement reconnue du droit international, l'obligation générale de coopérer se retrouve plutôt en droit international des cours d'eau transfrontaliers. En tant qu'obligation d'importance croissante pour la bonne gouvernance des ressources en eau, la coopération se trouve aujourd'hui au centre des relations hydriques des États riverains. La réalisation d'une utilisation équitable et raisonnable de l'eau exige aussi une coopération efficace entre les États concernés. Dans la pratique des États, cette obligation a été, en réalité, mieux observée que d'autres principes généraux. Il faut, toutefois, reconnaître qu'au lieu d'être une obligation juridique strictement imposée, l'obligation de coopérer se caractérise généralement par sa flexibilité. Le manque de précisions normatives de l'obligation de coopérer indique probablement une faible *opinio juris* des États. L'application du principe de la coopération en tant que règle de fond du droit international devrait être renforcée par des modalités dûment précisées en tant que normes positives, et être complétée par des règles et des prescriptions procédurales.

On peut donc conclure que l'obligation de coopérer, malgré les pratiques répétitives des États, constitue pour l'instant une règle coutumière émergente du droit international dans le domaine des cours

[173] *Ibid*, à la p 39 au para 79.
[174] Voir la discussion plus approfondie dans la Partie II-II-1, ci-dessous.

d'eau transfrontaliers. La communauté internationale n'arrive pas encore à imposer cette obligation sans l'existence préalable de traités signés par les Parties concernées. Néanmoins, une plus grande précision de cette notion s'impose. Plus elle sera claire et précise, plus l'obligation de coopérer pourra être normalisée et coercitive.

Il nous incombera dans la Partie II de clarifier la signification des règles substantielles et des règles procédurales. Mais avant d'identifier les règles spécifiques à l'obligation générale de coopérer en droit international des cours d'eau transfrontaliers, il nous faut d'abord passer en revue les documents internationaux afin de définir le cadre juridique de l'obligation de coopérer en droit international des cours d'eau transfrontaliers.

TITRE III

Le cadre juridique de l'obligation de coopérer en droit international des cours d'eau transfrontaliers

Comme nous l'avons démontré plus haut dans le Titre I, en tant que norme émergente du droit international coutumier, l'obligation de coopérer trouve plutôt son fondement dans les pratiques étatiques pour l'utilisation des cours d'eau transfrontaliers. Nous allons maintenant nous concentrer sur le matériel documentaire ayant trait au droit international fluvial. Une étude juridique du cadre existant en matière de cours d'eau transfrontaliers pourra illustrer le développement du champ d'application et des autres règles touchant cette obligation générale de coopérer. Les conventions-cadres d'application universelle en matière des cours d'eau transfrontaliers (Chapitre 1), les traités régionaux et bilatéraux (Chapitre 2) ainsi que les décisions jurisprudentielles et les arbitrages internationaux (Chapitre 3) feront tous l'objet de nos analyses.

Chapitre 1. Les conventions-cadres internationales d'application universelle en matière de cours d'eau transfrontaliers

Dans le domaine des cours d'eau transfrontaliers, au lieu de traités-loi ayant effet *erga omnes*, il n'y a jusqu'à aujourd'hui que deux conventions d'effet restreint, mais ouvert à tous les membres de l'ONU. Donc, par les mots « d'application universelle », nous sous-entendons qu'il est possible d'appliquer ces deux conventions-cadres à tous les pays membres de l'ONU.

Les deux conventions-cadres internationales d'application universelle en matière de cours d'eau transfrontaliers sont la *Convention de New York* et la *Convention d'Helsinki*. Elles ont proposé des règles fondamentales de coopération, c'est-à-dire, des normes internationales de référence qui servent de base à la création de normes plus précises.

Section 1. La Convention de New York

La *Convention de New York* était la seule à définir le régime des ressources en eau douce transfrontalières qui était d'application universelle[175]. En 1970, par sa résolution 2669 (XXV), l'Assemblée générale de l'ONU a recommandé que la CDI « entame une étude sur le droit d'utilisation des cours d'eau à des fins autres que la navigation en vue d'un développement progressif et de la codification de ce droit »[176]. En 1974, la CDI a commencé ses travaux qui ont duré vingt ans. Au fil de ces années, cinq Rapporteurs spéciaux[177] ont particulièrement contribué à ce projet[178] :

---

[175] Stephen McCaffrey, « Convention sur le droit d'utilisation des cours d'eau à des fins autres que la navigation» (2004), en ligne : Collection des traités des Nations Unies <http://untreaty.un.org/cod/avl/pdf/ha/clnuiw/clnuiw_f.pdf>, en 2013, l'amendement pour la *Convention d'Helsinki* de 1992 est entré en force, qui a ouvert la *Convention d'Helsinki* à tous les membres de l'ONU.

[176] *Développement progressif et codification des règles de droit international relatives aux voies d'eau internationale*, Rés AG 2669, Doc off AG NU, 25e sess, Doc NU AG/RES/2669 (XXV), 1970 [*Résolution 2669*].

[177] International Water Law Project, « Bibliography: United Nations International Law Commission Materials (Work on Non-navigational Uses of International Watercourses) », en ligne: International Water Law <http://www.internationalwaterlaw.org/bibliography/UN/UNILC/>;
C. Dressayre, *La mise en place du droit international de l'eau: mythe ou réalité ?* Thèse de Doctorat en droit, Université de Montpellier I, Faculté de Droit, 2002 [non publié] à la p 109.

[178] CDI, « The law of non-navigational uses of international watercourses. Draft articles and commentaries thereto adopted by the Drafting Committee on second reading: articles 1-33 » (1994) II: 2, *Annuaire de la Commission du droit international*.

- Richard D. Kearney (1974-1977)[179]
- Stephen M. Schwebel (1977-1981)[180]
- Jens Evensen (1982-1985)[181]
- Stephen C. McCaffrey (1985-1992)[182]

---

[179] Richard Kearney, « Premier rapport sur le droit relatif aux utilisations des cours d'eau internationaux à des fins autres que la navigation » (1976) II: 1, *Annuaire de la Commission du droit international* [premier rapport Kearney].

[180] Stephen Schwebel, « Premier rapport sur le droit relatif aux utilisations des cours d'eau internationaux à des fins autres que la navigation » (1979) II:1, A/CN.4/320 et Corr.1, *Annuaire de la Commission du droit international* [premier rapport Schwebel]; « Deuxième rapport sur le droit relatif aux utilisations des cours d'eau internationaux à des fins autres que la navigation » (1980) II:1, *Annuaire de la Commission du droit international* [deuxième rapport Schwebel] ; « Troisième rapport sur le droit relatif aux utilisations des cours d'eau internationaux à des fins autres que la navigation » (1982) II:1, *Annuaire de la Commission du droit international* [troisième rapport Schwebel].

[181] Jens Evensen, « Premier rapport sur le droit relatif aux utilisations des cours d'eau internationaux à des fins autres que la navigation » (1983) II: 1, *Annuaire de la Commission du droit international* [premier rapport Evensen] ; « Deuxième rapport sur le droit relatif aux utilisations des cours d'eau internationaux à des fins autres que la navigation » (1984) II: 1, *Annuaire de la Commission du droit international* [deuxième rapport Evensen].

[182] Stephen McCaffrey, « Rapport préliminaire sur le droit relatif aux utilisations des cours d'eau internationaux à des fins autres que la navigation » (1985) II: 1, *Annuaire de la Commission du droit international* [premier rapport McCaffrey] ; « Deuxième rapport sur le droit relatif aux utilisations des cours d'eau internationaux à des fins autres que la navigation » (1986) II : 1, *Annuaire de la Commission du droit international* [deuxième rapport McCaffrey] ; troisième rapport, *supra* note 146 ; « Quatrième rapport sur le droit relatif aux utilisations des cours d'eau internationaux à des fins autres que la navigation » (1988) II : 1, *Annuaire de la Commission du droit international* [quatrième rapport McCaffrey] ; « Cinquième rapport sur le droit relatif aux utilisations des cours d'eau internationaux à des fins autres que la navigation » (1989) II : 1, *Annuaire de la Commission du droit international* [cinquième rapport McCaffrey] ; « Sixième rapport sur le droit relatif aux utilisations des cours d'eau internationaux à des fins autres que la navigation (1990) II : 1, *Annuaire de la Commission du droit international* [sixième rapport McCaffrey] ; « Septième rapport sur le droit relatif aux utilisations des cours d'eau internationaux à des fins autres que la navigation » (1991) II : 1, *Annuaire de la Commission du droit international* [septième rapport McCaffrey].

- Robert Rosenstock (1992-1994)[183]

En 1994, la CDI a finalement terminé ses travaux en présentant 33 projets d'articles de loi et une résolution sur les eaux souterraines des zones transfrontières. Elle a déposé ces projets à l'Assemblée générale de l'ONU en recommandant qu'ils servent à l'élaboration d'une convention de l'Assemblée ou à la mise en place d'une conférence internationale des plénipotentiaires.

En 1997, la *Convention de New York* a été adoptée. Elle a repris les principes établis par les *Règles d'Helsinki*[184] : le principe de l'utilisation équitable et raisonnable (article 5), le principe de l'obligation de ne pas causer de dommages significatifs (article 7) ainsi que le principe de l'obligation de coopérer (article 8) et en a fait ses principes

---

[183] Robert Rosenstock, « Premier rapport sur le droit relatif aux utilisations des cours d'eau internationaux à des fins autres que la navigation » (1993) II: 1, *Annuaire de la Commission du droit international* [premier rapport Rosenstock] ; « Deuxième rapport sur le droit relatif aux utilisations des cours d'eau internationaux à des fins autres que la navigation » (1994) II: 1, *Annuaire de la Commission du droit international* [deuxième rapport Rosenstock].

[184] *Supra* note 4, les *Règles d'Helsinki* ont inspiré en grande partie la rédaction de la *Convention de New York*. Aussi, elles ont été rédigées à l'initiative de l'Association de Droit international (International Law Association), une organisation non gouvernementale de caractère plus académique que juridique. Les Règles sont donc une codification académique du droit international coutumier relatif à la gestion de l'eau transfrontière. Les Règles ont établi la notion de « bassin de drainage international », définie comme étant une « zone géographique s'étendant à deux ou plusieurs États et déterminée par les limites de l'aire d'alimentation du système hydrographique, y compris les eaux superficielles et souterraines, s'écoulant dans une embouchure commune » ; les *Règles d'Helsinki* n'ont pas intégré le principe de coopération dans le texte, mais cela n'empêche pas qu'il soutient fondamentalement une stratégie coopérative concernant l'utilisation des cours d'eau partagés entre deux ou plusieurs États. Cela est justifié par son énonciation du principe de l'utilisation équitable et raisonnable (article 4 et article 5), ou celui de l'interdiction de polluer les eaux fluviales internationales (la « pollution » est définie au sens large : elle comprend par exemple la réduction du débit qui pourrait provoquer une augmentation de la vitesse de sédimentation). Le principe de ne pas causer de dommage significatif est soumis au principe de l'utilisation équitable, comme l'un des onze facteurs à prendre en considération. Les rapports préparatoires de la CDI ont été beaucoup inspirés par les *Règles d'Helsinki*.

fondamentaux. Pour l'application des obligations procédurales et le règlement des différends, elle a également proposé des mécanismes importants visant à établir la coopération internationale efficace dans le domaine des cours d'eau, tels que l'échange régulier de données et d'information (article 9) ainsi que la notification des mesures projetées (article 12). Mais il est à noter qu'il s'agit d'une convention-cadre, qui laisse aux États le droit d'adapter et d'enrichir les règles et les principes proposés.

La CDI a donc contribué pendant vingt ans à l'élaboration de cette Convention qui a eu un taux de ratification record en 2012, et est entrée en vigueur en 2014[185], dix-sept ans après son adoption. Lors de son adoption en 1997, 103 États ont voté pour et trois ont voté contre (dont la Chine). Certains États se sont abstenus, dont la plupart étaient des États d'amont en voie de développement. Parmi les États en faveur figuraient tout d'abord des États d'aval comme le Kazakhstan ou la Hongrie, et des États d'amont développés qui ne sacrifiaient que très peu en acceptant la Convention, comme l'Autriche, le Luxembourg et le Liechtenstein. Les États insulaires, à l'exception de Cuba, ont voté en faveur de la Convention. C'est pourquoi Schzwbach a dit que « [t]his grouping might indicate that among those states without an immediate interest at stake the Convention is seen as an objectively reasonable set of rules to apply to international fresh water resources »[186].

Du point de vue des États d'amont en voie de développement, cette Convention est partiale envers les États d'aval, car elle ne mentionne pas la souveraineté des pays d'amont dans le préambule, et cela a suscité d'importantes objections[187]. Du point de vue des pays d'aval, tous les articles n'ont pas non plus été accueillis sans débat, notamment

---

185 D'après l'article 36 de la *Convention de New York*, « la présente Convention entrera en vigueur le quatre-vingt-dixième jour suivant la date du dépôt du trente-cinquième instrument de ratification, d'acceptation, d'approbation ou d'adhésion auprès du Secrétaire général de l'Organisation des Nations Unies ». En 2014, le Viêtnam est devenu 35e État qui a ratifié la Convention.

186 Aaron Schwabach, « United Nations Convention on the Law of Non-navigational Uses of International Watercourses, Customary International Law, and the Interests of Developing Upper Riparians » (1998) 33, *Tex. Int'l LJ* 257.

187 Green Cross International, *supra* note 7.

les articles 3 et 33 ; l'article 3[188] porte sur les accords de cours d'eau et suppose une harmonisation entre les accords des cours d'eau internationaux et l'article 33 concerne le règlement des différends[189].

La Convention englobe à la fois des règles du droit international coutumier et des règles qui sont en train de se former et qui gagnent peu à peu une reconnaissance internationale. Elle représente le résultat du

---

[188] Notamment les dispositions suivantes dans l'article 3 de la *Convention de New York* :

> « 1. À moins que les États du cours d'eau n'en soient convenus autrement, la présente Convention ne modifie en rien les droits ou obligations résultant pour ces États d'accords en vigueur à la date à laquelle ils sont devenus Parties à la présente Convention.
> 2. Nonobstant les dispositions du paragraphe 1, les Parties à des accords visés au paragraphe 1 peuvent, si besoin est, envisager de mettre lesdits accords en harmonie avec les principes fondamentaux de la présente Convention.
> [...]
> 6. Lorsque certains États du cours d'eau d'un cours d'eau international particulier, mais non pas tous, sont parties à un accord, aucune disposition de cet accord ne porte atteinte aux droits et obligations qui découlent de la présente Convention pour les États du cours d'eau qui n'y sont pas parties. »

[189] Notamment la procédure d'enquête définie par l'article 33 de la *Convention de New York*:

> « [...] 3. Sous réserve de l'application du paragraphe 10 du présent article, si, après un délai de six mois à compter de la date de la demande de négociation mentionnée au paragraphe 2, les Parties intéressées n'ont pu résoudre leur différend par la négociation ou par tout autre moyen mentionné dans ledit paragraphe, le différend est soumis, à la demande de l'une quelconque d'entre elles, à une procédure d'enquête impartiale, conformément aux paragraphes 4 à 9, sauf accord contraire des Parties [...]. »

Voir Salman M.A. Salman, « The United Nations Watercourses Convention Ten Years Later: Why Has its Entry into Force Proven Difficult? » (2007) 32:1 *Water International* 1 [Salman]; voir aussi Laurence Boisson de Chazournes, « Eaux internationales et droit international: vers l'idée de gestion commune » dans Laurance Boisson de Chazournes et Salman M.A. Salman dir, *Les ressources en eau et le droit international*. Leiden, Martinus Nijhoff Publishers, 2005 à la p 31 ; nous y reviendrons dans la partie II-II-6, ci-dessous.

« développement progressif et de la codification[190] des règles du droit international relatives aux cours d'eau internationaux »[191]. On y trouve ainsi des coutumes internationales bien établies, à savoir l'utilisation équitable et raisonnable, la prévention des dommages importants et la notification préalable des mesures planifiées. On y trouve aussi des règles émergentes du droit international coutumier, dont l'obligation de coopérer, qui illustre le développement progressif du droit international. La CDI s'est largement inspirée du contenu des conventions bilatérales et multilatérales ainsi que d'autres sources du droit international, y compris les décisions judiciaires et la doctrine juridique.

Evensen a inclus en 1984, pour la première fois dans les projets d'article de la *Convention de New York*, un article 10 concernant les « principes généraux de coopération et de gestions »[192]. Evensen estime que :

> [l]a coopération entre les États du cours d'eau ainsi que la gestion et l'administration efficaces d'un tel cours d'eau par les États sur la base de la coopération et des relations amicales entre les États intéressés étaient indispensables pour assurer la protection et la préservation, ainsi que l'utilisation optimale de ces ressources inestimables pour l'humanité [et qu'o]n reconnaît de plus en plus qu'une telle coopération internationale en matière de gestion et d'administration est un élément essentiel de la politique

---

[190] Voir le *Statut de la CDI*, *supra* note 160 ; voir aussi Ahmed Mahiou, *La codification du droit international*, Paris, Édition A Pedone, 1999.

[191] *Développement progressif et codification des règles de droit international relatives aux voies d'eau internationales,* Rés AG 2669, Doc off AG NU, 25e sess, Doc NU A/2669 (1970), L'Assemblée générale des Nations Unies recommande à la Commission du droit international (CDI) d'entreprendre « l'étude du droit relatif aux utilisations des voies d'eau internationales à des fins autres que la navigation, en vue du développement progressif et de la codification de ce droit ».

[192] Deuxième rapport Evensen, *supra* note 181 aux pp 112-114.

internationale, ainsi que du développement progressif du droit international[193].

En d'autres mots, Evensen a reconnu que le principe de coopération n'est pas simplement une rhétorique politique à la fois vague et imprécise, mais qu'il a une implication normative en droit international. Dans son troisième rapport, McCaffrey fait un pas de plus en proposant une obligation générale de coopérer[194]. Ayant puisé dans des sources comme le droit international conventionnel, les décisions judiciaires internationales, les déclarations et les résolutions de l'Assemblée générale de l'ONU ainsi que les études réalisées par des organisations intergouvernementales et non gouvernementales, McCafrey démontre qu'il existe des pratiques générales étatiques qui prouvent l'existence d'une obligation générale de coopérer en droit international[195].

---

193 *Ibid*, à la p 112 ; voir l'analyse plus approfondie dans la Partie II (Titre II), ci-dessous.

194 Troisième rapport, *supra* note 146 à la p 24. Voir l'analyse plus précise dans la partie II-I-1, ci-dessous.

195 Voir le Troisième rapport, *supra* note 146 aux pp 24-28, selon McCaffrey :

> « la coopération de bonne foi entre les États pour l'utilisation d'un cours d'eau international est essentielle pour permettre le fonctionnement sans heurts d'autres règles de procédure et, en dernier ressort, pour parvenir à une répartition équitable des utilisations et des avantages du cours d'eau, et la maintenir. Dans les paragraphes suivants, on passera en revue les traités, décisions de justice, résolutions d'organisations internationales et autres instruments juridiques internationaux venant confirmer cette obligation générale. […] Vu l'obligation, largement reconnue, qui incombe aux États de coopérer en ce qui concerne leurs ressources naturelles communes en général et les cours d'eau internationaux en particulier, et le fait qu'une telle coopération est nécessaire pour la mise en valeur et la répartition optimale des ressources internationales d'eau douce, l'article 10 ci-après est soumis à la Commission, pour examen, en tant que disposition servant de base aux articles suivants consacrés aux règles de procédure. Cet article serait le premier article du chapitre III du projet. Un titre pour ce chapitre est également proposé à des fins d'organisation, encore que le présent rapport ne contienne pas tous les projets d'articles prévus à ce chapitre. »

Section 2. La Convention pour la protection et l'utilisation des cours d'eau transfrontaliers et des lacs internationaux [196] (Convention d'Helsinki ou Convention sur l'eau)

La *Convention de New York* a offert un cadre international de coopération pour la gestion des cours d'eau transfrontaliers. Cinq ans avant l'adoption de la *Convention de New York*, dans le cadre de la Commission économique des Nations Unies pour l'Europe (CEE-ONU)[197], la *Convention d'Helsinki* a établi un régime coopératif en matière de cours d'eau transfrontaliers pour les États de la région de CEE.

Il y a environ 150 rivières européennes qui sont partagées entre deux ou plusieurs États riverains[198] et la plus internationalisée de ces rivières est le bassin versant du Danube abrité par 18 États. Plusieurs pays européens sont extrêmement dépendants des ressources en eau provenant d'autres pays[199]. Les pénuries d'eau, surtout pendant les

---

[196] *Convention d'Helsinki, supra* note 114.

[197] La Commission économique des Nations Unies pour l'Europe (CEE-ONU) a été mise en place en 1947 par le Conseil économique et social des Nations Unies (ECOSOC). C'est l'une des cinq commissions régionales des Nations Unies. L'objectif majeur de la CEE-ONU est de promouvoir l'intégration économique paneuropéenne. Pour ce faire, elle rassemble 56 pays de l'Union européenne (UE), d'Europe de l'Ouest et de l'Est hors UE, d'Europe du Sud-Est, de la Communauté des États indépendants (CEI) et de l'Amérique du Nord. Tous ces pays dialoguent et coopèrent sous l'égide de la CEE-ONU sur des questions économiques et sectorielles. Cependant, toutes les parties intéressées qui sont membres des Nations Unies peuvent participer aux travaux de la CEE-ONU. Plus de 70 organisations internationales professionnelles et d'autres organisations non gouvernementales participent aux activités de la CEE-ONU.
Site officiel de la CEE-ONU <http://www.unece.org/#>; voir aussi *Mandat et Règlement intérieur de la Commission économique pour l'Europe*, E/ECE/778/Rev.5, New York et Genève, Organisation des Nations Unies, 2009, en ligne : CEE-ONU <http://www.unece.org/fileadmin/DAM/oes/mandate/Commission_Rev5_French.pdf>.

[198] Agence européenne pour l'environnement (AEE), *Europe Environment: the Third Assessment,* Copenhague, AEE, 2002 à la p 195, en ligne : AEE <file:///C : /Users/echo/Downloads/kiev_eea_low.pdf>.

[199] À savoir, la Belgique, la Hongrie et les Pays-Bas, etc.

sécheresses et la saison d'étiage, continuent d'augmenter avec les changements climatiques, en particulier dans la région méditerranéenne[200]. Il est donc nécessaire d'avoir un régime de gestion intégrée des cours d'eau transfrontaliers en Europe.

La *Convention d'Helsinki* fut tout d'abord une convention régionale qui répondait spécialement aux besoins des États de la CEE. La CEE a pris l'initiative de rédiger cette Convention dans les années 1980 et elle fut adoptée à Helsinki en 1992, avant d'entrer en vigueur en 1996. Contrairement à la *Convention de New York*, la *Convention d'Helsinki* ne concernait pas la totalité des pays du globe. En 2013, elle comptait 39 Parties, soit presque tous les pays partageant des eaux transfrontalières dans la région de la CEE-ONU. La *Convention d'Helsinki* a servi de convention-cadre pour la signature d'accords bilatéraux et plurilatéraux[201]. « La Convention sur l'eau propose un cadre, sous l'égide des Nations Unies, pour assurer la sécurité en matière d'eau, ainsi que pour prévenir des conflits ayant pour origine l'eau et en faciliter la résolution »[202]. Elle présente deux protocoles : le *Protocole sur l'eau et la santé*[203] et le *Protocole sur la responsabilité*

[200] Voir Agence européenne de l'environnement, *l'Environnement en Europe : état et perspective 2015*, Copenhague, AEE, 2015 aux pp 121-124.

[201] La *Convention d'Helsinki* a contribué et a servi de modèle pour l'élaboration des accords transfrontières sur le Danube, le Drin, le Rhin, la Save et le Tchou-Talas, ainsi que pour les accords suivants sur les eaux transfrontalières : Biélorussie-Russie, Biélorussie-Ukraine, Estonie-Russie, Kazakhstan-Russie, Mongolie-Russie, Russie-Ukraine et encore bien d'autres, voir en ligne : CEE-ONU <http://www.unece.org/fileadmin/DAM/env/water/publications/brochure/Brochure_on_opening/Brochure_ECE_FRE_WEB.pdf>.

[202] CEE-ONU, *L'Ouverture mondiale de la Convention sur l'eau de 1992*, Doc ECE/MPWAT/43 (2013), en ligne : <http://www.unece.org/fileadmin/DAM/env/water/publications/brochure/Brochure_on_opening/Brochure_ECE_FRE_WEB.pdf>.

[203] *Protocole sur l'eau et la santé à la Convention de 1992 sur la protection et l'utilisation des cours d'eau transfrontaliers et des lacs internationaux*, 24 mars 1999, 2331 RTNU 202 (entrée en vigueur : 4 août 2005) [*Protocole santé*].

civile et l'indemnisation en cas de dommages causés par les effets transfrontières d'accidents industriels sur les eaux transfrontalières[204].

En 2003, les Parties à la *Convention d'Helsinki* l'ont amendée afin de permettre son adhésion par tous les États membres des Nations Unies hors de la région de la CEE-ONU[205]. Cet amendement est entré en vigueur en 2013[206]. Désormais, la *Convention d'Helsinki* est devenue un cadre juridique mondial qui définit la coopération internationale dans la gestion des cours d'eau transfrontaliers.

La *Convention d'Helsinki* a aussi confirmé l'existence d'une obligation de coopérer: « Les Parties riveraines coopèrent sur une base d'égalité et de réciprocité, notamment au moyen d'accords bilatéraux

---

204 *Protocole sur la responsabilité civile et l'indemnisation en cas de dommages causés par les effets transfrontières d'accidents industriels sur les eaux transfrontalières, se rapportant à la Convention de 1992 sur la protection et l'utilisation des cours d'eau transfrontaliers et des lacs internationaux et à la Convention de 1992 sur les effets transfrontières des accidents industriels,* Doc. ECE/MPWAT/11-ECE/CPTEIA/9, 2003, en ligne : Collection des traités des Nations Unies <https://treaties.un.org/doc/source/RecentTexts/27_16F.pdf> [*Protocole responsabilité civile*].

205 CEE-ONU, *Amendements des articles 25 et 26 de la Convention sur la protection et l'utilisation des cours d'eau transfrontaliers et des lacs internationaux,* Doc.ECE/MPWAT/4, 28 novembre 2003 (entrée en vigueur : 6 février 2013), spécifiant que :

> « [t] out autre État non visé au paragraphe 2, qui est Membre de l'Organisation des Nations Unies, peut adhérer à la Convention avec l'accord de la Réunion des Parties. Dans son instrument d'adhésion, ledit État indique avoir obtenu l'accord de la Réunion des Parties pour adhérer à la Convention, et précise la date à laquelle il a reçu notification de cet accord. La Réunion des Parties n'examinera aucune demande émanant de Membres de l'Organisation des Nations Unies qui sollicitent son accord pour adhérer à la Convention avant que le présent paragraphe ne soit entré en vigueur à l'égard de tous les États et de toutes les organisations qui étaient Parties à la Convention au 28 novembre 2003. »

206 *Entrée en vigueur de l'Amendement des articles 25 et 26 de la Convention sur la protection et l'utilisation des cours d'eau transfrontaliers et des lacs internationaux*, C.N.639.2012.TREATIES-XXVII.5.b.

et multilatéraux [...] » (article 2, paragraphe 6)[207]. Selon le guide d'application de la Convention, « [t]he normative contents of the general obligation of cooperation is specified and articulated through an extensive number of subsequent provisions in the Convention, namely, articles 9 to 15 »[208]. Dans le cadre de la Convention, on accorde une importance majeure à l'obligation générale de coopérer, qui n'est pas seulement la base des obligations procédurales, mais elle est un but en soi (« an aim in itself »)[209]. Selon le Guide d'application de la Convention d'Helsinki, « Cooperation in article 2, paragraph 6, is not provided for the sole purpose of occasional contacts to prevent, or control, trans-boundary impact in individual cases; it is to be established on a permanent basis through bilateral or multilateral agreements. »[210] Ainsi, les États riverains doivent négocier entre eux des accords multilatéraux et bilatéraux afin d'établir des régimes permanents de coopération institutionnelle.

Chapitre 2. Les traités régionaux et bilatéraux en matière de cours d'eau transfrontaliers

À part les deux conventions-cadres d'application mondiale, les traités régionaux spécifiant les règles de coopération pour certains bassins constituent aussi une partie importante du cadre juridique du régime coopératif en matière de cours d'eau internationaux. Dans le monde entier, il y a au moins 400 traités sur l'utilisation partagée des cours d'eau internationaux[211].

En Europe, la *Convention d'Helsinki* exige des États membres la conclusion d'accords entre les pays riverains[212]. La *Convention du*

---

[207] Voir les analyses complémentaires dans la Partie II-II-1, ci-dessous.
[208] Guide *Convention d'Helsinki*, *supra* note 169 à la p 32.
[209] *Ibid* à la p 33.
[210] *Ibid.*
[211] Meredith A. Giordono et Aaron T. Wolf, « The World's International Freshwater Agreements: Historical Developments and Future Opportunities » dans Aaron T. Wolf dir, *Atlas of International Freshwater Agreements*, Nairobi, UNEP/Earthprint, 2002.
[212] Dans le préambule de la *Convention d'Helsinki*, « la coopération entre pays membres en matière de protection et d'utilisation des eaux transfrontalières doit

Danube[213] et la *Convention pour la protection du Rhin* ont toutes les deux demandé aux États signataires de prendre des mesures coopératives pour combattre la pollution[214].

Ces deux Conventions constituent, sans doute, deux traités plurilatéraux exemplaires. Elles ont, toutes deux, créé un cadre coopératif entre les États[215]. À part ces deux conventions, la *Convention sur la coopération pour la protection et l'utilisation durable des bassins fluviaux Luso-Espagnols de 1998*[216] signé entre l'Espagne et le Portugal ainsi que l'*Accord sur les eaux transfrontalières signé entre la Russie et le Kazakhstan en 1992*[217] font aussi référence à la *Convention d'Helsinki*, ou adopte sa terminologie.

En Amérique, l'*Accord de coopération de 1983 entre les États-Unis et le Mexique pour la protection et l'amélioration de l'environnement dans la zone frontière*[218] est un exemple d'accord bilatéral englobant les eaux transfrontalières. Selon l'article 1

> [l]es parties sont convenues de coopérer dans le domaine de la protection de l'environnement dans la zone frontière sur la base de l'égalité, de la réciprocité et de l'avantage mutuel. Le présent Accord a pour but d'établir les fondements de la coopération entre les parties pour la protection, l'amélioration et la conservation de

---

se traduire en priorité par l'élaboration d'accords entre pays riverains des mêmes eaux ».

213 *Convention du Danube*, *supra* note 84.

214 *Convention pour la protection du Rhin, supra* note 56, voir l'article 5.

215 Voir les articles 2, 4, 5, 6, etc. de la *Convention du Danube.*

216 *Convention sur la coopération pour la protection et l'utilisation durable des eaux du Luso-Espagne de 1998 signé entre l'Espagne et le Portugal* [notre traduction] (Convention on Cooperation for Portuguese-Spanish River Basins Protection and Sustainable Use), 30 novembre 1998, INAG, (entrée en vigueur : 17 January 2000) [*Convention Luso-Espagne*].

217 *Accord sur les eaux transfrontalières signé entre la Russie et le Kazakhstan,* Russie et Kazakhstan, 17 août 1992 [*Accord Russie-Kazakhstan*].

218 *Accord de coopération de 1983 entre les États-Unis et le Mexique pour la protection et l'amélioration de l'environnement dans la zone frontière,* 14 août 1983, 22 ILM 1025 [*Accord de 1983*].

> l'environnement et pour résoudre les problèmes qui le touchent [...].

Les Parties conviennent à l'article 2 de « coopérer à la solution des problèmes écologiques d'intérêt commun dans la zone frontière, conformément aux dispositions du présent accord ». Entre les États-Unis et le Canada, *le Traité des eaux limitrophes internationales* (1909) a créé la Commission mixte internationale et a établi les principes fondamentaux guidant les relations entre le Canada et les États-Unis en matière d'eaux limitrophes; *le Traité du fleuve Columbia* (1961)[219] et *l'Accord relatif à la qualité de l'eau dans les Grands Lacs*[220] ont également institué un certain régime de coopération régionale. En Amérique du Sud, les traités emblématiques furent ceux concernant la coopération amazonienne signés entre la Bolivie, le Brésil, la Colombie, l'Équateur, la Guyana, le Pérou, le Suriname et le Venezuela. Tous les traités susdits ont mentionné la nécessité d'établir un régime coopératif entre les États riverains.

En Asie, *l'Accord de coopération pour un développement durable du bassin du Mékong*[221] qui a institué la Commission du Mékong a été inspiré par la *Convention de New York*. Le Traité des eaux de l'Indus adopté en 19 septembre 1960 entre l'Inde et le Pakistan constitue l'un des accords bilatéraux exemplaires dans l'histoire de la coopération

---

[219] *Traité du 17 janvier 1961 entre le Canada et les États-Unis d'Amérique relatif à la mise en valeur, en commun, des ressources hydrauliques du bassin du Columbia*, Washington, 17 janvier 1961. 20 ILM 10 [*Traité de Columbia 1961*].

[220] *Accord entre le Canada et les États-unis d'Amérique relatif à la qualité de l'eau dans les Grands Lacs*, 1972, modifié en 1978, 1987 et 2012, RT Can 1972 n 12 [*Accord de de la qualité de l'eau*] .

Voir la liste des accords signés entre les États-Unis et le Canada, en ligne : <http://www.ec.gc.ca/eau-water/default.asp?lang=Fr&n=B947BAA8-1>.

[221] *Accord de coopération pour un développement durable du bassin du Mékong* [notre traduction pour *Agreement on the cooperation for the sustainable development of the Mekong River*], Cambodge, Lao, Thaïlande et Viêtnam, 5 avril 1995, en ligne: Mekong River Commission < http://ns1.mrcmekong.org/agreement_95/agreement_95.htm> [*Accord du Mékong*].

hydrique[222]. La Chine s'est aussi engagée dans des régimes coopératifs surtout par des traités bilatéraux.

Les pays africains abritent 80 bassins versants transfrontières aux fonctions multiples[223]. Ils ont conclu un grand nombre d'accords relatifs à l'aménagement des fleuves : l'*Accord du 8 novembre 1959 entre l'Égypte et le Soudan*[224] ; la *Convention sur la gestion durable du lac Tanganyika*[225] entrée en vigueur en 2005 ; la *Convention relative à l'aménagement du bassin du fleuve Sénégal*[226] qui est la plus connue et qui instituait le Comité inter-États.

Il ne s'agit pas d'une liste exhaustive des traités sur la coopération en matière de cours d'eau transfrontaliers et il ne nous est pas possible non plus d'examiner tous les accords régionaux et bilatéraux dans le contexte de notre thèse. Dans la Partie II (Titre III), nous analyserons

---

222 *Traité des eaux de l'Indus*, Inde et Pakistan, 1960 [*Traité des eaux de l'Indus*]. Voir les analyses spécifiques sur la coopération entre la Chine et ses voisins concernant l'utilisation des cours d'eau internationaux dans la Parite III-III, ci-dessous.

223 Voir PNUE, *Afrique : atlas de l'eau*, Nairobi, 2010, en ligne : < http://www.zaragoza.es/contenidos/medioambiente/onu/340-fre.pdf> ; Karen Frenken et Jean-Marc Faurès, *Irrigation Potential in Africa: A Bassin Aprroach*, Rome, Food & Agriculture Org., 1997.

224 *The 1959 Nile Waters Agreement between the Sudan and Egypt for full control utilization of the Nile waters,* 1959 [*Accord du Nil*]. Voir Aaron T. Wolf et Joshua T. Newton, « Case Study of Transboundry Dispute Resolution: the Nile waters Agreement », en ligne: Transboundary Freshwater Dispute Database (TFDD) < http://www.transboundarywaters.orst.edu/research/case_studies/Documents/nile.pdf>.

225 *Convention sur la gestion durable du lac Tanganyika,* Burundi, Congo, Tanzanie et Zambie, 2000, en ligne : International Waters Learning Exchange & Resource Network < http://iwlearn.net/iw-projects/398/reports/lake-tanganyika-biodiversity-convention-sur-la-gestion-durable-du-lac-tanganyika-31p-116k.pdf> [*Convention du Lac Tanganyika*].

226 *Convention relative à l'aménagement du bassin du fleuve Sénégal,* la Guinée, le Mali, la Mauritanie et le Sénégal, 1963, en ligne : International Environmental Agreements Database Project <http://iea.uoregon.edu/pages/view_treaty.php?t=1963-BamakoSenegalRiverBasin.FR.txt&par=view_treaty_html> [*Convention de 1963*].

quatre bassins : le bassin du fleuve Indus, le bassin du fleuve Mékong, le bassin du Rhin et le bassin du fleuve Sénégal.

Chapitre 3. Les décisions jurisprudentielles et les arbitrages internationaux

En dehors des conventions internationales, les décisions de cours et de tribunaux internationaux ont aussi examiné de nombreuses fois l'obligation de coopérer, surtout dans les accords bilatéraux ou régionaux[227].

L'article 38 du *Statut de la Cour internationale de Justice*[228] définit « les décisions judiciaires et la doctrine des publicistes les plus qualifiés des différentes nations comme moyen auxiliaire de détermination des règles de droit ». Néanmoins, les décisions rendues par la Cour internationale de Justice, la Cour permanente d'arbitrage ainsi que d'autres tribunaux internationaux ne sont pas sans importance. Elles servent d'interprétation réelle aux règles de droit international et aussi de preuves importantes de l'existence, en premier lieu, du droit international des cours d'eau transfrontaliers et en deuxième lieu, des règles coutumières du droit international, en dépit de la variété des situations des différends en cause[229].

---

227 Selon Jacques Sironneau, « on dénombre une trentaine de décisions jurisprudentielles intervenues en matière d'eau depuis le XIXe siècle ». Jacques Sironneau, « Le droit international de l'eau existe-t-il : évolution et perspectives pour la résolution des conflits d'usages » (1998), en ligne :< http://funredes.org/agua/files/droit/SIRONNEAU.rtf > [Sironneau 1998].

228 *Statut de la CIJ, supra* note 93.

229 Voir Dante A. Caponera, *Le régime juridique des ressources en eau internationales*, Rome, Organisation des Nations Unies pour l'alimentation et l'agriculture, 1981 à la p 12.

Tableau 1 Jurisprudences de CIJ en matière de différends concernant des cours d'eau transfrontaliers

États concernés	Fleuves concernés	Continent	Instance	Année
Allemagne, Danemark, France, Grande-Bretagne, Suède, Tchécoslovaquie et Pologne	Oder	Europe	CPIJ	1929[230]
Pays-Bas et Belgique	Meuse	Europe	CPIJ	1937[231]
Hongrie et Slovaquie	Danube	Europe	CIJ	1997[232]
Costa Rica et Nicaragua	San Juan	Amérique	CIJ	2009[233]
Argentine et Uruguay	Uruguay	Amérique	CIJ	2010[234]

Il y a eu dans l'histoire de la Cour permanente internationale de justice et de la Cour internationale de Justice cinq décisions en matière de différends concernant l'utilisation des cours d'eau transfrontaliers (Tableau 1).

En comparaison avec la procédure judiciaire, l'arbitrage international constitue probablement une procédure plus typique et le plus souvent adoptée par des États souverains. L'arbitrage du *lac*

---

230 Affaire de l'Oder, *supra* note 78.

231 *Affaire des prises d'eau à la Meuse (Pays-Bas c. Belgique)* [1937], CPIJ série A/B N 70, en ligne : Cour internationale de Justice <http://www.icj-cij.org/pcij/serie_AB/AB_70/01_Meuse_Arret.pdf>.

232 *Affaire relative au projet Gabcikovo-Nagymaros (Hongrie c. Slovaquie),* [1997], CIJ rec 3, en ligne : Cour internationale de Justice <http://www.icj-cij.org/docket/files/92/7374.pdf >.

233 *Différend relatif à des droits de navigation et des droits connexes (Costa Rica c. Nicaragua),* [2009], arrêt, CIJ Recueil 2009.

234 Affaire des usines de pâte à papier, *supra* note 170.

Lanoux[235], l'arbitrage de la *Protection du Rhin contre les chlorures concernant l'apure des comptes*[236] ainsi que l'arbitrage *des eaux de l'Indus Kishenganga*[237] sont tous les arbitrages ayant trait aux cours d'eau transfrontaliers.

Comme McCaffrey l'a démontré dans son rapport de 1987[238], l'arbitrage du *lac Lanoux* a confirmé de façon générale l'obligation faite aux Parties de coopérer en matière de cours d'eau internationaux :

> La réalité des obligations ainsi souscrites ne saurait être contestée et peut être sanctionnée, par exemple, en cas de rupture injustifiée des entretiens, des délais anormaux, de mépris des procédures prévues, de refus systématiques de prendre en considération les propositions ou les intérêts adverses, plus généralement en cas d'infraction aux règles de la bonne foi[239].

Dans la célèbre *Affaire relative au Projet Gabcikovo-Nagymaros* (Hongrie v. Slovaquie), la Cour a également souligné la nécessité de la coopération pour une meilleure gouvernance des cours d'eau transfrontaliers :

> The Danube has always played a vital part in the commercial and economic development of its riparian states, and has underlined and reinforced their interdependence, making international cooperation

---

235 Affaire de Lac Lanoux, *supra* note 65.

236 *Affaire concernant l'apurement des comptes entre le Royaume des Pays-Bas et la République française en application du Protocole du 25 septembre 1991 additionnel à la Convention relative à la protection du Rhin contre la pollution par les chlorures du 3 décembre 1976* (2004), 25 Recueil des sentences arbitrales 267 ; voir aussi *l'arbitrage « Protection du Rhin contre les chlorures » concernant l'apure des comptes (Pays-Bas c. France)*, Hague, Cour permanente d'arbitrage, 2006.

237 *Arbitrage des eaux de l'Indus Kishenganga (Pakistan c. Inde) : Compte-rendu de la procédure 2010-2013,* Hague, Cour permanente d'arbitrage, 2012 [Arbitrage Kishenganga].

238 Troisième rapport, *supra* note 146 à la p 25.

239 Affaire de Lac Lanoux, *supra* note 65 à la p 307, au para.1.

> essential. Only by international cooperation could action be taken to alleviate [...] problems of navigation, flood control, and environmental protection[240].

L'obligation de coopérer a été évoquée encore une fois de façon plus précise dans une décision récente, l'*Affaire relative* à *des usines de pâte à papier sur le fleuve Uruguay*[241]. En 1975, dans le but d'« exploiter en commun les ressources du fleuve sans ébranler son équilibre écologique »[242], l'Argentine et l'Uruguay ont signé le *Traité relatif à la frontière sur l'Uruguay*[243] et le *Statut du fleuve Uruguay*[244] qui créaient la Commission administrative du fleuve Uruguay (CARU)[245]. Ainsi fut concrétisée l'obligation de coopérer dans le cadre de ce régime coopératif bilatéral selon lequel, chaque partie qui projette la construction d'ouvrages qui sont « liable to affect navigation, the regime of the river or the quality of its waters », est dans l'obligation d'en informer immédiatement la CARU, « laquelle détermine sommairement, dans un délai maximum de trente jours, si le projet peut causer un préjudice sensible à l'autre partie. Lorsque tel est le cas, la partie intéressée [...] notifie [le projet ...] à l'autre partie (la partie notifiée) par l'intermédiaire de la CARU »[246]. Mais en 2003 et en 2005, l'Uruguay a autorisé la construction de deux usines de pâte à papier le long du fleuve Uruguay sans avoir suivi la procédure statutaire.

---

240 Affaire des usines de pâte à papier, *supra* note 170.

241 Affaire des usines de pâte à papier, *supra* note 170 à la p 28,

242 Loïc Vatna, « L'Affaire des usines de pâte sur le fleuve Uruguay (Argentine c. Uruguay) : un nouveau différend environnemental devant la Cour internationale de Justice » (2009) 22 :2, *Revue québécoise de droit international* à la p 27 [Vatna].

243 *Traité relatif à la frontière sur l'Uruguay* (Argentine et Uruguay), 7 avril 1961, 635 RTNU 98 (entrée en vigueur : 7 avril 1961) [*Traité sur l'Uruguay*].

244 Statut du fleuve Uruguay (Argentine et Uruguay), 26 février 1975, voir dans l'Affaire des usines de pâte à papier sur le fleuve Uruguay (Argentine c. Uruguay), « Mémoire de la République argentine » (15 janvier 2007) à la p 29; voir aussi en ligne :
<http://www.internationalwaterlaw.org/documents/regionaldocs/Uruguay_River_Statute_1975.pdf > [*Statut du fleuve Uruguay*].

245 Les articles 49-57 du *Statut du fleuve Uruguay*.

246 Affaire des usines de pâte à papier, *supra* note 170 à la p 28. Voir aussi les articles 7-13 du *Statut du fleuve Uruguay*.

L'Argentine a invoqué le traité de 1975 signé avec l'Uruguay et mentionnait l'obligation de coopérer :

> L'Uruguay a manqué aux obligations lui incombant en vertu du statut de 1975 et des autres règles de droit international auxquelles ce statut renvoie, y compris, mais pas exclusivement : [...] e) les obligations de coopération en matière de prévention de la pollution et de la protection de la biodiversité et des pêcheries [...] La Cour considère que les obligations d'informer, de notifier et de négocier constituent un moyen approprié et accepté par les Parties. Ces obligations s'avèrent d'autant plus indispensables lorsqu'il s'agit [...] d'une ressource partagée qui ne peut être protégée que par le biais d'une coopération étroite et continue entre les riverains[247].

La CIJ a réexaminé à cette occasion le droit international des cours d'eau avec toutes les « obligations procédurales » et les « règles substantielles » [248] incluses dans la *Convention de New York*[249]. Dans son arrêt rendu en 2010, en analysant le rôle de la Commission administrative du fleuve Uruguay (CARU), la cour a réaffirmé que celle-ci jouissait d'« une existence propre et permanente » :

> En créant la CARU et en la dotant de tous les moyens nécessaires à son fonctionnement, les Parties ont entendu donner les meilleures garanties de stabilité, de continuité et d'efficacité à leur volonté de coopérer à l'utilisation rationnelle et optimale du fleuve[250].

Autrement dit, après avoir évalué ses compétences, la Cour a reconnu à la CARU, qui incarne un cadre de coopération, un statut indépendant de la volonté des États et représentant une coopération « étroite et continue entre les riverains » [251] . Il en résulte que les Parties

---

[247]Affaire des usines de pâte à papier, *supra* note 170 à la p 52, para 2.
[248] McCaffrey 2007, *supra* note 31 à la p 397.
[249] Kohen, *supra* note 13 à la p 94.
[250] Affaire des usines de pâte à papier, *supra* note 170 à la p 43, au para 90.
[251] *Ibid* à la p 41, para. 46.

contractantes ont l'obligation de poursuivre leur coopération par l'intermédiaire de la CARU. L'aspect institutionnel de l'obligation de coopérer est ainsi réitéré par la CIJ.

Conclusion du Titre III

Est-ce qu'il existe un droit international des cours d'eau transfrontaliers[252] ? La réponse est sans aucun doute positive. Si le droit international des cours d'eau a pris son essor à partir de la seconde moitié du 18e siècle, avec pour objectif principal l'institution de régimes internationaux pour assurer la liberté de navigation. Au XXe siècle, avec la multiplication et l'intensification de nouvelles activités, telles la production d'énergie et l'utilisation de l'eau comme réfrigérant et réservoir de déchets, la navigation n'est plus l'utilisation prioritaire des cours d'eau internationaux. Les nouveaux usages des cours d'eau transfrontaliers exigent généralement de grandes quantités d'eau et peuvent être polluants, ce qui tend à accroître les disparités de la ressource et crée ainsi des tensions réelles entre les États riverains. C'est pourquoi il faut une coopération beaucoup plus étroite entre ceux-ci. Après avoir passé en revue les sources du droit international en matière de cours d'eau, nous avons démontré que l'obligation de coopérer représente une règle émergente en droit international coutumier qui gagne peu à peu une reconnaissance générale.

Conclusion de la PARTIE I

L'obligation de coopérer affirmée surtout dans les utilisations des cours d'eau transfrontaliers à des fins autres que la navigation, constitue une règle coutumière émergente du droit international de coopération. Les conventions-cadres internationales et les traités régionaux, bilatéraux mentionnés plus haut constituent le cadre du droit international positif pour prouver l'existence de l'obligation de coopérer dans le domaine des cours d'eau transfrontaliers.

Selon nos constatations, l'obligation de coopérer constitue pour l'instant une règle du droit international coutumier émergente qui n'est

[252] Sironneau 1998, *supra* note 227.

pas contraignante pour tous les États à cause, principalement, du manque de précision des règles normatives. Cette obligation englobe à la fois des règles générales du droit international coutumier et des règles plus précises qui sont en train de se former et gagnent peu à peu une reconnaissance internationale. Cela nous permet de considérer l'inclusion d'une gamme assez variée de règles et de normes dans le cadre de cette obligation « générale » de coopérer. Il nous reste à identifier les règles impliquées par cette obligation de coopérer.

À noter qu'il n'existe pas d'exigences uniformes pour la mise en application de cette obligation. Chaque bassin a son régime d'application de l'obligation de coopérer. Considérant que celle-ci n'est pas encore une norme du droit international coutumier qui serait contraignante pour tous les États et qu'elle implique un ensemble de règles tant procédurales que fondamentales, nous allons dans notre thèse examiner l'obligation de coopérer sur la base des accords signés par les pays de certains bassins.

PARTIE II

Identification des règles coopératives en droit international dans le domaine des cours d'eau transfrontaliers

Les deux Conventions d'application mondiale servent toutes deux de cadres pour la coopération internationale en matière de cours d'eau transfrontaliers. Elles servent de fondement à la coopération entre les États parties « tout en leur laissant le soin de définir, par des accords séparés, les modalités et les détails de la coopération, en prévoyant, s'il y a lieu, une ou des institutions adéquates à cet effet »[253]. Autrement dit, les deux Conventions-cadres doivent être complétées par des protocoles plus précis et thématiques, en tant qu'engagement des États riverains à coopérer. Il nous incombe donc d'examiner les régimes coopératifs régionaux afin de voir comment se concrétise l'obligation de coopérer dans le contexte spécifique des bassins fluviaux. Comme nous l'avons montré dans la Partie I, de nombreux traités bilatéraux et multilatéraux sont consacrés à la gestion internationale des eaux transfrontalières et ont spécifié des règles sur l'échange de données d'ordre hydrologique,

[253] Allexamdre Kiss, « Les traités-cadres : une technique juridique caractéristique du droit international de l'environnement » (1993) 39, *Annuaire français de droit international* 792.

sur la mise en œuvre coordonnée de projets de construction et sur la prévention de la pollution, etc.

Compte tenu de la variété des conditions des États riverains et des caractères spécifiques à chaque bassin fluvial, il incombe aux États partenaires de choisir les régimes coopératifs les mieux adaptés à leurs aspirations et à leurs possibilités. Nous allons explorer dans cette Partie II les modèles différents de coopération sur la base d'une analyse positiviste des traités fondateurs des régimes coopératifs dans quatre bassins fluviaux (Titre II et Titre III). Mais avant de procéder à cette analyse de cas, nous dresserons tout d'abord un cadre d'analyse positiviste spécifiant tous les paramètres d'un régime coopératif efficace (Titre I).

TITRE I

Le cadre d'analyse positiviste de l'obligation de coopérer

Puisque notre thèse porte sur la coopération internationale concernant l'utilisation des cours d'eau transfrontaliers, les relations internationales hydriques constituent sans doute un thème essentiel à explorer. Comme nous l'avons montré dans la Partie I, dans le domaine des cours d'eau transfrontaliers, l'obligation générale de coopérer trouve son fondement juridique dans le principe du voisinage international. Un régime coopératif est donc toujours formé entre des États voisins riverains. Il nous faut, d'abord, examiner le mode d'existence des relations internationales hydriques. Les recherches faites en hydropolitique ont pour but d'examiner ces relations internationales hydriques. L'hydropolitique est « une étude sur le conflit et la coopération interétatique concernant des ressources en eaux transfrontalières » [254] . Elle constitue un champ de recherches multidisciplinaires, mais qui « se rapportent le plus directement aux

[254] Arun P Elhance, « Conflict and Cooperation over Water in the Aral Sea Basin » (1997) 20:2, Studies in Conflict and Terrorism 207 à la p 218; voir aussi Arun Elhance, *Hydropolitics in the Third World: Conflict and Cooperation in International River Basins,* Washington, United States Institut of Peace, 1999; voir aussi Julie Trottier, *Water Wars: The Rise of a Hegemonic Concept. Exploring the Making of the Water War and Water Peace Belief within the Israeli–Palestinian Conflict,* PCCP Series no 6.8, Paris, UNESCO, 2003.

Relations internationales »[255]. Suivant les approches du réalisme et du libéralisme, il existe dans le champ d'études de l'hydropolitique deux grands discours : le discours de la sécurité hydrique et le discours de la rationalité hydrique[256], qui proposent tous deux leurs réponses sur la possibilité d'une coopération internationale hydrique. Nous allons démontrer le mode d'existence de la coopération hydrique selon les doctrines hydropolitiques dans le Chapitre 1. Le cadre d'analyse de notre thèse sera présenté dans le Chapitre 2.

Chapitre 1. Perspective dynamique de la coopération hydrique : du conflit à la coopération

Selon le discours de la sécurité hydrique[257], qui prévoit un avenir tragique aux relations internationales hydriques, il existe un lien de causalité entre la pénurie d'eau et la guerre. Le discours de la rationalité hydrique[258], apparu plus tard, affirme qu'au lieu d'opter pour le conflit, les États riverains optent plutôt pour une stratégie coopérative même entre les ennemis les plus irréconciliables, parce que la coopération hydrique est beaucoup plus efficace pour garantir l'accès à l'eau à long terme. Ce deuxième discours constitue la doctrine dominante aujourd'hui dans le milieu académique[259], et ce sera sur la base de ce discours que nous allons développer nos analyses.

---

255 Frédéric Julien, « L'eau dans les relations internationales : la guerre ou la paix ? » (2004) 7, UNESCO à la p 1 [Julien 2004].

256 Julien 2004, *Ibid* à la p 2.

257 A. K. Biswas, *International Waters of the Middle East From Euphrates-Tigris to Nile*, Bombay, Oxford University Press, 1994; Joyce R. Starr, « Water Wars » (1991) 82, *Foreign Policy*, aux pp 17–36; voir aussi Joyce R. Starr et Daniel Stoll, *The Politics of Scarcity: Water in the Middle East*, Boulder, Westview, 1988.

258 Aaron T. Wolf, « Conflict and Cooperation along International Waterways » (1998) 1:2, Water Policy aux pp 251-265; Aaron T. Wolf, « Shared Waters: Conflict and Cooperation » (2007) 32, *Annual Review of Environment and Resources*, aux pp 241-269.

259 Julien 2004, *supra* note 255 à la p 2 ; voir Eric Abitbol, *Hydropolitical Peacebuilding. Israeli-Palestinian Water Relations and the Transformation of Asymmetric Conflict in the Middle East*, thèse doctorale en Relations internationales, University of Bradford, 2014; Ahmet Conker, *An Enhanced Notion of Power for Inter-state and Transnational Hydropolitics: An Analysis of Turkish-Syrian Water Relations and the Ilısu Dam Conflict between the*

Le discours de la rationalité hydrique non seulement confirme la possibilité de coopérer, mais aussi propose une perspective dynamique de cette coopération. Nous allons maintenant passer brièvement en revue les recherches en hydropolitique pour d'abord illustrer l'aspect dynamique de la coopération internationale hydrique, et ensuite établir le cadre d'analyse positiviste du régime de coopération internationale sur les cours d'eau transfrontaliers.

Les recherches empiriques de Aaron Wolf dans le domaine des cours d'eau transfrontaliers confirment le discours de la rationalité, selon lequel la coopération a en réalité toujours joué un rôle prépondérant dans les relations hydriques des États. Il s'avère que la guerre de l'eau n'est qu'une hypothèse sans fondement. « Aucun pays n'a déclaré de guerre spécifiquement pour des ressources en eau depuis des milliers d'années. Les différends internationaux sur l'eau, même entre fervents ennemis, sont résolus pacifiquement, même si ces conflits s'ajoutent à d'autres problèmes »[260]. Le travail d'avant-garde d'Aaron Wolf nous a permis de constater que les États ont produit historiquement « un important corpus d'accords, de traités et de mémorandums pour tenter d'aplanir leurs différends et de trouver une solution à leurs besoins respectifs »[261].

Le conflit et la coopération coexistent toujours, interagissant et se transformant mutuellement. En analysant les modes de coopération, les chercheurs ont donc majoritairement adopté une perspective

Opponents and Proponents of the Dam, thèse doctorale en Relations internationales, University of East Anglia, 2014; Ram Avirama, David Katzb et Deborah Shmuelib, « Desalination as a Game-changer in Transboundary Hydropolitics » (2014) 16, *Water Policy* 609; Patricia Wouters, « International Law–Facilitating Transboundary Water Cooperation » (2013), *The Global Water Partnership, TEC Background Papers* (17), en ligne: <http://papers.ssrn.com/sol3/papers.cfm?abstract_id=2363809> [Wouters 2013].

260 Aaron T. Wolf, Annika Kramer et al., « L'eau peut être un chemin vers la paix, et non vers la guerre » [2008], *Navigating Peace Policy Briefs*, Washington, Woodrow Wilson International Center for Scholars à la p 28.

261 Frédéric Lasserre et Alexandre Brun, « La gestion par bassin versant : un outil de résolution des conflits ? » (2007) 12 : 2, *Lex Electronica*, à la p 7; voir aussi Wolf, Yoffe et Giodano, *supra* note 139.

dynamique des relations internationales hydriques[262]. Sadoff et Grey[263] ont créé un continuum décrivant les quatre étapes de la coopération (Figure 2) : l'action unilatérale, la coordination, la collaboration et l'action conjointe. Selon eux, il existe un lien entre les règles fondamentales observées par les États riverains et les règles procédurales adoptées.

D'après ces auteurs, au lieu d'être un mode coopératif figé une fois un accord conclu, la coopération internationale est plutôt un processus dynamique, présentant une possibilité de transformation d'un mode « primaire » à un autre mode plus « avancé ». Quant à l'agent déclencheur de la transformation de l'action unilatérale en une action de nature plus coopérative, ils l'ont attribué à la reconnaissance d'un intérêt commun que la coopération pourrait éventuellement susciter entre les États concernés. Cependant, ils ont également indiqué que « it is not the case that greater cooperation is necessarily "better" or will reap greater net gains »[264]. En d'autres mots, il faut toujours prendre en considération les particularités de chaque bassin afin d'évaluer l'efficacité d'un régime coopératif.

Comme le montre le Continuum de coopération[265] (Figure 2), si l'on conçoit l'obligation de coopérer dans une perspective dynamique, on peut en déduire que le potentiel de coopérer existe même dans les

---

[262] *Ibid*, Wolf, Yoffe et Giodano; Claudia Sadoff et David Grey, « Cooperation on International Rivers: A Continuum for Securing and Sharing Benefits » (2005) 30:4 *Water International* 1 [Sadoff et Grey]; « Sink or Swim? Water security for growth and development » (2007) 9 *Water Policy* 545; « Beyond the River: the Benefits of Cooperation on International Rivers » (2002) 4 *Water Policy* 389; Patricia Wouters, Sergei Vinogradov et al., *Sharing Transboundary Waters, An Integrated Assessment of Equitable Entitlement: The Legal Assessment Model*, Paris, International Hydrological Programme (IHP) of the United Nations Educational, Scientific and Cultural Organization (UNESCO), 2005, 74 [Wouters,Vinogradov et al]; Simon A Mason, Tobias Hagmann et coll., « Linkages Between Subnational and International Water Conflicts: The Eastern Nile Basin » dans Günter Brauch et coll., dir, *Facing Global Environmental Change: Environmental, Human, Energy, Food, Health and Water Security Concepts*, Berlin, Springer, 2009 aux pp 325-334.

[263] Sadoff et Grey, *ibid.*

[264] *Ibid* à la p 8.

[265] *Ibid.*

actions unilatérales et que les conflits causés par des actions unilatérales peuvent également constituer le catalyseur d'une meilleure coopération. Le mode de coopération peut évoluer à tout moment d'un mode de coopération primaire à un autre plus avancé[266]. Il est à noter également qu'une coopération plus avancée n'est pas toujours souhaitable, l'intensité de coopération devant toujours être adaptée à la spécificité du bassin. Les États ont le droit de choisir leur mode de coopération en fonction de leur évaluation des conditions spécifiques du bassin et en répondant aux besoins créés par de nouvelles opportunités au cours du développement de la coopération.

Zeitoun et Mirumachi proposent aussi d'adopter une perspective dynamique des relations internationales hydriques, « in the broad terms of political interaction rather than in the polarising 'either/or' terms of conflict or cooperation »[267]. Ils partagent avec d'autres auteurs le point de vue que le conflit et la coopération coexistent dans les relations internationales hydriques et qu'il ne faut pas supposer qu'une coopération avancée est fondamentalement bonne. Les relations hydriques ne peuvent pas s'améliorer si les décideurs encouragent simplement le « movement along one direction or on one element of the interaction, rather than addressing the broader context as a whole »[268].

---

[266] En 2006, dans le Rapport du développement humain initié par le PNUD (Le Programme des Nations Unies pour le développement) l'on a également établi l'étendue de la notion de coopération, depuis une « coordination » (échange d'information) à une « collaboration » (élaboration des plans nationaux adaptables), voire une « action commune ». Voir PNUD, *supra* note 4 à la p 6.
[267] Mark Zeitoun et Naho Mirumachi, « Transboundary Water Interaction I: Reconsidering Conflict and Cooperation » (2008) 8, *International Environmental Agreements* 297 à la p 306 [Zeitoun et Mirumachi].
[268] *Ibid* à la p 302.

Figure 2 Continuum de coopération de Sadoff et Grey

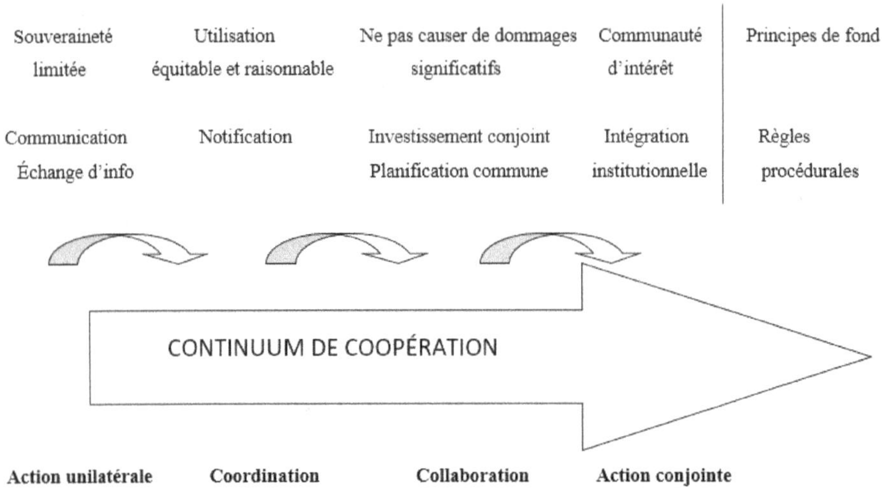

Le WEIS (Water Event Intensity Scale) (Figure 3) présenté par Yoffe, Wolf et Giodano constitue probablement l'analyse la plus sophistiquée de la relation dynamique entre le conflit et la coopération en matière d'eau [269]. Ils ont divisé l'échelle d'intensité de coopération des événements liés au partage de l'eau en sept niveaux, allant de la déclaration de guerre jusqu'à l'unification volontaire en une seule nation. Selon eux, même dans les actions unilatérales, il existe des éléments de coopération (niveau 1 : « minor official exchanges », « talks or policy expressions-mild verbal support »[270]) et la coopération est un choix largement prépondérant sur le conflit. Yoffe, Wolf et Giodano ont également examiné les facteurs qui influencent le choix coopératif des États, y compris la relation générale, le développement d'infrastructures (barrages) et de mécanismes institutionnels (nouveaux traités), la puissance respective des États, leur dépendance en eau (agriculture et énergie), etc. Ils ont constaté que le développement d'infrastructures et le mécanisme institutionnel constituent les deux facteurs les plus influents.

Vinogratov, Wouters et Jones font aussi partie des chercheurs qui ont étudié la possibilité d'une transformation potentielle des conflits en

---

[269] Yoffe, Wolf et Giordano, *supra* note 139.
[270] *Ibid* à la p 1112.

coopération entre États[271]. Dans leur article intitulé *Transforming Potential Conflict into Cooperation Potential*, Vinogratov, Wouters et Jones constatent l'existence d'une possibilité de transformer les conflits entre les États riverains en coopération, grâce au rôle joué par le droit international dans le domaine des cours d'eau[272]. Ils ont donc, tout d'abord, identifié le contexte juridique, c'est-à-dire, les règles du droit international prescrites dans le cadre d'ententes ou d'accords. Ensuite, en analysant les moyens et les mécanismes juridiques potentiellement disponibles, ils ont pu illustrer le processus d'une transformation juridique du conflit en coopération, et enfin, ils ont également étudié la prévention des différends futurs. Suivant une approche positiviste, ils ont examiné les cinq paramètres de traités multilatéraux et bilatéraux instituant des régimes de coopération internationale hydrique : le champ d'application, les règles fondamentales, les règles procédurales, les arrangements institutionnels et le règlement des différends[273]. Cependant, leurs analyses ne sont pas suffisamment approfondies pour qu'elles puissent prendre en considération, à la fois, les textes des traités et le contexte général tant juridique, politique que culturel de l'engagement national en droit international. En d'autres mots, une perspective constructiviste plus explicative que descriptive est absente de ces analyses[274].

Si nous juxtaposons les trois dynamiques de conflit-coopération (Figure 3), nous constatons que même si les auteurs ont tous considéré

---

[271] Sergei Vinogradov, Patricia Wouters et Patricia Jones, *Transforming Potential Conflict in to Cooperation Potential: The Role of International Water Law*, UNESCO, 2003 [Vinogradov, Wouters et Jones]; Erik Mostert, *Conflict and Cooperation in the Management of International water Resources: A Global Review*, UNESCO, 2003; Hellendorff Bruno, *L'eau, les conflits et les coopérations : gestion de l'eau en Afrique de l'Ouest, Risques et opportunités*, Bruxelles, GRIP, 2013; Zeitoun et Mirumachi, *supra* note 267; Salman et Uprety, *supra* note 142.

[272] Vinogradov, Wouters et Jones, *ibid.*

[273] Patricia Wouters et Huiping Chen, « China's 'Soft-Path'to Transboundary Water Cooperation Examined in the Light of Two Un Global Water Conventions– Exploring the 'Chinese Way' » (2013) 22, *The Jounal of water law* 229; voir aussi Patracia Wouters, « The International Law of Watercourses: New Dimensions » (2010) 3, *Collected Courses of the Xiamen Academy of International Law* 347.

[274] Nous allons combler cette lacune dans la Partie III, ci-dessous.

la coopération sous l'angle « interactif »[275], chacun a sa préférence quant à la méthodologie employée.

Vinogratov, Wouters et Jones ont exploré la possibilité de transformer le conflit potentiel en potentialité coopérative à l'aide des règles et des arrangements en droit international. Il s'agit d'une étude de positivisme juridique, basée sur le droit international sur les cours d'eau transfrontaliers et, en particulier, sur les traités bilatéraux et régionaux. Elle met l'accent sur les obligations et les droits de chaque Partie stipulés dans les traités, la durée des traités, l'application ainsi que la flexibilité des régimes établis. Cette étude dresse un cadre d'analyse juridique du droit international des cours d'eau qui est composé de cinq éléments dont chacun de ceux-ci sert d'indicateur pour mesurer l'étendue d'un régime coopératif.

---

[275] Voir aussi Jutta Brunnée et Stephen J. Toope, *Legitimacy and Legality in International Law: An Interactional Account*, premier éd., Cambridge, Cambridge University Press, 2010 [Brunnée et Toope]. Brunnée et Toope ont également proposé dans ce livre une perspective interactive du droit international.

Figure 3 Trois dynamiques de conflit-coopération[276]

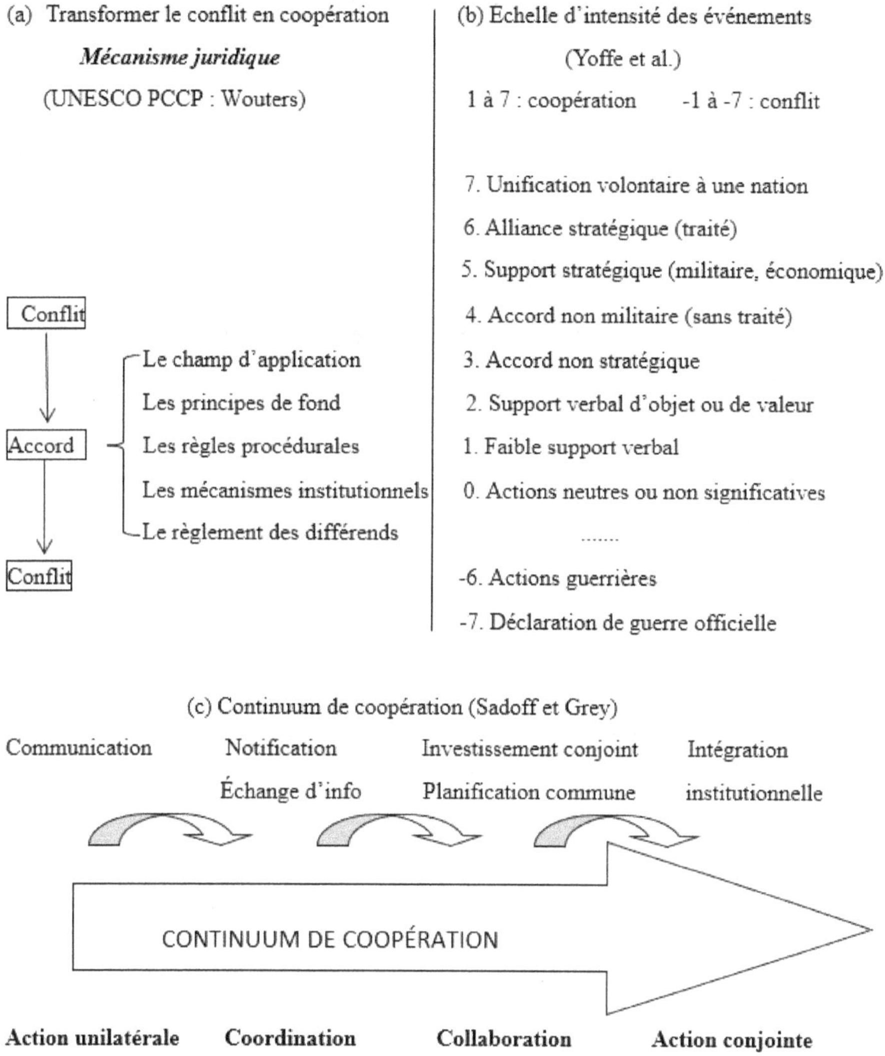

[276] Nous avons repris la figure de l'analyse de Zeitoun et Mirumachi qui ont également juxtaposé trois continuums. Néanmoins, notre analyse se distingue de celle de Zeitoun et Mirumachi parce qu'elle intègre la perspective juridique de Wouters et le continuum de coopération de Sadoff et Grey. Nous mettons l'accent sur le rôle des règles, des normes et d'autres arrangements juridiques spécifiques dans l'interaction conflit-coopération. Voir Zeitoun et Mirumachi, *supra* note 267 à la p 302.

Yoffe, Wolf et Giodano ont, quant à eux, fait une étude de positivisme politique, fondée sur des données assez complètes[277]; 145 traités ainsi que le relevé de tous les événements ayant trait au conflit ou à la coopération sur les ressources en eau entre 1948 et 1999 constituent les objets de leurs analyses[278]. Le but principal de cette étude consiste à repérer les bassins à risque et de découvrir les facteurs à l'origine des événements. Ils ont donc mis l'accent sur la répartition géographique des événements, le niveau d'intensité du conflit et de la coopération ainsi que l'objectif principal du conflit et de la coopération.

Quant à Sadoff et Grey, ils s'intéressent plutôt à une analyse économique. D'après eux, l'agent principal de la coopération est le profit qui pourrait éventuellement découler de cette coopération. Ainsi, pour garantir une meilleure coopération en matière d'eau, il est indispensable de réaliser un partage équitable des profits entre les États concernés. Les auteurs continuent à identifier les divers modes de coopération tout en indiquant que, pour chaque mode, le mode de partage des profits varie également. Pour eux, la coopération sur un mode avancé n'entraîne pas nécessairement un profit maximal ou optimal ; chaque bassin a son propre mode de coopération qui peut être plus ou moins étendu. Ce point de vue est fortement partagé par Zeitoun et Mirumachi, selon lesquels la coopération n'est pas forcément bonne. If important components of the agreement are not implemented, or favour one actor at the expense of a collective win, the result would likely be rated as some form of 'poor' cooperation, or even 'non-cooperation'[279].

---

[277] TFDD, *supra* note 140; Basin At Risk (BAR water event database) Oregon State University, en ligne : <www.transboundarywaters.orst.edu>, dernière version février 2005

[278] Selon l'Organisation des Nations Unies pour l'agriculture et l'alimentation, plus de 3600 actes juridiques concernant l'utilisation des cours d'eau (daté de AD 805 jusqu'à 1984) ont été signées dans l'histoire humaine. Selon Wouters, « [m]ore than 400 treaties apply to various aspects or forms of transboundary water resources », voir Wouters 2013, *supra* note 259 à la p 16.

[279] Zeitoun et Mirumachi, *supra* note 267 à la p 314.

Chapitre 2. Le cadre d'analyse : les cinq paramètres à explorer

Le cadre d'analyse positiviste de notre thèse sera fondé sur les cinq éléments les plus importants des accords internationaux en matière de cours d'eau transfrontaliers, développés surtout par Wouters et ses collègues du Centre pour la loi de l'eau de IHP-HELP à l'Université de Dundee[280] : le champ d'application, les règles substantielles, les règles procédurales, les arrangements institutionnels et le règlement des différends. Les deux derniers éléments, les arrangements institutionnels et le règlement des différends sont ceux qui assurent la mise en application des règles et des normes spécifiques des régimes de coopération hydrique (Figure 4).

Champ d'application

Pour examiner l'ampleur d'un régime coopératif, il faut tout d'abord étudier le champ d'application géographique et substantielle. Selon Wouters, le champ d'application est « the geographical and functional definition of the transboundary water resource to which a particular legal instrument or legal regime applies »[281]. Il y a donc le champ d'application géographique et le champ d'application substantiel. Dans le domaine des cours d'eau transfrontaliers, le champ d'application géographique définit quelles eaux sont incluses dans le régime coopératif. Le champ substantiel définit des activités ou des usages pris en considération.

280 Wouters, Vinogradov et coll., *supra* note 261. Le cadre d'analyse juridique proposé par Wouters, Vinogradov et coll. est suivi par beaucoup d'auteurs dans leurs études juridiques du droit international des cours d'eau transfrontaliers, voir aussi Yu Su, « Contemporary Legal Analysis of China's Transboundary Water regimes: International Law in Practice » (2014) 39:5, *Water International* 705 ; Attila Tanzi, « Comparing the 1992 UNECE Helsinki Water Convention with the 1997 UN New York Convention on International Watercourse: Harmonization over Conflicts » (2014) 8, *Question de droit international* 19 [Tanzi 2014]; Alister Rieu-Clarke, « A Cure or a Curse? Entry into Force of the UN Watercourses Convention and the Global Opening of the UNECE Water Convention » (2014) 8, *Qestion de droit international* 3.

281 Wouters 2013, *supra* note 259 à la p 17.

Consensus de base : règles substantielles (règles de fond)

Dans un traité, les règles substantielles attestent le consensus de base entre les contractants. Elles permettent d'énoncer les droits que les États possèdent ainsi que les obligations qui leur incombent. Comme Wouters le dit, « [t]hese rules may vary depending on the purpose and nature of a particular agreement. The most important establish legal entitlements to use transboundary water resources » [282]. Dans le domaine des cours d'eau, à part les trois principes fondamentaux de la *Convention de New York*, les principes suivants sont mentionnés le plus souvent : la souveraineté territoriale, l'obligation de protéger l'écosystème et l'environnement, et le principe du développement durable. Ces principes sont aussi parmi les plus mentionnés dans les traités internationaux. Nous avons montré dans la Partie I (Titre I) qu'il existe entre l'obligation de coopérer et le principe de la souveraineté une tendance au rapprochement, voire à la fusion. Alors, quelle est la relation entre ces règles de fond ? Deuxièmement, quelle étendue de coopération les principes susmentionnés pourraient-ils impliquer ? Et si nous lisions entre les lignes, peut-être que nous trouverions là une opportunité d'identifier le mode de coopération dans chaque régime coopératif.

Processus dynamique et interactif : règles procédurales (règles de forme)

Comme nous l'avons dit dans la Partie I (Titre II), l'obligation générale de coopérer joue un rôle de pont entre les principes fondamentaux (les règles substantielles) et les règles procédurales. Elle englobe donc dans ses champs les deux types de règles. Les règles procédurales ou les règles de forme sont celles qui désignent les procédures à suivre ou les formalités à remplir pour garantir la concrétisation et l'application des règles de fond.

On comprend que, en vue d'établir un régime efficace de coopération, il est nécessaire de négocier de bonne foi, d'échanger régulièrement des données et des informations, de consulter et de notifier les autres États des mesures projetées pouvant avoir des effets négatifs, etc. Parmi toutes les règles procédurales, l'obligation d'informer constitue sans doute la plus importante. Dans le cadre de cette obligation d'informer,

---

[282] *Ibid* à la p 18.

les quatre volets à analyser dans notre thèse sont les suivants : l'obligation d'échanger des données, l'obligation de notifier des mesures projetées ou des activités nouvelles, l'obligation de faire des suivis de l'état de l'eau et l'obligation de créer un système commun d'alerte et d'alarme en cas d'urgence. Le règlement des différends est également composé de règles procédurales qui servent à garantir une meilleure conformité des États aux accords signés. Il sera analysé dans le cadre des « garanties de la mise en place des règles ».

Garanties de la mise en place des règles : les arrangements institutionnels et le règlement des différends

Pour établir un régime coopératif efficace, il ne suffit pas d'avoir des règles substantielles et procédurales, car celles-ci ne s'appliquent pas automatiquement. Généralement, au lieu de spécifier tous les droits et toutes les obligations de manière exhaustive et précise dans les traités, les États préfèrent créer un cadre de communication bilatéral ou multilatéral qui facilite l'interprétation immédiate et le développement des normes conventionnelles selon la situation et l'émergence de nouvelles exigences.

Les arrangements institutionnels consistent à créer un organisme commun qui garantit l'application des règles substantielles et procédurales de l'obligation générale de coopérer. Un organisme commun qui fonctionne efficacement sert de cadre de communication et de coordination à l'aide duquel les États parties créent de nouvelles règles détaillées qui sont plus concrètes et ainsi mieux applicables. L'article 8 (2) de la *Convention de New York* stipule ceci :

> Pour arrêter les modalités de cette coopération, les États du cours d'eau peuvent, s'ils le jugent nécessaire, envisager de créer des mécanismes ou commissions mixtes en vue de faciliter la coopération touchant les mesures et procédures appropriées compte tenu de l'expérience acquise à la faveur de la coopération dans le cadre des mécanismes et commissions mixtes existant dans diverses régions.

L'interdépendance hydrologique entre des États riverains ainsi que le caractère interactif de la coopération demandent un régime coopératif à long terme qui peut réduire le prix des communications et des interactions. C'est pourquoi, dans la plupart des régimes coopératifs sur la gestion des cours d'eau internationaux, il existe un certain mécanisme institutionnel[283], mais ces mécanismes varient en fonction de leur mandat, de leur pouvoir, de leur composition et de leur structure. Il s'agit là d'un indicateur important pour mesurer l'étendue d'une coopération entre des États riverains. Les organismes communs représentent ainsi une plateforme importante où les États riverains ainsi que d'autres acteurs concernés se concertent et adaptent leurs pratiques aux circonstances. Une communication efficace entre les États contractants à l'aide des arrangements institutionnels peut également prévenir les conflits éventuels. Ainsi, les organismes communs sur l'eau transfrontière, au sein desquels, les critères, les normes et les procédures sont créés sur la base de négociations, ont donc fourni aux États riverains un cadre durable pour la prise conjointe de décisions communes. Généralement, les organes communs peuvent faciliter la coopération quand ils « have direct communication, meet regularly, can monitor the river's development and contains conflict resolution mechanisms »[284].

Si la création d'un organe commun représente une coopération antérieure capable d'apaiser les tensions quand tout est encore sous contrôle, le règlement des différends constitue le mécanisme postérieur ayant pour but d'éviter l'effondrement total du régime coopératif. Le règlement des différends représente aussi un indicateur clé pour mesurer l'ampleur d'un régime coopératif. Il existe toute une gamme de procédés disponibles pour que les États riverains puissent régler les différends qui surgissent à la suite de désaccords sur l'utilisation des ressources en eau communes ou sur l'application et l'interprétation d'un traité bilatéral.

Les procédures sont de nature de plus en plus contraignante et judiciaire. Elles couvrent l'éventail qui inclut les règles suivantes : la

---

[283] Voir Ken Conca, Fengshi Wu et Ciqi Mei, « Global Regime Formation or Complex Institution Building? The Principled Content of International River Agreements » (2006) 50:2, *International Studies Quarterly* 263.

[284] Neda A. Zawahri, « Designing River Commissions to Implement Treaties and Manage Water Disputes: the Story of the Joint Water Committee and Permanent Indus Commission » (2008) 33: 4, *Water International* 464 à la p 465.

négociation bilatérale sans l'intervention d'une tierce partie ; les bons offices, la médiation, l'enquête internationale et la conciliation avec la participation d'une tierce partie ; enfin l'arbitrage et le moyen judiciaire devant un tribunal régional ou international.

Comme les États riverains choisissent selon les circonstances spécifiques des bassins fluviaux leur mode de coopération, nous ne présumons donc pas qu'il existe un moyen souverain parmi tous les choix de règlement. C'est à chaque bassin de choisir celui qui répond le mieux à la nature du litige en cause. L'essentiel étant de promouvoir la coopération internationale sur les cours d'eau, le moyen pour y arriver importe peu.

Figure 4 Cadre d'analyse positiviste

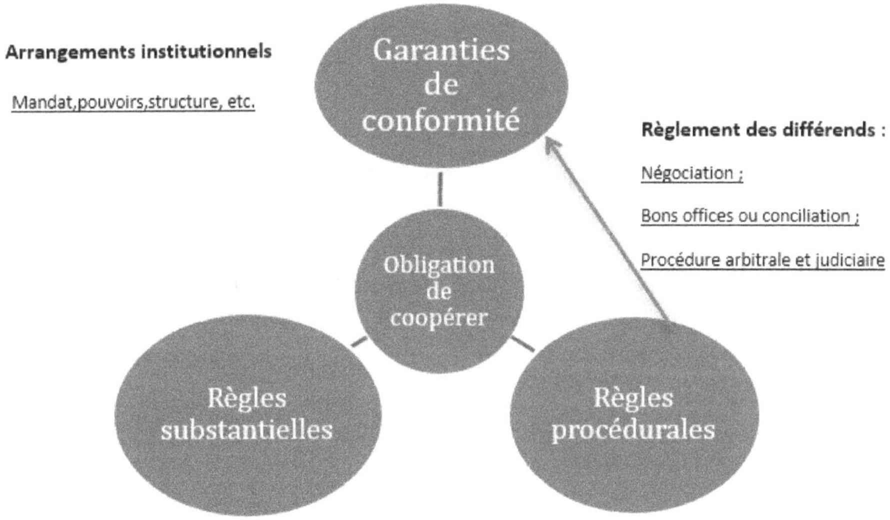

Conclusion du TITRE I

Selon les recherches empiriques dans le domaine hydropolitique, la guerre de l'eau est probablement une illusion, car la coopération hydropolitique est beaucoup plus efficace que le conflit pour garantir l'accès à l'eau à long terme. La coopération hydrique, en revanche, constitue le thème universel des accords signés qui établissent les régimes coopératifs internationaux. D'après les auteurs, ce qui importe n'est pas tant l'occurrence du conflit et de la coopération, mais plutôt la dynamique générale entre les deux. Il faut donc reconnaître que la coopération n'est pas un état statique, car il existe toujours un mécanisme dynamique entre le conflit et la coopération. Nous approfondirons notre analyse de ce processus dynamique en introduisant une perspective constructiviste dans la Partie III.

Sur la base des recherches hydropolitiques, nous estimons que chaque bassin fluvial a droit à son propre régime de coopération. C'est pourquoi nous avons adopté un cadre d'analyse positiviste qui se fonde sur les cinq paramètres les plus importants des accords internationaux en matière de l'utilisation des cours d'eau transfrontaliers et qui ont été développés surtout par Wouters et ses collègues : le champ d'application, les règles substantielles, les règles procédurales, les arrangements institutionnels et le règlement des différends. Chaque paramètre, ayant son rôle à jouer dans la construction du régime coopératif, peut servir à mesurer l'ampleur d'un régime coopératif.

TITRE II

L'obligation de coopérer dans le contexte des deux Conventions d'application mondiale

Après avoir prouvé l'existence de l'obligation de coopérer en droit international dans la Partie I, il nous incombe maintenant de définir le contenu normatif de cette obligation de coopérer. Une étude sur les conventions internationales et les traités régionaux ou bilatéraux nous aidera à identifier les règles et les mécanismes, soit le contenu normatif que l'obligation de coopérer pourrait englober. Les deux Conventions d'application mondiale en matière de cours d'eau transfrontaliers qui ont proposé des règles générales et fondamentales peuvent servir de base à la création de normes précises dans un contexte donné. Nous allons donc tout d'abord appliquer notre cadre d'analyse à ces deux conventions-cadres.

L'obligation de coopérer est explicitement indiquée dans la *Convention de New York* en tant que l'un des trois principes fondamentaux, tandis que la *Convention d'Helsinki* met plutôt l'accent sur la coopération institutionnelle. Une étude comparative des deux Conventions pourrait illustrer l'acceptation des États des exigences minimales de l'obligation de coopérer (Chapitre 1). Nos analyses suivront le cadre proposé à la fin du Titre I ; les cinq paramètres du régime coopératif (le champ d'application dans le Chapitre 2, les règles substantielles dans le Chapitre 3, les règles procédurales dans le

Chapitre 4, les arrangements institutionnels dans le Chapitre 5 et le règlement des différends dans le Chapitre 6) seront tous examinés sur la base des textes des deux Conventions.

Chapitre 1. L'obligation générale de coopérer définie dans les deux conventions-cadres

L'obligation de coopérer en matière de protection des cours d'eau transfrontaliers a été introduite par l'Institut du droit international dans la Résolution d'Athènes en 1979[285].

En 1997, la *Convention de New York* a proposé pour la première fois dans le domaine des cours d'eau transfrontaliers, en tant que convention internationale d'application mondiale, une obligation générale de coopérer. Beaucoup de chercheurs ont contribué aux études sur le droit international des cours d'eau transfrontaliers et plus spécifiquement sur la *Convention de New York*. Néanmoins, la plupart d'entre eux se limitent aux articles les plus contestés, soit le principe de l'utilisation équitable (article 5, 6) et l'obligation de ne pas causer de dommages significatifs (article 7), ou le règlement des différends (article 33)[286]. L'obligation de coopérer, l'un des principes fondamentaux de la Convention reste, en revanche, peu développé. Toutefois, comme nous l'avons montré dans la Partie I, son rôle essentiel dans la prévention et le règlement des conflits ainsi que dans la gestion internationale des bassins fluviaux est de plus en plus largement reconnu, non seulement

[285] IDI, *La pollution des fleuves et des lacs et le droit international*, session d'Athènes, 1979. Selon l'article VII de la résolution, « [d] ans l'exercice de *leur devoir de coopération*, les États faisant partie d'un même bassin fluvial ou lacustre recourent, dans toute la mesure du possible, notamment par la voie d'accords, aux modalités suivantes de coopération [...] ».

[286] Kai et Oliver, *supra* note 111; Alrbert Eutton, « Which Rule Should Prevail in International Water Disputes: That of Reasonableness or That of No Harm » (1996) 36 *Nat Resources J*; Kohen, *supra* note 13; Kalas, *supra* note 15; Ochoa-Ruiz Natalia, « Dispute Settlement Over Non-navigational Uses of International Watercourses: Theory and Practice » dans Laurence de Chazournes et S. M. A. Salman, dir, *Water Resources and International Law*, Bilingual edition, Brill Academic Pub, 2005; W. Van Alstyne William, « International Law and Interstate River Disputes » (1960) 48:4 *Cal L Rev* 576; Wouters, *supra* note 15.

par la communauté internationale, mais aussi par la communauté scientifique mondiale.

L'obligation générale de coopérer offre un terrain de rencontre entre les principes fondamentaux et les règles procédurales dans la *Convention de New York*.[287] L'obligation de coopérer a été tout d'abord incluse dans le texte des projets d'articles par Evensen en 1984[288]. En comparaison avec l'article 8 de la *Convention de New York*, l'article 10 dans le deuxième rapport d'Evensen est beaucoup plus précis et il exige la création de commissions mixtes ou des arrangements analogues. McCaffrey a simplifié remarquablement le texte proposé par Evensen en demandant seulement une coopération de « bonne foi »[289]. En 1994, dans la deuxième lecture des projets d'articles, l'article 8 a précisé la définition de l'obligation générale de coopérer en indiquant le fondement et l'objectif de la coopération sans préciser les moyens de la promouvoir. L'article 8 de la *Convention de New York* a conservé le texte de la deuxième lecture des projets d'articles, mais a ajouté un deuxième paragraphe proposant les modalités possibles pour coopérer, à savoir la création de commissions mixtes ou de mécanismes analogues. En comparaison avec le texte d'Evensen, l'article 8 de la *Convention de New York* présente des modalités pour réaliser la coopération de façon moins exigeante, laissant aux États la liberté d'élaborer des mesures détaillées en se basant sur leurs propres conditions et expériences.

Tableau 2 Évolution de la définition de l'obligation de coopérer dans les projets d'article de la Convention de New York

Evensen 1984	Article 10. Principe général de la coopération et de la gestion 1. Les États qui partagent un système de cours d'eau international doivent, dans toute la mesure possible, instituer une coopération en ce qui concerne les utilisations, projets et programmes intéressant ledit

[287] Islam, *supra* note 167 à la p 155.
[288] Deuxième rapport Evensen, *supra* note 181 à la p 113, au para.164.
[289] Troisième rapport, *supra* note 146.

	système, afin de permettre l'utilisation, la protection et le contrôle optimaux du système considéré. Une telle coopération s'exercera sur la base de l'égalité, de la souveraineté et de l'intégrité territoriale de tous les États du système. 2. Les États du système devraient procéder sur une base régulière à des consultations (négociations) et à des échanges de renseignements et de données au sujet de l'administration et de la gestion du cours d'eau en question et d'autres aspects présentant un intérêt régional en ce qui concerne les systèmes de cours d'eau. 3. Les États du système doivent, en cas de besoin, créer des commissions mixtes ou des institutions ou arrangements analogues pour promouvoir les mesures et objectifs prévus dans la présente convention.[290]
Troisième rapport McCaffrey 1987	Article 10. Obligation générale de coopérer Les États coopèrent de bonne foi avec les autres États intéressés dans leurs relations concernant les cours d'eau internationaux et pour s'acquitter des obligations respectives qui leur incombent en vertu du présent projet d'article.[291]
Projet d'article 1994	Article 8. Obligation générale de coopérer Les États coopèrent sur la base de l'égalité souveraine, de l'intégrité territoriale et de l'avantage mutuel afin d'atteindre une utilisation optimale et une protection adéquate du cours d'eau international[292].
Convention de New York	Article 8. Obligation générale de coopérer Les États coopèrent sur la base de l'égalité souveraine, de l'intégrité territoriale, de l'avantage mutuel et de la

[290] Deuxième rapport Evensen, *supra* note 181 à la p113.
[291] Troisième rapport, *supra* note 146 à la p 28.
[292] Projet d'articles, *supra* note 168 à la p 111.

	bonne foi en vue de parvenir à l'utilisation optimale et à la protection adéquate du cours d'eau international. 2. Pour arrêter les modalités de cette coopération, les États peuvent, s'ils le jugent nécessaire, envisager de créer des mécanismes ou commissions mixtes en vue de faciliter la coopération touchant les mesures et procédures appropriées compte tenu de l'expérience acquise à la faveur de la coopération dans le cadre des mécanismes et commissions mixtes existant dans diverses régions.[293]

La *Convention de New York* définit l'obligation générale de coopérer en insistant sur les grands principes suivants : l'intégrité territoriale, l'avantage mutuel et la bonne foi, ce qui offre à nos yeux un compromis équilibré. L'objectif de la coopération dans le cas de la *Convention de New York* est donc de réaliser une « utilisation optimale »[294] ainsi que « la protection adéquate du cours d'eau international ». La CDI a examiné s'il convenait d'exposer en détail les critères pour une utilisation optimale. Elle est arrivée à la conclusion qu'« une formule générale serait préférable, compte tenu

[293] *Convention de New York*, *supra* note 11.

[294] Projet d'article, *supra* note 168 à la p102, le mot « optimal » est défini comme suit :

> « Parvenir à ce résultat optimal ne signifie pas parvenir à l'utilisation « maximale », à l'utilisation techniquement la plus rationnelle ou à l'utilisation financièrement la plus avantageuse, et signifie bien moins encore s'assurer des profits immédiats au prix de pertes à long terme. Cela ne signifie pas non plus que l'État qui a les moyens de pratiquer l'utilisation la plus rationnelle du cours d'eau — que ce soit au sens économique, ou parce qu'il évite le gaspillage, ou dans tout autre sens — doit avoir la priorité en matière d'utilisation. Cela signifie que les États du cours d'eau s'assurent tous le maximum d'avantages possible et répondent le mieux possible à tous leurs besoins tout en réduisant au minimum les dommages causés à chacun d'entre eux et la part non satisfaite de leurs besoins. Il convient aussi de rappeler que, dans l'optique du développement durable [...]. »

notamment de la grande diversité des cours d'eau internationaux, de leurs utilisations et des besoins des États du cours d'eau »[295].

La *Convention d'Helsinki*, dont le champ d'application géographique est déjà beaucoup plus large que celui de la *Convention de New York* a pour objectif « de prévenir, de maîtriser et de réduire l'impact transfrontière tout en protégeant l'environnement des eaux transfrontalières ou l'environnement sur lequel ces eaux exercent une influence, y compris le milieu marin » (article 2, para 6). L'adoption du terme « bassin hydrographique » implique une approche de gestion intégrée des cours d'eau transfrontaliers. La conclusion d'accords bilatéraux et multilatéraux étant le moyen principal de réaliser cette coopération, plus d'attention est portée à l'aspect institutionnel de la coopération. Selon l'article 2 de la *Convention d'Helsinki*, l'objectif de la coopération est

> d'élaborer des politiques, des programmes et des stratégies harmonisés applicables à tout ou partie des bassins hydrographiques concernés et ayant pour objet de prévenir, de maîtriser et de réduire l'impact transfrontière et de protéger l'environnement des eaux transfrontalières ou l'environnement sur lequel ces eaux exercent une influence.

Selon cet article, l'objet de la coopération est l'élaboration « des politiques, des programmes et des stratégies harmonisées », et cette harmonisation de règles « may range from coordination of relevant national actions to the development of a single river basin management plan »[296]. La formulation de cet article est beaucoup plus précise que l'expression vague et imprécise d'« utilisation optimale » proposée par la *Convention de New York*. Cependant, en restreignant son objectif, la *Convention d'Helsinki* peut également devenir moins flexible et moins adaptable aux conditions spécifiques de chaque bassin fluvial. Par « l'égalité » et « la réciprocité », la *Convention d'Helsinki* a en effet mis en lumière, selon le guide d'application de la *Convention d'Helsinki*, l'importance du principe de bonne foi dans la coopération internationale[297], ce qui coïncide avec l'article 8 de la *Convention de New York*.

---

[295] *Ibid* à la p 112.

[296] Guide Convention d'Helsinki, *supra* note 169 à la p 33.

[297] *Ibid*.

Tableau 3 La coopération dans la Convention d'Helsinki

Article 2, para. 6	Les Parties riveraines coopèrent **sur une base d'égalité et de réciprocité, notamment au moyen d'accords bilatéraux et multilatéraux**, en vue d'élaborer des politiques, des programmes et des stratégies harmonisés applicables à tout ou partie des bassins hydrographiques concernés et ayant pour objet de prévenir, de maîtriser et de réduire l'impact transfrontière et de protéger l'environnement des eaux transfrontalières ou l'environnement sur lequel ces eaux exercent une influence, y compris le milieu marin.
Article 9 Coopération bilatérale et multilatérale	1. Les Parties riveraines concluent, sur une base d'égalité et de réciprocité, des accords bilatéraux ou multilatéraux ou d'autres arrangements, quand il n'en existe pas encore, ou adaptent ceux qui existent lorsque cela est nécessaire pour éliminer les contradictions avec les principes fondamentaux de la présente Convention, afin de définir leurs relations mutuelles et la conduite à tenir en ce qui concerne la prévention, la maîtrise et la réduction de l'impact transfrontière. Les Parties riveraines précisent le bassin hydrographique ou la (ou les) partie(s) de ce bassin qui fait (font) l'objet d'une coopération. Ces accords ou arrangements englobent les questions pertinentes visées par la présente Convention ainsi que toutes autres questions au sujet desquelles les Parties riveraines peuvent juger nécessaire de coopérer. 2. **Les accords ou arrangements mentionnés au paragraphe 1 du présent article prévoient la création d'organes communs.** Les attributions de ces organes communs sont notamment, et sans préjudice des accords ou arrangements pertinents existants, les suivantes : a) Recueillir, rassembler et évaluer des données afin d'identifier les sources de pollution qui risquent d'avoir un impact transfrontière ; b) Élaborer des programmes communs de surveillance de l'eau du point de vue qualitatif et quantitatif ; c) Dresser des inventaires et échanger des informations sur les sources de pollution visées au paragraphe 2 a) du présent article ; d) Établir des limites d'émission pour les eaux usées et évaluer l'efficacité des programmes de lutte contre la pollution ; e) Définir des objectifs et des critères communs de qualité de l'eau en tenant compte des dispositions du

	paragraphe 3 de l'article 3 de la présente Convention, et proposer des mesures appropriées pour préserver et, si nécessaire, améliorer la qualité de l'eau ; f) Mettre au point des programmes d'action concertés pour réduire les charges de pollution tant à partir de sources ponctuelles (par exemple, urbaines et industrielles) qu'à partir de sources diffuses (en particulier l'agriculture) ; g) Établir des procédures d'alerte et d'alarme ; h) Servir de cadre pour l'échange d'informations sur les utilisations de l'eau et des installations connexes existantes et prévues qui risquent d'avoir un impact transfrontière ; i) Promouvoir la coopération et l'échange d'informations sur la meilleure technologie disponible conformément aux dispositions de l'article 13 de la présente Convention et encourager la coopération dans le cadre de programmes de recherche scientifique ; j) Participer à la réalisation d'études d'impact sur l'environnement relatives aux eaux transfrontalières, conformément aux règlements internationaux pertinents. 3. Dans les cas où un État côtier, Partie à la présente Convention, est directement et notablement affecté par un impact transfrontière, les Parties riveraines peuvent, si elles en sont toutes d'accord, inviter cet État côtier à jouer un rôle approprié **dans les activités des organes communs multilatéraux** établis par les Parties riveraines de ces eaux transfrontalières. 4. **Les organes communs** au sens de la présente Convention invitent les organes communs établis par les États côtiers pour protéger le milieu marin subissant directement un impact transfrontière à coopérer afin d'harmoniser leurs travaux et de prévenir, maîtriser et réduire cet impact transfrontière. 5. Lorsqu'il existe deux organes communs ou plus dans le même bassin hydrographique, ceux-ci s'efforcent de coordonner leurs activités afin de renforcer la prévention, la maîtrise et la réduction de l'impact transfrontière dans ce bassin.
Article 10 Consultation	Des consultations sont organisées entre les Parties riveraines sur la base de la réciprocité, de la bonne foi et du bon voisinage, à la demande de l'une quelconque de ces Parties. Ces consultations visent à instaurer une coopération au sujet des questions visées par les

	dispositions de la présente Convention. **Toute consultation de ce type est menée par l'intermédiaire d'un organe commun créé en application de l'article 9 de la présente Convention, lorsqu'un tel organe existe.**

Chapitre 2. Le champ d'application

Les deux Conventions sont les deux plus importantes conventions-cadres concernant l'utilisation des eaux transfrontalières. La compatibilité des deux documents ou leur caractère complémentaire l'un par rapport à l'autre vaut donc la peine d'être examiné.

La *Convention de New York* utilise l'expression « cours d'eau international » en profitant de sa définition globalisante. Cette notion provient cependant de celle de « voies d'eau internationales »[298] qui répondait dans les années 1920 aux préoccupations de la navigation. À l'époque, la navigation jouissait de la primauté sur toutes les autres utilisations des cours d'eau. Avec l'évolution des modes d'exploitation des ressources en eau, l'utilisation pour la navigation a été progressivement dépassée par d'autres utilisations, telle que la production d'électricité hydraulique. Parmi les tentatives de recherche d'une nouvelle notion qui pourrait s'adapter à ce changement, le terme « bassin de drainage » (« watershed » en anglais) représente probablement la notion prépondérante avant l'adoption de la *Convention de New York*. Les *Règles d'Helsinki* ont établi la notion de « bassin de drainage international », définie comme étant une « zone géographique s'étendant à deux ou plusieurs États et déterminée par les limites de l'aire d'alimentation du système hydrographique, y compris les eaux superficielles et souterraines, s'écoulant dans une embouchure commune »[299]. Cette notion implique qu'une unité géographique correspond à une communauté d'intérêts. La communauté d'intérêts, comme nous l'avons montrée dans la Partie I[300], constitue une

[298] Voir la *Convention et Statut sur le régime des voies navigables d'intérêt international*, 20 avril 1921, vol VII LNTS 57 [*Convention de Barcelone*]. La *Convention de Barcelone* a défini le régime des « voies d'eau navigables d'intérêt international ».
[299] L'article 2 des *Règles d'Helsinki*.
[300] Voir la partie I-I-3, ci-dessus, pour l'analyse de cette question.

redéfinition de la souveraineté et exige la création d'un régime coopératif entre les États riverains. Cette vaste définition de « bassin de drainage international » englobe non seulement tous les éléments aquatiques[301], mais aussi la « zone géographique ». En englobant les territoires à l'intérieur des limites de l'aire d'alimentation du système hydrographique, ce concept transcende ainsi « la dimension aquatique pour acquérir une connotation territoriale, voire une dimension d'intégration régionale ou sous-régionale »[302].

Par contre, la définition du « cours d'eau international » est beaucoup plus restreinte. D'après Lucius Caflisch, la *Convention d'Helsinki* met plutôt l'accent sur les « eaux transfrontières » qui désignent

> toutes les eaux superficielles et souterraines qui marquent les frontières entre deux États ou plus, les traversent ou sont situées sur ces frontières; dans le cas des eaux transfrontalières qui se jettent dans la mer sans former d'estuaire, la limite de ces eaux est une ligne droite tracée à travers leur embouchure entre les points limites de la laisse de basse mer sur les rives[303].

Cette notion est assez générale, incluant les eaux superficielles et les eaux souterraines captives et non-captives. La notion de cours d'eau dans la *Convention de New York* se distingue donc de celle de « bassin de drainage »[304]. Bien qu'elle embrasse les eaux souterraines, le champ d'application de la *Convention de New York* demeure restreint, car elle ne s'applique ni au territoire même des États du cours d'eau ni aux eaux souterraines « captives »[305].

---

[301] Y compris les eaux de surface, les canaux et les glaciers, les eaux souterraines captives et autres.

[302] Caflisch, *supra* note 64 à la p28.

[303] L'article premier de la *Convention d'Helsinki*.

[304] Caflisch, *supra* note 64 à la p 29 ; voir aussi le commentaire (4) de l'article 2 du projet d'articles, *supra* note 168 à la p 95.

[305] CDI, « Résolution sur les eaux souterraines transfrontières » (1994) II : 2, *Annuaire de la Commission du droit international* à la p 143. Les « eaux captives » sont les eaux souterraines sans rapport avec un cours d'eau

Un cours d'eau international défini dans la *Convention de New York* constitue « un système d'eaux de surface et d'eaux souterraines constituant, du fait de leurs relations physiques, un ensemble unitaire et aboutissant normalement à un point d'arrivée commun »,[306] dont « les parties se trouvent dans les États différents »[307]. Autrement dit, il s'agit d'un système hydrologique

> composé d'un certain nombre d'éléments où l'eau s'écoule, que ce soit à la surface ou dans le sous-sol. Ces éléments comprennent les rivières, les lacs, les aquifères, les glaciers, les réservoirs et les canaux. Du moment que ces éléments sont reliés entre eux, ils font partie du cours d'eau[308].

« Un ensemble unitaire » a pour conséquence que l'intervention humaine en tel ou tel point du système peut avoir des répercussions en un autre point de celui-ci. Cette définition qui met l'accent sur la facette d'« ensemble unitaire » des cours d'eau internationaux[309] nous permet d'avoir une meilleure compréhension de l'obligation générale de coopérer.

Dans le contexte de notre thèse, nous adoptons le terme de cours d'eau transfrontalier. Considérant que le champ d'application géographique de cette notion n'a pas grande importance par rapport à notre sujet central qui est en effet l'obligation de coopérer en droit international des cours d'eau transfrontaliers, nous n'avons donc pas l'intention de définir de façon précise cette notion qui peut varier selon le cas traité. Nous pouvons tout de même l'expliquer brièvement : dans le contexte de notre thèse, les cours d'eau transfrontaliers désignent l'ensemble unitaire des eaux dont le cours se trouve dans des États différents.

---

international. La notion de « cours d'eau » englobe, parmi les eaux souterraines, uniquement celles directement ou indirectement reliées à des eaux de surface.

[306] L'article 2 (a) de la *Convention de New York*.

[307] L'article 2 (b) de la *Convention de New York*.

[308] Projet d'articles, *supra* note 168.

[309] Elle englobe les défluents d'un fleuve, les lacs transfrontières ainsi que l'eau souterraine.

Section 1. Le champ d'application géographique

Comme nous l'avons dit, la *Convention d'Helsinki* s'applique aux eaux souterraines captives et non-captives, peu importe qu'elles soient reliées aux eaux superficielles[310].

Dans l'article 2 (6), le champ d'application de la *Convention d'Helsinki* s'étend même aux « bassins hydrographiques »[311] (« catchment areas » en anglais), qui incluent, en plus des eaux superficielles et souterraines, les terrains :

> from which water drains downhill into a part of the river (for example, the area upstream of the point of the confluence of a river with its tributary or the area upstream of the outflow of a lake) or areas from which water drains downhill into the totality of a river (i.e. the area upstream of the point where the river flows into the sea, an enclosed lake or desert sink)[312].

Considérant que la *Convention d'Helsinki* a adopté une approche intégrée pour la gestion de l'eau, les autres facteurs environnementaux qui interagissent avec certaines eaux transfrontalières font partie des éléments géographiques, tels que l'air, le sol, la flore[313], etc. De plus, l'article 2 (6) spécifie que « [l]es Parties riveraines coopèrent [...] en

---

[310] L'article 2 (6) de la *Convention d'Helsinki* :
« Les Parties riveraines coopèrent sur une base d'égalité et de réciprocité, notamment au moyen d'accords bilatéraux et multilatéraux, en vue d'élaborer des politiques, des programmes et des stratégies harmonisés applicables à tout ou partie des bassins hydrographiques concernés et ayant pour objet de prévenir, de maîtriser et de réduire l'impact transfrontière et de protéger l'environnement des eaux transfrontalières ou l'environnement sur lequel ces eaux exercent une influence, y compris le milieu marin. »

[311] Voir l'article 9 (1) :
« [...] Les Parties riveraines précisent le bassin hydrographique ou la (ou les) partie(s) de ce bassin qui fait (font) l'objet d'une coopération. Ces accords ou arrangements englobent les questions pertinentes visées par la présente Convention ainsi que toutes autres questions au sujet desquelles les Parties riveraines peuvent juger nécessaire de coopérer. »

[312] Projet d'articles, *supra* note 168 à la p 14 au para. 75.

[313] L'article premier (2) de la *Convention d'Helsinki*.

vue [...] de protéger l'environnement sur lequel ces eaux exercent une influence, y compris le milieu marin ». Donc, l'environnement marin influencé par les eaux transfrontalières est aussi inclus dans la *Convention d'Helsinki*. Mais il est à noter que la *Convention de New York* adopte, elle aussi, une approche intégrée. L'article 20 est sous-titré « protection et préservation des écosystèmes » et l'article 23 traite de la « protection et préservation du milieu marin ». La *Convention de New York* inclut donc dans son champ d'application géographique, d'une manière détournée, les autres facteurs environnementaux affectés par les cours d'eau ou affectant les cours d'eau.

Section 2. Le champ d'application substantiel

La *Convention d'Helsinki* a pour objet de « prévenir, maîtriser et réduire tout impact transfrontière »[314], tandis que la *Convention de New York* s'applique aux « utilisations des cours d'eau internationaux et de leurs eaux à des fins autres que la navigation et aux mesures de protection, de préservation et de gestion liées aux utilisations de ces cours d'eau et de leurs eaux » et à « l'utilisation des cours d'eau internationaux aux fins de la navigation que dans la mesure où d'autres utilisations ont une incidence sur la navigation ou sont affectées par elle ». A priori, il nous semble que les deux conventions visent, l'une, les utilisations des cours d'eau internationaux et l'autre, les effets préjudiciables importants des utilisations des cours d'eau transfrontaliers. Mais, au fond, elles ne sont pas incompatibles.

---

[314] L'article 2 de la *Convention d'Helsinki*; selon l'article premier, l'impact transfrontière désigne :

> « Tout effet préjudiciable important qu'une modification de l'état des eaux transfrontalières causée par une activité humaine dont l'origine physique se situe entièrement ou en partie dans une zone relevant de la juridiction d'une Partie produit sur l'environnement d'une zone relevant de la juridiction d'une autre Partie. Cet effet sur l'environnement peut prendre plusieurs formes : atteinte à la santé et à la sécurité de l'homme, à la flore, à la faune, au sol, à l'air, à l'eau, au climat, au paysage et aux monuments historiques ou autres constructions, ou interaction de plusieurs de ces facteurs; il peut s'agir aussi d'une atteinte au patrimoine culturel ou aux conditions socio-économiques résultant de modifications de ces facteurs. »

Dans la *Convention d'Helsinki*, le terme « l'effet préjudiciable important » fait appel au principe de bon voisinage en droit international. Il s'agit principalement de ne pas causer de dommages significatifs, un des trois principes fondamentaux de la *Convention de New York*. Tant la qualité que la quantité des eaux sont prises en considération. Les « utilisations à des fins autres que la navigation » et les « mesures de conservation et de gestion liées aux utilisations » mentionnées dans la *Convention de New York* recouvrent aussi des sujets très vastes, tels que les usages polluants, les mesures qui sont prises pour résoudre d'autres problèmes liés au cours d'eau, tels que la protection des ressources biologiques et la lutte contre les inondations, l'érosion, la sédimentation ou l'intrusion d'eau salée ; « les diverses formes de coopération institutionnalisée ou non concernant l'utilisation, la mise en valeur, la conservation et la gestion des cours d'eau internationaux et la promotion de leur utilisation optimale »[315]. Même la navigation n'est pas totalement exclue. Les besoins de la navigation influent sur le volume et sur la qualité de l'eau disponible pour les autres utilisations, étant donné que la navigation peut également polluer les cours d'eau.

Chapitre 3. Les règles substantielles

Les règles substantielles, considérées comme les principes fondamentaux, font partie intégrante du droit international de l'environnement[316]. Avec tous les facteurs qui interagissent dans la protection de l'environnement et dans l'utilisation des ressources naturelles, il est impossible d'aborder cette question avec une gamme de règles précises qui seraient valables dans toutes les circonstances. Pourtant, des règles générales, mais aussi fondamentales peuvent servir de base à la création de normes précises dans un contexte donné. Selon cette logique et tenant compte de la difficulté d'arriver à un accord entre les différentes parties (à savoir les États en aval et en amont, les gouvernements nationaux et les autorités locales, les entreprises privées et les individus intéressés, etc.), il est plus pratique d'inclure d'abord

[315] Projet d'articles, *supra* note 168 à la p 94.
[316] Lluís Paradell-Trius, « Principles of International Environmental Law: an Overview » (2000) 9: 2, *Reciel* 93.

des principes fondamentaux en laissant les protocoles préciser les mesures spécifiques.

Les règles substantielles ont pour objectif de créer des droits et des obligations substantiels pour les États parties. Ce sont elles qui définissent la légalité des autres règles dans la convention[317].
La *Convention de New York* mentionne trois principes fondamentaux dans son texte : le principe de l'utilisation équitable et raisonnable, le principe de ne pas causer de dommages significatifs et l'obligation générale de coopérer.

La règle substantielle la plus importante de la *Convention d'Helsinki* est sans doute l'obligation de prévention, de contrôle et de réduction des impacts transfrontières. Les principes de précaution, de pollueur-payeur et de développement durable[318] constituent trois principes complémentaires concernant la gestion des eaux transfrontalières. Mettant l'accent sur l'aspect institutionnel de l'obligation de coopérer, la création d'organes communs est devenue une exigence dans le contexte de la *Convention d'Helsinki*. Le principe de l'utilisation

---

[317] Patricia Wouters, « What Lessons from Europe? A Comparative Analysis of the Legal Frameworks that Govern Europe's Transboundary Waters » (2006) 36, *Environmental Law Reporter News and Analysis* 10292 à la p 10302.

[318] L'article 2 (5) de la *Convention d'Helsinki*:

> « Lors de l'adoption des mesures visées aux paragraphes 1 et 2 du présent article, les Parties sont guidées par les principes suivants :
> a) Le principe de précaution, en vertu duquel elles ne diffèrent pas la mise en œuvre de mesures destinées à éviter que le rejet de substances dangereuses puisse avoir un impact transfrontière au motif que la recherche scientifique n'a pas pleinement démontré l'existence d'un lien de causalité entre ces substances, d'une part, et un éventuel impact transfrontière, d'autre part ;
> b) Le principe pollueur-payeur, en vertu duquel les coûts des mesures de prévention, de maîtrise et de réduction de la pollution sont à la charge du pollueur;
> c) Les ressources en eau sont gérées de manière à répondre aux besoins de la génération actuelle sans compromettre la capacité des générations futures de satisfaire leurs propres besoins. »

équitable et raisonnable fait également l'objet de cette convention dans l'article 2 (b)[319].

Il est à noter que les deux Conventions susmentionnées ont proposé toutes les deux les trois principes substantiels fondamentaux. Ceux-ci constituent sans aucun doute les trois règles substantielles les plus importantes du droit international en matière de cours d'eau transfrontaliers.

Section 1. L'obligation de ne pas causer de dommages significatifs

Dans la *Convention de New York*, l'article 7 stipule ceci :

> 1. Lorsqu'ils utilisent un cours d'eau international sur leur territoire, les États du cours d'eau prennent toutes les mesures appropriées pour ne pas causer de dommages significatifs aux autres États riverains.
>
> 2. Lorsqu'un dommage significatif est néanmoins causé à un autre État du cours d'eau, les États dont l'utilisation a causé ce dommage prennent, en l'absence d'accord concernant cette utilisation, toutes les mesures appropriées, en prenant en compte, comme il se doit, les dispositions des articles 5 et 6 et en consultation avec l'État affecté, pour éliminer ou atténuer ce dommage et, le cas échéant, discuter de la question de l'indemnisation.

La *Convention d'Helsinki* attache une importance première à ce même principe. L'article 2 consiste à présenter l'objectif de la

---

[319] L'article 2 (2) de la *Convention d'Helsinki* :

« Les Parties prennent, en particulier, toutes les mesures appropriées :

[...]

c) Pour veiller à ce qu'il soit fait un usage raisonnable et équitable des eaux transfrontalières, en tenant particulièrement compte de leur caractère transfrontière, dans le cas d'activités qui entraînent ou risquent d'entraîner un impact transfrontière ; »

convention qui est de « prévenir, maîtriser et réduire tout impact transfrontière ». L'obligation de ne pas causer de dommages significatifs ou le principe de l'utilisation non dommageable du territoire est le principe fondamental du droit international de l'environnement. Trouvant son fondement dans la maxime latine *sic utere tuo ut alienum non laedas* (utilise ton bien de façon à ne pas nuire à autrui), l'obligation de ne pas causer de dommages significatifs fait partie intégrante du principe de bon voisinage qui interdit à tout État de permettre de faire usage de son territoire de façon préjudiciable aux droits d'autres États.

Dans le verdict prononcé le 11 mars 1941 concernant l'Affaire de la Fonderie de Trail (Canada/États-Unis), le tribunal arbitral adopte la position suivante :

> Under the principles of international law, as well as of the law of the United States, no State has the right to use or permit the use of its territory in such a manner as to cause injury by fumes in or to the territory of another or the properties or persons therein, when the case is of serious consequence and the injury is established by clear and convincing evidence[320].

Ce principe a été affirmé par la Déclaration de Stockholm qui stipule que « les États ont le droit souverain d'exploiter leurs propres ressources », mais « ils ont le devoir de faire en sorte que les activités exercées dans les limites de leur juridiction ou sous leur contrôle ne causent pas de dommages à l'environnement dans d'autres États ou dans des régions ne relevant d'aucune juridiction nationale »[321].

Section 2. Le principe de l'utilisation équitable et raisonnable

Le principe de l'utilisation équitable et raisonnable constitue probablement le principe primordial de la *Convention de New York*. Ce

---

[320] *Trail Smelter Case (Canada/États-Unis),* 16 avril 1938 et 11 mars 1941, Recueil des sentences arbitrales, vol III à la p 1965 [Affaire de la fonderie de Trail].

[321] Le principe 21 de la *Déclaration de Stockholm.*

principe est apparu pourtant beaucoup plus tard que le principe de ne pas causer de dommages significatifs et il réduit la portée de celui-ci[322]. Étant apparue pour la première fois dans la sentence du tribunal arbitral franco-espagnol du 16 novembre 1957 dans l'Affaire du lac Lanoux[323] et étant confirmée dans les *Règles d'Helsinki*, cette norme est considérée comme une norme de droit international coutumier[324]. Dans la *Convention de New York*, ce principe est défini comme ceci :

> 1. Les États du cours d'eau utilisent sur leurs territoires respectifs le cours d'eau international de manière équitable et raisonnable. En particulier, un cours d'eau international sera utilisé et mis en valeur par les États du cours d'eau en vue de parvenir à l'utilisation et aux avantages optimaux et durables, compte tenu des intérêts des États du cours d'eau concernés, compatibles avec les exigences d'une protection adéquate du cours d'eau.
>
> 2. Les États du cours d'eau participent à l'utilisation, à la mise en valeur et à la protection d'un cours d'eau international de manière équitable et raisonnable. Cette participation comporte à la fois le droit d'utiliser le cours d'eau et le devoir de coopérer à sa protection et à sa mise en valeur, comme prévu dans les présents articles.

Donc, selon ce principe, les États doivent utiliser les cours d'eau internationaux de façon à obtenir un maximum de bénéfices avec un minimum d'inconvénients et agir de telle sorte que « chacun des participants puisse satisfaire ses besoins de manière compatible avec

---

322 Anna Poydenot, « Le droit international de l'eau, état des lieux » dans *Les notes d'analyse du CIHEAM*, n°29, 2008.

323 *Supra* note 45.

324 Caflisch, *supra* note 64 ; voir aussi Dossa Hyppolite Dansou, *Les défis de la protection de l'eau et le droit international de l'environnement*, Mémoire de Maîtrise en droit, Université de Limoges, Faculté de droit et des sciences économiques, 2008 [non publiée], en ligne : <http://www.memoireonline.com/01/12/5110/m_Les-defis-de-la-protection-de-leau-et-le-droit-international-de-lenvironnement11.html>.

ceux des autres »[325]. Il est à noter que l'utilisation équitable et raisonnable du cours d'eau ne signifie pas une distribution mathématique égale pour tous les États riverains, mais une distribution qui répond aux besoins de chaque État sans porter préjudice aux autres. L'assise doctrinale de cette règle substantielle est la doctrine de « la souveraineté territoriale limitée »[326] qui cherche à concilier le droit souverain exercé par des États sur leurs ressources en eau avec l'obligation de ne pas exercer cette souveraineté de manière préjudiciable à un autre État.

Afin de déterminer l'utilisation raisonnable et équitable, sept facteurs sont exposés dans l'article 6 (1) de la *Convention de New York*, tels que les facteurs géographiques, les besoins économiques et sociaux, la population, les utilisations actuelles et potentielles du cours d'eau de chaque État riverain, etc. [...]. Le même article indique aussi : « pour déterminer ce qu'est une utilisation raisonnable et équitable, tous les facteurs pertinents doivent être examinés ensemble et une conclusion tirée sur la base de l'ensemble de ces facteurs. » En d'autres mots, l'article 6 ne mentionne pas les facteurs par ordre hiérarchique.

Dans la *Convention d'Helsinki*, le même principe occupe aussi une place importante. Dans l'optique de « prévenir, maîtriser et réduire tout impact transfrontière »[327], qui est l'objet primordial de la Convention, les États contractants prennent toutes les mesures appropriées :

> a) pour prévenir, maîtriser et réduire la pollution des eaux qui a ou risque d'avoir un impact transfrontière ; b) pour veiller à ce que les eaux transfrontalières soient utilisées dans le but d'assurer une gestion de l'eau respectueuse de l'environnement et rationnelle, la conservation des ressources en eau et la protection de l'environnement ; c) pour veiller à ce qu'il soit fait un usage raisonnable et

---

[325] Académie de droit international de La Haye, Centre d'étude et de recherche de droit international et de Relations internationales, *Droits et obligations des pays riverains des fleuves internationaux : 1990*, La Haye, Martinus Nijhoff Publishers, 1991 à la p 38.

[326] Voir les analyses dans la Partie I-I-3, ci-dessus.

[327] L'article 2 de la *Convention d'Helsinki*.

équitable des eaux transfrontalières, en tenant particulièrement compte de leur caractère transfrontière, dans le cas d'activités qui entraînent ou risquent d'entraîner un impact transfrontière ; d) pour assurer la conservation et, si nécessaire, la remise en état des écosystèmes[328].

Selon cette formulation, afin d'observer le principe de l'utilisation raisonnable et équitable, il faut toujours prendre en considération les répercussions dommageables transfrontières que les usages risquent d'avoir. Néanmoins, la *Convention d'Helsinki* n'a pas précisé les facteurs à prendre en considération pour déterminer ce qu'est une utilisation raisonnable et équitable.

En pratique, les États restent assez divergents sur ces facteurs, car il est souvent impossible de déterminer la priorité entre de multiples usages de l'eau, compte tenu des facteurs géopolitiques, historiques, économiques et religieux des bassins versants et des points de départ souvent antagonistes des États riverains. Cette situation risque donc de faire de ce principe une pure rhétorique impossible à appliquer. C'est pourquoi, selon McCaffrey, « the "substantive" obligation of equitable and reasonable utilization may itself be thought of as a process and can only be effective through cooperation »[329]. L'obligation de coopérer, en tant qu'obligation substantielle, comporte aussi en grande partie des obligations procédurales qui facilitent certainement la mise en pratique du principe de l'utilisation raisonnable et équitable. Elle implique la création d'un cadre institutionnel qui exerce une gestion intégrée du bassin versant et propose non seulement un terrain de négociation permettant aux parties de faire des compromis, mais aussi, si suffisamment investi d'autorité, peut décider avec une indépendance garantie par un transfert de la souveraineté des États parties, de la répartition « raisonnable et équitable » de l'eau entre les États riverains. On ne peut nier que l'utilisation raisonnable et équitable sert de critère incontournable et constitue un test pour la création du meilleur régime de coopération.

---

[328] L'article 2 (2) de la *Convention d'Helsinki*.

[329] McCaffrey 2007, *supra* note 31 à la p 464.

Section 3. Le problème du rapport entre l'utilisation équitable et raisonnable et l'obligation de ne pas causer de dommages significatifs[330]

Les deux principes étudiés précédemment se basent sur la doctrine de la souveraineté limitée territoriale. Les États d'amont prônent, cependant, la priorité du principe de l'utilisation équitable et raisonnable sur l'obligation de ne pas causer de dommages significatifs[331], tandis que les États d'aval demandent la subordination du principe de l'utilisation équitable et raisonnable à l'obligation de ne pas causer de dommages significatifs[332]. D'après Caflisch,

> Si la règle classique de l'interdiction de causer un dommage conserve une certaine utilité, notamment pour la protection de l'environnement, elle ne permet plus de maîtriser les conflits modernes entre utilisations et utilisateurs. Son application exclusive reviendrait en effet à protéger systématiquement les droits acquis puisque, dans des situations de pleine utilisation ou de surexploitation, toute activité nouvelle porterait nécessairement préjudice aux

---

[330] La tension entre les deux principes a longtemps existé dans les codifications du droit international fluvial. Dans les *Règles d'Helsinki*, le principe de ne pas causer de dommage significatif est soumis au principe de l'utilisation équitable, comme l'un des onze facteurs à prendre en considération, tandis que les Règles de Berlin ont juxtaposé les deux, ou même subordonné le principe d'utilisation équitable et raisonnable à l'obligation de ne pas causer de préjudices significatifs. Ces deux instruments sont rédigés par l'Association du droit international. Les Règles de Berlin ont été envisagées comme une révision des *Règles d'Helsinki*. Néanmoins, ce document a été critiqué pour l'extension inappropriée de son champ d'application aux eaux nationales, et en raison de son interprétation radicale et injustifiée des règles du droit international coutumier dans le domaine des cours d'eau transfrontaliers. Pour ces motifs, il n'a pas été généralement accepté par la société internationale.
Voir Charles Bourne et al., *Dissenting Opinion presented to the International Law Association by some members of the Water Resources Committee,* Water Resources Committee, 2004; voir aussi Salman, *supra* note 189.

[331] *Propositions de la Turquie, de l'Éthiopie, de la Chine concernant les articles 6 et 7*, octobre 1996, UN doc. A/C/6/51/NUW/WG/crp, aux pp 9, 24 et 51.

[332] *Proposition présentée par l'Égypte concernant le lien entre l'article 5 et 7*, octobre 1996, UN doc. A/C/6/51/NUW/WG/crp à la p 93.

activités existantes et serait ainsi condamnée. Autrement dit, la règle en cause se limiterait à préserver le statu quo, favorable le plus souvent aux États d'aval[333]; elle n'aurait aucun effet d'allocation et de distribution des ressources que se partagent les États du cours d'eau[334].

Le principe de l'utilisation équitable et raisonnable, dérivé de la pratique des États dans la distribution de l'eau, a donc pour objectif de « modifier la règle de l'interdiction de causer un dommage puisqu'il vise à déterminer l'affectation des eaux et leur utilisation en situation de pleine exploitation »[335]. Cette norme permet notamment aux pays en retard dans le développement des cours d'eau internationaux de mieux mettre en valeur leurs ressources aquatiques. Mais « le dommage qu'une nouvelle utilisation cause ou risque de causer reste un élément parmi d'autres pour juger du caractère équitable et raisonnable d'une activité »[336].

À cet effet, dans la *Convention de New York*, l'article 7 (2) a subordonné l'obligation de ne pas causer de dommages significatifs au principe de l'utilisation équitable et raisonnable. Il stipule qu'il faut prendre des mesures appropriées lorsqu'un dommage significatif est causé « en prenant en compte comme il se doit les dispositions des articles 5 et 6 et en consultation avec l'État affecté, pour éliminer ou atténuer ce dommage et, le cas échéant, discuter de la question de l'indemnisation ». Autrement dit, le dommage significatif n'est pas strictement interdit dans le cadre de la Convention ; l'État a la responsabilité de négocier pour l'éliminer ou l'atténuer, et aussi d'indemniser l'État lésé.

---

333 Dans la pratique des États, il arrive que « les États en aval [aient] mis en valeur leur ressource en eau avant les États d'amont : ainsi la Syrie et l'Iraq avant la Turquie ; l'Égypte avant l'Éthiopie et le Soudan ; la Thaïlande avant la Chine dans le cas de Mékong ». Lasserre et Descroix, *supra* note 139 à la p 130.

334 Lucius Caflisch, « La Convention du 21 Mai 1997 sur l'utilisation des cours d'eau internationaux à des fins autres que la navigation » (1997) 43 :1, *Annuaire français de droit international*, 751-798 à la p 756.

335 *Ibid.*

336 *Ibid.*

La *Convention d'Helsinki* a adopté une approche contraire. Comme nous l'avons dit précédemment, son objectif est de « prévenir, maîtriser et réduire tout impact transfrontière », en mettant en place des mesures appropriées « pour veiller à ce qu'il soit fait un usage raisonnable et équitable des eaux transfrontalières, en tenant particulièrement compte de leur caractère transfrontière, dans le cas d'activités qui entraînent ou risquent d'entraîner un impact transfrontière »[337]. Lisant entre les lignes, il nous apparaît a priori que la *Convention d'Helsinki* a subordonné le principe de ne pas causer d'effet préjudiciable important transfrontière. De surcroît, pour contrôler efficacement l'impact transfrontière, les États contractants de la *Convention d'Helsinki* doivent prendre des mesures appropriées, tout en prenant en considération les autres principes, y compris le principe de précaution[338], le principe pollueur-payeur[339], le principe de l'utilisation durable[340]. Ces trois principes constituent trois principes complémentaires et explicatifs du principe de l'utilisation équitable et raisonnable dans le cadre de la *Convention d'Helsinki*.

Le principe de l'utilisation équitable et raisonnable et l'obligation de ne pas causer de dommages ne sont pas complets. Ni l'un ni l'autre n'expose l'ensemble des problèmes envisagés dans les deux Conventions et ni l'un ni l'autre n'est considéré de la même façon. En présumant que les États d'amont ont un privilège géographique, l'obligation de ne pas causer de dommages significatifs tend à imposer

---

337 L'article 2 de la *Convention d'Helsinki.*

338 L'article 2 (5)

« En vertu duquel elles ne diffèrent pas la mise en œuvre de mesures destinées à éviter que le rejet de substances dangereuses puisse avoir un impact transfrontière au motif que la recherche scientifique n'a pas pleinement démontré l'existence d'un lien de causalité entre ces substances, d'une part, d'un éventuel impact transfrontière, d'autre part. »

339 L'article 2 (5)

« En vertu duquel les cours des mesures de prévention, de maîtriser et de réduction de la pollution sont à la charge du pollueur. »

340 L'article 2 (5)

« Les ressources en eau sont gérées de manière à répondre aux besoins de la génération actuelle sans compromettre la capacité des générations futures de satisfaire leurs propres besoins. »

plus d'obligations aux États d'amont qu'aux États d'aval[341]. Les États d'aval favorisent principalement l'obligation de ne pas causer de préjudices significatifs, parce qu'elle protège davantage leur utilisation existante des préjudices qui pourraient être causés par les États d'amont. En revanche, les États d'amont tendent à être en faveur de l'adoption du principe de l'utilisation équitable et raisonnable, parce qu'il offre davantage de possibilités d'utiliser leur part du cours d'eau qui peut avoir des impacts négatifs sur les États d'aval. Une utilisation qui ne cause pas de préjudices significatifs n'est pas nécessairement une utilisation équitable et raisonnable et une utilisation équitable et raisonnable de l'eau n'exclut pas totalement des impacts négatifs[342].

Compte tenu de ce problème de rapport entre les deux principes fondamentaux et de la définition imprécise du principe de l'utilisation raisonnable et équitable, l'obligation générale de coopérer pourrait donc jouer un rôle d'équilibrage et de complémentarité. Comme l'ont proposé Lasserre et Descroix dans leur livre : « il est plus logique de considérer que les problèmes de répartition des ressources doivent être résolus sur une base dynamique des régimes coopératifs, avec comme fondement la notion d'équité, et la notion d'absence de dommage comme simple garde-fou »[343]. L'obligation de coopérer propose une solution définitive à ce problème du rapport entre l'utilisation équitable

---

[341] Salman croit que les États d'aval peuvent aussi causer de dommages aux États d'amont. Voir M. A. Salman, « Downstream Riparians Can Also Harm Upstream Riparians: the Concept of Foreclosure of Future Uses » (2010) 35:4 *Water International* ; voir aussi Djamchid Momtaz, « Le régime juridique des ressources en eau : les cours d'eau internationaux du Moyen-Orient » (1993) 39:1, *Annuaire français de droit international.*

[342] Voir toutefois Paquerot, *supra* note 33 à la p 82. Ayant examiné l'attitude de la CIJ dans l'Affaire relative au projet Gabcikovo-Nagymaros, Paquerot estime également que « la Cour ne semble pas considérer qu'il y a contradiction entre ces deux principes, mais plutôt usages contradictoires par les États des ressources en eau concernées ».

[343] Lasserre et Descroix, *supra* note 139 à la p 132. Voir aussi George William Sherk, Patricia Wouters et Samantha Rochford, « Water Wars in the Near Future? Reconciling Competing Claims for the World's Diminishing Freshwater Resources: The Challenge of the Next Millennium » (1998) 3 *CEPMLP Internet Journal.*

et raisonnable et l'obligation de ne pas causer de dommages significatifs.

Section 4. Le principe de développement durable

Le principe de développement durable a gagné une reconnaissance mondiale dès la Déclaration de Rio en 1992. Il a pour principal objet de garantir un équilibre entre la protection dc l'cnvironnement et la demande économique dans le développement moderne de la société humaine.

Une utilisation équitable et raisonnable devrait permettre un développement durable qui tienne compte « de la nécessité de garantir la protection continue de l'environnement du fleuve ainsi que le droit au développement économique des États riverains »[344]. Dans l'Affaire Gabcíkovo-Nagymaros, la Cour, après avoir rappelé que « le concept de développement durable traduit bien cette nécessité de concilier développement économique et protection de l'environnement », a ajouté que « ce sont les Parties elles-mêmes qui doivent trouver d'un commun accord une solution qui tienne compte des objectifs du traité »[345]. Aujourd'hui, nous pouvons trouver ce principe dans presque tous les accords internationaux ayant trait à l'environnement. Son inclusion dans les conventions des cours d'eau transfrontaliers constitue donc une règle à suivre. Il se traduit généralement en deux principes plus détaillés : le droit au développement et la protection de l'environnement[346].

---

[344]Affaire des usines de pâte à papier, *supra* note 170 à la p 133, au para 80.

[345] *Ibid* à la p 78, au para 140 et 141

[346] Voir Antoinette Hildering, *International Law, Sustainable Development and Water Management*, Eburon Academic Publisher, 2004 aux pp 33-41. Cette interprétation du principe de développement durable peut être réductrice. L'implication du concept de développement durable est en réalité beaucoup plus large. D'autres thèmes, tels que l'équité spatiale et l'équité intergénérationnelle, droit de l'environnement, etc. font également l'objet de discussions sous le cadre de ce principe fondamental du droit international de l'environnement. Voir François Mancebo, *Le développement durable*, Armand colin, 2010; voir aussi Michel Prieur, *Droit de l'environnement*, Dalloz, 2013.

Dans la *Convention de New York*, au lieu d'être explicitement indiqué, le droit au développement est impliqué dans le principe de l'utilisation équitable et raisonnable, surtout par l'invocation du critère de l'équité. L'article 6 énumère les facteurs à prendre en considération, y compris « les besoins économiques et sociaux des États du cours d'eau intéressés ».

Quant à la protection de l'environnement, c'est en revanche un sujet qui a fait couler beaucoup d'encre dans les deux Conventions internationales. L'article 20 de la *Convention de New York* stipule que : « Les *État*s du cours d'eau, séparément et, s'il y a lieu, conjointement, protègent et préservent les écosystèmes des cours d'eau internationaux. » L'article 21 porte sur la prévention, la réduction et la maîtrise de la pollution. La *Convention d'Helsinki*, dont l'objectif principal est de prévenir, maîtriser et réduire tout impact transfrontière, a adopté une approche intégrée ou écosystémique. Selon la définition de l'impact transfrontière, le problème se pose principalement en termes de qualité de l'eau. L'article 2, paragraphe 5, a spécifié le principe de développement durable : « les ressources en eau sont gérées de manière à répondre aux besoins de la génération actuelle sans compromettre la capacité des générations futures à satisfaire leurs propres besoins ». Par contre, à cause de l'absence des pays en développement, la *Convention d'Helsinki* n'a pas mentionné le droit au développement et reflète la position des États développés au sujet de l'utilisation raisonnable des eaux internationales.

Section 5. Le principe de l'égalité souveraine

Les accords internationaux concernant l'utilisation des cours d'eau transfrontaliers tendent souvent à éluder le principe de la souveraineté qui est, comme nous l'avons montré dans la Partie I[347], un principe fondamental du droit international et la condition préalable pour une coopération efficace. Dans la *Convention d'Helsinki*, la souveraineté n'est mentionnée nulle part dans le texte ; la *Convention de New York* qui est le résultat d'un compromis entre les États d'amont et les États d'aval, n'a mentionné qu'une fois « l'égalité souveraine » et « l'intégrité territoriale » dans l'article 8 (obligation générale de

[347] Voir les analyses dans la Partie I, aux pp 19-34, ci-dessus.

coopérer). Malgré l'existence des deux Conventions d'application mondiale, le régime coopératif en matière de cours d'eau transfrontaliers s'est établi principalement sur la base des accords internationaux conclus entre les États riverains de certains cours d'eau internationaux. Ces États se caractérisent, avant tout, par l'intégrité de leur territoire et leur droit à utiliser et contrôler les ressources naturelles à l'intérieur de leur territoire. La prévention d'impacts transfrontières n'entraîne pas automatiquement la disparition du principe de la souveraineté en droit international. Il est facile de comprendre la relation étroite entre les cours d'eau internationaux et la souveraineté des États. Les cours d'eau transfrontaliers sont traditionnellement utilisés en tant que ligne de démarcation frontalière en droit international. La *Convention de New York* a été adoptée en 1997, mais l'absence d'une proposition explicite du principe de la souveraineté constitue l'une des raisons principales pour lesquelles cette Convention n'est entrée que récemment en vigueur, soit dix-sept ans après son adoption[348].

Comme nous l'avons indiqué dans la Partie I (Titre I, Chapitre 3), la doctrine Harmon qui préconise une souveraineté absolue ainsi que l'intégrité absolue du territoire sont toutes les deux abandonnées par les États et les juristes. La souveraineté limitée constitue le principe généralement reconnu par les États dans leurs pratiques. Si la souveraineté limitée, et même la souveraineté coopérative, est déjà inscrite dans les accords conclus, nous devons, au lieu de l'éluder, éclaircir le rôle de la souveraineté dans le droit international des cours d'eau transfrontaliers. Le Traité des eaux de l'Indus[349] constitue un exemple parfait pour une coopération efficace mettant suffisamment l'accent sur l'importance du principe de la souveraineté territoriale[350]. Basé sur le principe de la souveraineté de l'État et de l'intégrité territoriale, au lieu d'établir une commission indépendante qui administre le bassin fluvial en son propre nom, le Traité des eaux de l'Indus, tout en fixant le débit minimum en aval des fleuves, a divisé

---

[348] La Turquie et la Chine qui ont voté contre la Convention, ainsi que le Rwanda qui s'est abstenu, ont tous mentionné leur insatisfaction sur la part faite à la souveraineté d'État dans la Convention.

[349] *Traité des eaux de l'Indus*, *supra* note 222.

[350] Voir les analyses aux pp 124-133, ci-dessous.

les cours d'eau intéressés pour que chacun puisse profiter des eaux à l'intérieur de son territoire. Grâce à la distribution équitable des eaux du Traité et malgré de nombreuses frictions, aucune guerre de l'eau n'a jusqu'à présent éclaté entre l'Inde et le Pakistan[351]. Cela confirme à notre avis qu'une reconnaissance explicite du principe de la souveraineté peut contribuer à la prévention et au règlement des éventuels conflits hydrologiques.

Chapitre 4. Les règles procédurales

Comme nous l'avons dit dans la Partie I (Titre II, chapitre 3), l'obligation de coopérer couvre à la fois des principes substantiels et des règles procédurales. Les règles procédurales sont celles qui concrétisent et ainsi mettent en œuvre les règles substantielles.

La Partie II de la *Convention d'Helsinki* établit des règles de procédure, rendant obligatoire non plus la simple coopération, mais également la coopération institutionnelle. L'article 10 porte sur les consultations ; l'article 13 traite de l'échange d'informations entre les parties riveraines ; l'article 14 concerne les systèmes d'alerte et d'alarme ; l'article 15 traite de l'assistance mutuelle ; l'article 16 s'occupe de l'information du public.

Les règles procédurales spécifiées dans la *Convention de New York* incluent : l'article 9 sur l'échange régulier de données et d'informations ; l'article 11 qui aborde les renseignements sur les mesures projetées ; les articles 12 et 18 portant sur la notification des mesures projetées pouvant avoir des effets négatifs et les procédures en cas d'absence de notification ; les articles 13, 14, 15, 16 concernant la réponse à la notification ; l'article 17 à propos de la consultation concernant les mesures projetées.

Est-ce que ces obligations procédurales constituent un simple processus sans fondement réel ? Dans l'Affaire du Plateau continental de la mer du Nord, la Cour internationale de Justice indique ceci :

---

[351] Voir les analyses sur le régime coopératif sur le fleuve de l'Indus dans le Titre III de la Partie présente, ci-dessous.

> Les parties sont tenues d'engager une négociation en vue de réaliser un accord et non pas simplement de procéder à une négociation formelle comme une sorte de condition préalable à l'application automatique d'une certaine méthode de délimitation faute d'accord ; les parties ont l'obligation de se comporter de telle manière que la négociation ait un sens, ce qui n'est pas le cas lorsque l'une d'elles insiste sur sa propre position sans envisager aucune modification[352].

Autrement dit, les règles procédurales ont une valeur indépendante qui a fait l'objet d'une analyse dans la décision arbitrale de l'Affaire du lac Lanoux. Selon le tribunal arbitral :

> [...] la pratique internationale [...] oblige les États à rechercher, par des tractations préalables, les termes d'un accord, sans subordonner à la conclusion de cet accord l'exercice de leurs compétences. On a ainsi parlé, quoique souvent d'une manière impropre, de « l'obligation de négocier un accord ». En réalité, les engagements ainsi pris par les États prennent des formes très diverses et ont une portée qui varie selon la manière dont ils sont définis et selon les procédures destinées à leur mise en œuvre ; mais la réalité des obligations ainsi souscrites ne saurait être contestée et peut être sanctionnée, par exemple, en cas de rupture injustifiée des entretiens, de délais anormaux, de mépris des procédures prévues, de refus systématiques de prendre en considération les propositions ou les intérêts adverses, plus généralement en cas d'infraction aux règles de la bonne foi[353].

En reliant les obligations procédurales au principe de la bonne foi, les États parties sont ainsi appelés à répondre aux exigences des

---

[352] *Affaire du plateau continental de la mer du nord (République fédérale d'Allemagne/Danemark, Républic fédérale d'Allemagne/Pays-Bas)* [1969], CIJ rec 4 à la p 48-85, en ligne: <http://www.icj-cij.org/docket/files/52/5560.pdf>.

[353] Affaire de Lac Lanoux, *supra* note 65 à la p 306.

obligations procédurales et à assumer, s'il y a lieu, la responsabilité qui découlerait de leur violation.

Section 1 La règle centrale et fondamentale : l'obligation d'informer

L'obligation d'informer représente le cœur des règles procédurales du droit international fluvial. Elle a pour but d'établir un mécanisme d'échange d'information entre les États riverains. Au sens large, elle constitue probablement l'obligation fondamentale, mais également l'origine des autres règles procédurales. L'obligation d'informer sert à déclencher la coopération entre les États et constitue une obligation que la CIJ « tient en très haute estime depuis l'affaire relative au Détroit de Corfou (Royaume-Uni c. Albanie) »[354].

Les États d'amont et les États en aval ont exprimé des opinions assez divergentes par rapport à la nature de l'obligation d'informer. Selon les États en aval, l'obligation d'informer est une obligation bien fondée en droit international coutumier, tandis que les États d'amont insistent pour dire qu'il s'agit d'une obligation définie dans les accords internationaux conclus entre les États riverains d'un bassin donné[355]. Cependant, il n'est pas raisonnable de simplifier ainsi le problème et d'ignorer la signification multiple de l'obligation d'informer.

La résolution d'Athènes de l'IDI, soit le premier document qui inclut un « devoir de coopération » dans le texte, a longtemps spécifié les quatre volets de l'aspect procédural de cette obligation d'informer[356].

---

[354] Vatna, *supra* note 242 à la p 34; voir *Affaire du Dedroit de Corfou (Royaume-Uni de Grande-Bretagne c. Albanie) : fond, arrêt du 9 avril 1949* (1949), en ligne : Cour internationale de Justice <http://www.icj-cij.org/docket/files/1/1644.pdf>.

[355] Robert D Hayton, « Report on the Dakar Meeting of International River Commissions » (1983) 23, *Natural Resources Journal* 441.

[356] L'article VII de la *Résolution d'Athènes*, *supra* note 112 :

> « Dans l'exercice de leur devoir de coopération, les États faisant partie d'un même bassin fluvial ou lacustre recourent, dans toute la mesure du possible, notamment par la voie d'accords, aux modalités suivantes de coopération :
> a) informer régulièrement les autres États riverains sur toutes les données appropriées relatives à la pollution du bassin, ses causes, sa

La *Convention d'Helsinki* accorde également une importance particulière à l'obligation d'informer. Dans leurs efforts pour concrétiser cette obligation, la question la plus difficile, mais également la plus épineuse est probablement la suivante : quelles sont les informations assujetties à l'obligation d'informer ?

Dans la *Convention d'Helsinki*, l'article 13 stipule que « [l]es Parties riveraines échangent, dans le cadre d'accords ou autres arrangements pertinents conclus conformément à l'article 9 de la présente Convention, les données qui sont raisonnablement disponibles » suit une liste non exhaustive de domaines spécifiques, y compris : les conditions environnementales des eaux transfrontalières ; les expériences obtenues dans l'application des meilleures technologies disponibles et les résultats des recherches ; les données d'émission et de surveillance ; les mesures prises et à prendre pour prévenir, contrôler et réduire les effets négatifs transfrontières ; les autorisations ou permis délivrés par les autorités compétentes pour l'émission des eaux usées ; les mesures réglementaires nationales, etc. L'obligation d'informer implique aussi, d'après la *Convention d'Helsinki*, l'échange commercial des meilleures technologies disponibles.

Quant à la communication d'information sur demande, si l'information demandée n'est pas disponible, l'État auquel la demande est adressée doit essayer d'y répondre, bien qu'une somme raisonnable puisse être facturée à l'État demandeur pour rembourser la collecte et le traitement des données ou des informations. En cas d'urgence, le

---

nature, les dommages qu'elle provoque et les modalités de prévention ;
b) aviser à temps les États intéressés lorsque sont envisagées, sur leur territoire, des activités susceptibles de créer un risque de pollution transfrontière sensible pour le bassin ;
c) avertir d'urgence les États susceptibles d'être affectés par un accroissement soudain du niveau de pollution transfrontière dans le bassin et prendre toutes les mesures appropriées pour réduire les effets d'un tel accroissement ;
d) se consulter sur les problèmes de pollution transfrontière du bassin existants ou prévisibles, de manière à aboutir, par les méthodes de leur choix, à une solution conforme aux intérêts des États concernés et à la protection de l'environnement ; [...] »

système d'alerte et d'alarme est également impliqué dans l'obligation d'informer.

Section 2 Les quatre volets de l'obligation d'informer

L'obligation d'informer inclut au moins quatre volets : le premier consiste à construire un panel d'échanges réguliers des données et des informations réglementaires et technologiques ; le deuxième est de notifier les États intéressés des mesures projetées ou des activités nouvelles ; le troisième est de mettre en œuvre des mesures de surveillance et d'évaluation de l'état des eaux, notamment en faisant une évaluation d'impact environnemental ; et le quatrième consiste à créer un système commun d'alerte et d'alarme en cas d'urgence. Nous allons maintenant explorer ces quatre volets dans les deux Conventions d'application mondiale.

L'obligation d'échanger des informations et des données

L'échange régulier d'informations et de données représente la règle de base de l'obligation d'informer. Au sens étroit, l'obligation d'informer est définie dans certains traités bilatéraux et multilatéraux comme l'obligation d'échanger des informations et des données. C'est surtout parce que cet échange représente généralement la première étape pour établir un régime coopératif international dans le domaine des cours d'eau transfrontaliers.

Dans le premier rapport de Schwebel, l'importance de l'obligation d'échanger des informations et des données est affirmée :

> The importance of river data collection and exchange is widely recognized, as evidenced by the presence of provisions for it in international declarations and resolutions and by the practice of States. Moreover, State practice indicates the need for the collection and exchange of data at two levels: as a standard provision in instruments regarding watercourse management, and as an integral part of the settlement of water dispute[357].

[357] Premier rapport Schwebel, *supra* note 180 à la p 117 au para 111.

Comme cité plus haut, la plupart des régimes coopératifs se dotent d'un système d'échanges réguliers d'informations. Les informations à communiquer sont nombreuses. Dans l'article 9 de la *Convention de New York*, il s'agit de données et d'informations « aisément disponibles sur l'état du cours d'eau, en particulier celles d'ordre hydrologique, météorologique, hydrogéologique, écologique et concernant la qualité de l'eau, ainsi que les prévisions s'y rapportant ». Elles couvrent évidemment les propriétés propres à chaque bassin. Le critère pour cette divulgation est qu'elles soient aisément disponibles, ou comme le dit la *Convention d'Helsinki*, « raisonnablement disponible ». N'ayant pas proposé de liste complète des informations ciblées, les deux Conventions, profitent de l'ambiguïté de leur critère « aisément (raisonnablement) disponible » pour qu'il soit possible d'inclure autant d'informations que possible. Comme les technologies de surveillance et d'évaluation des États ne sont pas forcément au même niveau, avec ce critère ambigu, les deux Conventions choisissent de laisser les États riverains décider. Pour garantir l'observation de cette obligation, il est néanmoins nécessaire d'avoir une liste exhaustive des informations et des données à divulguer sur une base régulière, compte tenu de la situation dans chaque bassin.

La communication d'informations et de données peut se faire également sur demande. Dans ce cas, il s'agit principalement d'informations qui ne sont pas « aisément disponibles ».

L'obligation d'informer sur les mesures projetées ou activités nouvelles

Dans la *Convention de New York*, l'obligation d'informer sur les mesures projetées ou activités nouvelles consiste à notifier aux États intéressés des mesures projetées pouvant avoir des effets négatifs. La *Convention de New York* spécifie les règles procédurales par rapport à la notification dans les articles 11 à 19 (Figure 5). Selon la CIJ, l'obligation de notification est destinée

> à créer les conditions d'une coopération fructueuse entre les parties leur permettant, sur la base d'une information aussi complète que possible, d'évaluer l'impact du projet sur le fleuve et, s'il y a lieu, de négocier les aménagements

nécessaires pour prévenir les préjudices éventuels qu'il pourrait causer[358].

L'obligation de mener une évaluation d'impact environnemental préalable aux mesures projetées est étroitement liée à l'obligation d'obtenir l'approbation préalable des autres États riverains. Dans la *Convention de New York*, selon l'article 12 :

> Avant qu'un État du cours d'eau mette en œuvre ou permette que soient mises en œuvre des mesures projetées susceptibles d'avoir des effets négatifs significatifs pour les autres États du cours d'eau, il en donne notification à ces derniers en temps utile. La notification est accompagnée des données techniques et informations disponibles, y compris, le cas échéant, les résultats de l'étude d'impact sur l'environnement, afin de mettre les États auxquels elle est adressée à même d'évaluer les effets éventuels des mesures projetées.

La *Convention d'Helsinki* a aussi mentionné l'obligation de mener une évaluation d'impact d'environnement dans l'article 3, mais avec un libellé plus précis :

> Aux fins de la prévention, de la maîtrise et de la réduction de l'impact transfrontière, les Parties élaborent, adoptent, appliquent des mesures juridiques, administratives, économiques, financières et techniques pertinentes en s'attachant autant que possible à les harmoniser, pour faire en sorte, notamment : [...] h) que l'on ait recours à l'évaluation de l'impact sur l'environnement et à d'autres moyens d'évaluation ; [...].

Nous pouvons nous demander si cette obligation de notifier suppose l'accord préalable des autres États susceptibles d'être affectés par les mesures projetées. L'article 14 de la *Convention de New York* concernant les obligations de l'auteur de la notification pendant le délai de réponse, spécifie qu'il :

---

[358] Voir Affaire des usines de pâte à papier, *supra* note 170 à la p 48.

> a) Coopère avec les États auxquels la notification a été adressée en leur fournissant, sur demande, toutes données et informations supplémentaires disponibles et nécessaires à une évaluation précise ; b) Ne met pas en œuvre ni ne permet que soient mises en œuvre les mesures projetées sans le consentement des États auxquels la notification a été adressée[359].

La nécessité de l'accord préalable a été revendiquée par l'Espagne dans l'Affaire du lac Lanoux. L'article 11 de l'Acte additionnel signé entre la France et l'Espagne stipule que :

> Lorsque, dans l'un des deux États, on se proposera de faire des travaux ou de nouvelles concessions susceptibles de changer le régime ou le volume d'un cours d'eau dont la partie inférieure ou opposée est à l'usage des riverains de l'autre Pays, il en sera donné préalablement avis à l'autorité administrative supérieure du département ou de la province de qui ces riverains dépendent par l'autorité correspondante dans la juridiction de laquelle on se propose de tels projets, afin que, s'ils doivent porter atteinte aux droits des riverains de la souveraineté limitrophe, on puisse réclamer en temps utile à qui de droit, et sauvegarder ainsi tous les intérêts qui pourraient se trouver engagés de part et d'autre. Si les travaux et concessions doivent avoir lieu dans une commune contiguë à la frontière, les ingénieurs de l'autre Pays auront la faculté, sur avertissement régulier à eux donné en temps opportun, de concourir à la visite des lieux avec ceux qui en seront chargés[360].

L'Espagne prétendait que l'article 11 pose explicitement une obligation d'information. Il estimait que « la nécessité de l'accord préalable [...] ressort implicitement de cette obligation d'information dont il est question ci-dessus, cette obligation ne pouvant disparaître d'elle-même, puisqu'elle a pour objet la protection des intérêts de

---

[359] L'article 14 de la *Convention de New York.*

[360] *Acte additionnel aux traités de délimitation conclus les 2 décembre 1856, 14 avril 1862 et 28 mai 1866*, France et Espagne, le 26 mai 1866.

l'autre Partie »[361]. Néanmoins, la Cour d'arbitrage trouve que ce raisonnement manque d'une base logique :

> Admettre qu'en une matière déterminée il ne peut plus être exercé de compétence qu'à la condition ou par la voie d'un accord entre deux États, c'est apporter une restriction essentielle à la souveraineté d'un État, et elle ne saurait être admise qu'en présence d'une démonstration certaine [...] qui serait le cas dans la présente affaire[362].

Par conséquent, l'obligation de notification ne renferme pas celle, beaucoup plus étendue, d'obtenir l'accord de l'État avisé. La règle de l'accord préalable consiste à consentir à l'État avisé l'exercice du droit de veto qui va apporter « une restriction essentielle à la souveraineté d'un État ». Dans ce cas, qu'implique une obligation de notification ? D'après la Cour d'arbitrage dans la même affaire, « il peut être tout simplement de permettre à B [État avisé] de sauvegarder, d'une part, en temps utile, les droits de ses riverains à des indemnités et, d'autre part, dans la mesure du possible, ses intérêts généraux »[363]. La Cour a donc nié qu'il existe une obligation internationale d'aboutir à un accord préalable.

---

[361] Affaire de Lac Lanoux, *supra* note 65 à la p 306.
[362] Affaire de Lac Lanoux, *supra* note 65 à la p 306.
[363] Affaire de Lac Lanoux, *supra* note 65 à la p 309.

Figure 5 Procédure de notification dans la Convention de New York

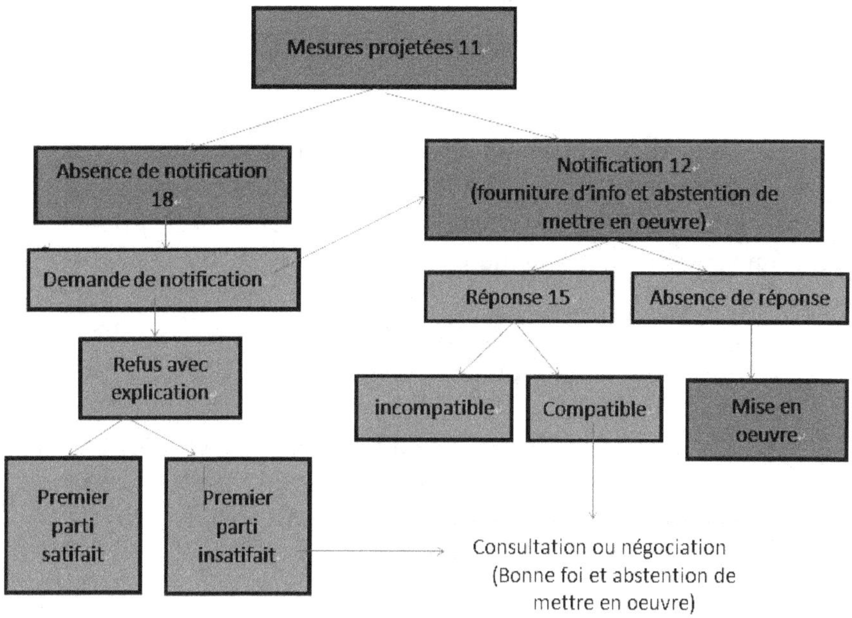

L'obligation de surveiller et d'évaluer l'état des eaux

L'obligation de surveiller et d'évaluer l'état des eaux est l'obligation corolaire à celle d'informer. Les résultats des surveillances et des évaluations sont une partie importante de l'échange d'informations.

Cette obligation signale une coopération plus approfondie que le simple échange d'informations. Parce que la mise en œuvre de la surveillance et l'évaluation de l'état des eaux demandent une législation coopérative dans les États concernés.

La *Convention d'Helsinki* peut ainsi être considérée comme l'un des documents légaux les plus fondamentaux en matière de surveillance et d'évaluation des cours d'eau et des lacs internationaux. Selon l'article 11 de la *Convention d'Helsinki* :

> 1. Dans le cadre de la coopération générale prévue à l'article de la présente Convention ou d'arrangements particuliers, les Parties riveraines élaborent et appliquent des programmes communs en vue de surveiller l'état des eaux transfrontières, y compris les crues et les glaces flottantes, ainsi que l'impact transfrontière.
>
> 2. Les Parties riveraines se mettent d'accord sur les paramètres de pollution et les polluants dont le rejet et la concentration dans les eaux transfrontières font l'objet d'une surveillance régulière.
>
> 3. Les Parties riveraines procèdent, à intervalles réguliers, à des évaluations communes ou coordonnées de l'état des eaux transfrontières et de l'efficacité des mesures prises pour prévenir, maîtriser et réduire l'impact transfrontière. Les résultats de ces évaluations sont portés à la connaissance du public conformément aux dispositions de l'article 16 de la présente Convention.
>
> 4. À cette fin, les Parties riveraines harmonisent les règles relatives à l'établissement et à l'application des programmes de surveillance, systèmes de mesure, dispositifs, techniques d'analyse, méthodes de traitement et d'évaluation des données et méthodes d'enregistrement des polluants rejetés.

Bien que cet article proclame l'obligation de surveillance et d'évaluation de l'état des eaux, elle reste encore un principe très général et il incombe aux États de l'affiner en travaillant à une plus petite échelle. Pour ce faire, UN/ECE a rédigé une série de guides sur la surveillance et l'évaluation de l'état des eaux[364]. Ces guides ne sont pas

---

364 UNECE Task Force on Monitoring & Assessment, *Guidelines on Water-quality Monitoring and Assessment of Transbondary Rivers*, 2000, en ligne: CEE-ONU <http://www.unece.org/fileadmin/DAM/env/water/publications/documents/guidelinestransrivers2000.pdf>.

contraignants, mais aident les États à créer et à mettre en œuvre cette obligation à l'intérieur de leurs propres territoires.

L'obligation de donner l'alerte ou l'alarme en cas d'urgence

Par « cas d'urgence », il est entendu dans la *Convention de New York* :

> Des situations qui causent, ou menacent de façon imminente de causer, un dommage grave aux États du cours d'eau ou à d'autres États et qui sont brusquement provoquées par des causes naturelles, telles que les inondations, la débâcle, les éboulements ou les tremblements de terre, ou par des activités humaines, en cas, par exemple, d'accident industriel[365].

En donnant des exemples à titre indicatif, cette définition a précisé les situations urgentes, selon laquelle « [l]a gravité du dommage en question ainsi que la soudaineté de la situation d'urgence justifie les mesures prescrites par l'article »[366]. Selon l'article 28 de la même Convention, en cas d'urgence, « tout État du cours d'eau informe sans retard et par les moyens les plus rapides disponibles les autres États qui risquent d'être touchés ainsi que les organisations internationales compétentes de toute situation d'urgence survenant sur son territoire ».

La *Convention d'Helsinki* va encore plus loin en proposant d'instituer un système d'alerte et d'alarme entre les États riverains :

> Les Parties riveraines s'informent mutuellement sans délai de toute situation critique susceptible d'avoir un impact transfrontière. Elles mettent en place, lorsqu'il y a lieu, et exploitent des systèmes coordonnés ou communs de communication, d'alerte et d'alarme dans le but d'obtenir et de transmettre des informations. Ces systèmes fonctionnent grâce à des procédures et des moyens compatibles de transmission et de traitement des données, dont les Parties riveraines doivent convenir. Les Parties

---

[365] L'article 28 de la *Convention de New York*.

[366] Projet d'articles, *supra* note 168 à la p 137.

> riveraines s'informent mutuellement des autorités compétentes ou des points de contact désignés à cette fin[367].

La création ainsi que la mise en place de ce système d'alerte et d'alarme exigent néanmoins, comme l'application des autres règles procédurales, le bon fonctionnement d'organismes communs qui sont généralement « le mieux en mesure de coordonner l'action à mener face à une situation d'urgence »[368].

Chapitre 5. Les arrangements institutionnels

Comme nous l'avons montré précédemment (Titre II, chapitre 2), depuis la Seconde Guerre mondiale, les accords en matière de cours d'eau internationaux ont été principalement consacrés aux utilisations à des fins autres que la navigation, telles que l'irrigation, la lutte contre les inondations, la production d'énergie hydroélectrique et la pollution, etc. Ces activités entraînent des besoins pour une gestion commune et intégrée des ressources en eau. Ces besoins encouragent les États à développer de façon plus active des mécanismes institutionnels communs afin d'appliquer de divers accords sur l'utilisation des eaux transfrontalières.

Dans le cadre de la *Convention de New York* :

> Les États peuvent, s'ils le jugent nécessaire, envisager de créer des mécanismes ou commissions mixtes en vue de faciliter la coopération touchant les mesures et procédures appropriées compte tenu de l'expérience acquise à la faveur de la coopération dans le cadre des mécanismes et commissions mixtes existant dans diverses régions[369].

L'article 24 mentionne aussi la même possibilité de recourir éventuellement à la « création d'un mécanisme mixte de gestion ». Autrement dit, la création d'un cadre institutionnel serait un des moyens qui pourrait faciliter la coopération hydrique internationale. La création

---

367 L'article 14 de la *Convention d'Helsinki*.

368 Projet d'articles, *supra* note 168 à la p 138.

369 L'article 8 (2) de la *Convention de New York*.

d'organes communs est encouragée, bien qu'elle ne constitue pas une obligation[370]. L'article impose aux États du cours d'eau de procéder à des consultations sur la gestion du cours d'eau international, si l'un d'eux le demande. Il ne les oblige pas à gérer le cours d'eau ni à créer une organisation commune telle qu'une commission ou tout autre organe mixte. Cette position correspond à l'objectif d'une convention-cadre, mais ne représente pas la volonté des États de créer de mécanismes institutionnels. Il existe aujourd'hui presque autant d'organes communs que de cours d'eau internationaux ; ils peuvent être permanents ou non, et leurs fonctions et leurs pouvoirs varient considérablement[371].

En revanche, la *Convention d'Helsinki* considère la création d'organes communs comme condition préalable à la consultation, et en fait ainsi une obligation pour tout État intéressé. Dans le cas de la *Convention d'Helsinki*, l'article 2 [372] définit ainsi le principe de coopération :

---

[370] L'article 24 de la *Convention de New York*:

> « 1. Sur la demande de l'un quelconque d'entre eux, les États du cours d'eau engagent des consultations sur la gestion d'un cours d'eau international, y compris éventuellement la création d'un mécanisme mixte de gestion.
>
> 2. Aux fins du présent article, on entend par « gestion », en particulier :
>
> a) Le fait de planifier la mise en valeur durable d'un cours d'eau international et d'assurer l'exécution des plans qui auront pu être adoptés; et
>
> b) Le fait de promouvoir de toute autre manière l'utilisation, la protection et le contrôle du cours d'eau dans des conditions rationnelles et optimales. »

[371] UNDP-GEF, International Waters Project, *International Waters: Review of Legal and Institutional Frameworks* (2011), en ligne: Programme des Nations Unies pour le développement <http://www.undporg/content/dam/aplaws/publication/en/publications/environment-energy/www-ee-library/water-governance/international-waters-review-of-legal-and-institutional-frameworks/IW_Review_of_Legal_Instl_Frameworks_Project_Report.pdf>

[372] Voir *supra* note 239 à la p 32.

> Les Parties riveraines coopèrent sur une base d'égalité et de réciprocité, notamment au moyen d'accords bilatéraux et multilatéraux, en vue d'élaborer des politiques, des programmes et des stratégies harmonisés applicables à tout ou partie des bassins hydrographiques concernés et ayant pour objet de prévenir, de maîtriser et de réduire l'impact transfrontière et de protéger l'environnement des eaux transfrontalières ou l'environnement sur lequel ces eaux exercent une influence, y compris le milieu marin.

L'article 9, sous-titré « coopération bilatérale et multilatérale », spécifie que « les Parties riveraines concluent, sur une base d'égalité et de réciprocité, des accords bilatéraux ou multilatéraux ou d'autres arrangements » et que « [l]es accords ou arrangements mentionnés ... prévoient la création d'organes communs ».[373] L'article 10, faisant référence à l'article 9, stipule que

> [...] ces consultations visent à instaurer une coopération au sujet des questions visées par les dispositions de la présente Convention. Toute consultation de ce type est menée par l'intermédiaire d'un organe commun créé en application de l'article 9 de la présente Convention, lors qu'un tel organe existe.

Ainsi, dans le contexte de la *Convention d'Helsinki*, la création d'un « organe commun »[374] n'est pas seulement obligatoire, mais aussi une condition qui précède probablement une gestion commune entre les États riverains. Considérant l'obligation de créer un organe commun, la Convention a fait une liste exhaustive des compétences de cet organe :

> a) Recueillir, rassembler et évaluer des données afin d'identifier les sources de pollution ; b) Élaborer des programmes communs de surveillance de l'eau au point de vue quantitatif et qualitatif ; c) Dresser des inventaires et échanger des informations sur les sources de pollution ; d) Établir des limites d'émission pour les eaux usées et évaluer

373 L'article 9 (2) de la *Convention d'Helsinki*.
374 L'article premier (5) de la *Convention d'Helsinki*.

l'efficacité des programmes de lutte contre la pollution ; e) Définir des objectifs et des critères communs de qualité de l'eau et proposer des mesures appropriées pour préserver et améliorer la qualité de l'eau ; (f) Mettre au point des programmes d'action concertés pour réduire les charges de pollution tant à partir de sources ponctuelles qu'à partir de sources diffusées ; (g) Établir des procédures d'alerte et d'alarme ; (h) Servir de cadre pour l'échange d'informations sur les utilisations de l'eau et des installations connexes existantes et prévues qui risquent d'avoir un impact transfrontière; (i) Promouvoir la coopération et l'échange d'informations et encourager la coopération dans le cadre de programmes de recherche scientifique; (j) Participer à la réalisation d'études d'impact sur l'environnement relatives aux eaux transfrontalières.

Il s'agit donc d'un organe commun qui a pour fonction non seulement d'évaluer l'état des eaux, mais aussi de mener des recherches, de faire circuler des informations entre les pays et aussi de planifier le contrôle de l'émission des polluants et la surveillante de la qualité et de la quantité de l'eau, etc. En bref, la *Convention d'Helsinki* prévoit, au lieu d'une simple plateforme de communication ou de consultation, un régime institutionnel de coordination.

Chapitre 6. Le règlement des différends

Contrairement à l'article 22 de la *Convention d'Helsinki*[375] qui ne propose qu'une formule très vague pour régler les différends,

[375] L'article 22 de la *Convention d'Helsinki* :

« 1. Si un différend s'élève entre deux ou plusieurs Parties quant à l'interprétation ou à l'application de la présente Convention, ces Parties recherchent une solution par voie de négociation ou par toute autre méthode de règlement des différends qu'elles jugent acceptables.

2. Lorsqu'elle signe, ratifie, accepte, approuve la présente Convention, ou y adhère, ou à tout autre moment par la suite, une Partie peut signifier par écrit au Dépositaire que pour les différends qui n'ont pas été réglés conformément au paragraphe 1 du présent article, elle accepte de considérer comme obligatoire(s), dans ses

l'article 33 de la *Convention de New York* offre une gamme complète de règles pour solutionner les différends au sujet des cours d'eau. Les États du cours d'eau doivent engager des consultations et des négociations en cas de différend et recourir à toute institution mixte du cours d'eau qu'ils peuvent avoir établie. Si les parties intéressées ne peuvent parvenir à un accord par la voie de la négociation demandée par l'une d'entre elles, elles peuvent solliciter conjointement les bons offices d'une tierce partie, ou lui demander d'intervenir à des fins de médiation ou de conciliation, ou soumettre le différend à une procédure d'arbitrage ou à la Cour internationale de Justice. Comme l'a indiqué Salman, « the process for settlement of differences and disputes under the Treaty is not a hierarchical one »[376], c'est-à-dire, « [a] question is referred to the Neutral Expert not as an appeal of the decision of the Commission. Rather it is referred to the Neutral Expert because the Commission cannot resolve it »[377]. La décision de l'expert neutre qui est finale et contraignante ne peut pas revenir devant la Cour d'arbitrage.

Cette différence entre les deux Conventions est probablement due à l'insistance de la *Convention d'Helsinki* sur la création d'un organe commun qui a pour vocation de prévenir les éventuels conflits portant sur l'utilisation des cours d'eau transfrontaliers et de mettre en place des mesures de gestion commune grâce à une coopération institutionnelle et internationale efficace. Néanmoins, « were a dispute to arise nevertheless, there would be little room for other means than arbitration or adjudication, if not for the mere purpose of meeting an admissibility requirement »[378].

---

relations avec toute Partie acceptant la même obligation, l'un des deux ou les deux moyens de règlement des différends ci-après:

a) Soumission du différend à la Cour internationale de Justice;

b) Arbitrage conformément à la procédure exposée à l'annexe IV.

3. Si les Parties au différend ont accepté les deux moyens de règlement des différends visés au paragraphe 2 du présent article, le différend ne peut être soumis qu'à la Cour internationale de Justice à moins que les Parties n'en conviennent autrement. »

[376] *Supra* note 322 à la p 107.

[377] *Ibid.*

[378] Attila Tanzi, *The Relationship between the 1992 UNECE Convention on the Protection and Use of Transboundary Watercourses and International Lakes and*

Conclusion du Titre II

En conclusion, la *Convention de New York* a pour but principal d'assurer l'utilisation équitable et raisonnable des cours d'eau internationaux. Elle tolère toutefois certains impacts transfrontières, tandis que la *Convention d'Helsinki* cherche à contrôler cet impact transfrontière. Le fait que les eaux transfrontalières soient utilisées de façon raisonnable et équitable ne constitue qu'un des moyens de prévenir, maîtriser et réduire tout impact transfrontière. La *Convention d'Helsinki* met davantage l'accent sur la coopération institutionnelle et la *Convention de New York*, qui résulte d'un compromis, encourage plutôt la résolution bilatérale, basée sur la conclusion de traités. La *Convention de New York* est le résultat des travaux de la CDI, un organe de l'ONU créé par l'Assemblée générale en 1947, qui a pour vocation principale[379] de « promouvoir le développement du droit international et sa codification »[380] ; la *Convention d'Helsinki* est rédigée sous la direction de la CEE-ONU qui est une organisation régionale couvrant principalement des États européens. Les deux conventions, en réalité, se complètent[381].

---

the 1997 UN Convention on the Law of the Non-Navigational Uses of International Watercourses, Report of the UNECE Task Force on Legal and Administrative Aspects, Geneva, 2000, en ligne: CEE-ONU <http://www.unece.org/fileadmin/DAM/env/water/publications/documents/conventiontotal.pdf>.

[379] *Création d'une Commission du droit international,* Rés A/RES/174 (II), Doc off AG NU, 2e sess (1947) 105.

[380] L'article 1 du *Statut de la CDI*, *supra* note 160.

[381] Tanzi 2014, *supra* note 280 à la p 30 ; voir Martti Koskenniemi, Fragmentation of international law: difficulties arising from the diversification and expansion of international law, 2006, CDI, en ligne: <http://legal.un.org/ilc/documentation/english/a_cn4_l682.pdf>; voir toutefois Alister Rieu-Clarke, « A Cure or a Curse? Entry into Force of the UN Watercourses Convention and the Global Opening of the UNECE Water Convention » (2014) 8, *Question de droit international* 3 à la p 15.

Tableau 4 Comparaison entre les deux conventions-cadres

	Convention de New York	**Convention d'Helsinki (1992)**
Organe rédacteur	CDI	CEE-ONU
États Parties	35 États de l'ONU[382] Convention-cadre ouverte à tous les États membres de l'ONU	40 États de la CEE-ONU[383] Convention-cadre ouverte à tous les États membres de l'ONU
Champ d'application	Cours d'eau internationaux	Eaux transfrontalières
Objectifs de coopération	Utilisation optimale Protection adéquate du cours d'eau	Prévenir, maîtriser et réduire l'impact transfrontière
Règles substantielles	Utilisation équitable et raisonnable Obligation de ne pas causer de dommages significatifs Obligation de coopérer	Utilisation équitable et raisonnable Principe de précaution Principe de pollueur-payeur Obligation de coopérer en créant des organes communs
Règles procédurales	Obligation d'échanger des informations et des données Obligation de notification Obligation d'alerte et d'alarme en cas d'urgence	Obligation d'échanger des informations et des données Surveillance et évaluation de l'état de l'eau Obligation de créer un système d'alerte et d'alarme

382 Voir en ligne : Collection des traités des Nations Unies <https://treaties.un.org/pages/ViewDetails.aspx?src=TREATY&mtdsg_no=XXVII-12&chapter=27&lang=fr>.

383 Y compris 38 États et l'Union européenne, le Royaume-Uni a signé la Convention sans l'avoir ratifiée, 23 juin 2014, Monténégro (État européen) est devenu le 40e État-Partie de la *Convention d'Helsinki*, en ligne : Collection des traités des Nations unies <https://treaties.un.org/pages/ViewDetails.aspx?src=TREATY&mtdsg_no=XXVII-5&chapter=27&lang=en#1>

Arrangement institutionnel	Au besoin	Obligatoire[384]
Règlement des différends	Négociation Bons offices Médiation et la conciliation Établissement d'une commission d'enquête CIJ ou Cour d'arbitrage	Négociation ; CIJ ou Cour d'arbitrage

Bien qu'elle ait été rédigée cinq ans avant la *Convention de New York*, la *Convention d'Helsinki*, qui met en relief l'aspect institutionnel de la coopération, est considérée comme étant beaucoup plus avancée et complète[385]. Cela s'explique par le fait que plus le nombre de pays concernés est important (103 pays pour la *Convention de New York*, contre 55 pour celle d'Helsinki), plus la nécessité de trouver le plus grand dénominateur commun rend la tâche difficile[386]. D'après Tanzi,

> The « regular legal » nature of this instrument [Convention de New York] renders it suitable for providing a) a general framework for guidance for law-abiding states individually, or when negotiating water agreements; b) a basis for

[384] Perrez, *supra* note 36 à la p 39. En réalité, la *Convention d'Helsinki* s'est dotée également d'un régime institutionnel plus accompli par rapport à celui de la *Convention de New York*, les législateurs ont consacré la partie III de la *Convention d'Helsinki* aux « dispositions institutionnelles », créant la réunion des Parties et le secrétariat (articles 17 et 19). Voir aussi en ligne : CEE-ONU < http://www.unece.org/env/water/convention_bureau.html>. Selon Tanzi, « the HC's main feature and added value with respect to a shear restatement of customary international law lies in its being a stringent, but flexible, normative setting geared towards institutional cooperation », voir Tanzi 2014, *supra* note 280 à la p 32.

[385] Attila Tanzi, « Achievements and Prospects of the Water Law Process in the UNECE Region » dans *Second International Conference on Sustainable Management of Transboundary Waters in Europe tenue du 21 au 24 avril 2002 à Miedzyzdroje (Poland)*, UN/ECE, 2003, aux pp 263-282, en ligne: CEE-ONU <http://www.unece.org/fileadmin/DAM/env/water/meetings/conf2/proceedings/beginning.pdf>.

[386] Amélie Renaud, « Gestion des cours d'eau transfrontaliers en Europe » (2007), à la p 5, en ligne : <https://www.agroparistech.fr/IMG/pdf/Renaud.pdf>.

> diplomatic claims in case of alleged breaches of its obligations; c) legal grounds for claims before international courts or arbitral tribunals[387].

Autrement dit, les conventions-cadres offrent non seulement les règles normatives substantielles et procédurales réglementant les conduites des États, mais aussi un cadre de négociation pour la formation d'un régime dynamique de coopération pour l'utilisation des eaux transfrontalières. Nous allons analyser certains régimes coopératifs bilatéraux et régionaux afin de mettre en lumière des règles et des mécanismes inclus dans l'obligation de coopérer dans le contexte précis de chaque bassin fluvial.

---

[387] Tanzi 2014, *supra* note 280 à la p 32.

TITRE III

Les régimes coopératifs définis dans les traités bilatéraux et régionaux

Nous avons vu que les deux Conventions d'application mondiale ont proposé des règles générales et fondamentales qui peuvent servir de base à la création de normes précises dans un contexte donné. Les traités régionaux et bilatéraux viennent contextualiser nos études dans des bassins spécifiques pour illustrer les différents régimes de coopération établis entre les États concernés et ainsi les exigences minimales de l'obligation de coopérer en droit international des cours d'eau transfrontaliers. Pour effectuer cette recherche, nous avons sélectionné quatre bassins fluviaux spécifiques au sein desquels un certain régime coopératif a été créé par les États riverains : le bassin de l'Indus (Chapitre 1), le bassin du Mékong (Chapitre 2), le bassin du Rhin (Chapitre 3) et le bassin du fleuve Sénégal (Chapitre 4). Ils représentent chacun un modèle différent de coopération, en passant par la simple consultation bilatérale, la communication et par la coordination jusqu'à l'action conjointe.

Chapitre 1. L'utilisation partagée des eaux de l'Indus

Le Pakistan et l'Inde partagent non seulement des frontières et une histoire commune, mais aussi des cours d'eau transfrontaliers. L'Indus est né sur les hauteurs de l'Himalaya avant de pénétrer au Ladakh, situé au nord de la partie du Cachemire administrée par l'Inde. Il se dirige ensuite vers le nord-ouest du Cachemire, zone administrée directement par Islamabad, constituant l'artère vitale pour le Pakistan.

L'accroissement de la population dans les deux pays a remarquablement aggravé les nouveaux conflits autour de l'utilisation des eaux transfrontalières. Malgré la rivalité entre les deux États riverains, l'Inde et le Pakistan ont signé, en 1960, le Traité des eaux de l'Indus[388] grâce à la médiation de la Banque Mondiale[389]. Le Traité, composé de 12 articles et 8 annexes, définit une répartition équitable des eaux de l'Indus. Il octroie à l'Inde l'utilisation exclusive des affluents orientaux de l'Indus (Ravi, Beas et Sutlej) et au Pakistan, l'utilisation également exclusive des eaux des trois fleuves occidentaux (Indus, Jhelum et Chenab). D'autres dispositions du traité permettent à l'Inde d'exploiter les terres situées le long des eaux d'amont des fleuves occidentaux, alors que le Pakistan bénéficiera, pendant une période transitoire, d'un volume minimal de l'eau à partir des fleuves orientaux. Grâce à ce traité, malgré de nombreuses frictions politiques, culturelles et religieuses, aucune guerre de l'eau n'a éclaté entre le Pakistan et l'Inde. Il est, à cet effet, « regarded as one of the most successful settlements of a transboundary water basin conflict »[390].

Tableau 5 Le Traité des eaux de l'Indus

Le Traité des eaux de l'Indus	Articles correspondants
Champs d'application	Préambule, Article I, Article IX, Annexe A
Règles substantielles	Article II, Article III, Article IV, Annexe B, C, D, E et H
Règles procédurales	Article V, Article VI, Article VII, Article X, Article XII
Arrangements institutionnels	Article VIII

---

388 *Traité des eaux de l'Indus*, *supra* note 222; Undala Z. Alam, « Questioning the Water Wars Rationale: A Case Study of the Indus Waters Treaty » (2002) 168:4, *The Geographical Journal* 341.

389 Dr. Jürgen Clemens, « La paix au travers de la gestion transfrontière de l'eau ? Le Traité des eaux de l'Indus entre l'Inde et le Pakistan » (2005) 1, *Agriculture & développement rural* 60.

390 Daene C.McKinney, *Transboundary Water Challenges: Case studies* (1 juin 2011) à la p 97, en ligne : <http://www.caee.utexas.edu/prof/mckinney/ce397/readings/transboundarywaterissues.pdf>.

Règlement des différends	Article IX, Annexe F et G

Section 1. Le champ d'application

Dans le texte de ce Traité, le préambule, l'article I (définitions) et l'article IX (dispositions générales) stipulent que le Traité s'applique aux cours d'eau d'est (Sutlej, Beas et Ravi) et d'ouest (Indus, Jhelum et Chenab), avec tous les affluents. De même, le Traité adopte la notion de « cours d'eau » (« watercourse » en anglais), profitant de sa définition moins controversée que celle de bassin de drainage qui implique non seulement les eaux, mais aussi le territoire dans le même système hydrologique. D'après le choix des mots, il nous paraît évident que l'approche de gestion intégrée ne s'applique pas au cas spécifique du régime coopératif de l'Indus[391]. Quant aux usages ciblés, le Traité aborde non seulement les utilisations à des fins autres que la navigation, mais aussi la navigation en tant que telle. Il introduit des notions plus floues et ainsi plus générales, telles qu'« utilisation consommable »

---

391 Voir Jagat S. Mehta, « The Indus Water Treaty: A Case Study in the Resolution of an International River Basin Conflict » (1988) 12:1, *Natural Resources Forum* 69 aux 72-73.

> « David Lilienthal, [...] argued that, [...] the Indus system, [...] should, [...] be administered by a joint India-Pakistan authority or by a supranational international agency. [...] such an imaginative comprehensive plan, should be financed by the World Bank with support from a consortium of friendly nations [...], the approach was based on the Lilienthal rationale of the exploitation of the basin's economic potential for the optimum benefit of both countries.[...] ». Néanmoins, « [t]he idea of treating the Indus as an integrated river basin which should be jointly administered by India and Pakistan was abandoned by the Bank in 1954. »

(« utilisation agricole »[392], « utilisation domestique »[393]) et « utilisation non consommable »[394] des cours d'eau.

Section 2. Les règles substantielles

Les Articles II à IV du Traité portent sur les règles substantielles qui s'appliquent à tous les cours d'eau transfrontaliers dans le cadre du Traité des eaux de l'Indus. Ils définissent les droits et les obligations des deux États riverains par rapport à la répartition des eaux de l'Indus. L'article II octroie à l'Inde un droit illimité aux eaux des tributaires de l'est, tout en permettant au Pakistan l'utilisation non consommable, domestique et agricole des tributaires d'est de l'Indus[395]. Le Pakistan a obtenu un droit illimité, d'après l'article III du traité, aux eaux des tributaires de l'ouest de l'Indus ; l'Inde étant autorisée à l'utilisation non consommable, domestique et agricole des tributaires[396] et à la production hydroélectrique. L'utilisation historique que le Pakistan a

[392] Selon l'article (9), l'utilisation agricole est définie comme : « Use of water for irrigation, except for irrigation of household gardens and public recreational gardens ».

[393] L'utilisation domestique signifie :
(a) drinking, washing, bathing, recreation, sanitation (including the conveyance and dilution of sewage and of industrial and other wastes), stock and poultry, and other like purposes;
(b) household and municipal purposes (including use for household gardens and public recreational gardens); and
(c) industrial purposes (including mining, milling and other like purposes);
(d) but the term does not include Agricultural Use or use for the generation of hydro-electric power. »

[394] D'après l'article I (11) :
« utilisation non-consommable est définie comme :
any control or use of water for navigation, floating of timber or other property, flood protection or flood control, fishing or fish culture, wild life or other like beneficial purposes, provided that, exclusive of seepage and evaporation of water incidental to the control or use, the water (undiminished in volume within the practical range of measurements remains in, or is returned to, the same river or its Tributaries; but the term does not include Agricultural Use or use for the generation of hydro-electric power. »

[395] Spécifiée dans l'Annexe B du traité.

[396] L'Annexe C du traité.

faite des cours d'eau de l'est est aussi respectée dans le traité. L'article II et l'annexe H du Traité ont défini une période transitoire de 10 ans, pendant lesquels l'Inde a l'obligation d'alimenter le Pakistan en eau pour que celui-ci puisse mener des travaux hydrauliques de manière à remplacer les structures qui existaient déjà à l'époque.

Le Traité des eaux de l'Indus a pour objet principal de répartir entre l'Inde et le Pakistan les ressources en eau de l'Indus. Les eaux distribuées à l'Inde représentent dix fois ce que l'Inde utilisait à l'époque, tandis que le Pakistan n'a obtenu que 75 % de l'eau bien qu'il possède 95 % de terres agricoles à irriguer. Au lieu de maintenir les barrages de retenue édifiés par les Britanniques, de même que le système de canaux dérivés qui furent dévolus à l'Inde lors de son indépendance ainsi que celle du Pakistan en 1947, le Pakistan se voit obligé de construire deux grands lacs de retenue, plusieurs barrages et sept canaux de liaison[397].

Le Traité des eaux de l'Indus reconnaît « the common interest in the optimum development of rivers »[398], mais en mettant simplement l'accent sur la répartition des eaux[399], il n'a pas pour objectif de réaliser une utilisation optimale des cours d'eau, et ne propose pas une liste précise des différents facteurs à prendre en considération de façon à déterminer une utilisation équitable et raisonnable des cours d'eau. Il est évident que le principe de l'utilisation équitable et raisonnable défini dans la *Convention de New York* n'a pas été strictement suivi dans le cas de ce Traité. Cela dit, le traité n'a pas non plus abandonné totalement son objectif de départ qui est le partage raisonnable et équitable des eaux. Il prend en considération les facteurs tels que « les besoins économiques et sociaux des États du cours d'eau intéressé » (article 2(b) de la *Convention de New York*) et « les utilisations actuelles et potentielles du cours d'eau » (article 2(e) de la *Convention de New York*). Les articles II et III permettent au Pakistan et à l'Inde l'utilisation

---

[397] Voir A. K. Biswas, « Indus Water Treaty: the negotiating process » (1992) 17:4, *Water international* 201.

[398] L'article VII (1) du Traité des eaux de l'Indus.

[399] L'article II et l'article III du Traité des eaux de l'Indus.

domestique, non consommable[400] et agricole[401] des eaux qui leur sont allouées[402]. Le critère de pratique raisonnable est aussi mentionné dans l'article IV (10).

L'article IV (provisions regarding eastern rivers and western rivers) définit le principe de base de la gestion de l'Indus, soit en lisant entre les lignes, le principe de ne pas causer de « dommage matériel ». Faisant écho à l'obligation de ne pas causer de dommage significatif, définie dans la *Convention de New York*, le principe de ne pas causer de « dommage matériel » met aussi l'accent sur la conservation à la fois de la quantité et de la qualité des eaux[403]. Récemment, dans la dispute concernant la construction du barrage de Baglihar[404], le Pakistan a invoqué les alinéas a, c, e et f du paragraphe 8 de l'Annexe D[405] qui

---

[400] Voir *supra* note 395.

[401] Selonl'article I (9), « agricultural use » means the use of water for irrigation, except for irrigation for household gardens and public recreational gardens.

[402] Dans l'article I, l'utilisation domestique est définie en tant que « drinking, washing, bathing, recreation, sanitation and poultry, and other like purposes; household and municipal purposes; industrial purposes (including mining, milling and other like purposes) », « but the term does not include agricultural use or use for the generation of hydro-electric power ». Selon l'article I (9) : « [a]gricultural use means the use of water for irrigation, except for irrigation of household gardens and public recreational gardens ».

[403] L'article IV (2) :

> « Each party agrees that any non-consumptive use made by it shall be so made as not to materially change, on account of such uses on that channel by the other party under the provisions of the Treaty. In executing any scheme of flood protection or flood control each Party will avoid, as far as practicable, any material damage to the other Party, and any such scheme carried out by India on the Western Rivers shall not involve any use of water or any storage in addition to that provided under Article III. »

[404] Voir Salman, « The Baglihar Difference and its Resolution Process: A Triumph for the Indus Waters Treaty? » (2008) 10, *Water Policy* 105 ; voir aussi Bouguerra Larbi, « Pakistan : le jugement concernant Balighar ne règle pas tous les détails », en ligne : <http://www.irenees.net/fr/fiches/documentation/fiche-documentation-423.html> [Baglihar].

[405] L'Annexe D qui porte sur la génération de l'énergie hydroélectrique de l'Inde sur les eaux d'ouest (référé aussi à l'Annexe E) a été la plus invoquée dans les différends entre le Pakistan et l'Inde concernant l'utilisation des eaux de l'Indus. Tel que dans le cas de la construction du barrage à Baglihar (2007) et dans

assurent l'utilisation *no harm* des eaux de l'Indus. Le paragraphe 15 (iii) a été invoqué également dans l'arbitrage concernant les eaux de l'Indus Kishengang[406].

À part le principe de l'utilisation raisonnable et le principe de l'utilisation *no harm*, le principe de réciprocité est aussi un principe fondamental du Traité des eaux de l'Indus. Le Pakistan est obligé de construire des infrastructures hydrauliques et, en échange, des arrangements financiers sont précisés dans l'article V. Une période transitoire d'une durée de dix ans est aussi fixée dans l'article III et les Annexes B et H. Une quantité limitée des eaux des cours d'Ouest est octroyée à l'Inde.

Le Traité des eaux de l'Indus ne s'est guère intéressé au principe de la protection d'environnement. L'article IV(10) représente l'un des rares à mentionner ce principe[407].

Section 3. Les règles procédurales

Dans le Traité des eaux de l'Indus, les Articles V, VI, VII, X et XII, développés par la suite dans l'Annexe C, D et E, ont précisé les règles procédurales qui concrétisent et, ainsi, mettent en œuvre les règles substantielles susdites.

L'article V a dessiné un mécanisme de financement ayant pour but de mener à bien les travaux hydrauliques de remplacement. D'après les

---

l'arbitrage concernant la construction d'un nouveau barrage à Kishenganga, le para. 15 (iii) de l'Annexe D a été invoqué par le Pakistan.

[406] Arbitrage Kishenganga, *supra* note 237.

[407] L'article IV (10) :

> « Each Party declares its intention to prevent as far as practicable, undue pollution of the waters of the Rivers which might affect adversely uses similar in nature to those to which the waters were put on the Effective Date, and agrees to take all reasonable measures to ensure that, before any sewage or industrial waste is allowed to flow into the Rivers, it will be treated, where necessary, in such manner as not materially to affect those uses: Provided that the criterion of reasonableness shall be the customary practice in similar situations on the Rivers. »

règles de la fondation connue sous le nom d'*Indus Basin Development Fund*, l'Inde devait investir 62,06 millions £ dans les dix ans suivants jusqu'au 31 mai 1970. L'article VI porte sur la communication des données concernant les débits et les retraits ; l'article VII met l'accent sur la future coopération de la gestion des eaux, permettant à chaque État d'établir des stations hydrologiques et météorologiques dans l'autre État.

Le Traité des eaux de l'Indus a été adopté 37 ans avant la *Convention de New York*, quand le droit international des cours d'eau transfrontaliers n'en était encore qu'à ses balbutiements. Néanmoins, le Traité des eaux de l'Indus inclut déjà dans les Annexes C à E les dispositions concernant la notification des mesures projetées, les concessions et leurs limites. La procédure de notification n'a pas précisé le délai de réponse à la notification[408] ni les obligations de l'État auteur de la notification pendant le délai de réponse, comme ne pas mettre en œuvre ni permettre que soient mises en œuvre les mesures projetées sans le consentement de l'autre État auquel la notification a été adressée. Le traité a ainsi remarquablement réduit l'importance de la procédure de notification.

Comme le principe de la protection de l'environnement n'a pas une grande importance dans le Traité des eaux de l'Indus, l'étude d'impact sur l'environnement (article 12 de la *Convention de New York*)[409] et la protection, la conservation ou la gestion de l'environnement ne sont mentionnées nulle part dans le texte.

Section 4. Les arrangements institutionnels

Dans le but de faciliter la coopération bilatérale, le traité a créé la Commission permanente qui a pour objectif de « establish and maintain cooperative arrangements for the implementation of the Treaty » et de « promote cooperation between the member states in the development of the waters ». Pour ce faire, la Commission se charge de study and

---

408 Comme stipulé dans la *Convention de New York* dans l'article 13.

409 À noter que l'étude d'impact comme outil de gestion des projets affectant l'environnement n'existait même pas à cette époque dans les pays développés.

report to the Governments on any problem relating to the development of the waters of the rivers after a joint reference of the governments of both member states [...], settle promptly any question arising between the member states [...], undertake periodical inspections of works and facilities[410].

Composition de la Commission

D'après le Traité des eaux de l'Indus, la Commission permanente d'Indus (article VIII) se compose de deux commissaires. En tant que représentants d'État, les commissaires sont désignés par chaque État (article VIII (1)).

Fonctions de la Commission

Les commissaires sont responsables de la mise en œuvre du Traité (article VIII (4)) et ils sont assistés par deux conseillers (article VIII (7)). Ils ont l'obligation de présenter un rapport aux deux gouvernements chaque année avant le 31 mars (article VIII (8)).

Chaque Commissaire « shall obtain the authorization of his Government before he proceeds to act on the reference ». En bref, les Commissaires servent de « regular channel of communication on all matters relating to the implementation of the Treaty »[411]. Il ne s'agit donc pas d'une institution indépendante qui est compétente pour coordonner la gestion intégrée du bassin fluvial, mais plutôt d'un mécanisme de communication ou d'une plateforme de négociation et d'informations. Les deux commissaires sont les représentants des deux États pour les questions concernant le Traité de l'Indus et ils ont l'obligation de suivre les directives de leur gouvernement respectif. Ainsi, au lieu d'un mécanisme de gestion intégrée ayant pour but de renforcer la coopération hydrique bilatérale du bassin de l'Indus, la Commission est plutôt le lieu de rencontre de consultation des commissaires ou des experts qui pose « les fondements d'une compréhension durable concernant les aspects techniques de la distribution de l'eau »[412]. Chaque État décide du mandat, de la compétence ainsi que des responsabilités de leur propre commissaire.

---

410 L'article VIII du *Traité des eaux de l'Indus*.

411 L'article VIII (1) du *Traité des eaux de l'Indus*.

412 *Supra* note 305.

La Commission détermine les règles procédurales de ses rencontres menées alternativement en Inde et au Pakistan. Elle se réunit au moins une fois par an ou quand les commissaires le demandent[413].

Les consultations au sein de la Commission n'ont jamais été interrompues, même pendant la « guerre imminente » à New Delhi en 2002. Cela prouve l'efficacité des échanges effectués dans le cadre de la Commission permanente pour prévenir les conflits. Néanmoins, on ne peut ignorer que cet arrangement institutionnel a commencé à présenter des failles importantes ces dernières années. Deux conflits concernant l'utilisation de l'Indus sont passés devant la Cour permanente d'arbitrage.

Section 5. Le règlement des différends

Selon la gravité du problème et conformément à l'article 33 de la *Convention de New York*, le Traité de l'Indus propose une gamme complète de moyens pour le règlement des différends. Les différends concernant l'utilisation de l'Indus se règlent, tout d'abord, par la Commission, ensuite par l'intervention d'un expert neutre et indépendant désigné par la Banque Mondiale et, finalement, par la Cour permanente d'arbitrage. Néanmoins, il est vrai aussi que le Pakistan et l'Inde se sont abstenus de voter pour l'adoption de la *Convention de New York*, principalement à cause des dispositions de l'article 33 concernant la prévention et le règlement des différends. Le Pakistan disait que « the mechanism provided therein was not binding », tandis que l'Inde trouvait que « on dispute settlement (l'article 33), contained an element of compulsion, any procedure for peaceful settlement of disputes should leave the procedure to the parties, any mandatory third-party dispute procedure was inappropriate and should not be included in a framework convention »[414]. Évidemment, en tant que pays d'aval,

---

[413] Neda A. Zawahri, « Designing River Commissions to Implement Rreaties and Manage Water Disputes: The Story of the Joint Water Committee and Permanent Indus Commission » (2008) 33:4, *Water International* 464.

[414] Organisation des Nations Unies, communiqué, GA/9248, « General Assembly Adopts Convention on Law of Non-Navigational Uses of International Watercourses » (5 mai 1997), en ligne: ONU <http://www.un.org/news/Press/docs/1997/19970521.ga9248.html>[GA/9248].

le Pakistan a intérêt à trouver un mécanisme contraignant qui pourrait internationaliser la relation hydrologique bilatérale du bassin de l'Indus. Au contraire, l'Inde préfère que les conflits soient résolus dans le cadre bilatéral.

Malgré cette différence d'attitude, deux arbitrages ont eu lieu devant la Cour permanente d'arbitrage en 2008 et en 2010 [415]. Avec l'accroissement constant des besoins de l'eau dans le bassin, la concurrence autour des ressources en eau s'intensifie entre le Pakistan et l'Inde. En 2010, le projet de détournement du Kishenganga (Neelum) a provoqué une nouvelle dispute entre les deux Parties. Le Pakistan estime que l'Inde a violé ses obligations envers le Pakistan en vertu du traité de 1960. Deux articles du Traité sont invoqués par le Pakistan : l'article III qui porte sur l'obligation qu'à l'Inde de laisser couler toutes les eaux des fleuves occidentaux et l'article IV concernant le maintien de canaux naturels. Le second point introduit par le Pakistan est plus technique: « [w]hether under the Treaty, India may deplete or bring the reservoir level of a run-of-river Plant below Dead Storage Level (DSL) in any circumstances except in the case of an unforeseen emergency ». La Cour a rendu la sentence arbitrale partielle en 2013, selon laquelle, l'Inde peut détourner les eaux du Kishenganga/Neelum pour la production d'énergie et rendre les eaux détournées en aval de la station au Bonar Nallah. L'Inde doit, cependant, garantir tant dans la construction que dans le fonctionnement du KHEP, un débit minimal continu.

En 1949, le Pakistan a déposé une plainte contre l'Inde devant la CIJ, mais l'Inde a refusé d'y répondre, voir Asit K. Biswas, « Indus Water Treaty: the Negotiating Process » (1992) 17 : 4, *Water international* 201.

[415] Arbitrage Kishenganga, *supra* note 237; Baglihar, *supra* note 405; Voir Uttam Kumar Sinha et coll., « Will the Indus Water Treaty Survive? » (2012) 36: 5, *Strategic Analysis* 735 à la p 736 à la p 742 [Sinha 2012].

Bilan

Jusqu'en 2013, 109 réunions ont été organisées par la Commission permanente [416]. Les sujets traités sont assez divers et centrés principalement sur la communication d'informations concernant certains projets ou une certaine utilisation du fleuve [417]. La communication d'informations n'a pas été réellement précisée en tant que règle procédurale[418]. À cause de la gestion divisée du bassin, il n'est nulle part fait mention d'une gestion commune institutionnelle. La Commission permanente est loin d'être un organe indépendant qui représente l'intérêt commun du bassin de drainage. Il s'agit, ici, d'un mécanisme consultatif (réagissant à des cas spécifiques et ayant pour but principal de prévenir l'aggravation des conflits) plutôt que communicatif (fournissant un flux régulier de communication et d'échange d'informations, généralement à travers un organe qui a pour objectif d'effectuer la gestion commune du bassin). C'est la raison pour laquelle le Traité de l'Indus a fait couler autant d'encre sur les procédures de règlement des différends, puisqu'il s'agit en réalité d'un bassin dont la gestion est divisée entre deux États politiquement et religieusement opposés. C'est l'exemple parfait de la tension entre l'hydrologie moderne et l'administration territoriale. Compte tenu de cette tension géopolitique, il est normal que le Traité de l'Indus ait discrètement adopté la notion de cours d'eau au lieu de celle de bassin fluvial qui peut aussi impliquer une revendication territoriale[419].

Le Traité de l'Indus a été respecté depuis 1960 par les deux pays du bassin de l'Indus. Ce document a réellement encouragé le dialogue entre l'Inde et le Pakistan sur les questions de l'eau. Seulement deux

---

[416] Press Information Bureau of India, communiqué, «109 th Four Day Meeting of the Permanent Indus Commission to Begin Tomorrow » (21 septembre 2013).

[417] Voir Chandrakant D. Thatte, « Indus Waters and the 1960 Treaty Between India and Pakistan » dans Olli Varis, Cecilia Tortajada et Asit K. Biswas, dir, *Management of transboundary rivers and lakes*, Berlin, Springer, 2008 à la p 196 [Varis et al 2008].

[418] Le *Traité des eaux de l'Indus* stipule l'obligation pour la fourniture de données et d'informations des deux Parties dans les Articles VI (2),VII (2) et les Annexes C, D et E. Voir Varis et coll. 2008, *supra* note 418 à la p 198.

[419] A noter que le concept de la gestion intégrée du bassin n'existait pas encore dans les années 60.

projets unilatéraux ont été référés à une tierce partie durant les 50 ans qui ont suivi l'adoption du Traité, mais l'on ne peut toutefois pas nier que le Traité commence à présenter des failles. Sa résilience est de plus en plus souvent mise à l'épreuve au 21e siècle[420]. Gérer un cours d'eau à partir de sa simple division n'est probablement plus possible aujourd'hui et des arrangements institutionnels plus développés s'imposent.

Chapitre 2. La coopération du bassin du Mékong

Le Mékong, prenant sa source en Chine, représente le septième plus grand fleuve au monde en termes de débit d'eau. Il traverse la Birmanie, le Laos, la Thaïlande, le Cambodge pour aller finalement se déverser dans la mer de Chine méridionale, au Viêtnam. C'est aussi un bassin exemplaire qui a mis en pratique l'idée de la gestion intégrée de l'eau par bassin versant. À cause du caractère très particulier du bassin du Mékong, il est plus facile d'y organiser une réelle gestion intégrée, en comparaison avec d'autres bassins fluviaux où les intérêts des États riverains s'opposent souvent. Contrairement aux fleuves qui prennent leur source dans les régions humides et qui, ensuite, traversent des pays arides, tels que le Nil et le Colorado, le Mékong coule à travers une région très humide où la répartition des précipitations est relativement équilibrée[421]. Ainsi, les conflits d'intérêts entre les États riverains sont moins fréquents et les arrangements coopératifs institutionnels entre les États concernant le développement du Mékong reçoivent un meilleur accueil au niveau régional. S'ajoute aussi le fait que la Chine et la Birmanie n'avaient pas encore réclamé à l'époque leurs droits sur les eaux d'amont.

L'intervention active d'une tierce partie (soit la Banque Mondiale dans le cas de l'Indus et l'ONU et les États-Unis dans le cas du Mékong)

---

420 Voir Sinha 2012, *supra* note 416.

421 Voir Alexandre Taithe, *Partager l'eau: les enjeux de demain*, Paris Éditions Technip, 2006 à la p 89 [Taithe]. Selon Taithe, « tous les pays du bassin (hormis la Chine) ont des ressources en eau disponibles par an et par personne comprises entre 6 527 mètres cubes pour la Thaïlande et 63 184 mètres cubes pour le Laos. Des quotas de répartition du flux du Mékong étaient alors inutiles ».

représente un facteur indispensable dans l'établissement réussi du régime coopératif dans les deux bassins susmentionnés.

Après la Deuxième Guerre mondiale, les régimes coopératifs commencent à apparaître avec l'assistance de l'ONU. En 1957, le Comité du Mékong, ayant pour mandat de piloter des études techniques et de collecter des données pour la mise en valeur du bassin, fut créé entre quatre États riverains du Bas Mékong. Après une période difficile, la coopération régionale fut relancée en 1995 avec l'adoption de l'Accord du Mékong. Cet Accord donne naissance à la Commission du Mékong, organisme qui, à l'époque, avait pour mandat principal de faciliter le dialogue en cas de désaccord et de permettre l'échange et la centralisation des informations sur le bassin fluvial.

Tableau 6 Accord du Mékong

Accord du Mékong	Articles correspondants
Champ d'application	Article 1, Article 2
Règles substantielles	Article 3, Article 4, Article 5, Article 6, Article 7, Article 9
Règles procédurales	Article 5, Article 10
Arrangements institutionnels	Articles11 à Article 33.
Règlement des différends	Article 34, Article 35

Section 1. Le champ d'application

Selon l'Accord du Mékong, les États membres de la Commission sont prêts à coopérer

> in all fields of sustainable development, utilization, management and conservation of the water and related resources of the Mekong River Basin including, but not limited to irrigation, hydro-power, navigation, flood control, fisheries, timber floating, recreation and tourism, in a manner to optimize the multiple-use and mutual benefits of all riparians and to minimize the harmful effects that might result from natural occurrences and man-made activities (article 1).

Tout d'abord, au lieu d'employer le terme cours d'eau, ou le fleuve Mékong (comme il apparaît dans le Traité de l'Indus), les législateurs ont préféré dans l'Accord du Mékong le terme bassin. C'est donc évidemment le concept de « bassin de drainage »[422] que l'on a choisi dans le cas spécifique du Mékong. Comme l'ont défini les *Règles d'Helsinki*, le bassin de drainage constitue un concept plus représentatif de la réalité hydroéconomique, et implique une approche de la gestion commune[423] entre les États riverains. Étant donné que ce concept prend en compte l'utilisation des ressources en eau et d'autres ressources liées et inclut autant les activités naturelles qu'humaines, il suppose donc une approche de gestion intégrée du bassin[424].

Pour ce qui est des différentes utilisations, l'Accord du Mékong présente dans l'article 1 une liste non exhaustive, qui inclut aussi bien l'irrigation, l'électricité hydraulique, la navigation, que la lutte contre les inondations, la pêche, le flottage du bois, la récréation et le tourisme.

Section 2. Les principes substantiels

L'article 4 concerne le principe de souveraineté et d'intégrité territoriale ; l'article 5 porte sur le principe de l'utilisation raisonnable et équitable. L'article 7 porte sur le principe de ne pas causer de dommages significatifs. L'article 8 spécifie la responsabilité de l'État[425].

---

422 Ou « bassin versant », qui, selon les *Règles d'Helsinki*, désigne un territoire délimité par les lignes de partage des eaux sur lequel toutes les eaux s'écoulent vers un même point appelé exutoire.

423 Il s'agit d'une gestion qui met l'accent sur la création d'institutions mixtes, facilitant la coopération transfrontière dans la gestion des ressources en eau communes.

424 La « gestion intégrée » sera expliquée dans la conclusion du présent chapitre.

425 L'article 8. State Responsibility for Damages:

> «Where harmful effects cause substantial damage to one or more riparians from the use of and/or discharge to waters of the Mekong River by any riparian State, the party(ies) concerned shall determine all relative factors, the cause, extent of damage and responsibility for damages caused by that State in conformity with the principles of international law relating to state responsibility, and to address and resolve all issues, differences and disputesin an amicable and

Le principe de coopération constitue le principe fondamental de l'Accord du Mékong. Le Chapitre I en confirme l'importance :

> Promote or assist in the promotion of interdependent sub-regional growth and cooperation among the community of Mekong nations, taking into account the regional benefits that could be derived and/or detriments that could be avoided or mitigated from activities within the Mekong River Basin undertaken by this framework of cooperation.

Le Chapitre III est sous-titré *Objectives and Principles of Cooperation*, dont l'article 1 (domaines de coopération) spécifie le champ d'application et l'objet du principe. Il est indiqué que l'objectif de la coopération est le suivant : « optimize the multiple-use and mutual benefits of all riparians and to minimize the harmful effects that might result from natural occurrences and man-made activities »[426]. L'emploi du mot « optimize » correspond au texte de la *Convention de New York*, qui vise à « parvenir à l'utilisation optimale et à la protection adéquate du cours d'eau international »[427]. Néanmoins, cette stipulation se distingue en incluant le principe de ne pas causer de dommages dans le principe de coopération, et la prévention des effets négatifs devient ainsi l'un des objectifs de la coopération dans le bassin.

L'article 2, sous-titré *Projects, Programs and Planning* porte sur le principe de la gestion intégrée des ressources en eau[428]. Selon cet article,

---

timely manner by peaceful means as provided in Articles 34 and 35 of this Agreement, and in conformity with the Charter of the United Nations. »

[426] L'article 1 de l'Accord du Mékong.

[427] L'article 8 de la *Convention de New York*.

[428] L'article 2. Projects, Programs and Planning: «To promote, support, cooperate and coordinate in the development of the full potential of sustainable benefits to all riparian States and the prevention of wasteful use of Mekong River Basin waters, with emphasis and preference on joint and/or basin-wide development projects and basin programs through the formulation of a basin development plan, that would be used to identify, categorize and prioritize the projects and programs to seek assistance for and to implement at the basin level. »

le plan du développement du bassin a pour but de mettre en valeur de façon durable l'immense potentiel économique, social et environnemental du bassin fluvial. Il est aussi nécessaire d'identifier et de classifier les projets, et de déterminer les priorités avant de les mettre en œuvre au niveau du bassin. Il s'agit donc d'un développement coopératif. Malgré cette stipulation explicite dans l'Accord du Mékong, il fallut attendre jusqu'en 2001 pour voir apparaître le premier *Basin Development Plan (BDP) Programme*[429], puis en 2008, le deuxième. En 2011, les États riverains firent un pas de plus en adoptant la première *Stratégie de développement du bassin.*

Section 3. Les règles procédurales

En expliquant la façon raisonnable et équitable d'utiliser les ressources en eau du bassin, l'article 5 intègre l'obligation de notification[430]. Quand il s'agit d'une utilisation « intra-bassin » ou d'un

[429]Mekong River Commission, Basin Development Plan Programme, en ligne: <http://www.mrcmekong.org/about-mrc/programmes/basin-development-plan-programme/>.

[430] L'article 5,

> « To utilize the waters of the Mekong River system in a reasonable and equitable manner in their respective territories, pursuant to all relevant factors and circumstances, the Rules for Water Utilization and Inter-basin Diversion provided for under Article 26 and the provisions of A and B below:
> A. On tributaries of the Mekong River, including Tonie Sap, intra-basin uses and inter-basin diversions shall be subject to notification to the Joint Committee.
> B. On the mainstream of the Mekong River:
> 1. During the wet season:
> a) Intra-basin use shall be subject to notification to the Joint Committee.
> b) Inter-basin diversion shall be subject to prior consultation, which aims at arriving at an agreement by the Joint Committee.
> 2. During the dry season:
> a) Intra-basin use shall be subject to prior consultation, which aims at arriving at an agreement by the Joint Committee.
> b) Any inter-basin diversion project shall be agreed upon by the Joint Committee through a specific agreement for each project prior to any proposed diversion. However, should there be a surplus quantity of water available in excess of the proposed uses of all

détournement « interbassin » sur les affluents du Mékong, il faut toujours notifier le Comité conjoint.

Quand il s'agit d'une utilisation ou d'un détournement du fleuve Mékong, selon la saison (sèche, humide ou d'inondation) et selon l'impact du projet en cause, il faut soit simplement notifier le Comité conjoint, soit procéder au préalable à une consultation du Comité conjoint pour parvenir à un consensus. En plus de l'obligation de notification et d'un accord préalable du Comité conjoint exigés dans l'Accord, les Parties ont adopté une série de protocoles qui spécifient différentes règles procédurales, y compris les procédures d'échange de données et d'informations, les procédures de surveillance de l'utilisation de l'eau et les procédures de notification, de consultation et d'accord préalables. Enfin, l'article 10 de l'Accord porte sur les procédures à suivre lors de cas d'urgence[431].

Section 4. Les arrangements institutionnels

En 1954, l'Accord de Genève, qui a consacré la pleine indépendance du Laos, du Cambodge et du Viêtnam, a enfin mis un terme à l'hostilité présente au sein du bassin. Son potentiel pour l'hydroélectricité et l'irrigation commençait à attirer l'attention des pays riverains.

En 1957, les experts juridiques de l'ECAFE[432] ont rédigé une règle de travail pour un comité de coordination, selon laquelle les représentants des pays d'aval devaient se rencontrer à Bangkok pour

---

parties in any dry season, verified and unanimously confirmed as such by the Joint Committee. an inter-basin diversion of the surplus could be made subject to prior consultation. »

431 L'article 10. Emergency Situations
« Whenever a Party becomes aware of any special water quantity or quality problems constituting an emergency that requires a immediate response, it shall notify and consult directly with the party(ies) concerned and the Joint Committee without delay in order to take appropriate remedial action. »

432 En 1947, l'ECAFE (United Nations Economic Commission for Asia and the Far East) est établie pour aider avec le développement économique du Sud-Est asiatique. Une étude menée par l'ECAFE en 1952 a fait remarquer le potentiel pour l'irrigation et l'électricité hydraulique du Mékong.

signer ensemble un statut[433] créant officiellement le Comité de coordination d'enquête des pays en aval (Committee for Coordination on the Lower Mekong Basin, aussi le Comité du Mékong). Conformément aux besoins immédiats du bassin, le Comité a donc pour vocation de « promote, coordinate, supervise, and control the planning and investigation of water resources development projects in the Lower Mekong Basin »[434].

Au lieu d'être un organe commun sur l'utilisation partagée des eaux du bassin, le Comité du Mékong fut, à l'époque, plutôt une organisation politique entre les États nouvellement indépendants de la France, ayant pour but principal de centraliser les données hydrauliques et de planifier le développement des aménagements hydrauliques. Pour l'ONU, cela représentait également son « first direct involvement in international river basin planning » et « one of the UN's earliest spin-offs »[435]. Au sens strict, le Comité du Mékong constituait un régime coopératif régional que l'ONU, le parrain, avait mis sur pied. Les Agents exécutifs du Comité étaient élus à partir du personnel de support du Programme des Nations Unies pour le développement (PNUD).

En 1975, les quatre États membres ont signé la *Déclaration conjointe des principes pour l'utilisation des eaux du bassin du Bas Mékong*[436], selon laquelle, « les eaux du fleuve sont une ressource d'intérêt

---

[433] ECAFE, *Statute for the Committee for Coordination of Investigations into the Lower Mekong Basin*, September 1957, voir en ligne: IEA database project <http://iea.uoregon.edu/pages/view_treaty.php?t=1957-StatuteLowerMekongBasinCommittee.AA19571031.EN.txt&par=view_treaty_html> ; voir aussi Christian Taillard, « Le Comité international du Mékong : du chemin de la réussite à celui de l'échec » dans *les Phénomènes de frontière dans les pays tropicaux : Table ronde organisée en l'honneur de Pierre Monbeig,* Paris, Éditions de l'IHEAL, 1981, 431, en ligne : Openedition Books <http://books.openedition.org/iheal/1453>.

[434] *Ibid,* l'article 4.

[435] Jeffrey W. Jacobs, « The Mekong River Commission: Transboundary Water Resources Planning and Regional Security» (2002) 168, *Geographical Journal* 354.

[436] *Joint Declaration of Principles for the Utilization of the Waters of the Lower Mekong Basin*, Cambodge, Lao, Viêt Nam, janvier 1975, en ligne: OCID <http://ocid.nacse.org/tfdd/tfdddocs/374ENG.pdf>.

commun, non susceptible d'une appropriation unilatérale par un État riverain, sans l'approbation préalable des autres États riverains par le biais du Comité » (article X). Ainsi, le droit de veto a été accordé aux États membres du Comité. Néanmoins, en raison de la précarité générale de la région dans les années 1960 et 1970[437], le travail du Comité n'a pas réellement porté ses fruits. La déclaration de 1975 n'a jamais été mise en place par les États.

Si le Comité du Mékong marque le jeune âge et l'adolescence de la coopération dans le bassin du Mékong, la Commission du Mékong représente probablement l'arrivée à maturité de la coopération institutionnelle des pays du bas Mékong.

En 1990, avec le retour du Cambodge aux négociations, le PNUD a établi un groupe de travail chargé d'étudier la possibilité de rétablir la collaboration au sein du bassin du Bas Mékong. En 1993, le groupe de travail a rédigé dans la réunion du groupe de travail l'Accord du Mékong créant la Commission du Mékong, soit le nouveau régime coopératif du bassin. En 1995, les quatre États (le Viêtnam, le Cambodge, le Laos et la Thaïlande) ont signé l'Accord du Mékong. La Chine et la Birmanie en sont les « partenaires » depuis 1996.

La Commission du Mékong est composée de trois organes : le Conseil ministériel, le Comité conjoint et le Secrétariat. Le Conseil ministériel, regroupant un représentant du ministère de chaque État riverain, constitue l'organe décisionnel qui supervise et dirige toutes les activités de la Commission. Il se charge également d'élaborer les plans et de prendre des décisions politiques. Le Comité conjoint, composé également d'un membre de chaque État, est chargé de préciser et de mettre en œuvre les projets du Conseil et de superviser les activités du Secrétariat. Ce dernier est responsable de la gestion des opérations quotidiennes et de la mise en pratique des projets de la Commission du Mékong. Pour que la neutralité soit assurée, le Secrétariat engage un

[437] La guerre du Viêtnam (1955-1975) et les conflits concernant le changement du régime politique qui suivent, surtout en 1975 (jusqu'à 1979) le Cambodge était dirigé par les Khmers Rouges, un gouvernement politique et militaire communiste radical.

nombre égal d'employés de chaque État membre, mais le chef du Secrétariat est de nationalité non riveraine[438].

Section 5. Le règlement des différends

Selon l'article 8 de l'Accord du Mékong, la responsabilité internationale d'une partie peut être engagée s'il est prouvé qu'il est l'auteur d'un préjudice substantiel. Le Chapitre V établit le régime de règlement des différends. Selon l'article 34 (Resolution by Mekong River Commission)[439], la conciliation de la Commission du Mékong constitue la procédure obligatoire préalable lorsqu'un différend surgit, tandis que l'article 35 (Resolution by Governments)[440] stipule les procédures à suivre lorsque la Commission ne réussit pas à résoudre le

---

[438] Taithe, *supra* note 422 à la p 91. Selon Taithe,

> « La MRC [Mekong River Commission] ne dispose pas de pouvoir de contrainte ou même de décision. Se elle conserve une certaine crédibilité aux yeux des acteurs internationaux, elle est progressivement marginalisée par les États d'amont du bassin. Les perspectives de développement durable du fleuve, affirmées par le MRC, correspondraient à une rhétorique de coopération indispensable pour obtenir des financements internationaux. »

[439] L'article 34. Resolution by Mekong River Commission

« Whenever any difference or dispute may arise between two or more parties to this

> Agreement regarding any matters covered by this Agreement and/or actions taken by the implementing organization through its various bodies, particularly as to the interpretations of the Agreement and the legal rights of the parties, the Commission shall first make every effort to resolve the issue as provided in Articles 18.C and 24.F. »

[440] L'article 35. Resolution by Governments

> « In the event the Commission is unable to resolve the difference or dispute within a timely manner, the issue shall be referred to the Governments to take cognizance of the matter for resolution by negotiation through diplomatic channels within a timely manner, and may communicate their decision to the Council for further proceedings as may be necessary to carry out such decision. Should the Governments find it necessary or beneficial to facilitate the resolution of the matter, they may, by mutual agreement, request the assistance of mediation through an entity or party mutually agreed upon, and thereafter to proceed according to the principles of international law. »

conflit[441]. Selon l'article 35, la Commission doit alors référer la question aux États concernés, qui peuvent entrer en négociation ou, s'ils le jugent nécessaire, demander l'intervention d'une tierce partie pour une médiation.

Les États riverains se montrent méfiants à l'égard d'un juge ou d'un arbitre international, parce que l'Accord ne mentionne nulle part la possibilité de porter plainte devant la Cour internationale de Justice ou la Cour permanente d'arbitrage. Par contre, le Conseil de la Commission du Mékong, composé de représentants des États riverains, est compétent pour entendre les différends qui lui sont soumis par un membre du Conseil, par le comité conjoint ou par un État membre (article 35).

Bilan

En conclusion, le régime coopératif défini dans l'Accord du Mékong constitue un mécanisme de communication dans lequel les États membres conservent l'intégrité de leur souveraineté.

Selon l'article 38[442], l'Accord du Mékong constitue principalement une convention-cadre multilatérale qui contient quelques ambiguïtés et

---

441 L'article 18. The functions of the Council:
« [...]
(C) To entertain, address and resolve issues, differences and disputes referred to it by any Council member, the Joint Committee, or any member State on matters arising under this Agreement. [...]
Article 24 The functions of Joint Committee:
[...]
(F) To address and make every effort to resolve issues and differences that may arise between regular sessions of the Council, referred to it by any Joint Committee member or member state on matters arising under this Agreement, and when necessary to refer the matter to the Council. [...]. »

442 L'article 38 Scope of agreement
« This Agreement shall consist of the Preamble and all provisions thereafter and amendments thereto, the Annexes, and all other agreements entered into by the Parties under this Agreement. Parties may enter into bi- or multi-lateral special agreements or arrangements for implementation and management of any programs

laisse certaines notions indéfinies de manière à ce que les États riverains aient une plus grande marge de manœuvre. Par rapport au Traité de l'Indus, l'Accord du Mékong a un champ d'application plus large. Au lieu d'employer la notion de cours d'eau qui implique « single-thread channels from headwaters to the sea »[443], l'emploi du terme bassin, au lieu du terme cours d'eau, permet aux États riverains d'adopter une approche intégrée et de disposer ainsi d'un organisme commun indépendant et actif. Néanmoins, ils ne font pas la moindre concession de leur souveraineté territoriale. L'absence de définition du mot « affluent » dans le texte indique une certaine position de la Commission concernant la planification et le développement des projets de plusieurs affluents du bassin[444].

Deuxièmement, le principe fondamental le plus important que les États doivent suivre est celui de la coopération. L'utilisation équitable et raisonnable ainsi que l'obligation de ne pas causer de dommages significatifs sont toutes deux subordonnées au principe de coopération. Néanmoins, ni la définition ni les règles procédurales de ce principe ne sont clairement décrites dans le texte[445]. Dans le contexte du Mékong, ce principe de coopération se traduit souvent par l'« esprit du Mékong »[446] qui met l'accent sur le principe de non-ingérence dans les affaires souveraines et montre une préférence aux procédures flexibles

---

and projects to be undertaken within the framework of this Agreement, which agreements shall not be in conflict with this Agreement and shall not confer any rights or obligations upon the parties not signatories thereto, except as otherwise conferred under this Agreement. »

443 J. V Ward et al., « Understanding Natural Patterns and Processes in River Corridors as the Basis for Effective River Restoration » (2001) 17:4-5, *Regulated Rivers: Research&Management* 311-323.

444 Voir Bennet Bearden, Alistair Rieu-Clarke et Sokhem Pech, « Mekong Basin » dans Flavia Rocha Loures et Alistair Rieu-Clarke, dir, *The UN Watercourses Convention in Force : Strengthening International Law for Ttransboundary Water Management*, Londres et New York, Routledge, 2013 à la p 184.

445 *Ibid* à la p 187.

446 Philip Hirsch, Kurt Mørck Jensen et coll., *National Interests and Transboundary Water Governance in the Mékong*, 2006 à la p 75, en ligne: University of Sydney <http://sydney.edu.au/mekong/documents/mekwatgov_mainreport.pdf>.

concernant le règlement des différends. Autrement dit, due à l'esprit politique de la région[447], la coopération dite dans le contexte du Mékong est très vague et mal interprétée, qui n'impose que très peu d'obligations réelles aux États membres.

Troisièmement, les règles procédurales ne sont pas assez clairement élaborées. Selon l'article 5 sur les affluents, seules les utilisations interbassin et les dérivations font l'objet de notification à la Commission, c'est-à-dire, tant que les projets restent à l'intérieur de leurs propres frontières, peu importe qu'il s'agisse d'un projet de dérivation ou de construction des barrages massifs, si les États souverains l'estiment nécessaire et économiquement praticable, ils peuvent alors le faire en toute légitimité, sans devoir notifier ni les autres États riverains ni la Commission du Mékong. Cela pourrait inciter les États membres à engager encore plus de projets sur les affluents situés à l'intérieur de leur territoire, puisqu'ils ne sont pas clairement définis dans l'Accord du Mékong et qu'aucune notification n'est donc obligatoire. Dans le but de mieux mettre en pratique l'Accord du Mékong, les États membres ont élaboré des « procédures » [448] . Malheureusement, sans force de loi, les « procédures » constituent plus des guides que des normes contraignantes qui peuvent servir à affirmer la force coercitive des dispositions de l'Accord du Mékong.

La Commission du Mékong n'a pas réellement joué le rôle de gestionnaire du bassin. La plupart de ses efforts sont centrés vers la collecte des données nécessaires et dans l'obtention d'aide financière. Les décisions de la Commission sont prises de façon consensuelle par les représentants envoyés par les États riverains. Avec le régime de la présidence tournante du Comité et cette prise de décision par consensus, tous les États membres souverains exercent une influence considérable sur le bon fonctionnement de la Commission. Il est donc difficile de qualifier cet organe pour un régime exerçant une autorité supranationale.

---

[447] *Ibid*, il s'agit d'une culture qui consiste à éviter et apaiser les conflits, à prendre des décisions de façon consensuelle et à préférer les moyens de règlements des différends par négociation.

[448] A savoir, la procédure de notification, la procédure de consultation, la procédure de l'accord préalable et la procédure du suivi de l'état des eaux, etc.

Dernièrement, avec l'accroissement démographique et le développement économique, la consommation de l'eau et la demande d'énergie augmentent rapidement dans les États d'amont, surtout en Chine. Ce n'est donc pas étonnant que la Chine et la Birmanie commencent à planifier la construction de plus de 15 barrages sur le cours supérieur du Mékong[449]. Cela représente sans doute un nouveau facteur d'incertitude dans le bassin fluvial.

Il ne faut pas non plus nier que la Commission du Mékong joue un rôle de plus en plus important dans la coordination des États pour la gestion intégrée du bassin[450]. Le plan de développement du bassin fait passer le Secrétariat du stade d'organe qui présente simplement les projets d'infrastructure aux sponsors, à celui d'organisation qui planifie le développement du bassin et qui a pour vocation de coordonner les États membres de la Commission. La phase 2 du plan de développement du Bassin a créé la stratégie de développement du bassin (SDB) [notre traduction][451]. Adoptée en 2011, la première SDB a mis en relief la façon de partager, d'utiliser, de gérer et de conserver les ressources en eau entre les quatre États membres de la Commission du Mékong[452]. La stratégie sera mise en pratique à travers le plan stratégique de la Commission (2011-2015) ; l'intégration du plan régional dans la planification nationale. Vice versa, les perspectives nationales seront également incorporées dans les futures stratégies régionales. Le régime coopératif du Mékong continue donc à avancer vers une coopération plus approfondie et mieux coordonnée.

---

449 Carl Middleton, Jelson Garcia et Tira Foran, « Old and New Hydropower Players in the Mekong Region: Agendas and Strategies » dans Franois Molle, Tira Foran et Mira Käkönen, dir, *Contested Waterscapes in the Mekong Region: Hydropower, Livelihoods and Governance,* Earthscan, 2012, 23.
450 Voir Vanessa Richard, *Le régime juridique de la gestion des cours d'eau internationaux en Asie (Asie centrale, du sud et du sud-est)*, Thèse de doctorat en droit, l'Université de droit d'économie et des sciences d'Axe-Marsaille III, 2004, à la p 260 [non publiée].
451 Voir MRC, *Integrated Water Resources Management-based Basin Development Strategy, 2011-2015,* en ligne : Mekong River Commission <http://www.mrcmekong.org/assets/Publications/strategies-workprog/BDP-Basin-Dev-Strategy-2013-Eng.pdf>.
452 *Ibid.*

Chapitre 3. La protection du Rhin

Mesurant environ 1 233 kilomètres[453], le Rhin est un des fleuves importants de l'Europe centrale et l'Europe de l'Ouest. Il traverse la Suisse, le Liechtenstein, l'Autriche, l'Allemagne, la France et même une petite partie de l'Italie, de la Belgique et du Luxembourg, avant de terminer sa course dans la mer du Nord, aux Pays-Bas.

La région rhénane, grâce partiellement à cette voie navigable qui compte parmi les plus fréquentées au monde, constitue l'une des régions les plus industrialisées. Néanmoins, les États riverains ont payé un prix très lourd pour cette prospérité. Les peuples riverains ont longtemps souffert de la pollution d'origine industrielle[454]. Pour établir une meilleure coopération hydrique, cinq ans après la Seconde Guerre mondiale les États riverains ont créé en 1955 la Commission internationale pour la protection du Rhin (la CIPR).

Le 29 avril 1963, l'Allemagne, la France, le Luxembourg, les Pays-Bas et la Suisse ont signé à Berne l'*Accord concernant la Commission internationale pour la protection du Rhin contre la Pollution*[455]. Cet Accord consistait à donner à la CIPR un statut juridique international, confirmant ainsi le cadre de coopération rhénane[456]. Ce document

---

[453] Voir Rhine, en ligne : Wikipedia < https://en.wikipedia.org/wiki/Rhine >.

[454] Voir Marc Wolfrom, « La pollution des eaux du Rhin» (1964) 10, *Annuaire français de droit international* 737.

[455] *Accord concernant la Commission internationale pour la Protection du Rhin contre la Pollution,* Allemagne, France, Luxembourg, Pays-Bas et Suisse, 29 avril 1963, en ligne : CIPR http://www.iksr.org/fileadmin/user_upload/Dokumente_de/Kommuniques/1963_Berner_Uebereinkommen_FR.pdf [*Convention de Berne*]

[456] *Décision du Conseil du 25 juillet 1977 portant conclusion de la convention relative à la protection du Rhin contre la pollution chimique et de l'accord additionnel à l'accord signé à Berne le 29 avril 1963 concernant la Commission internationale pour la protection du Rhin contre la pollution*, Doc.77/586/CEE, en ligne : Europa <http://eur-lex.europa.eu/legal-content/FR/TXT/?uri=CELEX:31977D0586>
La Commission a réuni la Suisse, la France, l'Allemagne, le Belge, les Pays-Bas et le Luxembourg, et en 1976, la signature de l'accord additionnel à l'accord signé à Berne le 29 avril 1963 concernant la Commission internationale pour la

devient ainsi la « Convention mère »[457] de la CIPR, puisqu'il prévoit l'établissement d'un secrétariat permanent indépendant[458]. Un an plus tard, un secrétariat est installé d'abord au Luxembourg puis à Coblence, en Allemagne. Il est chargé de centraliser et de diffuser les informations sur l'état du fleuve et sur l'évolution des différents problèmes écologiques rencontrés. La CIPR est désormais l'organe principal pour la protection du Rhin.

Malgré les efforts de la Commission, à la fin des années 1960, à cause de l'accroissement démographique et du développement industriel le long du fleuve, la qualité de l'eau est exécrable et n'a pas cessé depuis de se dégrader [459] . En 1969, un fût de 500 litres d'insecticide, déversé accidentellement en Allemagne, a engendré une forte pollution du fleuve sur près de 600 km, accompagnée d'une mortalité piscicole massive jusqu'aux Pays-Bas[460]. Répondant à la nécessité de contrôler la pollution, des États riverains ont adopté en 1976 deux conventions spéciales : la *Convention relative à la protection du Rhin contre la pollution par les chlorures*[461] et la

---

protection du Rhin contre la pollution a fait adhérer la Communauté économique européenne à l'Accord de Berne.

457 France, Assemblée nationale, Commission des affaires étrangères, *Rapport N° 3565 sur le projet de loi (n° 2880) autorisant l'approbation de la Convention pour la protection du Rhin* (30 janvier 2002) par Député Marc Reymann, en ligne : Assemblée générale de France
<http://www.assemblee-nationale.fr/11/rapports/r3565.asp>.

458 Voir dans l'article 8 et le protocole de signature.

459 Voir sur le site web de la Commission internationale pour la Protection du Rhin, en ligne : CIPR <http://www.iksr.org/index.php?id=385&L=1&Fsize=>.

460 *Ibid.*

461 *Convention relative à la protection du Rhin contre la pollution par les chlorures*, Communauté économique européenne, Allemagne, France, Luxembourg, Pays-Bas et Suisse, 3 décembre 1976, 1404 RTNU 68 (entrée en vigueur : 1avril 1984) [*Convention chlorure*].
Cette Convention a pour objectif de faire passer la teneur du Rhin en sel de 500 à 200 mg/l à la frontière germano-néerlandaise. Le taux élevé était notamment dû aux rejets des mines de potasse d'Alsace ; voir aussi l'*Affaire concernant des comptes entre le Royaume des Pays-Bas et la République française en application du Protocole du 25 septembre 1991 additionnel à la Convention relative à la protection du Rhin contre la pollution par les chlorures du 3 décembre 1976 (Pays-Bas c. France),* (12 mars 2004), Cour permanente d'arbitrage : tribunal

Convention relative à la protection du Rhin contre la pollution chimique[462], spécialisant ainsi les orientations de la CIPR[463].

Cette étroite coopération régionale porte ses fruits en 1977. La CIPR annonce, pour la première fois dans son histoire, que la qualité de l'eau s'est améliorée grâce aux premières mesures de dépollution[464]. Le taux d'oxygène augmente, la pollution organique et celle causée par les phénols commencent à baisser. En 1987, après l'accident de l'usine chimique de Sandoz, les États riverains ont adopté à Strasbourg un plan de sauvetage du fleuve, le *Programme d'action Rhin*. Mis en place par la CIPR, il prévoit une réduction d'émission des divers polluants[465]. Ce Programme d'action n'est toutefois pas juridiquement contraignant.

---

arbitral Pays-Bas-France, en ligne : CPA <http://www.pca-cpa.org/showpage.asp?pag_id=1221> [*Affaire chlorures*]

462 *Convention relative à la protection du Rhin contre la pollution chimique*, Communauté économique européenne, Allemagne, France, Luxembourg, Pays-Bas et Suisse, 3 décembre 1976, 1124 RTNU 386 (entrée en vigueur : 1er février 1979) [*Convention chimie*].

> « Dans la Convention chimie, les produits ou substances dangereux sont identifiés et inscrits sur une liste soit « noire » (Annexe I à la Convention) soit « grise ». Des taux maximums ont ainsi été fixés pour le cadmium, le mercure, etc. Pour tout rejet susceptible d'en contenir, une autorisation préalable doit être demandée auprès de l'organe national compétent. L'autorisation doit fixer des normes d'émission qui ne doivent pas dépasser les valeurs limites adoptées par les États membres de la Commission. Les substances moins dangereuses inscrites à l'Annexe II de la Convention doivent être réduites. A cet effet, chaque État contractant doit adopter une réglementation aux fins d'une limitation sévère ainsi qu'un programme de réduction de la pollution. »

Voir sur la site web de la Commission internationale pour la protection du Rhin, en ligne : CIPR <http://www.iksr.org/index.php?id=385&L=1&Fsize=>.

463 Voir Alexandre-Charles Kiss, « La protection du Rhin contre la pollution: état actuel de la question » (1977) 23 :1, *Annuaire français de droit international* 861.

464 Voir sur la site web de la Commission internationale pour la Protection du Rhin, en ligne : CIPR <http://www.iksr.org/index.php?id=385&L=1&Fsize=> .

465 Le programme a fixé les objectifs suivants pour l'horizon 2000 :

> « Les espèces piscicoles disparues, le saumon par ex., doivent être réimplantées dans le Rhin ; l'eau du Rhin doit pouvoir servir à l'approvisionnement en eau potable et les sédiments fluviaux

En 1999, l'Allemagne, la France, le Luxembourg, les Pays-Bas, la Suisse et la Communauté européenne ont signé à Berne la *Convention pour la protection du Rhin*[466], qui investit la CIPR de fonctions de plus en plus importantes. Cette Convention s'intègre parfaitement dans le cadre de la *Convention d'Helsinki* et de la *Directive 2000/60/CE du Parlement européen et du Conseil du 23 octobre 2000 établissant un cadre pour une politique communautaire dans le domaine de l'eau*[467].

Tableau 7 Protection juridique du Rhin

La protection juridique du Rhin	Articles correspondants	
	La Convention du Rhin	La Directive-cadre sur l'eau
Champ d'application	Article 2, Article 3	Article 1, 2, 3, 4, 5, 6,7, 12
Règles substantielles	Article 4	Préambule et Article 4

> doivent contenir moins de polluants. Pour ce faire, le programme prépare un minutieux inventaire des rejets de 1985 par produit, par pays et par catégorie de pollueurs. Dix-huit substances toxiques forment alors la première « liste prioritaire ». L'objectif est de réduire au moins de 50 % leur teneur dans le fleuve. La barre est placée à 70 % pour le cadmium et le mercure, à 100 % pour les PCB. »

Voir en ligne : CIPR <http://www.iksr.org/index.php?id=258&L=1&pdfPage=5>; voir aussi Antoine Latham, « Dix ans pour rendre le Rhin buvable », *les Échos* (3 avril 1991) en ligne: les Echos.fr <http://www.lesechos.fr/03/04/1991/LesEchos/15861-135-ECH_dix-ans-pour-rendre-le-rhin-buvable.htm>.

[466] *Convention pour la protection du Rhin*, *supra* note 83. Selon l'article 19 de la Convention :

> « L'Accord du 29 avril 1963 concernant la Commission internationale pour la Protection du Rhin contre la pollution, l'Accord additionnel du 3 décembre 1976 à l'Accord du 29 avril 1963 concernant la Commission internationale pour la Protection du Rhin contre la pollution et la Convention du 3 décembre 1976 relative à la protection du Rhin contre la pollution chimique sont abrogées à l'entrée en vigueur de la Convention de 1999. »

[467] CE, *Directive 2000/60/CE du Parlement européen et du Conseil du 23 octobre 2000 établissant un cadre pour une politique communautaire dans le domaine de l'eau*, [2000] JO, L 327 [*Directive-cadre sur l'eau*].

Règles procédurales	Article 5	Article 8, 11, 13, 14, 15, 16, 17
Arrangements institutionnels	Article 6, 7, 8, 9, 10,11, 12.	Article 24
Règlement des différends	Article 16	Article 23

La directive-cadre sur l'eau de 2000 représente un instrument juridique plus englobant. Elle est complétée par d'autres instruments législatifs européens spécifiques : la *Directive 2008/105/CE du 16/12/08 établissant des normes de qualité environnementale dans le domaine de l'eau* (2008)[468] ; la *Directive 2008/56/CE du Parlement européen et du Conseil du 17 juin 2008 établissant un cadre d'action communautaire dans le domaine de la politique pour le milieu marin* (2008)[469], la *Directive 2007/60/CE du Parlement européen et du Conseil du 23 octobre 2007 relative à l'évaluation et à la gestion des risques d'inondation* (2007)[470] ; la *Directive 2006/118/CE du Parlement européen et du Conseil du 12 décembre 2006 sur la protection des eaux souterraines contre la pollution et la détérioration* (2006)[471] ; la *Directive européenne 2006/7/CE du Parlement européen et du Conseil concernant la gestion de la qualité des* eaux *de baignade et abrogeant la directive 76/160/CEE* (2006)[472] ; la *Directive 98/83/CE du 03/11/98 relative à la qualité des eaux destinées à la consommation*

[468] CE, *Directive 2008/105/CE du 16/12/08 établissant des normes de qualité environnementale dans le domaine de l'eau,* [2008] JO, L 348 [*Directive normes de qualité environnementale*].

[469] CE, *Directive 2008/56/CE du Parlement européen et du Conseil du 17 juin 2008 établissant un cadre d'action communautaire dans le domaine de la politique pour le milieu marin,*[2008]JO, L 157 [*Directive-cadre « stratégie pour le milieu marin »*].

[470] CE, *Directive 2007/60/CE du Parlement européen et du Conseil du 23 octobre 2007 relative à l'évaluation et à la gestion des risques d'inondation,* [2007] JO, L 279 [*Directive « inondation» (2007)*].

[471] CE, *Directive 2006/118/CE du Parlement européen et du Conseil, du 12 décembre 2006, sur la protection des eaux souterraines contre la pollution et la détérioration,* [2006] JO, L 182/52 [*Directive « eaux souterraines »*].

[472] CE, *Directive Européenne 2006/7/CE du Parlement européen et du Conseil concernant la gestion de la qualité des* eaux *de baignade et abrogeant la directive 76/160/CEE,* [2006] JO, L 64 [*Directive « Eaux de baignade »*].

humaine (1998)[473] ; la *Directive 91/271 du 21/05/91 relative au traitement des eaux urbaines résiduaires* (1991) [474] et la *Directive 91/676/CEE du Conseil du 12 décembre 1991 concernant la protection des eaux contre la pollution par les nitrates à partir de sources agricoles* (1991)[475].

Section 1. Le champ d'application

La Convention pour la protection du Rhin s'applique non seulement aux « cours d'eau » du Rhin, comme il est défini dans la *Convention de New York*, mais aussi au « bassin versant du Rhin » quand il s'agit du contrôle de la pollution ou de la prévention des crues et de la protection contre les inondations[476].

Quant à son champ d'application concernant les utilisations, le premier et principal objectif est d'assurer le « développement durable de l'écosystème du Rhin ». L'article 3 en donne une définition exhaustive comportant six thèmes : l'amélioration de la qualité des eaux (contrôle des polluants d'origine ponctuelle et d'origine diffuse, pollution provenant des eaux souterraines ou de la navigation et

---

[473] CE, *Directive 98/83/CE du 03/11/98 relative à la qualité des eaux destinées à la consommation humaine,* [1998] JO, L 330 [*Directive « Eau potable »*].

[474] CE, *Directive 91/271 du 21/05/91 relative au traitement des eaux urbaines résiduaires,* [1991] JO, L 135 [*Directive « Eaux résiduaires urbaines »*].

[475] CE, *Directive 91/676/CEE du Conseil du 12 décembre 1991 concernant la protection des eaux contre la pollution par les nitrates à partir de sources agricoles,* [1991] JO, L 375 [*Directive nitrates*].

[476] L'article 2 de la Convention pour la protection du Rhin (Champ d'application) :

> « a) le Rhin ;
> b) les eaux souterraines en interaction avec le Rhin ;
> c) les écosystèmes aquatiques et terrestres en interaction avec le Rhin ou dont les interactions avec le Rhin pourraient être rétablies ;
> d) le bassin versant du Rhin, dans la mesure où la pollution qui y est causée par des substances a des effets dommageables sur le Rhin ;
> e) le bassin versant du Rhin lorsqu'il a un rôle important dans la prévention des crues et la protection contre les inondations le long du Rhin ».

l'amélioration de la sécurité des installations); la protection des écosystèmes aquatiques et terrestres (la population d'organismes vivants et la diversité des espèces, les habitats naturels de la faune et de la flore, etc.) ; la restauration de la fonction naturelle des eaux ; la gestion respectueuse de l'environnement des ressources en eau ainsi que la prise en compte des exigences écologiques lors des opérations d'aménagement du cours d'eau [477]. Les autres objectifs de la Convention concernent la production d'eau portable et la qualité des sédiments, les crues et les inondations, et l'assainissement de la mer du Nord. Cela représente évidemment un champ d'application beaucoup plus large que l'accord de 1963 qui concernait la seule protection des eaux du Rhin. Avec la nouvelle convention, il s'agit plutôt d'une gestion intégrée du bassin fluvial.

Récemment, le programme « Rhin 2020 » a fixé les objectifs pour le développement durable du Rhin pour les 20 prochaines années dans les milieux qui suivent : l'amélioration de l'écosystème, la protection des eaux souterraines, la prévention des inondations et le contrôle de la qualité de l'eau[478].

Section 2. Les règles substantielles

L'article 4 de la Convention dresse une liste assez exhaustive des principes à respecter dans les pratiques des États riverains :

> Principe de précaution[479] ; principe d'action préventive ; principe de la correction, par priorité à la source[480] ; principe

[477] Voir l'article 3 de la Convention (objectifs).

[478] Voir le site de la Commission internationale pour la protection du Rhin, en ligne : CIPR http://www.iksr.org/fr/cooperation-internationale/rhin-2020/index.html.

[479] Le principe de précaution, selon lequel l'absence de certitudes, compte tenu des connaissances scientifiques et techniques du moment, ne doit pas retarder l'adoption de mesures effectives et proportionnées visant à prévenir un risque de dommages graves et irréversibles à l'environnement à un coût économiquement acceptable.

[480] Selon la Code de l'environnement de la France, Article L.110-1, « [l] e principe d'action préventive et de correction, par priorité à la source, des

du pollueur-payeur ; principe de la non-augmentation des nuisances ; principe de la compensation en cas d'interventions techniques majeures ; principe du développement durable ; application et développement de l'état de la technique et de la meilleure pratique environnementale ; principe de non-transfert de pollutions de l'environnement d'un milieu à un autre[481].

Ces principes nous rappellent sans doute le principe de ne pas causer de dommages défini dans la *Convention de New York*. Ils précisent non seulement que l'utilisation d'un cours d'eau international à l'intérieur du territoire ne doit pas causer de dommages significatifs aux autres États du cours d'eau, mais aussi les conséquences d'éventuels dommages, soit la responsabilité de l'État auteur du dommage d'éliminer ou d'atténuer ces dommages ou de payer des indemnisations. À noter que tous les principes mettent principalement l'accent sur le contrôle de la qualité de l'eau et que la répartition de la quantité de l'eau, dans le contexte du Rhin, constitue une question secondaire.

Nous pouvons également constater que les principes de la Convention du Rhin sont beaucoup plus précis que ceux de la *Convention de New York* et qu'ils demandent ainsi une coopération plus

---

atteintes à l'environnement, en utilisant les meilleures techniques disponibles à un coût économiquement acceptable ».

[481] Cette stipulation fait en effet écho à l'article 174 du Traité de Rome, selon lequel :

> « La politique de la Communauté dans le domaine de l'environnement vise un niveau de protection élevé, en tenant compte de la diversité des situations dans les différentes régions de la Communauté. Elle est fondée sur le principe de précaution et d'action préventive, sur le principe de la correction, par priorité à la source, des atteintes à l'environnement et sur le principe du pollueur-payeur. »

L'article 6 du même traité prévoit par ailleurs ceci :

> « Les exigences de la protection de l'environnement doivent être intégrées dans la définition et la mise en œuvre des politiques et actions de la Communauté (...) en particulier afin de promouvoir un développement durable. »

approfondie des États du bassin. Ils exigent une coordination des plans de développement nationaux et même des législations nationales.

Par exemple, le principe d'action préventive et celui de la correction à la source (souvent mis ensemble) requièrent la mise en œuvre d'un certain nombre de mesures d'application non seulement au niveau interétatique (l'évaluation des conséquences des projets de travaux et ouvrages pour l'environnement et pour la santé, l'obligation de notification, la communication d'information, etc.), mais aussi des obligations imposées par le droit national (l'autorisation et la réduction à la source de l'émission de pollution). Le principe du pollueur-payeur, faisant valoir l'éventuelle responsabilité des entreprises privées qui prennent une importance grandissante dans la protection de l'environnement international, ne constitue pas non plus un principe qui pourrait être concrétisé sans l'engagement en droit national, car un suivi d'émission des polluants des entreprises privées est indispensable pour la mise en application de ce principe.

Tout compte fait, la mise en place des règles substantielles mentionnées dans la Convention relève plutôt de la compétence nationale des États contractants. Ainsi, il faut que les États fassent preuve d'une réelle volonté de coopérer et de mettre en œuvre sur leur propre territoire ce qui est décidé conjointement. L'intervention de l'UE constitue dans ce cas une condition avantageuse pour la gestion commune et coordonnée du bassin rhénan. Les actes juridiques de l'Union européenne qui ont une force contraignante et qui intègrent les règles de la Convention du Rhin aident à assurer la conformité aux règles substantielles.

Section 3. Les règles procédurales

Dans la Convention de 1999, l'article 5 présente une liste exhaustive des obligations procédurales que les États contractants doivent respecter : l'obligation de coopérer et d'échanger des informations ; l'obligation de mettre en œuvre les mesures internationales et les études de l'écosystème du Rhin décidées par la Commission et d'informer la Commission de leurs résultats ; l'obligation d'identifier les causes et les responsables de la pollution ; l'obligation de mettre en œuvre les décisions de la Commission ainsi que l'obligation d'« avertir sans retard, en cas d'incidents ou accidents dont les effets pourraient présenter un risque pour la qualité des eaux du Rhin ou en cas de crues imminentes, la Commission et les Parties contractantes susceptibles d'en être affectées » (article 5) et l'obligation de soumettre le rejet d'eaux usées susceptibles d'avoir un impact sur la qualité des eaux à une autorisation ou à une réglementation générale où sont fixées des limites d'émissions ; l'obligation de réduire progressivement les rejets de substances dangereuses, de surveiller le respect des autorisations ou des réglementations générales ainsi que le rejet ; l'obligation de vérifier et d'adapter périodiquement les autorisations ou les réglementations ; l'obligation de réduire le plus possible, par le biais de réglementations, les risques de pollution due à des incidents ou accidents, de prendre les dispositions requises en cas d'urgence, de soumettre les interventions techniques susceptibles de porter gravement atteintes à l'écosystème à une autorisation ou à une réglementation générale. L'échange des informations concernant les projets envisagés ou en cas d'urgence constitue, sans aucun doute, une condition indispensable à toute coopération réussie.

Dans le contexte de la Convention de Berne, les États contractants ont tout d'abord l'obligation de présenter régulièrement un rapport à la Commission sur les mesures législatives et réglementaires qu'ils ont prises pour mettre en place les décisions de la CIPR. La CIPR est tenue de publier un bilan annuel renseignant les États riverains ainsi que le grand public sur l'état du Rhin et les résultats de ses travaux.

En cas d'urgence, les États ont aussi l'obligation d'avertir la Commission et les États susceptibles d'être affectés. Pour ce faire, ils doivent procéder selon les plans d'avertissement et d'alerte coordonnés par la CIPR.

Faisant écho à sa façon d'appliquer les règles substantielles, la Convention met l'accent sur l'obligation de la mise en œuvre, par les États riverains, de mesures coopératives de nature procédurale à l'intérieur de leur propre territoire. Le double système juridique de l'Europe permet la mise en œuvre des règles susmentionnées. Selon l'article 288 *traité sur le fonctionnement de l'UE*[482], les directives fixent des objectifs à tous les pays de l'UE, mais laissent à chacun le choix des moyens pour les atteindre[483]. Les directives de l'UE sont pourtant contraignantes. S'ils manquent à les transposer dans les délais requis, les États membres feront l'objet d'une amende importante[484]. La Convention, néanmoins, n'a pas l'intention de rendre obligatoire la mise en œuvre absolue de toutes les décisions de la Commission. Dans l'article 11, la Convention stipule que si une Partie ne peut mettre en œuvre les décisions de la Commission, que ce soit partiellement ou entièrement, elle a l'obligation d'en faire rapport et d'en présenter les raisons dans les délais requis. C'est à la Commission qu'il revient de décider « que soient engagées des actions en vue de promouvoir l'application des décisions » (article 11.4). Dans ce contexte, la Directive-cadre sur l'eau adoptée par l'UE en 2000, joue un rôle important pour imposer des règles.

Section 4. Les arrangements institutionnels

Comme nous l'avons mentionné précédemment, la Commission internationale pour la protection du Rhin (CIPR) a été établie cinq ans

---

[482] *Traité sur le fonctionnement de l'Union européenne* dans *Version consolidée du traité sur l'Union européenne et le traité sur le fonctionnement de l'Union européenne Charte des droits fondamentaux*, Luxembourg, Union européenne, 2010 [*Traité de Rome*].

[483] Voir l'article 288 du Traité de Rome, selon lequel « [l] a directive lie tout État membre destinataire quant au résultat à atteindre, tout en laissant aux instances nationales la compétence quant à la forme et aux moyens. »

[484] Voir l'article 260 du Traité de Rome, selon lequel,

> « [l] orsque la Commission saisit la Cour d'un recours en vertu de l'article 258, estimant que l'état membre concerné a manqué à son obligation de communiquer des mesures de transposition d'une directive adoptée conformément à une procédure législative, elle peut, lorsqu'elle le considère approprié, indiquer le montant d'une somme forfaitaire ou d'une astreinte à payer par cet état, qu'elle estime adapté aux circonstances.
>
> Si la Cour constate le manquement, elle peut infliger à l'état membre concerné le paiement d'une somme forfaitaire ou d'une astreinte dans la limite du montant indiqué par la Commission. L'obligation de paiement prend effet à la date fixée par la Cour dans son arrêt. »

après la Seconde Guerre mondiale. Elle avait à l'époque pour simple vocation de mener des recherches concernant l'origine des pollutions et de proposer des contre-mesures aux gouvernements contractants[485]. En 1999, l'adoption de la nouvelle convention a remarquablement étendu son mandat.

Fonctions

En 1950, lors de la création de la CIPR, celle-ci n'était qu'un cadre coopératif de recherche scientifique. Elle a d'abord consacré ses efforts aux études sur la source des chlorures dans le fleuve. Mais dans les années 1960, les États riverains ont décidé d'élargir le mandat de la Commission. Dans l'Accord de Berne de 1963, la CIPR n'est plus un simple cadre de recherche, elle devient une organisation régionale qui se dote d'un secrétariat et qui coordonne des études concernant les causes des pollutions pour proposer des contre-mesures et préparer de futures négociations.

La Convention investit la CIPR de fonctions élargies en incluant de nouveaux domaines d'activités : les études de l'écosystème, la création du système d'avertissement et d'alerte, la prévention des inondations, la proposition des mesures à prendre et l'évaluation des actions décidées ainsi que la préparation des rapports permettant aux publics l'accès à l'information[486].

---

[485] L'article 2 de l'Accord concernant la Commission internationale pour la protection du Rhin contre la Pollution signé le 29 avril 1963:

> « a) préparer, faire effectuer toutes les recherches nécessaires pour déterminer la nature, l'importance et l'origine des pollutions du Rhin et exploiter les résultats de ces recherches ;
> b) proposer aux Gouvernements signataires les mesures susceptibles de protéger le Rhin contre la pollution ;
> c) préparer les éléments d'éventuels arrangements entre les Gouvernements signataires concernant la protection des eaux du Rhin. »

[486] Selon l'article 8 :

> « a) elle prépare les programmes internationaux de mesure et les études de l'écosystème du Rhin et en exploite les résultats en coopération, si nécessaire, avec des institutions scientifiques ;
> b) elle élabore des propositions d'actions individuelles et de programmes d'actions en y intégrant éventuellement des instruments économiques et en tenant compte des coûts attendus ;

Composition

L'article 7 porte sur la composition de la Commission. Selon cet article, chaque partie contractante doit envoyer une délégation. La présidence de la CIPR est assurée pour trois ans et de manière successive, par chaque délégation. La délégation qui assume la présidence désigne le président de la Commission. Celui-ci n'intervient pas comme porte-parole de sa délégation, mais représente la Commission. L'Assemblée plénière ordinaire de la Commission se réunit une fois par an sur convocation du président ; l'Assemblée plénière extraordinaire est convoquée à l'initiative du président ou à la demande d'au moins deux délégations.

Depuis 1972, les conférences ministérielles sont organisées régulièrement par les États riverains. La plus récente s'est déroulée le 28 octobre 2013, à Bâle[487]. Les conférences régulières ont pour objectif de fixer les tâches à accomplir par la CIPR et par les Parties contractantes. Les décisions de la Conférence ministérielle sont contraignantes[488]. Afin de s'assurer de la mise en œuvre, par les États membres, des règles de la Convention, la CIPR a aussi créé des groupes de stratégie[489] ainsi que le Comité de coordination[490].

---

c) elle coordonne les plans d'avertissement et d'alerte des États contractants sur le Rhin ;

d) elle évalue l'efficacité des actions décidées, notamment sur la base des rapports des Parties contractantes et des résultats des programmes de mesure et des études de l'écosystème du Rhin ;

e) elle remplit d'autres tâches qui lui sont confiées par les Parties contractantes. »

[487] Commission internationale pour la protection du Rhin, « 15e Conférence ministérielle sur le Rhin», communiqué (28 octobre 2013), en ligne : CIPR http://www.iksr.org/index.php?id=27&L=1&ignoreMobile=1http%3A%2F%2F www.iksr.org%2Findex.php.

[488] CIPR, Conference of ministers, voir en ligne :<http://www.iksr.org/index.php?id=27&L=3>

[489] Voir Règlement intérieur et financier de la CIPR, en ligne : CIPR <http://www.iksr.org/fileadmin/user_upload/Dokumente_fr/R%C3%A8glement CIPR_f_30.06.10.pdf>.

[490] Voir Erik Mostert, « International Cooperation on Rhine Water Quality 1945–2008: An Example to Follow? », en ligne : ICPR <http://www.iksr.org/>.

« La Directive-cadre de l'eau de l'UE pose de grands défis pour le régime coopératif existant du Rhin. La directive est de nature

La prise de décisions et la mise en œuvre

Les décisions de la Commission sont prises à l'unanimité. Chaque délégation a une voix. L'abstention d'une seule délégation ne fait pas obstacle à l'unanimité. La Convention n'impose pas seulement à la Commission des règles pour la prise de décision, mais aussi, dans l'article 11, des règles pour la mise en œuvre des décisions prises.

Cependant, la Commission n'est pas une autorité totalement indépendante qui est investie du pouvoir d'imposer ses décisions. Selon l'article 11, si une partie contractante ne peut mettre en œuvre les décisions de la Commission dans leur ensemble ou en partie, elle en fait rapport dans un délai précis et présente ses raisons. Toute délégation peut déposer une demande de consultation à laquelle il doit être donné suite dans un délai de deux mois. Sur la base des rapports des parties ou des consultations, la Commission peut décider que soient engagées des actions en vue de promouvoir l'application des décisions. La Commission établit une liste de ses décisions adressées aux Parties contractantes. Les Parties contractantes ont l'obligation de répondre annuellement en actualisant l'avancement de la mise en œuvre des

---

contraignante destinée à être transposée par les membres de l'UE en droit national dans un délai fixé. Avec deux États contractants non-UE (Suisse et Liechtenstein) et quatre États du bassin versant qui ne font pas partie de la Commission (Belgique, Autriche, Italie, Liechtenstein), la coordination des actions des États subordonnés aux autorités représente un problème épineux. La Convention de Berne n'a pas non plus proposé une solution valable. En vue de faciliter la coordination internationale dans ce contexte, la Conférence ministérielle de 2001 décide d'établir le Comité de Coordination. »

Selon le *Règlement intérieur et financier de la coopération entre la Commission internationale pour la Protection du Rhin (CIPR) et le Comité de Coordination Rhin (CC)*, le CC se compose des gouvernements des États contractants à la CIPR (République fédérale d'Allemagne, France, Grand-Duché du Luxembourg, Royaume des Pays-Bas et Confédération helvétique) ainsi que des gouvernements de la République d'Autriche, de la Principauté du Liechtenstein, de la Région Wallonne et l'Italie. L'Assemblée plénière annuelle de la CIPR, qui est l'organe décisionnel de la CIPR, et le Comité de Coordination Rhin siègent en commun en réunion PLEN-CC. Les décisions fixées en réunion commune PLEN-CC sont prises à l'unanimité.

décisions de la Commission. Ces décisions adressées aux Parties contractantes le sont sous forme de « recommandations » qui ne sont pas contraignantes.

Section 5. Le règlement des différends[491]

L'article 16 instaure un mécanisme de règlement des différends. Si un différend ne peut être réglé par la négociation ou toute autre méthode acceptée par les parties, elles peuvent le soumettre à l'arbitrage dont la procédure est décrite en annexe à la Convention[492]. Par exemple, en 2000, dans l'*Affaire portant sur le montant à rembourser par la France aux Pays-Bas conformément à l'apurement définitif des comptes*, la France et les Pays-Bas ont constitué le tribunal arbitral Pays-Bas-France[493].

Bilan

Tout compte fait, la Commission pour la protection du Rhin joue un rôle de coordinatrice dans la coopération rhénane. Elle réunit et organise tous les éléments pour qu'ils fonctionnent ensemble de façon efficace. D'un côté, elle sert de plateforme de discussions et de négociations, comme la Commission permanente de l'Indus et la Commission du Mékong. La convocation des conférences interministérielles permet aux États riverains d'échanger leurs opinions sur l'utilisation, le développement et la protection du Rhin, et permet ainsi d'éviter et de résoudre les conflits. D'un autre côté, la Commission

---

[491] Article 16 Règlement des différends

« 1. En cas de différend entre des Parties contractantes quant à l'interprétation ou à l'application de la Convention, ces Parties recherchent une solution par voie de négociation ou par toute autre méthode de règlement des différends qu'elles jugent acceptable.

2. Si le différend ne peut être réglé de cette façon, il est, sauf si les parties au différend en disposent autrement, soumis, à la requête de l'une d'entre elles, à l'arbitrage conformément aux dispositions de l'annexe de la présente Convention, qui est partie intégrante de cette Convention. »

[492] La Convention chlorure a inscrit la même procédure d'arbitrage dans l'annexe B.

[493] Affaire chlorures, *supra* note 374, au para.5.

prépare des propositions sur des mesures à prendre, supervise leur mise en œuvre et coordonne les actions prises par les États contractants. Quand elle joue le rôle de coordinatrice, la Commission doit considérer l'intérêt commun du bassin versant en équilibrant de façon raisonnable et équitable les intérêts de chaque État. Ce régime de coordination favorise des dialogues dynamiques et des échanges réciproques entre les États. L'État perdant dans un domaine peut probablement gagner bien plus dans un autre champ d'activité, et vice versa. Un équilibrage dynamique, qui garantit le développement durable du bassin versant, est ainsi établi dans la relation gagnant-gagnant entre les États riverains.

Si la CIPR représente l'organe spécial coordonnant la gestion du Rhin, la Commission européenne constitue un autre organe de coordination situé plus haut dans la hiérarchie administrative. L'article 10 paragraphe 3 de la Convention pour la protection du Rhin stipule que :

> Si des actions à mettre en œuvre par les Parties contractantes conformément à l'article 8 paragraphe 1 alinéa b relèvent de la compétence de la Communauté européenne, cette dernière exerce son droit de vote avec un nombre de voix égal au nombre de ses États membres qui sont Parties contractantes à la présente Convention, nonobstant le paragraphe 2. La Communauté européenne n'exerce pas son droit de vote dans les cas où ses États membres exercent le leur et réciproquement.

La Commission européenne (CE) joue en effet un rôle indispensable dans la gestion du Rhin. Le renforcement de la coopération transfrontière a longtemps été l'une des vocations principales de la CE. En 1990, la CE a lancé le projet INTERREG[494] qui a pour but de

---

[494] Connu aussi sous le nom de « European Territorial Cooperation » qui est en réalité un programme de financement. Ce projet a été prolongé par INTERREG II, III et IV, en 2014, la CE a lancé un nouvel INTERREG V qui s'achèvera en 2020. Voir Commission européenne, *Structural Policies and European Territory Cooperation without Frontiers*, 2002, en ligne: Commission européenne <http://ec.europa.eu/regional_policy/archive/interreg3/documents/cooperation_en.pdf>.

promouvoir la coopération des régions frontalières et le développement de solutions communes dans les divers domaines d'urbanisation et dans la protection de l'environnement. Le projet INTERREG a « facilité la mise en place de procédures et d'institutions qui ont permis, directement ou indirectement, l'amélioration de la gestion transfrontière »[495].

Ce double système de contrôle constitue aussi un facteur institutionnel très particulier dans le contexte du bassin versant du Rhin. Il est bien évident que par l'efficacité de ses actes juridiques, sans pareil en dehors des États européens, l'UE peut intensifier l'effet des règles internationales, voire en accélérer la mise en œuvre[496]. La Directive-cadre de l'eau accorde sans aucun doute un aspect contraignant aux recommandations de la CIPR[497]. Les directives de l'UE sont adoptées par le Conseil des ministres à la majorité qualifiée. Ainsi, les oppositions minoritaires seront rejetées. Avec sa procédure stricte de conformité, l'Union européenne joue un rôle central dans la protection de l'environnement et ainsi dans la gestion des eaux de l'Europe.

Chapitre 4. Le fleuve Sénégal

Le fleuve Sénégal, situé dans la partie ouest de l'Afrique, parcourt 1 800 km et traverse la Guinée, le Mali, la Mauritanie et le Sénégal. Il nourrit un bassin dominé par un climat subsaharien désertique et est ainsi très touché par la sécheresse et les famines. Le Mali, la Mauritanie, la Guinée et le Sénégal ont créé en 1963 l'Organisation des États riverains du fleuve Sénégal, dont l'objectif principal était à l'époque de

[495] Renaud Amélie, « Gestion transfrontière des fleuves en Europe » (2007) à la p 7, en ligne : <https://www.agroparistech.fr/IMG/pdf/Renaud.pdf>.
[496] Allexandre Kiss et Margaret Brusasco-Mackenzie, « Les relations extérieures de la Communauté européenne en matière de protection de l'environnement » (1989) 35, *Annuaire français de droit international* 702 à la p 710.
[497] Selon les articles 258 et 260 du Traité sur le fonctionnement de l'Union européenne (ex-article 226 et 228 TCE), si la Commission estime qu'un État membre a manqué à l'obligation de transposer les directives de l'UE, elle peut saisir la Cour de justice de l'Union européenne. La Cour de justice de l'Union européenne, estimant que l'État membre concerné a manqué à son obligation de communiquer des mesures de transposition d'une directive, peut imposer le « paiement d'une somme forfaitaire » ou « d'une astreinte » aux États.

rendre possible l'irrigation des terres agricoles[498], puis en 1972, l'Organisation pour la mise en valeur du fleuve Sénégal (OMVS). À cause de tensions politiques, la Guinée s'est retirée de l'organisme commun. En 2006, elle a adhéré à la OMVS[499] qui est souvent présentée comme une gestion de bassin de référence. Trois conventions multilatérales ont posé la pierre angulaire pour la coopération dans le bassin.

Tableau 8 Protection juridique du fleuve Sénégal

	Convention Statut	Convention OMVS	Convention ouvrages communs	Charte des eaux
Champ d'application	Article1, Article 4,			Article 3, Article 16
Règles substantielles	Article 2, Article 3		Article 1, Article 2, Article 11,	Les Articles 4, 5, 6, 7,8,9, 10
Règles procédurales	Article 4		Article 12	Les Articles 4, 10, 11,13, 17, 24-26.
Arrangements institutionnels	Article 11, Article 12	26 articles de la Convention OMVS		Les Articles 10, 11, 19-23,
Règlement des différends	Article 18			Article 30

[498] Martin Kipping, « Conflits et coopération liés à l'eau du fleuve Sénégal » (2005) 80 : 4, *Géocarrefour* 335.
[499]Note sur le processus d'adhésion de la République de Guinée à l'OMVS, en ligne: OMVS <http://cda.portail-omvs.org/sites/cda.portail-omvs.org/files/sites/default/files/fichiers_joint/fe10900.pdf>.

***Convention portant création de l'organisation pour la mise en valeur du fleuve Sénégal*[500] (1972)**

La Convention Statut déclare que le fleuve Sénégal constitue un « fleuve international » et assure désormais aux États riverains la libre navigation sur le fleuve ainsi que l'accès légal au fleuve. La même Convention stipule aussi que l'accord des États riverains est exigé quand il s'agit de mesures projetées susceptibles de modifier l'état du fleuve ou l'exploitation industrielle et agricole le long du fleuve.

***Charte des eaux du fleuve Sénégal*[501] (2002)**

En 2002, les États riverains ont adopté la Charte des eaux qui a pour objectif principal de « fixer les principes et les modalités de la répartition des eaux du fleuve Sénégal entre les différents secteurs d'utilisation »[502]. S'il est vrai que les efforts faits dans les années 70 ont porté leurs fruits, on ne peut toutefois pas nier qu'il existe un déséquilibre remarquable entre les usages. Les enjeux environnementaux et sanitaires n'ont pas reçu assez d'attention en comparaison de l'irrigation pour l'agriculture, de la production d'énergie et de la navigabilité du cours d'eau. La qualité de l'eau et la protection d'environnement représentent deux nouvelles préoccupations de la Charte. La Charte définit aussi les modalités d'approbation des nouveaux projets et détermine les règles de protection de l'environnement.

---

[500] *Convention portant création de l'organisation pour la mise en valeur du fleuve Sénégal*, Sénégal, Mali, Maurice et Guinée, 11 mars 1972, en ligne : OMVS <http://cda.portail-omvs.org/sites/cda.portail-omvs.org/files/sites/default/files/fichiers_joint/11764_op_ocr.pdf>[*Convention Statut*].

[501] *Charte des eaux du fleuve Sénégal,* Mali, Sénégal, Mauritanie, 28 mai 2002, en ligne: <http://www.portail-omvs.org/sites/default/files/fichierspdf/charte_des_eaux_du_fleuve_senegal.pdf> [*Charte des eaux*].

Selon l'article 12 de la Convention Statut, « le statut de cet organisme, sa structure, ses conditions de fonctionnement, ainsi que les pouvoirs que les États contractants délégueront au responsable de cet organisme dans le cadre de l'aménagement général du fleuve Sénégal, feront l'objet d'une convention particulière. »

[502] Abdoul Samboly Ba et Makane Moïse Mbengue, « Le régime juridique du fleuve Sénégal : aspect du droit des cours d'eau dans un contexte régional », *Annuaire africain de droit international vol 12*, Leiden, Martinus Nijhoff Publishers, 2004, 309 à la p 336.

***Convention conclue entre le Mali, la Mauritanie et le Sénégal relative au statut juridique des Ouvrages communs* (1978)**[503]

Cette Convention définit les conditions à remplir pour qu'un projet soit considéré comme ouvrages communs ainsi que les obligations et les droits des copropriétaires. Sur la base des définitions, la Convention relative aux ouvrages communs prévoit les modalités de financement et la répartition des coûts de ces projets.

Section 1. Le champ d'application

La Convention Statut définit le fleuve Sénégal comme un « fleuve international ». Ce terme « fleuve international » sert principalement à internationaliser le cours d'eau et assure ainsi la liberté de navigation et le principe de l'utilisation équitable et raisonnable des eaux. La Convention Statut a été signée dans les années 1970 par des États africains nouvellement indépendants. Le rétablissement économique exigeait la construction d'infrastructures de transport de grande ampleur. Dans ce contexte, le fleuve Sénégal sert de voie naturelle de transport. La navigation et le transport sont ainsi naturellement inclus dans le champ d'application de la Convention[504].

À cause des famines provoquées souvent par la sécheresse que doivent affronter les peuples du bassin et des besoins énergétiques du bassin récemment décolonisé, l'exploitation agricole et le

[503] *Convention conclue entre le Mali, la Mauritanie et le Sénégal relative au statut juridique des Ouvrages communs,* Sénégal, Mali, Maurice et Guinée, mars 1972, en ligne : Organisation des Nations Unies pour l'alimentation et l'agriculture <http://www.fao.org/docrep/W7414B/w7414b0d.htm> [*Convention OMVS*].
Selon l'article 5 de la Convention Statut, « une convention spéciale entre les États contractants devra définir avec précision les conditions d'exécution et d'exploitation de tout ouvrage d'intérêt commun ainsi que les obligations réciproques des États »,

[504] Voir également sur le site de OMVS, « L'OMVS donne un coup d'accélérateur au projet de navigation sur le fleuve Sénégal et son programme de transport multimodal», en ligne : OMVS <http://www.portail-omvs.org/actualite/lomvs-donne-coup-daccelerateur-au-projet-navigation-sur-fleuve-senegal-et-son-programme>.

développement industriel du fleuve (articles 4 et 5) constituent des thèmes primordiaux dans la Convention Statut[505].

En outre, même si la protection de l'environnement aquatique ne constitue pas l'une des préoccupations principales de la Convention, la préservation de « l'état sanitaire des eaux » et des « caractéristiques biologiques de sa faune ou de sa flore » est tout de même mentionnée dans l'article 4.

Les éléments pris en compte dans la Convention Statut sont assez divers et comprennent le régime du fleuve, la navigabilité, la qualité des eaux potables et la conservation de l'écosystème aquatique du fleuve. Cela implique une coopération potentiellement étendue et approfondie ainsi qu'une approche intégrée de la gestion du bassin fluvial.

Section 2. Les règles substantielles

Les trois principes fondamentaux de la *Convention de New York* sont tous présents dans les articles de la Convention Statut. L'obligation de coopérer (article 2)[506] constitue sans doute le principe central de la Convention Statut. Le principe de l'égalité de traitement des utilisateurs est mentionné dans l'article 6 de la Convention Statut, et aussi dans l'article 1 de la Convention ouvrages communs.

---

[505] Voir surtout Antrey Auclair, *Le bassin du fleuve Sénégal: vers une gestion participative ?: Implication des populations dans la gestion des ressources du bassin et évolution des relations entre riverains*, Mémoire de Maîtrise en études internationales, Université Laval, 2013.

[506] L'article 2 de la Convention Statut :

> « Les États du Mali, de la Mauritanie et du Sénégal ci-après désignés « États contractants » affirment solennellement leur volonté de développer une étroite coopération pour permettre l'exploitation rationnelle des ressources du fleuve Sénégal et garantir la liberté de navigation et l'égalité de traitement des utilisateurs.
>
> L'exploitation du fleuve Sénégal est ouverte à chaque État contractant suivant les modalités définies par la présente Convention. »

La Charte des eaux propose, quant à elle, une meilleure définition du principe de l'utilisation raisonnable et équitable et du principe du développement durable. Dans le but d'optimiser les usages, la Charte établit les principes et les modalités de répartition des eaux entre les usages à une échelle transfrontière au sein du bassin du fleuve Sénégal. De ce fait, elle introduit le principe de communauté d'intérêts, qui traite le bassin hydrographique comme une « entité physique, économique, sociale et environnementale, au-delà des divisions administratives que dessine la carte politique des États, et c'est à cette échelle qu'il y a lieu de traiter de l'optimisation de l'usage des ressources naturelles »[507].

Il semble que le principe de ne pas causer de dommages significatifs n'est mentionné explicitement nulle part. Cependant l'article 4, en imposant l'obligation de consultation préalable avant de réaliser un projet « susceptible de modifier d'une manière sensible les caractéristiques du régime du fleuve, ses conditions de navigabilité, d'exploitation agricole ou industrielle, l'état sanitaire des eaux, les caractéristiques biologiques de sa faune ou de sa flore, son plan d'eau », montre que les éventuels dommages causés à d'autres États riverains par l'utilisation unilatérale du fleuve seront réduits et même prévenus[508].

À part les trois principes conventionnels, le principe de libre navigation constitue également un principe clé de la Convention

[507] L'article 3 de la Convention Statut.

[508] L'article 4 de la Convention Statut :

« Aucun projet susceptible de modifier d'une manière sensible les caractéristiques du régime du fleuve, ses conditions de navigabilité, d'exploitation agricole ou industrielle, l'état sanitaire des eaux, les caractéristiques biologiques de sa faune ou de sa flore, son plan d'eau, ne peut être exécuté sans avoir été au préalable approuvé par les États contractants après discussions, et justifications des oppositions éventuelles.

Les projets devront faire apparaître leurs incidences sur le régime du fleuve, ses conditions de navigabilité, d'exploitation agricole ou industrielle, l'état sanitaire des eaux, les caractéristiques biologiques de sa faune et de sa flore, ainsi que les besoins en eau et le plan d'eau.

Les États contractants doivent être informés en temps utile de tout projet intéressant l'exploitation du fleuve. »

Statut[509]. Le but de l'affirmation de ce principe est « d'assurer le développement du commerce (entre les États du bassin et à l'international), mais aussi de désenclaver le Mali en lui donnant accès à l'océan Atlantique »[510].

Section 3. Les règles procédurales

La Convention Statut va bien au-delà de la simple obligation d'échange d'informations, de notification ou de consultation et de négociation préalables. L'article 4 déclare qu'il est nécessaire d'obtenir l'accord ou l'approbation préalable des autres États contractants avant de réaliser un projet susceptible d'avoir des effets négatifs. Cette règle implique qu'une série d'obligations procédurales soient mises en place. D'abord, les parties doivent négocier pour aboutir à un accord. L'État qui veut entreprendre des travaux envisagés a aussi l'obligation, découlant de l'obligation d'obtenir un accord préalable, de ne pas mettre en œuvre les mesures projetées avant d'aboutir à un consentement avec les États intéressés.

La Convention Statut spécifie aussi d'autres règles procédurales, dont la plus avant-gardiste pour l'époque : l'obligation de mener une évaluation d'impact environnemental préalable aux mesures projetées[511]. Cette obligation est également étroitement liée à celle d'obtenir un accord préalable.

La Charte des eaux du fleuve Sénégal inclut, dans l'article 4 portant sur les principes généraux, l'obligation pour chaque État riverain d'informer les autres États riverains avant d'entreprendre toute action ou tout projet qui pourrait avoir un impact sur la disponibilité de l'eau et/ou la possibilité de mettre en œuvre des projets futurs.

Le respect de cette obligation est surtout assuré par la copropriété des ouvrages communs. Même si la formulation susmentionnée ne

---

[509] L'article 1 de la Convention Statut.

[510] M. Édouard Boinet, *La Gestion intégrée des ressources en eau du fleuve Sénégal : bilan et perspectives*, Mémoire de stage, Université Paris Sud XI, la faculté Jean Monnet, 2011 [non publié] à la p 14 [Boinet].

[511] L'article 4, alinéa 2 de la Convention Statut.

propose qu'une obligation de notification, les arrangements institutionnels assez uniques garantissent que l'accord préalable des autres États membres soit obtenu avant la mise en œuvre réelle des ouvrages communs.

Section 4. Les arrangements institutionnels

La Convention OMVS spécifie les fonctions, la composition et la procédure de prise de décision de l'OMVS comme suit[512].

Fonctions

Tout d'abord, selon l'article 1, l'OMVS a entre autres objectifs de mettre en œuvre la Convention Statut, de promouvoir et de coordonner des études et des travaux de mise en valeur des ressources du bassin du fleuve Sénégal sur les territoires nationaux des États membres. Le mandat de l'OMVS ne se limite pas à la mise en valeur du fleuve Sénégal. Elle est aussi chargée de réaliser l'autosuffisance alimentaire des populations du bassin, d'améliorer leurs revenus, de préserver les équilibres écosystémiques, d'accélérer le développement économique et de réduire la vulnérabilité du bassin aux aléas climatiques.

L'article 1 stipule aussi que l'OMVS jouit de la personnalité juridique qui est investie de capacité pour la conduite civile, telles que de contracter, d'acquérir et de céder des biens meubles et immeubles nécessaires à son fonctionnement normal, de recevoir des dons, des subventions, des legs et autres libéralités, de souscrire à des emprunts, de faire appel à l'assistance technique et d'ester en justice.

---

512 Voir les analyses plus approfondies sur les arrangements institutionnels du bassin du fleuve Sénégal surtout Abdourahmane Mbade SÈNE, *Des institutions internationales à l'action locale. À quelles échelles le développement durable est-il efficace ? Le cas des équipements structurants dans le bassin versant du fleuve Sénégal*, thèse de doctorat en science humaine et sociale, Grenoble, Université Joseph Fourier, 2008 ; voir aussi « Développement durable et impacts des politiques publiques de gestion de la vallée du fleuve Sénégal: Du régional au local » (2009) 9:3, *VertigO-la revue électronique en sciences de l'environnement*.

Composition

La Conférence des chefs d'État constitue l'instance suprême de l'OMVS[513]. Elle se réunit une fois par an en session ordinaire. Les chefs d'État assument à tour de rôle la présidence de la Conférence pour une durée de deux ans[514]. Elle représente une réunion des plus hauts responsables[515] de tout État membre et démontre un engagement politique de haut niveau dans le cadre de ce régime coopératif. Les décisions de la Conférence sont prises à l'unanimité.

À part la Conférence des chefs d'État, le Conseil des ministres, le Haut Commissariat et la Commission permanente des eaux sont les trois autres organes permanents de l'OMVS. Le Conseil des ministres, composé d'un ministre par État, se réunit deux fois par an. Il est chargé d'élaborer « la politique générale d'aménagement du fleuve Sénégal, de la mise en valeur de ses ressources et de la coopération entre les États autour du fleuve Sénégal »[516]. Il est donc « l'organe de conception et de contrôle » de l'OMVS[517]. Il est investi du pouvoir d'approuver les programmes d'aménagement intéressant un ou plusieurs États membres avant leur exécution. Il définit les travaux d'aménagement prioritaires dans le bassin et fixe la contribution des États membres ainsi que le budget pour le fonctionnement et les autres activités de l'OMVS. Le Conseil est un organe investi de pouvoirs réels, puisque ses décisions, selon l'article 8 de la Convention OMVS, sont contraignantes pour tout État membre.

Le Haut Commissariat qui est chargé d'appliquer les décisions du Conseil des ministres constitue l'organe exécutif de l'OMVS[518]. Il représente l'OMVS entre les réunions du Conseil des ministres. Cela explique pourquoi dans la Convention Ouvrages communs, l'OMVS est définie en tant que « Maître de l'ouvrage », tandis que le Haut Commissariat en est le « Maître d'œuvre ».

---

513 L'article 3 de la Convention OMVS
514 L'article 6 de la Convention OMVS.
515 L'article 5 de la Convention OMVS.
516 L'article 8 de la Convention OMVS.
517 *Ibid.*
518 L'article 11 de la Convention OMVS.

Le Haut Commissariat a pour fonctions principales de rassembler, sur le territoire des États membres, les données intéressant le bassin du fleuve Sénégal ; de soumettre au Conseil des ministres le programme des travaux conjoint pour la mise en valeur du fleuve Sénégal ; d'exécuter des études et des travaux relatifs aux infrastructures régionales ; et de gérer des opérations financières, notamment les budgets de fonctionnement, d'études et de travaux[519].

La Commission permanente des eaux est chargée de définir les principes et les modalités de la répartition des eaux du fleuve Sénégal entre les États selon les secteurs d'utilisation de l'eau (industrie, agriculture, transport). Elle émet un avis à l'adresse du Conseil des ministres[520].

La prise de décision

Les décisions de la Conférence des chefs d'État sont prises à l'unanimité des membres[521]. Cette disposition fait écho au principe de l'accord préalable défini dans la Convention Statut.

Section 5. Le règlement des différends

L'article 18 de la Convention Statut stipule que les différends se résolvent tout d'abord par une entente entre les États concernés. À défaut d'entente, l'interprétation ou l'application de la Convention sera résolue par la conciliation ou la médiation. À défaut d'accord, les États contractants devront saisir la Commission de conciliation et d'arbitrage de l'Organisation de l'unité africaine. En dernier recours, ils pourront saisir la Cour internationale de Justice de La Haye.

En attendant la résolution du différend, l'OMVS prend toutes les mesures destinées à sauvegarder les principes adoptés dans la Convention, en cas d'urgence[522].

---

519 L'article 15 et l'article 16 de la Convention OMVS.

520 L'article 20 de la Convention OMVS.

521 L'article 4 de la Convention OMVS.

522 L'article 18 de la Convention Statut.

Bilan

Le régime d'action conjointe du fleuve Sénégal est assez avant-gardiste sous beaucoup d'aspects.

Premièrement, le principe de l'accord préalable donne un droit de veto à tout État riverain concerné dans un projet de développement. Il est ainsi impossible de mettre en œuvre, sans l'approbation préalable des autres États du bassin, le projet envisagé. Il est ainsi logique et efficace de créer une organisation comme l'OMVS qui facilite un dialogue permanent entre les Parties contractantes et dont les décisions prises à l'unanimité sont contraignantes pour tout État membre. Bien au-delà d'un simple panel d'échange d'informations, de concertation ou de coordination de tous les intérêts des États, l'OMVS sert de cadre commun à l'intérieur duquel les Parties contractantes élaborent conjointement un plan de développement du bassin. Il n'y a pas de plan de répartition de l'eau entre les États qui allouerait à chacun un certain volume d'eau. Il s'agit plutôt d'un système de partage de l'eau entre différents usages : irrigation agricole, pêche, élevage, pisciculture, sylviculture, faune et flore, énergie hydroélectrique, eau potable, industries et la navigation.

Il est assez peu ordinaire, sinon unique, de retrouver une stipulation comme celle qui figure dans la Convention relative aux ouvrages communs : « est propriété commune et indivisible des États membres de l'OMVS tout ouvrage faisant l'objet d'un instrument juridique déclarant cet ouvrage propriété commune »[523]. Cette formule « invite donc les souverainetés étatiques du bassin à mutualiser leurs moyens de manière pragmatique pour obtenir de meilleurs résultats »[524]. En adoptant un régime de la copropriété[525], les coûts entraînés par les projets sont partagés entre les États proportionnellement à leur contribution à la gestion commune du bassin ; les États jouissent aussi des bénéfices qui en dégagent[526].

---

[523] L'article 2 de la Convention ouvrages communs.

[524] Boinet, *supra* note 511 à la p 511.

[525] Allant même plus loin que le principe d'intérêt commun, discuté ci-dessus, le concept de la « propriété commune et indivisible » propose une approche pragmatique qui met l'accent sur le financement commun des projets visés.

[526] L'article 12 de la Convention ouvrages communs stipule que :

Néanmoins, distingué du modèle de coordination du bassin du Rhin, le modèle OMVS met plutôt l'accent sur la navigation, le développement énergétique et l'irrigation que sur la protection de l'environnement. Les travaux réalisés dans le cadre de l'OMVS ont causé un impact considérable sur la santé des populations et l'environnement du bassin. Les retenues des barrages ont entraîné la stagnation des eaux de surface, depuis la mise en service des ouvrages communs, ce qui a créé un milieu propice à la reproduction du moustique vecteur du paludisme. D'autres maladies d'origine hydrique, telles que les parasites, la bilharziose, le choléra, etc. ont aussi connu une expansion dans le bassin[527]. En limitant l'apport en eau douce en aval, la construction du barrage Diama a causé quant à elle une sévère salinisation du delta et les aquifères fluviaux deltaïques[528]. De même, la construction du réservoir de Manantali a causé la perte de forêts et ainsi d'habitats de la faune[529]. Compte tenu de l'impact négatif des aménagements sur la santé et sur l'équilibre de l'écosystème, il est difficile de qualifier la gestion du fleuve Sénégal par l'OMVS de gestion intégrée du bassin.

« Les coûts d'investissement et les charges d'exploitation sont répartis entre les États copropriétaires sur la base des bénéfices que chaque État copropriétaire retire de l'exploitation des Ouvrages communs.
Cette répartition des coûts et des charges peut être réajustée périodiquement en fonction des résultats d'exploitation de l'ensemble du système d'infrastructure régionale. Tout réajustement accepté d'un commun accord par les États copropriétaires n'a pas d'effet rétroactif sur les répartitions antérieures. »

527 OMVS, *Stratégie régionale et programme d'actions contre les bilharzioses et le paludisme,* en ligne : OMVS <http://cda.portail-omvs.org/sites/cda.portail-omvs.org/files/sites/default/files/fichiers_joint/12167.pdf>.

528 Voir El Hadji Malick Ndiaye, « Le fleuve Sénégal et les barrages de l'OMVS : quels enseignements pour la mise en œuvre du NEPAD ? » (2003) 4: 3, *VertigO - la revue électronique en sciences de l'environnement*, en ligne : <http://vertigo.revues.org/3883>.

529 OMVS, « Bassin du fleuve Sénégal, Guinée, Mali, Mauritanie, Sénégal » dans UNESCO, *Premier Rapport mondial des Nations Unies sur la mise en valeur des ressources en eau (WWAP)*, 2003, 449.

Conclusion du Titre III

Les modes de régime coopératif se multiplient selon les circonstances propres à chaque bassin. Ils ont tous pour objectif de prévenir les conflits et de mettre en valeur les ressources du bassin. Il n'est, toutefois, pas certain qu'un mode de coopération avancé puisse entraîner immanquablement un profit maximal ou optimal. Chaque bassin doit s'en remettre à un mode de coopération adapté à ses besoins.

Le Champ d'application

En utilisant la notion de cours d'eau, le Traité de l'Indus affiche une tendance relativement conservatrice. Cela démontre la faible volonté des Parties contractantes de céder la moindre parcelle de leur souveraineté à la Commission permanente.

L'Accord du Mékong aborde un champ d'application plus large. Au lieu d'employer la notion de cours d'eau, les États membres adoptent le terme bassin qui permet une approche plus ou moins intégrée ainsi que la création d'un organe commun plus indépendant et plus actif.

La Convention pour la protection du Rhin inclut dans son champ d'application non seulement les cours d'eau du Rhin, dans le sens entendu par la *Convention de New York* (l'eau superficielle et l'eau souterraine), mais aussi le bassin versant « éventuellement affecté par la pollution du Rhin », ou encore « qui a un rôle à jouer dans la prévention des crues et la protection contre les inondations ». Cela fait écho à la directive-cadre sur l'eau de l'UE qui s'applique également à l'eau superficielle et souterraine et qui a pour objectif de prévenir et de réduire la pollution de l'eau, de protéger l'environnement et d'atténuer les effets des inondations et des sécheresses ».

Le régime coopératif du fleuve Sénégal, quant à lui, n'inclut pas explicitement les eaux souterraines. En vue d'assurer la libre navigation, les États ont mis davantage l'accent sur l'internationalisation du fleuve Sénégal et la gestion commune des ouvrages communs. La Charte des eaux du fleuve Sénégal adopte la notion de cours d'eau international. Sa position rejoint ainsi celle de la *Convention de New York*. On peut tout de même supposer qu'il existe des eaux souterraines dans son champ d'application hydrographique.

Quant au champ d'application substantiel, le Traité de l'Indus s'applique principalement au partage quantitatif des eaux du fleuve. L'Accord du Mékong aborde trois grands volets principaux : le développement industriel, le développement agricole et la navigation. La Convention pour la protection du Rhin, dans laquelle la protection de l'environnement et la santé représentent deux aspects centraux, s'attaque à la pollution des eaux du Rhin. Dans les conventions sur la mise en valeur du fleuve Sénégal, les utilisations industrielles, agricoles et de transport sont, comme pour le Mékong, trois aspects importants.

Les règles substantielles

Rappelons tout d'abord que les quatre régimes coopératifs du bassin fluvial préconisent des règles substantielles différentes. Dans le Traité de l'Indus, qui répartit les eaux de l'Indus entre le Pakistan et l'Inde, l'équité est sûrement prise en considération, bien que la priorité soit accordée au principe de l'utilisation non dommageable.

L'Accord du Mékong se base sur le principe de coopération. Les États contractants profitent cependant d'une définition assez vague de ce principe pour mettre en avant dans leurs pratiques le principe de la souveraineté de l'État. Le principe de coopération défini dans l'Accord du Mékong inclut à la fois le principe de l'utilisation équitable et raisonnable et le principe de l'utilisation non dommageable. La juxtaposition de ces deux principes, parfois contradictoires, estompe encore un peu plus la signification précise de la coopération et montre ainsi la faible volonté des Parties de créer un régime efficace de coopération pour la gestion des cours d'eau transfrontaliers.

La Convention pour la protection du Rhin, dont les Parties contractantes européennes partagent une longue histoire de coopération et une culture politique relativement homogène, met l'accent sur le principe de la protection environnementale. D'autres règles substantielles dans la Convention du Rhin ont une implication procédurale plus précise par rapport à d'autres conventions fondatrices étudiées.

Le mode d'action conjointe adopté par les États riverains du fleuve Sénégal préconise de façon très avant-gardiste le principe de communauté d'intérêts. Selon la Convention à l'origine de l'Organisation pour la mise en valeur du fleuve Sénégal, les eaux du fleuve Sénégal sont soumises à un régime communautaire. Selon la Convention relative au statut juridique des ouvrages communs, la « propriété commune et indivisible » sous-entend une modalité de propriété selon laquelle « chacun des copropriétaires a droit à une quote-part du même bien et tous ensemble ont droit au bien en entier ». Les États copropriétaires ont un droit individuel à une quote-part indivisible et un droit collectif d'usage, de jouissance et d'administration de l'ouvrage commun ; dans les annexes et accessoires, ils ont confié la gestion des ouvrages communs à l'OMVS.

Les règles procédurales

Concernant les règles procédurales, soit les quatre volets de l'obligation d'informer, le Traité de l'Indus a créé un panel d'échange d'informations et de données nécessaires. Dans l'affaire concernant le barrage Kishenganga, les deux Parties se disputent sur la divulgation d'information sur demande, l'Inde prétend que le Pakistan aurait falsifié les données échangées. Cela sert de preuve pour le fait que l'échange d'informations et de données reste toujours problématique au sein du bassin de l'Indus. En outre, bien que l'obligation de notifier soit incluse dans le traité, ni l'obligation de surveiller et d'évaluer l'état des eaux ni l'établissement d'un système d'alerte ou d'alarme en cas d'urgence ne font partie des règles procédurales[530].

---

[530] Dans l'affaire concernant le barrage de Kishenganga, le Pakistan prétend que « an order from the Court that the flow regime be supported by India providing to Pakistan, on a real time basis, (i) daily flow data from gauges recording the inflow into the KHEP reservoir and the outflow below the KHEP dam, as well as (ii) the reservoir level, and with regular inspections permitted to Pakistan of the gauging stations», tandis que l'Inde s'oppose fortement à l'établissement d'un régime de surveillance et d'évaluation du débit minimum du fleuve, parce que « such inspection on the territory of another state is unprecedented and beyond the scope of the inspection regime agreed by the Parties inthe Treaty. » D'après la Cour d'arbitrage, « the appropriate mechanism for the exchange of data and for the monitoring of the Parties' uses on tributaries of the Indus River is the Permanent Indus Commission. »

Le régime coopératif du Mékong réussit par contre à englober tous les quatre volets de l'obligation d'informer. Les États du Mékong s'entendent d'échanger régulièrement les données et les informations de base concernant la gestion commune du Mékong. Cet échange représente l'exploit le plus reconnu du Comité et de la Commission du Mékong. Dépendant de la saison (sèche, humide ou d'inondation) et de l'éventuel impact du projet, l'obligation de notifier doit se faire soit simplement au Comité conjoint de la Commission, soit en procédant au préalable à une consultation du Comité conjoint pour parvenir à un consensus[531]. L'obligation de surveiller et d'évaluer l'état des eaux et celle d'alerte et d'alarme sont aussi confirmées dans le traité. Mais aucune obligation procédurale n'est suffisamment interprétée par un instrument juridiquement contraignant. La mise en œuvre des règles dépend ainsi remarquablement de la volonté coopérative des États.

Quant aux États européens du Rhin, les quatre aspects procéduraux sont également inclus dans la Convention pour la protection du Rhin. Grâce au rôle de coordinateur joué par la CIPR et surtout par l'UE, les données et les informations requises sont régulièrement publiées. Les mesures et les critères de la surveillance et l'évaluation de l'état des eaux sont aussi très bien coordonnés au niveau du bassin. Les États ont également institué un système d'alarme et d'alerte en cas d'urgence. Le bassin Rhénan constitue, ainsi, un cas exemplaire dans l'interprétation et la mise en œuvre de l'obligation de coopérer.

Les conventions sur l'utilisation du fleuve Sénégal se distinguent par l'institution de la règle de l'accord préalable qui est beaucoup plus étendue que la simple notification. Les copropriétaires confient à l'OMVS la gestion des ouvrages, ainsi que la collecte des données de base intéressant le bassin du fleuve Sénégal sur le territoire des États membres (article 13). L'obligation de faire l'évaluation d'impact environnemental pour chaque Ouvrage commun est affirmée sous le cadre de l'OMVS. Les mesures en cas d'urgence sont aussi prises par l'OMVS. L'obligation de surveiller et d'évaluer tombe également dans la compétence de l'OMVS.

---

[531] Selon l'article 1 du Traité : « prior consultation is neither a right to veto the use nor unilateral right to use water by any riparian without taking into account other riparians' rights. »

Le règlement des différends

Comme nous l'avons mentionné précédemment, le bon fonctionnement d'un organisme commun constitue la meilleure prévention en matière de conflits et de différends concernant l'utilisation des eaux. L'organisme commun constitue en même temps le panel de négociation, de consultation et la tierce Partie qui intervient, qui concilie, qui émet un avis neutre et qui mène les enquêtes. Ainsi, « were a dispute to arise nevertheless, there would be little room for other means than arbitration or adjudication, if not for the mere purpose of meeting an admissibility requirement ». On suppose que plus les Parties contractantes estiment le fonctionnement de l'organisme commun comme étant efficace, plus l'on s'en remettra facilement au dernier recours de la CIJ ou de la Cour d'arbitrage.

Parmi les quatre cadres coopératifs, le Traité de l'Indus propose la gamme la plus complète : tout d'abord, à travers la Commission ; ensuite, par le biais d'un expert neutre et indépendant désigné par la Banque Mondiale ; et, finalement, par l'intermédiaire de la Cour Permanente d'Arbitrage (CPA).

Dans les cas du Mékong, la procédure obligatoire préalable est mise en place lorsqu'un différend a lieu. La Commission, après avoir tout tenté pour résoudre le problème, doit alors soumettre le sujet en question aux gouvernements, qui peuvent entrer en négociation ou, s'ils le trouvent nécessaire, demander l'intervention d'une tierce Partie pour la médiation.

La stipulation de la convention pour la protection du Rhin est plus simple et directe. Selon celle-ci, si un différend ne peut être réglé par la négociation ou toute autre méthode acceptée par les Parties, celles-ci doivent alors le soumettre à l'arbitrage.

Les États du fleuve Sénégal acceptent d'abord la conciliation et la médiation. Dans le cas où aucun accord satisfaisant les Parties n'est trouvé intervient alors la Commission de conciliation et d'arbitrage de l'Union africaine puis, finalement, la Cour internationale de Justice.

Les arrangements institutionnels

La *Convention de New York* n'a imposé aucune obligation d'instituer un organisme commun. Néanmoins, les quatre bassins ont tous institué leurs propres organismes communs pour une meilleure gestion des cours d'eau transfrontaliers.

Tout d'abord, traitant des fonctions ou des objectifs de l'organisme commun, il faut rappeler qu'ils sont généralement chargés de « l'évaluation de l'état des eaux, de la recherche-développement et de la circulation des informations entre les pays »[532].

Tableau 9 Comparaison des arrangements institutionnels

	Indus	**Mékong**	**Rhin**	**Sénégal**
Nature du régime	Cadre de négociation et d'information	Cadre de communication	Cadre de concertation et de coordination	Cadre d'action conjointe et de partage d'intérêt
Concession de souveraineté	Conservation intégrale	Concession partielle	Concession partielle	Concession totale
Fonctions	Étude	Étude	Étude Recommandation Coordination (faible)	Étude Recommandation Investissement Gestion commune
Composition	**Deux commissaires**	**Le Conseil ministériel** Organe décideur **Le Comité joint** Exécution **Le Secrétariat** Administration et exécution	**Assemblée plénière** Délégations des Parties contractantes **Le Secrétariat** Organe permanent	**La CCEG**[533] Instance suprême **Le CM**[534] Conception et contrôle **Le HC**[535] Exécution **La CPE**[536] Consultatif

---

532 Bogdanovic 2005, *supra* note 276.

533 La Conférence des chefs d'Étatet de gouvernement de l'OMVS.

534 Le Conseil des ministres de l'OMVS.

535 Le Haut Commissariat de l'OMVS.

536 La Commission permanente des eaux de l'OMVS.

Financement	L'Inde et le Pakistan	Contribution sur une base égale des États Parties et la Communauté internationale (les États sponsors)	Supporté par chaque Partie contractante et chaque État supporte les frais des études et des actions qu'il mène sur son propre territoire.	Les États membres et toutes les autres ressources intérieures ou extérieures arrêtées par le Conseil des ministres.
Fréquence de session	La Commission se rencontre au moins une fois par an, ou quand il est requis par les commissaires.	**Le Conseil** Une fois par an. **Le Comité joint** Deux fois par an	Une fois par an	**La CCEG** Une fois par an en session ordinaire. **Le CM** Deux fois par an.
Mécanisme d'application au niveau national	Nul	Nul	Directive-cadre sur l'eau de l'UE	Décisions contraignantes de l'OMVS
Relation avec les Gouvernements contractants	1.Les gouvernements désignent les commissaires. 2.Le gouvernement de chaque État décide le mandat, la compétence et la responsabilité de leurs propres commissaires. 3.La Commission doit rendre compte aux gouvernements annuellement.		1.Les délégations sont envoyées par les gouvernements. 2. La présidence tournante et le président tournant. 3.La Commission fournit un rapport d'activité annuel aux Parties contractantes.	

La création d'une agence, d'une commission ou d'une autorité du bassin qui a un mandat plus ou moins étendu sur les problématiques constitue un élément exigé par la gestion commune des ressources en eau. Le Tableau 9 montre tout d'abord une grande diversité d'arrangements institutionnels. Généralement, cet organe commun détient la personnalité juridique et comprend trois niveaux :

Premièrement, le niveau intergouvernemental, qui est plus diplomatique et politique que technique, comme le sont le conseil ministériel de la Commission du Mékong et la Conférence des chefs d'État et de gouvernement de l'OMVS, qui réunissent les chefs ou les ministres compétents dans la gestion de l'eau. Ils prennent ensemble les décisions politiques, souvent à l'unanimité. Le deuxième niveau est le niveau technique qui regroupe des experts des États contractants, tels que la Commission permanente des eaux de l'OMVS, composée principalement d'experts du milieu hydrologique. Ils se chargent de traiter des questions plus précises et techniques, servant ainsi d'organe consultatif de l'Organisme commun. Le dernier constitue le niveau exécutif, souvent assumé par le Secrétariat, comme celui de la Commission du Mékong, chargé de mettre en œuvre les politiques, les décisions et les projets.

Les mandats ou les fonctions de l'Organisme sont de mener des études hydrologiques qui servent de base pour l'approfondissement d'une coopération bien établie, de faire des suivis des projets et de donner ses recommandations concernant les mesures projetées.

L'OMVS représente l'autorité supranationale qui jouit d'un statut juridique indépendant et dont les décisions sont contraignantes pour les États contractants. La CIPR constitue, quant à elle, une commission intergouvernementale qui coordonne les plans étatiques du développement. Grâce à l'effet direct et indirect des actes juridiques de l'UE, la conformité aux exigences des conventions rédigées au sein de son double système de contrôle est ainsi effectivement assurée. La Commission du Mékong joue un rôle de cadre de concertation multilatérale, tandis que la Commission permanente de l'Indus, dont la convention fondatrice a pour objectif principal de répartir les eaux, sert essentiellement de simple panel de négociations et d'échange d'information.

Le bon fonctionnement d'une autorité supranationale indépendante comme l'OMVS constitue le facteur indispensable et implicite du concept de « la gestion intégrée des ressources en eau » (ou en anglais : IWRM, integrated water resources management)[537]. La création d'un mécanisme coopératif pour la gestion des eaux implique la prise en considération d'une gamme très étendue de facteurs et d'intérêts intriqués, souvent même antagonistes : le développement de l'économie, l'énergie, l'agriculture, la protection de l'environnement, l'équilibrage de l'écosystème (la terre, l'air, la flore et la faune, etc.), l'accès à l'eau potable du peuple, l'état sanitaire d'un fleuve, sans parler du conflit d'intérêts entre les États d'aval et les États d'amont, la rivalité entre la gestion régionale du bassin fluvial, la juridiction nationale et le contrôle local, etc. L'eau représente l'élément vital qui prévaut sur presque tout autre élément significatif à l'existence humaine. Néanmoins, il est presque impossible de trouver une solution finale pour tous les problèmes concernant les ressources en eau. Il en résulte qu'une commission supranationale n'est pas nécessairement le seul ni

[537] La gestion intégrée des ressources en eau est définie en anglais : intergrated water resources management (IWRM), qui se base sur le principe « 3E », c'est-à-dire, « waters should be used to provide economic well being to the people, without compromissing social equity and environmental sustainability ». Dans la formule la plus citée de « Global Water Partnership » (2000), il s'agit d'un « process which promotes the coordinated development and management of water, land and related resources, in order to maximize the resultant economic and social welfare in an equitable manner without compromising the sustainability of vital ecosystems ». Voir GWP *Integrated Water Resources Management. Technical Advisory Committee Background Paper No. 4*, Global Water Partnership, Stockholm, 2000.
Selon Biswas, la definition de la gestion intégrée est trop vague et que « such lofty phrases have little practical resonance on the present, or on the future water management practices », et que « such concepts generally became politically correct during the time of their popularity, and are vague enough for everyone to jump on the band-wagon and claim they are following the latest paradigm ». Ainsi, il s'agit probablement d'une formule très à la mode, mais difficile à mettre en pratique.
Voir Asit K. Biswas, « Integrated Water Resources Management: A Reassessment » (2004) 29:2, *Water International* 248 à la p 249; voir aussi B. A.Lankford et Julien Cour, « From Integrated to Adaptive: A New Framework for Water Resources Management of River Basins » dans *the Proceedings of the East Africa River Basin Management Conference*, Morogoro, 2005.

le meilleur arrangement institutionnel pour la gestion des cours d'eau transfrontaliers.

Le mode de simple panel de négociation et de concertation, comme c'est le cas pour la Commission permanente de l'Indus, représente un régime coopératif primitif néanmoins efficace. Il fournit souvent une solution directe pour la prévention et la résolution des éventuels conflits. Quant à la Commission internationale pour la protection du Rhin, elle n'exerce pas forcément une autorité indépendante ou supranationale, mais par rapport à l'organe commun de l'Indus ou du Mékong, la Commission s'engage d'une façon plus active et plus efficace dans la coordination de la planification des États membres. On peut ainsi identifier quatre modes principaux du régime coopératif (Tableau 10) :

Mécanisme consultatif

Le mécanisme consultatif s'établit pour cause simple, soit souvent pour la division quantitative des eaux, comme c'est le cas pour l'Indus établi entre l'Inde et le Pakistan, deux États très antagonistes. Le principe de la souveraineté et celui de *no harm* sont les deux principes substantiels souvent préconisés. L'échange régulier des informations et des données est garanti par l'accord, mais l'authenticité des informations communiquées n'est pas sûre.

Puisque les États gardent encore l'intégrité de leurs souverainetés, la création d'un organisme commun n'est pas indispensable, mais un régime régulier de consultation est intrinsèque au Mécanisme consultatif qui intervient d'une façon passive. L'objet principal constitue la prévention d'éventuels conflits. Une gestion commune du bassin est évidemment hors de sa portée.

Quant au règlement des différends, une gamme complète de solutions est proposée ; l'arbitrage constituant le dernier recours.

Mécanisme communicateur

La gestion du Mékong représente un cas typique de mécanisme communicateur. Le principe de la souveraineté et le principe de coopération sont mentionnés comme les deux principes substantiels.
La fonction la plus importante du mécanisme communicateur consiste à communiquer des données et des informations nécessaires à une future coopération. Les quatre volets de l'obligation d'informer sont

garantis par la bonne volonté des États membres, mais aussi par la création d'un organe commun.

La Commission du Mékong, malgré sa volonté d'incarner un rôle plus important, reste pourtant moins efficace à cause de l'insistance des États mise sur leurs souverainetés et de la tradition politique qui tend vers la flexibilité et qui peut ainsi entraîner le dysfonctionnement d'une planification basée sur le bassin.

Le mécanisme du Mékong représente ainsi un mécanisme intérimaire qui évolue probablement vers un mécanisme de coordination, si la volonté politique des États participants est présente.

Mécanisme de coordination

Le bassin versant du Rhin, en comparaison avec les deux premiers, représente un mécanisme coopératif plus complexe et plus avancé. Le problème en cause est le contrôle de la pollution. Le principe fondamental est la protection de l'environnement et le principe de prévention. La convention pour la protection du Rhin ainsi que la directive-cadre sur l'eau de l'UE prescrivent la convergence des plans nationaux quant à la gestion du Rhin. La Commission du Rhin incarne ainsi le rôle de coordinateur. Le règlement des différends dépend largement de l'arbitrage international.

Mécanisme d'action conjointe (ou de copropriété)

Le mécanisme d'action conjointe, illustré surtout par les pratiques des États du fleuve Sénégal constitue le régime coopératif le plus avancé. Les États préconisent le principe de communauté d'intérêts selon lequel les États constituent les copropriétaires du Fleuve. Ils concèdent une partie importante de leur souveraineté hydrologique à un organisme commun. Il en résulte que l'OMVS, l'organisme commun ainsi créé, est investi d'un pouvoir assez concentré. Il est le planificateur et le réalisateur des projets concernant l'utilisation du fleuve, tandis que les États sont devenus investisseurs et bénéficiaires de la mise en œuvre du fleuve. Dans le cadre de ces arrangements institutionnels, l'accord préalable des autres États est exigé pour la mise en œuvre d'un Ouvrage commun ; le règlement des différends dépend largement des conciliations et médiations d'une tierce Partie. Sinon, les États n'ont qu'à faire appel à la Commission de conciliation et d'arbitrage de l'Organisation de l'unité africaine, le dernier recours étant la CIJ.

Tableau 10 Modes de coopération

Régimes coopérati-fs	Indus	Mékong	Rhin	Sénégal
Modes de coopérati-on	***Mécanisme consultatif***	***Mécanisme communicateur***	***Mécanisme de coordination***	***Mécanisme d'action conjointe***
Enjeux	Quantité de l'eau	Utilisation hydroélectri-que	Qualité de l'eau : pollution	La mise en valeur générale du fleuve
Champ d'applica-tion	Hydrographi-que : « Cours d'eau » d'est et d'ouest de l'Indus avec tous les affluents. Substantiel Agriculture, Industrie, Navigation	Hydrographi-que : Le bassin du Mékong Substantiel Agriculture, Industrie, Navigation	Hydrographique Le « cours d'eau » du Rhin (superficielle ou souterraine), le bassin versant du Rhin[538]. Substantiel Environnement, Santé	Hydrographi-que Le « fleuve international » du Sénégal Substantiel : Navigation Industrie, Agriculture, Santé Environnem-ent
Règles substanti-elles	Le principe de la souveraineté et le principe *no harm*	Le principe de la souveraineté, utilisation équitable et raisonnable et *no harm*	Le principe de prévention et de développement durable	Le principe de communauté d'intérêts
Règles procédur-ales	Échange régulier d'informatio-ns et de données	Quatre volets de l'obligation générale d'informer	Quatre volets d'informer assurés institutionnelleme-nt	Quatre volets d'informer et l'Accord préalable
Règleme-nt des	1.La Commission .	1. La conciliation de la	1. La négociation ou toute autre	1.L'Entente interétatique

538 Bassin versant affecté par la pollution qui causée par des substances a des effets dommageables sur le Rhin ou les crues et les inondations.

différend-s	2. Un expert neutre et indépendant désigné par la Banque Mondiale. 3. La CPA.	Commission du Mékong (procédure obligatoire préalable) 2. Négociation ou l'intervention d'une tierce Partie pour la médiation.	méthode acceptée par les Parties. 2. L'arbitrage	2. La conciliation ou la médiation 3.La Commission de conciliation et d'arbitrage de l'Organisation de l'unité africaine. 4. La CIJ

Conclusion de la Partie II

La Partie II consiste à identifier les règles et les régimes d'application de l'obligation de coopérer. Nous avons constaté qu'il n'existe probablement pas de remède souverain pour tous les États au monde, mais plutôt un modèle de coopération propre à chaque État. C'est d'un côté parce qu'il existe une gamme d'éléments assez complexe dans la création du régime coopératif entre les États riverains, l'histoire de coopération du bassin, les conditions hydrographiques, voire même la reconnaissance politique du système ou de l'approche du droit international, etc. Tous les éléments varient sensiblement selon les circonstances différentes des États et des bassins concernés. D'un autre côté, le régime coopératif représente lui-même un processus dynamique qui n'a jamais cessé d'évoluer et d'interagir avec tous les éléments susmentionnés. Il nous incombe donc d'exposer l'influence de ces éléments sur le choix de modèle de coopération. Ayant identifié quatre modèles de coopération à l'aide d'une étude de cas des quatre bassins, nous allons examiner la position de la Chine en tant que pays d'amont en voie de développement.

PARTIE III

La Chine et l'obligation de coopérer en droit international en matière de cours d'eau transfrontaliers : une perspective constructiviste

Si les études positivistes consistent à décrire le mode d'existence de l'obligation de coopérer en droit international, les analyses qui suivent représentent plutôt une explication constructiviste ayant pour but d'expliquer la formation du modèle d'application de l'obligation de coopérer.

Les études comparatives entre quatre bassins fluviaux dans la Partie II nous ont proposé quatre modèles d'application de l'obligation de coopérer généralement reconnus dans le monde entier. La Chine, l'un des trois États qui ont voté contre la *Convention de New York*, constitue toutefois un cas particulier. Elle a été généralement critiquée pour son insistance sur le principe de la souveraineté et pour sa stratégie non coopérative. Néanmoins, est-il pertinent de décrire la Chine comme une hégémonie dans le domaine hydrique qui refuse totalement de coopérer ? La réponse est non. Ce portrait représente une compréhension trop simplifiée et stéréotypée de sa position. En réalité, elle a, elle aussi tenté d'établir des cadres coopératifs avec ses voisins. Une analyse approfondie et plus complète nous permettra de décrire plus précisément son choix de modèle de coopération. Pourtant, il ne suffit pas de simplement décrire pour comprendre et prévoir les choix de la Chine, il nous faut encore expliquer le raisonnement derrière ses choix nationaux.

Nous allons donc tout d'abord introduire une théorie plus explicative que descriptive, plus évolutive que statique : le constructivisme dans les relations internationales. Nous supposons que les identités de la Chine, construites tant au niveau intérieur qu'au niveau international, ont déterminé le choix de son modèle de coopération. En utilisant la notion d'identités, nous mettrons en relief les traditions culturelles et juridiques, l'histoire des engagements de la Chine dans le système international, ainsi que l'aspect évolutif des identités de la Chine en tant qu'État d'amont en voie de développement et superpuissance émergente.

À noter que nous n'avons pas l'intention d'engager une analyse purement constructiviste. Nous allons également faire une analyse positiviste du modèle coopératif en étudiant des traités bilatéraux signés entre la Chine et ses voisins. Dans cette Partie III, tout en reconnaissant que les identités d'État se fondent sur des idées partagées, nous essayerons de prouver le lien entre les identités d'État et les choix de comportement de la Chine au moyen d'une analyse positiviste des traités qu'elle a signés. Nous pouvons ainsi dire que notre recherche est ontologiquement constructiviste et épistémologiquement positiviste.

TITRE I

La coopération internationale dans les doctrines des relations internationales

La Partie I a mis en avant la compatibilité, sinon la convergence en droit international, de deux principes : le principe de coopération et le principe de la souveraineté. Nous avons constaté que l'incorporation du principe de coopération dans la souveraineté implique une nouvelle relation internationale et une nouvelle image de l'État face aux interactions internationales. Néanmoins, il nous reste encore deux questions à résoudre. D'abord, les États optent-ils plus pour la coopération que pour le conflit ? Au cœur de cette question se trouve l'analyse traditionnelle des relations internationales en science politique, selon laquelle l'État est un acteur rationnel qui agit en fonction de ses intérêts étatiques, et ce dans un monde anarchique. En second lieu, si la possibilité de coopérer entre les États souverains se justifie en science politique, quels sont alors la raison d'être et le mode d'existence de cette souveraineté coopérative ? En vue de répondre à cette question, le constructivisme en science politique et, plus spécifiquement, dans le domaine de la gestion des eaux transfrontalières nous offre une perspective intéressante.

Dans les recherches sur les relations internationales, le réalisme, le libéralisme et le constructivisme ont proposé chacun leur point de vue sur la coopération internationale. Nous allons donc explorer cette différence en mettant surtout l'accent sur la perspective constructiviste de la coopération internationale qui va sous-tendre nos analyses de cette Partie III.

Chapitre 1. La coopération internationale et les théories des relations internationales : le réalisme, le libéralisme et le constructivisme

Comme nous l'avons dit précédemment[539], l'Europe représente un cas d'application très particulier du modèle de « souveraineté coopérative »[540]. Distincte des autres organisations internationales, l'Union européenne est dans les faits une construction supranationale *sui generis*, qui s'est munie d'importants pouvoirs de décision. Dans le contexte international, cette autorité n'existe presque pas. Deux questions se posent : est-ce que l'incorporation du principe de coopération dans la notion de souveraineté se justifie dans l'ensemble des relations internationales qui sont de nature anarchique ? Est-ce que l'obligation de coopérer entre les États souverains peut se justifier ? Une analyse des différents courants de pensée en relations internationales (RI) propose une certaine réponse.

Section 1. Postulats économiques

La mise en lumière des postulats économiques de l'être humain est importante pour notre analyse principalement pour deux raisons : premièrement, notre sujet d'analyse est la coopération internationale pour les cours d'eau transfrontaliers, qui sont des ressources naturelles constituant des biens communs partagés entre des États riverains ; deuxièmement, les écoles traditionnelles de RI ont adopté les postulats économiques de l'être humain comme le point de départ de leurs recherches.

Selon la théorie économique, les cours d'eau transfrontaliers, dont la propriété n'est pas clairement définie par les lois représentent un bien commun. D'après la fameuse tragédie des biens communs de Garrett Hardin[541], une ressource rivale et non exclusive sera plutôt traitée comme un bien privé par chaque participant et conduit ainsi à des conflits et à la surexploitation de cette ressource limitée. L'hypothèse

---

[539] Voir la Partie I-I-2, ci-dessous.

[540] Voir la Partie II-III-2, ci-dessous.

[541] Garrett Hardin, « The Tragedy of the Commons » (1968) 162:3859, *Science* 1243.

sous-jacente est que les hommes sont des êtres rationnels et égoïstes qui cherchent seulement à satisfaire au maximum leurs besoins personnels. La théorie du « dilemme du prisonnier » suppose la même rationalité économique chez l'être humain. En absence de communication, les joueurs rationnels donnent toujours la priorité à leurs propres intérêts dans un raisonnement qui conduit à une somme nulle pour tous. De même, dans la théorie d'action collective d'Olson[542], tenant compte de leurs propres intérêts, les membres d'un groupe qui fournissent des biens publics non exclusifs ont tendance à s'octroyer une *free ride*, entraînant ainsi le dysfonctionnement du système. Le postulat commun à ces théories est l'*homo oeconomicus* qui constitue une vision individuelle et rationnelle de l'homme. Mais l'homme n'est pas seulement rationnel, l'homo *reciprocans* est également prêt à prendre en considération les intérêts d'autrui afin d'améliorer l'environnement dans lequel il vit.

Dans la pratique des États souverains, l'*homo reciprocans* représente une vision plus optimiste, mais non moins réaliste de l'homme. À l'encontre de l'idée selon laquelle le caractère humain est marqué uniquement par l'intérêt individuel ou par l'égoïsme, la théorie de l'*homo reciprocans*[543] suppose que l'homme est plus complexe. Dans sa quête pour améliorer son sort ainsi que l'environnement dans lequel il vit, il est prêt à coopérer pour améliorer sa condition si les autres individus coopèrent, tout en punissant les resquilleurs. Comme dans un miroir, « l'individu s'identifie à autrui en internalisant ses propres normes afin d'anticiper la réponse formulée, tout en restant conscient que l'autre en fait tout autant »[544]. Le résultat de cette réciprocité est donc la coopération entre les êtres humains. Il nous faut reconnaître que l'interaction entre humains et l'interdépendance sociale constituent une partie importante des éléments qui définissent nos comportements dans la vie réelle.

---

[542] Mancur Olson, *The Logic of Collective Action: Public Goods and the Theory of Groups*, Cambridge, Harvard University Press, 2009.

[543] Voir Ernst Fehr et Simon Gächter, « Altruistic Punishment in Humans » (2002) 415, *Nature* 137; voir aussi Samuel Bowles et Herbert Gintis « Behavioural Science: Homo Reciprocans » (2002) 415, *Nature* 125.

[544] Aurélie Bonein, « La réciprocité, entre psychologie et rationalité économique » (2008) 23 :1, *Revue française d'économie* 203.

Les théories classiques de RI suivent les postulats de l'être humain proposés par les économistes, selon lesquels l'État est fondamentalement rationnel et égoïste, mais à l'instar de la théorie de l'*homo reciprocans*, le libéralisme présente une image de l'État qui est plus *reciprocans* qu'*oeconomicus* ; cette image favorise évidemment l'incorporation du principe de la coopération dans la souveraineté. Dans les paragraphes qui suivent, nous approfondirons les doctrines réaliste et libérale.

Section 2. Le réalisme et le libéralisme

Les questions liées aux conflits et à la coopération interétatique sont à l'origine du développement des recherches en RI en tant que discipline universitaire autonome. Parmi les théories proposées, le libéralisme, le réalisme, le marxisme et le constructivisme sont considérés comme les quatre grands courants du vingtième siècle.

Selon les théories marxistes, l'intérêt national n'est que l'expression des intérêts de la classe dominante. Le monde étant dominé par la classe capitaliste, le marxisme encourage donc la coopération entre les prolétaires de tous les pays (une alliance transnationale), grâce à une révolution prolétaire qui renversera la gouvernance capitaliste et lui substituera une gouvernance prolétaire [545]. Comme les marxistes mettent en avant l'antagonisme entre les États capitalistes et les États socialistes, la coopération étatique n'est probablement pas compatible avec leur postulat. Le marxisme ne fera donc pas l'objet de discussions dans notre thèse.

Le réalisme

Le réalisme constitue le paradigme dominant qui s'est imposé surtout à la suite de la Seconde Guerre mondiale. La théorie réaliste de la

[545] Voir John Baylis, Steve Smith et Patricia Owens, *The globalization of world politics: An introduction to international relations*, 6e éd, Oxford, Oxford University Press, 2011 ; voir aussi Boris Mirkine-Guetzévitch, *La doctrine soviétique du droit international*, Paris, A. Pedone, 1926; voir aussi Bernard Dutoit, *Coexistence et droit international à la lumière de la doctrine soviétique*, Paris, Pedone, 1966.

science politique[546] donne une perspective pessimiste de la coopération. Elle se fonde sur trois hypothèses: « states are the key units of action; they seek power, either as an end in itself or as a means to other ends; they behave in ways that are, by the large, rational, and therefore comprehensible to outsiders in rational terms »[547]. Les États, tenant en compte que d'autres États cherchent toujours à accroître leur pouvoir en vue de maintenir leur sécurité, tendent à adopter une stratégie compétitive dans leurs relations internationales ; par conséquent, « la politique est, dans un sens, toujours une politique de puissance »[548]. En droit international, la souveraineté (surtout la souveraineté absolue) représente ainsi des fortifications institutionnalisant l'équilibre du pouvoir entre les États. Le réalisme soutient que, dans un monde anarchique, les États s'empêchent fondamentalement de coopérer, et ce principalement pour les deux raisons suivantes.

Premièrement, comme l'a indiqué Thomas Hobbes[549], puisque l'Homme est fondamentalement égoïste, l'état de guerre est donc naturel, voire même permanent, entre les États souverains, « alors qu'il est vrai qu'avec un gouvernement international il n'y aurait plus de guerre internationale »[550]. Néanmoins, ce gouvernement international n'existant pas, la stabilité internationale sera réalisée et maintenue soit par l'hégémonie soit par l'équilibre entre les puissances. La stratégie coopérative n'est donc pas assurée dans un monde anarchique.

---

546 Voir Edward Hellet Carr, *The Twenty Years' Crises: An Introduction to the Study of International Relations*, London, Macmillan, 1939 [Carr]; Hans J. Morgenthau, *Politics Among Nations: The Struggle for Power and Peace,* 5e éd., New York, Knopf, 1973; Raymond Aron, *International Relations: A Theory of Peace and War* traduit par Richard Howard et Annette Baker Fox, Garden City, N. J, Doubleday, 1973; Kenneth N. Waltz, *Man, the State, and War: A Theoretical Analysis*, New York, Columbia University Press, 1959 [Waltz]; *Theory of International Politics,* Waveland Press, 2010 [Waltz, Theory]; Robert Gilpin, *U.S. Power and the Multinational Corporation: The Political Economy of Foreign Direct Investment*, New York, Basic Books, 1975; *War and Change in World Politics*, Cambridge, Cambridge University Press, 1981.

547 Robert O Keohane, « Realisme, Neorealis, and the Study of World Politics » (1986) 1, *Neorealism and its Critics* 26 à la p 7.

548 Voir Carr, *supra* note 547.

549 T. Hobbes, *Leviathan, or the Matter, Forme and Power of a Common Wealth Ecclesiastical and Civil*, Yale University Press, 1928.

550 Waltz, *supra* note 547.

La fameuse métaphore de Rousseau décrit cet état anarchique : les chasseurs se réunissent pour aller chasser le cerf. Puisque tous cherchent à assouvir leur faim, et qu'aucun ne saurait abattre un cerf tout seul, il ne leur reste qu'à coopérer les uns avec les autres. Donc, l'intérêt particulier de chaque chasseur affamé coïncide avec l'intérêt commun des chasseurs. La stabilité sera pourtant menacée si l'un des chasseurs voit passer devant lui un lièvre. Il peut choisir d'attraper ce lièvre pour calmer sa faim immédiatement ou continuer à chasser le cerf avec son compagnon en tenant compte de l'intérêt commun à long terme. D'après Rousseau, l'homme fera prévaloir son intérêt particulier. « S'agissait-il de prendre un cerf, chacun sentait bien qu'il devait pour cela garder fidèlement son poste ; mais si un lièvre venait à passer à la portée de l'un d'eux, il ne faut pas douter qu'il le poursuivit sans scrupule, qu'ayant atteint sa proie, il ne se souciât fort peu de faire manquer la leur à ses compagnons »[551].

En se fondant sur l'idée que l'état de nature est la guerre de tous contre tous, Waltz affirme, comme l'ensemble des réalistes, que l'État choisit de manquer aux engagements coopératifs donnés parce qu'il n'est pas sûr du comportement d'autrui, puisqu'il n'existe pas d'autorité qui sanctionne les méfaits. Dans ce cas, le conflit et la guerre constituent l'état permanent entre les *unités*[552] en quête de leurs propres intérêts[553]. Ainsi, la coopération est difficile à réaliser et les institutions internationales ne contribuent guère à la coopération étatique. Ce courant de pensée est fortement caractérisé par sa tendance

---

551 Jean-Jacques Rousseau, *Discours sur l'origine et les fondements de l'inégalité parmi les hommes* dans *Jean-Jacque Rousseau : Œuvres complètes*, Arvensa éditions, 2014 à la p 1106.

552 Kenneth N. Waltz, « The Anarchic Structure of World Politics » dans Robert J. Art et Robert Jervis, *International Politics: Enduring Concepts and Contemporary Issues,* 12e éd, Pearson, 2014, aux pp 29-49 ; voir aussi Waltz, Theory, *supra* note 547 à la p 94, « [j]ust as economists define markets in terms of firms, so I define international political structures in terms of states. »

553 D'après les réalistes, les États cherchent toujours des gains plus importants qu'autrui dans la coopération, donc la coopération constitue un foyer des conflits et enfin, des guerres. Voir Joseph M. Grieco, « Anarchy and the Limits of Cooperation: A Realist Critique of the Newest Liberal Institutionalism » (1988) 42:3, Int*ernational Organization* 485 [Grieco].

masculine qui fait prévaloir le conflit plutôt que la coopération[554]. Mettant l'accent sur l'aspect conflictuel du système international, les réalistes tendent à ignorer des éléments de coopération et de régénération qui constituent également un aspect important des relations internationales.

La deuxième raison qui freine la coopération, c'est que les États cherchent toujours des gains relatifs, c'est-à-dire, des gains supérieurs à ceux des autres États participant à la coopération[555]. Les États se préoccupent de maintenir leur position dans le système, mais pas de maximiser leur pouvoir ou leurs intérêts absolus[556]. D'après Gierco,

> realism's identification of the relative gains problem for cooperation is based on its insight that states in anarchy fear for their survival as independent actors. According to realists, states worry that today's friends may be tomorrow's enemy in war, and fear that achievement of joint gains that advantage a friend in the present might produce a more dangerous potential foe in the future[557].

Cette préoccupation constitue sans doute l'obstacle le plus important à une réelle coopération. Ainsi, le réalisme propose donc à l'État une souveraineté absolue qui implique une stratégie non coopérative dans le but d'assurer sa sécurité dans un monde anarchique.

Puisque le réalisme a connu un développement rapide après la Deuxième Guerre mondiale, il nous incombe de répondre à la question suivante : si cette théorie s'inspire d'un certain traumatisme de la guerre, est-elle encore valable à l'heure actuelle ? Comme nous l'avons démontré, la signification de la souveraineté a largement évolué grâce à l'intégration régionale et à la mondialisation économique.

---

554 J. Ann Tickner, « Hans Morgenthau's Principles of Political Realism: a Feminist Reformulation » (1988) 17:3, *Journal of International Studies* 429.
555 Grieco, *supra* note 554.
556 Waltz, Theory, *supra* note 547 à la p 126.
557 Ibid à la p 487.

Aujourd'hui, l'interdépendance représente une tendance mondiale irréversible.

Le libéralisme

Le réalisme fait face aux défis que lui pose surtout le libéralisme[558]. Réagissant à sa vision tragique des relations internationales, les libéraux nous donnent une perspective plus optimiste de la coopération internationale[559]. Il postule tout d'abord un acteur rationnel, mais *reciprocans*. Selon Adam Smith, pour satisfaire ses intérêts, chaque État a besoin des autres et au fur et à mesure qu'il satisfait ses intérêts, il satisfait inconsciemment les intérêts des autres tout en améliorant son environnement. Au lieu d'entraîner des conflits, la concurrence entre les États génère l'équilibre et le progrès[560].

Selon cette logique, les libéraux ont constaté que l'interdépendance économique s'accentuant, les États n'ont qu'à coopérer les uns avec les autres pour stabiliser le prix des produits, garantir l'emploi et faire croître l'économie[561]. De surcroît, comme il existe à l'intérieur du régime des États industriels une tendance à privilégier la sécurité sociale et l'accroissement économique par rapport au pouvoir étatique, la coopération internationale est même devenue essentielle dans la gouvernance des États souverains qui sont les représentants des intérêts des différents groupes[562].

Les libéraux partagent avec les réalistes l'idée que le monde est anarchique. Pourtant les participants, y compris des États souverains, des organisations intergouvernementales, des entreprises multinationales et des organisations non gouvernementales cherchent

---

[558] Ou plus précisément, le « néolibéralisme » qui a accepté le postulat réaliste que les États constituent les acteurs principaux des relations internationales et qu'ils se trouvent dans un monde anarchique.

[559] Grieco, *supra* note 554.

[560] Voir Adam Smith, *Recherches sur la nature et les causes de la richesse des Nations*, traduit par Philipe Jaudel et Jean-Michel Servet, Paris, Economica, 2000.

[561] Robert O. Keohane et Joseph S. Nye, *Power and Interdependence: World Politics in Transition,* Boston, Little, Brown and Company, 1977[Keohane et Nye 1977]; Kenneth A. Oye, « Explaining Cooperation under Anarchy: Hypothesis and Strategies » (1985) 3:1, *World Politics*, aux pp 1-24.

[562] Voir *Ibid*, Keohane et Nye 1977.

tous à promouvoir une meilleure coopération[563]. D'après Keohane, la coopération internationale ne se limite pas à la formation des organisations intergouvernementales telles que les Nations Unies, mais elle crée souvent un « régime international », soit « un ensemble explicite ou implicite de principes, de normes, de règles et de procédures de prise de décision autour desquelles les anticipations des acteurs convergent dans un domaine donné des relations internationales »[564]. D'après Keohane, dans un monde anarchique, les États peuvent accepter la stratégie coopérative à la seule condition que les coûts de transaction associés à l'établissement de rapports de coopération soient limités. Il a proposé un cadre institutionnel pour le régime coopératif en identifiant sept objectifs que les États devront atteindre ; « limiter les coûts des transactions entre eux ; créer une structure qui favorise des négociations ordonnées ; favoriser l'établissement de liens entre différents enjeux et régimes ; faciliter la circulation de l'information; favoriser les échanges réguliers entre les États ; mettre l'accent sur le respect des règles et des réputations ; et promouvoir le principe de réciprocité généralisée » [notre traduction][565].

On a reproché aux libéraux d'être trop optimistes quant à la nature humaine. Selon les réalistes, ils ont sous-estimé l'aspect conflictuel des intérêts des États chez qui la méfiance mutuelle l'emporte souvent sur les gains de la coopération. Le nationalisme et les conflits ethniques constituent également des variables incontournables que les libéraux n'ont pas prises en considération[566]. En outre, les réalistes estiment que le libéralisme, au lieu de décrire d'une façon objective et réaliste les

---

563 Erst B. Haas, *Beyond the Nation-State: Fuctionalism and International Organizations*, Stanford, Stanford University Press, 1964.

564 Stephen D. Krasner, « Structural Causes and Regime Consequences: Regimes as Intervening Variables » (1982) 36:2, *International Organization* 185.

565 Robert O. Keohane, *After Hegemony: Cooperation and Discord in the World Political Economy*, Princeton, Princeton University Press, 2005 à la p 106 [Keohane After Hegemony]; voir aussi Michael J. Gilligan, « The Transactions Costs Approach to Understanding International Institutions: An Intellectual Legacy of Robert O. Keohane », en ligne: Princeton University <http://www.princeton.edu/~hmilner/Conference_files/KEOHANE/gilligan.pdf
>.

566 Voir Samuel P. Huntington, *Qui sommes-nous ? Identité nationale et choc des cultures,* Paris, Odile Jacob, 2004.

pratiques étatiques, a tendance à idéaliser l'utilité des outils normatifs pour atteindre la paix et la coopération internationales. Autrement dit, le libéralisme confond l'« être » et le « devoir être » de Hume[567]. Comme énoncé par Raymond Boudon, « on ne peut tirer une conclusion à l'impératif de prémisses qui seraient toutes à l'indicatif »[568]. Enfin, d'après les réalistes, les théories du libéralisme s'appliquent seulement lorsque les intérêts des États convergent.

En revanche, d'après les libéraux, le réalisme « blame a small number of behaviour traits for conflict, ignoring more benign aspects of human nature that point in the opposite direction »[569]. Il suppose un chef d'État rationnel (homo oeconomicus) qui a, en revanche, une rationalité limitée[570]. Les dirigeants des États ont souvent des difficultés à calculer les gains et les coûts en se fondant sur l'information disponible, donc, ils ont tendance à atteindre une performance satisfaisante, plutôt qu'optimale.

Nos observations

Malgré les divergences sur la possibilité de coopérer, les deux courants de pensée ne sont pas nécessairement incompatibles, car ils partagent le postulat de l'homme rationnel. Ils décrivent, en réalité, deux étapes différentes de la coopération internationale dans un monde anarchique. En d'autres mots, « [l]e libéralisme met l'accent sur les préférences de l'État [...], tandis que le réalisme attache plus d'importance au processus de la négociation interétatique » [notre traduction][571]. Dans les relations internationales, les réalistes attribuent les choix de l'État aux contraintes externes qui influencent la négociation interétatique, tandis que pour les libéraux, les facteurs sociaux internes déterminent le niveau de coopération ou de conflit. Les

567 Voir David Hume, *Traité de la Nature humaine*, Paris, Flammarion, 1993.

568 Raymond Boudon, *Le relativisme*, 1er éd, Presse universitaires de France, 2008 à la p 15.

569 Waltz, *supra* note 547 à la p 39.

570 « Bounded rationality » en anglais. Voir aussi Herbert A. Simon, *Models of Bounded Rationality: Empirically grounded economic reason*, MIT Press, 1982.

571 « The Liberal Paradigm in International Relations Theory: A Social Scientific Assessment » dans Colin et Miram Fendius Elman dir, *Progress in International Relations Theory: Metrics and Measures of Scientific Change*, Cambridge, MIT Press, 2003, à la p 11.

libéraux essayent de prouver que les États rationnels peuvent adopter une stratégie coopérative tout en recherchant leurs propres intérêts (autrement dit, tout en restant égoïstes). Le réalisme a démontré que le conflit et la coopération peuvent se muer en leur contraire. Autrement dit, les réalistes ne nient pas l'importance et la possibilité de la coopération internationale. Ils prétendent seulement que les États cherchent toujours des gains dans l'interaction internationale au détriment de la coopération, et « the participation in a regime or adherence to a norm occurs if the net benefits outweigh those of unilateral action »[572]. La coopération ne sera jamais un état permanent des relations internationales.

Le point de vue du réalisme nous encourage à adopter une perspective dynamique de la relation conflit-coopération à l'échelle internationale. Les libéraux reconnaissent de leur côté que la coopération n'est pas venue gratuitement dans le contexte d'un monde anarchique où l'on ne trouve pas un seul gouvernement central qui impose les règles et qui punit les contrevenants. Le principe de réciprocité[573] ainsi que les garanties institutionnelles font dans ce cas contrepoids à l'état anarchique international.

En bref, pour répondre à la question soulevée au début de cette section (Les États optent-ils plus pour la coopération ou pour le conflit ?), disons que dans un monde anarchique, mais interdépendant, il n'y a pas de pouvoir central ; néanmoins, les États sont en pratique plus *homo reciprocans* que pur *homo oeconomicus* et peuvent coopérer à la condition que des arrangements institutionnels efficaces soient mis en place. Cependant, cette coopération ne sera jamais permanente entre des États souverains ; il s'agit plutôt d'un processus dynamique.

Malgré la convergence du réalisme et du libéralisme sur la possibilité de la coopération internationale, le tableau ci-dessous montre que leurs

[572] Brunnée et Toope, *supra* note 276 à la p 11 ; voir aussi Grieco, *supra* note 554, Grieco ont proposé une perspective réaliste de l'institutionnalisme (ou la théorie du régime international) dans cet article.
[573] Voir Robert Axelrod et William D. Hamilton, « The Evolution of Cooperation » (1981) 211: 4489, *Science* 1390.

perspectives concernant la souveraineté de l'État restent encore fondamentalement différentes.

Tableau 11 La coopération selon le réalisme et le libéralisme

Éléments de comparaison	**Réalisme**	**Libéralisme**
Postulat économique :	*Homo oeconomicus*	*Homo reciprocans*
Possibilité de coopérer :	Stratégie non coopérative dans la coopération	Coopération conditionnelle
Contexte :	Monde anarchique	Monde anarchique, mais interdépendant
Participants :	États souverains seulement	États, ONG, multinationales, institutions internationales
Gains recherchés par les États :	Gains relatifs (obstacle majeur à une coopération approfondie)	Gains absolus
Solution proposée :	Hégémonie ou équilibre des pouvoirs	Institution internationale
Mode de souveraineté :	Souveraineté absolue	Souveraineté limitée

Tout en supposant un monde anarchique où une autorité mondiale ayant la compétence de prévenir la violence est absente, le réalisme montre que les États cherchent, en réalité, des gains relatifs pour garantir leurs positions dans le système international[574]. En d'autres termes, la préoccupation majeure des États souverains est de survivre dans un monde hostile. Dans ce contexte, la souveraineté constitue un rempart servant au besoin à assurer la sécurité de l'État et les États souverains, soucieux de la perte d'une position avantageuse, ont toujours tendance à abuser de leur souveraineté pour obtenir des gains relatifs. En ce sens, la souveraineté réaliste correspond parfaitement à

[574] Voir Grieco, *supra* note 554.

la souveraineté absolue adoptée par certains États dans leur pratique internationale.

Les libéraux prétendent au contraire que le monde anarchique est fondamentalement interdépendant et que les États souverains (*homo reciprocans*), tout en étant égoïstes et rationnels, ne sont pas totalement indifférents aux intérêts des autres. Ils proposent donc une conceptualisation de souveraineté plus coopérative que conflictuelle. Puisqu'il n'existe pas d'autorité qui puisse imposer des règles, les libéraux (plus spécifiquement les néolibéraux) estiment qu'il demeure cependant pertinent pour les États d'adopter des arrangements institutionnels afin de prévenir les risques de défection et de réduire l'incertitude quant aux intentions des autres États. La création des institutions internationales permet de réduire de beaucoup les coûts de transaction associés à l'établissement de rapports de coopération et de garantir ainsi la coopération à long terme.

Même s'il reconnaît l'interdépendance sociale des États, le libéralisme, affirme que l'État est fondamentalement rationnel et de nature « atomique »[575] dans le système international et que ses intérêts restent encore sa préoccupation majeure. Il tend ainsi à adopter une perspective individualiste du rôle de l'État dans les relations internationales. La coopération libéraliste se réalise donc à l'aide d'arrangements institutionnels, sur la base d'une coexistence d'États souverains. Au lieu d'une souveraineté coopérative, le libéralisme illustre plutôt une « souveraineté limitée » qui n'entraîne pas nécessairement des obligations positives en droit international.

De plus, le libéralisme ne répond pas non plus à la question suivante : si le régime international peut réduire les coûts de transaction et prévenir les risques de défection, comment les États peuvent-ils entrer en coopération dans un monde anarchique avant l'établissement d'arrangements institutionnels, et comment les intérêts des États s'établissent-ils[576]. Les doctrines libéralistes risquent de s'enfermer dans un raisonnement tautologique devant cette question irrésolue.

---

[575] Voir Grieco, *supra* note 554.

[576] Susan a remarqué certains *wooliness* et *imprécision* dans la définition néolibérale du régime. Voir Susan Strange, « Cave ! Hic Dragones: A Critique of

Le constructivisme peut probablement combler cette lacune. Si le réalisme et le libéralisme ont contribué aux connaissances sur la possibilité d'une coopération internationale dans un monde anarchique, le constructivisme[577] redéfinit l'existence de la coopération et sa raison d'être tout en donnant une nouvelle interprétation de la « souveraineté coopérative ».

Section 3. Apport du constructivisme

Le constructivisme constitue une école de pensée relativement récente par rapport aux théories classiques de RI [578]. En tant qu'approche théorique critique, le constructivisme fut introduit dans les recherches en RI par Nicolas Onuf à la fin des années quatre-vingt[579]. En dépit de leurs différences ontologiques quant au caractère des acteurs [580], le réalisme et le libéralisme ont partagé une même épistémologie positiviste [581], et tous deux supposent que les États agissent d'une façon cohérente dans un monde anarchique. Le constructivisme se distingue tout d'abord en posant l'hypothèse que les

---

Regime Analysis » (1982) 36:2, International Organization; voir aussi Vinod K. Aggarwal, *Liberal Protectionism: The International Politics of Organized Textile Trade,* Berkeley, University of California Press, 1985.

[577] Il reste encore contesté que le constructivisme constitue un modèle d'analyse dominant comme le réalisme et le libéralisme, certains trouvent qu'il est plutôt une théorie essentiellement critique qui, comme étant écrit par Wendt, propose « a constructivist approch to international politics », voir Wendt 1999 à la p xiii, *supra* note 30.

[578] Le Constructivisme est né tout d'abord dans d'autres disciplines, essentiellement la sociologie, la philosophie et l'anthropologie.

[579] Nicolas Onuf, *The World of Our Making: Rules and Rule in Social Theory and International Relations*, New York, Routeledge, 2012.

[580] Voir la définition de *homo economicus* et de *homo reciprocans* aux pp 213-215 ; voir aussi Jean-Jacques Rousseau, *Du contrat social*, 1 ère éd, Paris, Édition Gallimard, 1983.

[581] Voir Audie Klotz et Cecelia Lynch, « Le constructivisme dans la théorie des relations internationales » (1999) 2 : 1, *Critique internationale* 51 à la p 51 [Klotz et Lynch]; voir aussi Wendt 1999, *supra* note 30 aux pp 23-40, Wendt a classifié le réalisme pour sa tendance matérialiste-individualiste et le libéralisme sa tendance idéaliste-individualiste, tandis que le constructivisme se distingue par sa tendance idéaliste-holiste.

êtres humains sont des êtres sociaux[582], contrairement au postulat rationaliste des relations internationales. Il introduit ainsi dans les recherches une perspective sociologique des relations internationales[583]. Le constructivisme se base sur trois hypothèses :

> (1) States are the principal units of analysis for international political theory; (2) the key structures in the state's system are intersubjective, rather than material; and (3) state identities and interests are an important part constructed by these social structures, rather than given exogenously to the system by human nature or domestic politics[584].

Selon le réalisme et le libéralisme, ce sont les intérêts des États qui déterminent le choix de leurs décisions dans les relations internationales ; mais selon le constructivisme, ces intérêts ne peuvent pas être simplement déduits de la répartition mondiale du pouvoir, car ils représentent la « construction sociale » des identités des acteurs[585]. Wendt a défini la notion d'identités comme « un caractère des acteurs consentant qui génère des motivations et des comportements » [notre traduction][586]. D'après le constructivisme, le facteur qui détermine le choix des États est celui des « identités d'État »[587] au lieu des intérêts, car la formation des identités constitue toujours un phénomène qui précède la construction des préférences et des intérêts. Comme l'a

---

[582] Voir Wendt 1999, *supra* note 30 ; voir aussi Maja. Zehfuss, *Constructivism in International Relations: the Politics of Reality*, Cambridge, UK; New York, Cambridge University Press, 2002.
Cette approche se distingue radicalement de ces deux dernières en rejetant le postulat rationaliste à la base des analyses classiques et en lui substituant celui de la construction sociale des faits par le biais du concept d'idées mutuellement construites

[583] Par contre, tant le réalisme que le libéralisme ont proposé une perspective économique des relations internationales.

[584] Wendt 1994, *supra* note 99 à la p 385; voir aussi Wendt 1999, *supra* note 30 aux pp 88-90.

[585] Jutta Brunnée et Stéphen J. Toope, « International Law and Constructivism: Elements of an Interactional Theory of International Law » (2000) 39: 19, *Colombia Journal of Transnational Law* 20 à la p 21 [Brunnée et Toope 2000].

[586] Wendt 1999, *supra* note 30 aux pp 224, 231.

[587] Voir Brunnée et Toope 2000, *supra* note 586.

indiqué Wendt, les intérêts de l'État présupposent des identités, « because an actor cannot know what it wants until it knows who it is »[588]. Si le réalisme estime que les intérêts (et les identités) des acteurs font partie intrinsèque de leurs interactions internationales, le constructivisme suppose que les intérêts et les identités d'État sont des constructions sociales qui se forment dans les interactions entre les acteurs. Cette formation des identités est déterminée par les « idées partagées »[589].

Pour ce qui est de la possibilité de la coopération internationale, le réalisme trouve qu'elle n'est pas possible en mettant l'accent sur le caractère anarchique du système international, car ce caractère alimente la dérogation, la tricherie et le « free-riding ». Les libéraux prétendent de leur côté que la coopération est possible sur la base de la réciprocité. En d'autres mots, les États coopèrent parce qu'ils estiment que les autres le feront aussi ou par crainte de sanctions institutionnelles[590]. Cependant, tous présument la préexistence non seulement des intérêts (des identités) de l'État, mais aussi de l'état anarchique. Pour le constructivisme, au lieu d'être un état naturel préexistant, l'état anarchique est une construction sociale dans les interactions entre les États[591]. Il se sert de cette constatation pour expliquer le mode d'existence et la raison d'être de la coopération internationale.

---

588 *Ibid* à la p 231.

589 Voir Batistella, *Théories des relations internationales*, Paris, Presse de Science Po, 2003 à la p 279.

590 Voir Robert Axelrod, *The Evolution of Cooperation,* New York, Basic Books, 1984; Robert O. Keohane, « Reciprocity in International Relations » (1986) 40, *International Organization* 1; George W. Roche et Peter N. Barsoom, « Is the good news about compliance good news about cooperation » (1996) 50, *International Organization* 379; voir aussi Andrew T. Guzman, *How International Law Works: A Rational Choice Theory*, Oxford University Press, 2008.

591 Alexander Wendt, « Anarchy is what States Make of it: The Social Construction of Power Politics » (1992) 46:2, *International Organizations* 391.

La coopération internationale signale un rapprochement des idées[592] dans les interactions des États. On constate que les États qui partagent un savoir collectif dans un domaine donné interagissent plus de manière dynamique et tendent à établir un régime coopératif durable. Les identités des États qui se forment dans ces interactions coopératives influencent à leur tour le processus relationnel. Du point de vue constructiviste, les institutions internationales constituent souvent, sous forme de normes et de règles, un cadre relativement stable pour la formation des identités et des intérêts. La coopération institutionnelle consiste alors à institutionnaliser les nouvelles identités qui n'ont jamais cessé et ne cesseront pas d'évoluer. Ainsi, la souveraineté qui est un caractère « intrinsic to the state, not contingent » [593] peut également évoluer dans le cadre des identités des États.

En confirmant l'importance des identités des États, le constructivisme propose une vision plus holistique de la souveraineté et de la coopération. Dans la construction des identités, il y a toujours deux aspects indispensables, comme l'a proposé Wendt: « two kinds of ideas can enter into identity, in other words, those held by the Self and those held by the Other »[594]. Les États doivent donc toujours prendre en considération les besoins des autres. Nous pouvons ainsi conclure que la coopération interactive constitue un caractère intrinsèque des identités d'un État souverain.

Les États ne sont plus de simples acteurs atomiques, comme l'a prétendu le libéralisme, mais plutôt des acteurs interdépendants parce qu'ils se définissent les uns par rapport aux autres. Ils acceptent la coopération plus facilement quand ils partagent des connaissances collectives, et la formation de ces connaissances collectives constitue un processus de construction sociale qui évolue toujours au cours des

[592] Ou en anglais « the shared understandings » qui sous-tendent le système de droit international selon Brunée et Toope. Voir Brunnée et Toope, *supra* note 276 à la p 56.

[593] Voir John Ruggie, « Contunuity and transfromation in the world policy » (1983) 35, *World Politics* 261; David Strang, « Anomaly and commonplace in European political expansion: Realist and institutional accounts » (1991) 45, *International Organizations* 143; voir toutefois Wendt 1999, *supra* note 30 à la p 209.

[594] Wendt 1999, *supra* note 30 à la p 215.

interactions internationales. Cette perspective constructiviste peut servir à mieux expliquer le mode de réalisation de la souveraineté coopérative qui est évidemment un processus circulaire et dynamique. En mettant l'accent sur l'interaction internationale, le constructivisme exige que les États, au lieu de se contenter de coexister, coopèrent entre eux, ce qui leur impose nécessairement plus d'obligations positives en droit international.

Section 4. L'approche constructiviste et le droit international

La perspective constructiviste du droit international représente selon nous un renvoi aux doctrines traditionnelles de la source du droit positif définie surtout par Suarez et Grocius[595]. Selon ces auteurs, « le droit positif s'appuie, pour pouvoir exister, sur le droit naturel, en ce sens que c'est précisément une norme du droit naturel qui confère, d'une part, à la volonté du législateur national et d'autre part, au consentement des États, le pouvoir de donner vie à des règles obligatoires »[596]. Le droit international est créé sur la base des consentements tacites ou explicites des États. Il s'agit d'une structure horizontale qui tolère la diversité des identités des participants et qui facilite en même temps le développement de cette diversité identitaire. La structure hiérarchique des normes présumée par le positivisme n'existe donc pas vraiment en droit international[597]. Selon la perspective rationaliste, les États n'observent les règles du droit international que dans le cas où l'adoption de ces règles réponde à leurs propres intérêts et pourrait augmenter leurs propres gains. En ce sens, le droit international devient un simple mythe rhétorique[598].

---

[595] Voir Roberto Ago, « Droit positif et droit international » (1957) 3, *Annuaire français de droit international*, 14 à la p 18.
[596] *Ibid.*
[597] Voir David J. Bederman, « Constructivism, Positivism, and Empiricism in International Law » (2000) 89, *The Geogetown Law Journal* 469; voir aussi Martin V. Totaro, « Legal Positivism, Constructivism, and International Human Rights Law: The Case of Participatory Development » (2008) 48, *Virginia Journal of International Law* 719.
[598] Voir Jack L. Goldsmith et Eric A. Posner, *The Limits of International Law*, Oxford, Oxford University Press, 2005.

La perspective constructiviste implique une approche non positiviste. En effet, le positivisme suppose que la seule légitimité du droit provient de la souveraineté. Néanmoins, dans le système international, nous ne trouvons nulle part cette souveraineté supranationale qui est compétente pour imposer des obligations et des sanctions. Le positivisme ne peut donc représenter le paradigme dominant de la recherche en droit international, parce qu'il ignore totalement la relation particulière « between the rules of international law and their sociological context » [599] · Une même norme positive du droit international peut avoir différentes significations pour des États différents à cause de la diversité de leurs identités. Tout en reconnaissant cette différence, le constructivisme propose une approche plus holistique qui sert à mieux expliquer le fonctionnement du droit international et l'évolution du système de relations internationales[600].

Lon L. Fuller fut l'un des premiers à répondre, dans une perspective constructiviste à la position de son contemporain Hart. Il avance que toute loi repose sur une forme de moralité soit interne, soit externe. Le droit est, d'après Fuller, « the enterprise of subjecting human conduct to the governance of rules »[601]. Au lieu d'être un ensemble de normes et de règles dont le contour est clairement défini, le droit constitue plutôt, selon lui, une action et un processus évolutifs.

Nous ne prétendons pas, cependant, que les approches positivistes et non positivistes sont incompatibles. La première sert à décrire, tandis que la seconde a pour vocation d'expliquer. Dans le contexte de notre analyse, les deux se complètent et constituent deux approches importantes. Pour étudier une norme positive du droit international, nous pouvons adopter l'approche constructiviste qui sert à identifier les interactions sociales et qui permet la production et la reproduction

---

599 Hans J. Morgenthau, « Positivism, Functionalism, and International Law » (1940) 34:2, *American Journal of International Law* 260 à la p 472.

600 Brunnée et Toope 2000, *supra* note 586; voir aussi Phillip A. Karber, « "Constructivism" as a Method in International Law » (2000) 94, *Proceedings of the Annual Meeting (American Society of International Law)* 189; Harlan G. Cohen, « Can International Law Work? A Constructivist Expansion » (2009) 1:1, Berkeley J. Int'l Law 636; voir aussi Andrew T. Guzman, *How International Law Works: A Rational Choice Theory*, Oxford University Press, 2008.

601 Lon L. Fuller, *The morality of law*, Yale University Press, 1977 à la p 120.

de cette norme. En revanche, les études positivistes permettent de prouver un point de vue constructiviste en proposant le cadre d'analyse nécessaire.

En bref, le constructivisme « met en relation la production et la reproduction des pratiques sociales avec leur caractère situé dans des contextes particuliers : historique, politique, économique, géographique »[602]. Il nécessite la contextualisation historique des idées collectives. En d'autres mots, afin de mieux expliquer la production et la reproduction des identités des États souverains, en adoptant l'approche constructiviste, il nous faut examiner les dimensions culturelles et historiques des interactions entre les États ainsi qu'entre les États et le système de droit international.

Chapitre 2. Les identités d'État dans une perspective constructiviste

Comme nous l'avons dit précédemment, le constructivisme a introduit la notion d'identités en tant que caractère déterminant des acteurs dans les relations internationales ; les rationalistes[603] ont considéré les intérêts et les identités des États comme une donnée préexistante et ils n'ont pas prévu d'éventuels changements dans cette donnée. Comme l'a indiqué Prigogine, « states and the system of states simply are endowed with the ontological status of being, but not of becoming »[604].

Au sens constructiviste, les identités sont construites. Leur formation constitue un processus de la « sélection culturelle »[605] ou de la « socialization »[606] ; « the transmission of the determinants of behaviour from individual to individual, and thus from generation to

[602] Klotz et Lynch, *supra* note 582 à la p 51.
[603] Voir John Gerard Ruggie, « What Makes the World Hang Together? Neo-utilitarialism and the Social Constructive Challenge » (1998) 52:4, *International Organization* 855 [Ruggie 1998].
[604] Ilya Prigogine, *From Being to Becoming: Time and Complexity in the Physical Science*, New York, W.H. Freeman and Company, 1980.
[605] Voir Agner Fog, *Cultural Selection*, Dordrecht, Kluwer Academia Publisher, 1999 [Fog].
[606] Wendt 1999, *supra* note 30 à la p 324.

generation, by social learning, imitation or some other similar process »[607]. Cette évolution des identités se produit à deux niveaux : le niveau intérieur et le niveau international[608]. Les facteurs intérieurs et internationaux ont construit respectivement les identités des États et leurs intérêts et ce processus de construction dynamique et interactif ne cesse jamais d'évoluer.

Selon Brubaker, le terme « identités » est parfois « trop ambigu et trop écartelé entre son acceptation dure et son acceptation faible, entre ses connotations essentialistes et ses nuances constructivistes »[609]. Il propose de le remplacer par des notions plus précises et plus contextualisées. Bruno Desjardin va même plus loin en prouvant, dans une étude empirique du cas du Japon, que « la notion même d'identité - centrale chez Wendt - fait s'effondrer tout le modèle [du constructivisme de Wendt] »[610].

Nous avons nous aussi remarqué l'ambiguïté, voire la fluidité du terme « identités », mais cela ne nous empêche pas de l'adopter à cause de son caractère évolutif. Autrement dit, au moyen des identités, nous entendons démontrer tout d'abord que les facteurs qui déterminent les choix des États en matière de coopération hydrique ne sont pas des intérêts préexistants, mais plutôt le produit d'une construction sociale interactive tant au niveau national qu'au niveau international ; en second lieu, ces facteurs susmentionnés ne sont pas figés une fois formés, mais évoluent toujours au cours des interactions sociales, ou dans le processus de la socialisation.

---

607 *Ibid.*

608 Ruggie 1998, *supra* note 604 à la p 864.

609 Roger Brubaker, « Au-delà de l'identité » (2001) 4, *Actes de la recherche en sciences sociales* 66 à la p 67 ; voir aussi Philip Gleason, « Identifying Identity: A Semantic History » (1983) 64:4, *Journal of American History* 910.

610 Bruno Desjardins, l'Identité de défense Kantienne du Japon : L'utilité et les limites de l'approche constructiviste d'Alexander Wendt ; Freidrich Kradochwil, « Constructing a New Orthodoxy? Wendt's Social Theory of International Politics and the Constructivist Challenge » dans Stefano Guzzini et Anna Leander dir, *Constructivism and International Relations: Alexander Wendt and His Critics*, Londres, Roudledge, 2006.

L'identité intérieure (culturelle) de l'État

Par l'identité intérieure de l'État, nous entendons essentiellement son identité culturelle[611]. La culture est constituée principalement d'un ensemble de « values and evaluations emerging in the concrete attitude towards everyday life »[612] du peuple qui forge la « connaissance collective »[613] d'une nation. Selon Wendt, « [c]ulture is more a summation of the shared ideas that individuals have in their heads, but a communally sustained and thus inherently public phenomenon »[614].

L'identité intérieure de l'État tire son origine de cette conscience collective du peuple. Elle constitue probablement le noyau le plus dur de ses identités. Elle se construit dans le processus de la « sélection culturelle »[615] qui inclut principalement deux mécanismes : « imitation » et « social learning » (apprentissage social)[616]. Les identités se construisent par voie d'imitation quand les acteurs adoptent « the self-understandings of those whom they perceive as successful »[617]. Au cours de ce processus, la population de l'État devient par conséquent plus homogène.

---

[611] L'identité intérieure se rapporte en réalité plus étroitement à la construction de la nation qui est de nature plus culturelle que politique, voir Juan J. Linz, Mohammad-Saïd Darviche et William Genieys, « Construction étatique et construction nationale » (1997) 7 :1, *Pôle Sud* 5. Selon Linz, « construction étatique et construction nationale sont deux processus qui se chevauchent tout en restant conceptionnellement différentes ».

[612] George F. Mclean, « Cultural Identity, Pluralism and Globalization», dans John P. Hogan dir, *Cultural Identity, Pluralism and Globalization (vol II),* Washington, D.C., The Council for Research in Values and Philosophy, 2005 à la p 297.

[613] Voir Emilie Turkheim, *Division of Labour in Society*, New York, Free Press, 2014; voir aussi Margaret Gilbert, « Modelling Collective Belief » (1987) 73, *Synthese* 185.

[614] Voir Wendt 1999, *supra* note 30 à la p 164.

[615] Voir Fog, *supra* note 606.

[616] Voir Albert Bandura, *Social Learning Theory*, New York, General Learning Press, 1971; voir aussi Robert Boyd et Peter Richerson, « Sociology, Culture and Economic Theory » (1980), *Journal of Economic Behavior and Organization* 97 [Boyd et Richerson]; voir aussi Wendt 1999, *supra* note 30 à la p 324.

[617] Wendt 1999, *supra* note 30 à la p 325.

Le second mécanisme est l'apprentissage social. Selon Wendt, « identities and their corresponding interests are learned and then reinforced in response to how actors are treated by significant Others »[618]. En d'autres mots, « actors come to see themselves as a reflection of how they think Others see or "appraise" them, in the "mirror" of Other representations of the Self »[619]. L'apprentissage social se fait donc en quatre phases : premièrement, l'Ego engage une action sur la base de sa définition a priori de la situation ; deuxièmement, l'Autre interprète la signification de l'action d'Ego, c'est le début de l'apprentissage ; troisièmement, l'Autre engage une action à partir de sa nouvelle définition de la situation ; quatrièmement, en observant l'action de l'Autre et après avoir acquis encore de nouvelles connaissances, l'Ego prépare sa réponse. Les quatre phases ne représentent pas un processus linéaire, mais circulaire et répétitif, car l'Ego et l'Autre peuvent continuer cette interaction jusqu'à ce qu'ils décident d'arrêter. Dans le processus de l'apprentissage social, les acteurs « will get to know each other, changing a distribution of knowledge that was initially only privately held (a mere social structure) into one that is at least partly shared (a culture) »[620]. Cette théorie de l'apprentissage social peut expliquer comment les identités évoluent dans les interactions humaines.

En comparaison avec l'identité internationale, l'identité culturelle de l'État est construite au niveau micro dans les interactions individuelles à l'intérieur de l'État. Comme il s'agit d'une identité qui remonte loin dans le temps et qui se présente sous forme du caractère fondamental d'un État-nation, l'influence de l'identité culturelle sur le comportement étatique est donc profonde, mais néanmoins subconsciente et changeante.

---

[618] *Ibid*, à la p 327. Voir aussi Sheldon Stryker et Anne Statham, « Symbolic interaction and role theory » dans G. Lindzey et E. Aronson dir, *Handbook of Social Psychology (vol I)*, New York Random House, 1985, aux pp 311-378; voir aussi Sheldon Stryker, *Symbolic Interactionism : A Social Structural Version*, Menlo Park, The Benjamin Cummings Publishing Company, 1980; « Identity Theory: Developments and Extensions » dans K.Yardley et T. Honess dir, *Self and Identity: Psychosocial Perspectives*, New York, Wiley, 1987 aux pp 89-103.
[619] Wendt 1999, *supra* note 30 à la p 327.
[620] Wendt 1999, *supra* note 30 à la p 331.

L’identité internationale de l’État

Nous entendons surtout par l’identité internationale les connaissances collectives que l’État a sur lui-même et qui sont formées dans les interactions avec d’autres États et avec le système international dans son ensemble. L’identité internationale est aussi construite par les mécanismes de l’imitation et de l’apprentissage social, mais au niveau macro, entre les États. Le résultat de cette interaction interétatique n’est pas seulement l’évolution culturelle du système international lui-même, mais aussi la formation de nouvelles identités qui s’adaptent mieux aux exigences extérieures.

Si la plupart des constructivistes s’intéressent aux influences des identités d’un État sur sa politique extérieure et à l’évolution des régimes internationaux, Wendt se distingue en proposant une démarche inverse, allant du système international vers l’État. Au niveau international, les identités d’État sont souvent liées aux institutions internationales qui constituent le cadre dans lequel les États interagissent et apprennent comment se comporter dans un système international. Les États adoptent ainsi de nouvelles identités tout en subissant de fortes pressions du système international pour se conformer à la culture internationale, souvent à la suite de leurs interactions au sein des institutions.

Conclusion du TITRE I

Le réalisme en science politique internationale suppose que les hommes rationnels sont fondamentalement égoïstes et cherchent seulement à satisfaire au maximum leurs besoins personnels. L’*homo oeconomicus* a tendance à adopter la stratégie non coopérative dans un monde anarchique. La coopération internationale est donc hasardeuse. Pourtant, les prémisses du réalisme politique sont fort douteuses. Tout d’abord, le fait que l’homme soit égoïste n’empêche pas qu’il puisse coopérer dans le but d’améliorer ses propres conditions de vie et l’environnement dans lequel il vit, si les autres participants observent le principe de réciprocité dans le jeu. En second lieu, le fait que le monde ne soit pas dominé par un gouvernement central qui se munit du pouvoir d’imposer des règles et des normes internationales n’empêche pas que les participants du jeu (les États souverains) soient interdépendants économiquement, culturellement et politiquement. Cette interdépendance internationale renforcée dans la globalisation après la Deuxième Guerre mondiale a remarquablement redéfini les relations internationales, les rendant plus plurilatérales qu'unilatérales, et ainsi plus coopératives que conflictuelles. Les arrangements institutionnels, qui peuvent remarquablement réduire le coût des transactions entre les acteurs et garantir l'application des règles convenues, constituent toujours un contrepoids important à l'anarchie. Malgré les obstacles dus surtout à l'état anarchique du système international, ni le réalisme ni le libéralisme n'ont nié la possibilité de réaliser une coopération internationale.

Néanmoins, sur la base du postulat rationnel des États ni le réalisme ni le libéralisme n'ont réussi à expliquer comment les États entrent en coopération dans un monde anarchique avant l'établissement d'arrangements institutionnels et comment se construisent les intérêts des États. Keohane a raison de définir la coopération internationale comme « un processus d'ajustement entre des politiques nationales conflictuelles dans le but d'atteindre un objectif commun »[621]. Au lieu d'être un état permanent des relations internationales, la coopération internationale, se traduit plutôt sous forme d'un processus d'ajustement. Néanmoins, ce ne sont pas les intérêts, mais les identités qui se cachent derrière les ajustements que font les États souverains. Tout en prenant une perspective interréactionnelle des relations internationales, le constructivisme a mis l'accent sur les identités d'État.

Comme certains auteurs l'ont montré, l'influence coloniale de la France ainsi que d'autres facteurs historiques communs ont contribué énormément à la formation des idées partagées dans le bassin du fleuve Sénégal qui favorise l'établissement d'une coopération étroite entre les États riverains[622] ; l'identité collective européenne partagée par les États riverains du Rhin, affirmée surtout dans le cadre de l'Union

---

[621] Keohane After hegemony, *supra* note 566 à la p 52.

[622] Voir Seck Lericollais A.S.M. et Magrin Géraud, « L'aménagement de la vallée du Sénégal : logiques nationales, crises et coopération entre les États riverains » dans Raison Jean-Pierre et Magrin Géraud dir, *Des fleuves entre conflits et compromis : essais d'hydropolitique africaine,* Paris, Karthala, 2009 aux pp 31-76.

européenne, a elle aussi contribué énormément à l'établissement et au bon fonctionnement du régime coopératif dans ce bassin. Nous soutenons que les identités d'État, construites et évolutives, déterminent le comportement de cet État. Les États ont formé chacun leurs nouvelles identités à partir des connaissances communes qui en revanche déterminent leurs comportements dans les nouvelles interactions internationales. Nous allons, maintenant, examiner les identités de la Chine et l'influence des facteurs identitaires sur le choix de son mode de coopération en matière de cours d'eau transfrontaliers. Il est à noter que, tout en mettant l'accent sur les identités d'État, nous ne nions pas l'importance de son pouvoir matériel et de ses intérêts ; nous voulons seulement indiquer que les significations et les effets de ces intérêts ne se manifestent que dans les interactions sociales.

TITRE II

Les identités de la Chine

Dans ce TITRE II, nous examinons les identités de la Chine formées tant sur le plan intérieur que sur le plan international. Cette étude pourrait contribuer également à expliquer les choix différents des États riverains dans leurs modes d'application de l'obligation de coopérer. Comme nous l'avons dit précédemment, la formation des identités d'État constitue un processus de socialisation. Leur évolution peut se produire à deux niveaux différents : le niveau intérieur[623] et le niveau international qui désignent respectivement les facteurs intérieurs et internationaux qui construisent les identités d'État et ses intérêts. Les identités de l'État sont formées « by the cultural-institutional context within which states act » qui en revanche « fundamentally shapes state behaviour »[624].

Selon Johnston, « there is considerable, if subtle, evidence of the socialization of Chinese diplomats, strategists, and analysts in certain counter-realpolitik norms and practices as a result of participation in these institutions »[625]. Nous allons examiner les facteurs intérieurs et

---

623 Ruggie 1998, *supra* note 604 à la p 864.

624 Martha Finemore et Kathryn Sikkink, « International Norm Dynamics and Political Change » (1998) 52: 4, *International Organization* 887 à la p 902.

625 Alastair Iain Johnston, *Social States : China in International Institutions 1980-2000*, Princeton, University Princeton Press, 2008 à la p xiv [Johnston 2008], les institutions, selon Johnston, sont des institutions de sécurité internationale, incluant " United Nations' Conference on Disarmament in Geneva, the ASEAN Regional Forum and associated regional multilateral security dialogues, the Comprehensive Test Ban Treaty, and the antipersonnel landmine regimes" ; voir

extérieurs qui ont contribué à la construction des identités de la Chine et de son attitude à l'égard du droit international.

Chapitre 1. L'identité intérieure de la Chine : État confucianiste défini par le *Li* et le *Fa*

L'identité intérieure de la Chine tire son origine des connaissances collectives du peuple chinois, présentée souvent sous forme de culture traditionnelle, et constitue le noyau le plus dur de ses identités. Elle se présente sous une multitude de facettes. Dans le contexte de ce chapitre qui a pour objet de faire mieux comprendre la vision de la Chine à l'égard du droit international, nous allons étudier la culture juridique traditionnelle de la Chine. Quelle image du droit la culture juridique traditionnelle a-t-elle forgée chez les Chinois ? La réponse à cette question servira à montrer leurs « connaissances collectives » du droit et du système juridique qui influencent l'interprétation du droit international et qui définissent en partie le comportement de la Chine au sein du système international.

La Chine compte parmi les cinq civilisations les plus anciennes de l'humanité. Les dynamiques créées au cours de ses expériences passées servent toujours d'indicateurs pour le futur. Le pays peut changer son cap à tout moment, tout en conservant la même croyance subconsciente, c'est-à-dire, son identité intérieure. Il est donc impératif de savoir d'où ils viennent, pour mieux comprendre où ils vont. Puisque le sujet principal de notre thèse porte sur le droit international, nous nous intéressons plutôt à la culture juridique de la Chine.

Section 1. Idéologie dominante du régime juridique

Le Confucianisme a été proclamé idéologie officielle de l'État, mais il ne faut pas réduire la culture juridique de la Chine ancienne au seul

---

aussi Maj Gen P JS Sandhu, *China's Quest for Global Dominance: Reality or Myth,* New Delhi, Vij Books India Pvt Ltd, 2011 ; William T. Tow, *Security Politics in the Asia-Pacific: A Regional Global Nexus*, Cambridge, Cambridge University Press, 2009.

Confucianisme. Le légisme[626] en constitue une autre source principale. Le *Li* du Confucianisme et le *Fa* du légisme se complètent l'un et l'autre. Suite à la Dynastie des Zhou de l'Ouest (772 av. J.-C.), la Chine ancienne a vécu une période assez instable et troublée par des guerres civiles, mais également marquée par la floraison de philosophies politiques. Le Confucianisme et le légisme apparurent tous deux pendant cette période[627].

Le Confucianisme, voulant réinstaurer l'ancien ordre hiérarchique, redéfinit les relations personnelles et sociales sur la base du modèle de l'affection familiale[628]. Le *Li*, qui est en réalité une série de règles de conduite écrites ou coutumières, préconise le règne de l'homme. Le Confucianisme croit qu'une fois que l'ordre hiérarchique de la société est institué, les peuples peuvent vivre une époque de prospérité et de paix. Pour y arriver, l'éducation est essentielle, puisque seuls les lettrés éduqués peuvent éventuellement comprendre puis appliquer le *Li*. Donc, au lieu de mettre en place un système juridique, comme l'ont fait les contemporains de l'Empire romain, les gouverneurs chinois ont créé le fameux système d'éducation et d'élection des fonctionnaires : le *Keju*[629]. Les enfants sont tout d'abord envoyés à l'école pour étudier les grands classiques du Confucianisme. À l'âge adulte, ils peuvent participer à l'examen local, puis à l'examen municipal et national. Les lauréats de ces examens, sont reconnus comme des lettrés qui connaissent bien le *Li* et sont jugés éligibles pour l'appliquer dans la vie

---

626 马小红, *中国古代法律思想史 [L'histoire de la pensée juridique de la Chine antique]*, 1e éd, Bejing, 法律出版社, 2004.

627 Voir 王雅梅, *礼法中国: 中国古代的法律 [La Chine entre Li et Fa : les lois de la Chine antique]* , 1e éd, 希望出版社, 2012.

628 Il existe d'après le Confucius cinq relations affectives : la relation entre seigneur et vassal, entre père et fils, entre aîné et cadet, entre mari et femme, entre ami et compagnon ; et trois ordres principaux : le seigneur est supérieur aux vassaux ; le père est supérieur au fils ; le mari est supérieur à sa femme. Les hauts fonctionnaires du gouvernement, qui sont supérieurs, sont comme un père pour le peuple, ils doivent aimer leurs peuples et sont responsables de leur bien-être pendant leur règne, tandis que les peuples leur doivent une vénération absolue. Leur autorité est patriarcale.

629 Voir Rui Wang, *The Chinese Imperial Examination System: An Annotated Bibliography*, Plymouth, Rowman & Littlefield, 2013.

non seulement sociale, mais aussi politique. Peu importe qu'ils soient d'origine modeste ou noble, ils peuvent occuper une place importante au sein du gouvernement local, voire impérial. Ainsi, le Confucianisme, qui se fie principalement à l'autodiscipline des lettrés, est au fond « anti-juridique »[630].

Le légisme, apparu un peu plus tard, propose le contraire. La dominance du *Li* du Confucianisme ne signifie pas l'absence totale de lois. Il existe, au contraire, un système complet de lois destiné à protéger les intérêts des féodaux, mais toujours fondé sur l'ordre du *Li*. Le fondateur du légisme, Han fei revalorise la loi et indique que c'est la loi qui fait l'ordre social. En ce sens, le *Fa* (la loi en chinois) du légisme constitue la notion rivale du *Li* du Confucianisme.

L'empereur Wu de la dynastie des Han de l'Ouest a interdit toutes les autres doctrines politiques de manière à ce que « le confucianisme soit le seul respecté, le seul enseigné et le seul propagé par l'État »[631]. Néanmoins, le légisme n'a pas disparu pour autant. Au lieu d'être remplacé, il fut absorbé dans le confucianisme politique, celui-ci ayant obtenu le statut d'idéologie dominante de l'Empire, et il a évolué dans ce processus. Autrement dit, le légisme et le confucianisme sont arrivés à un compromis d'intégration sous le nom commun de confucianisme. Le *Fa* constitue désormais le couvert et le récipient, mais le *Li* l'essence et le contenu de la philosophie politique officielle de la Chine[632]. Durant les périodes de transition, quand il faut réinstaurer l'ordre social, les administrateurs optent pour la stratégie du légisme, adoptant des lois sévères pour intimider les ennemis et renforcer le nouveau régime politique. Mais une fois l'ordre rétabli, le *Li* du Confucianisme revient.

---

[630] B. Melkevik, « Un regard sur la culture juridique chinoise: l'École des légistes, le confucianisme et la philosophie du droit » (1996) 37 :3, *les Cahiers de Droit* 603.

[631] *Ibid* à la p 610.

[632] Jianqiang Nie et Keisuke Iida, *The Enforcement of Intellectual Property Rights in China : Implications of Good Governance, the Rule of Law and Legal Culture*, Londres, Cameron May, 2006, aux pp 63-86.

Section 2. Les relations extérieures de la Chine traditionnelle avec les États voisins

Comme nous venons de le montrer, le Confucianisme a connu de grandes réformes pour s'adapter aux besoins de la gouvernance sous la Dynastie des Han. Après la nouvelle interprétation de Dong Zhongshu [633], le Confucianisme est passé du stade de pensée philosophique à celui d'idéologie dominante de la gouvernance centralisée de la Chine ancienne. L'essentiel du Confucianisme est le *Li*, qui préconise un ordre strictement hiérarchique tant dans les milieux politiques que dans la vie familiale[634]. On peut en déduire qu'il n'existe probablement pas de relations internationales au sens strict entre la Chine et les autres États, puisque de telles relations impliquent tout d'abord une égalité de statut entre les États, ce qui est fondamentalement contraire à l'esprit du *Li*. Dans l'histoire de la Chine ancienne, il existe seulement des relations intérieures et extérieures[635]. Le résultat de l'application du *Li* dans les milieux internationaux est le « système tributaire » ou le « régime de sécurité » [636]. Les États

---

[633] Gary Arbuckle, *Restoring Dong Zhongshu (BCE 195-115): An Experiment in Historical and Philosophical Resconstruction*, thèse doctorale en étude asiatique, University of British Colombia, 1991, Ann Arbor : U.M.I. Dissertation Services, 1995; voir aussi, Robin D. S.Yates, *Five Lost Classics: Tao, Huang-lao, and Yin-yang in Han China (Classics of Ancient China),* 1e éd, Ballantine Books, 1997; Roger T. Ames, « Dong Zhongshu (Tung Chung-shu) » dans Antonio S. Cua dir, *Encyclopedia of Chinese Philosophy*, Routledge, 2002 à la p 238.

[634] Dans l'histoire culturelle de la Chine, il y a trois « Gangs » (les trios principes) et cinq « Changs » (les cinq vertus dans les relations sociales et familiales). Les trios « Gangs » : les sujets sont subordonnés à l'empereur, les fils sont subordonnés au père, la femme est subordonnée à son mari (君为臣纲，父为子纲， 夫为妻纲); les cinq « Changs »: Ren (bienveillance), Yi (fidélité), Li (modestie), Zhi (sagesse), Xin (honnêteté) (仁, 义, 礼, 智, 信).

[635] Voir J. K. Fairbank, « Tributary Trade and China's Relations with the West » (1942) 1, *The Journal of Asian Studies* 129-149; voir aussi Shiming Zhang, « A Historical and Jurisprudential Analysis of Suzerain-Vassal State Relationships in the Qing Dynasty » (2006) 1:1, *Frontiers of History in China.*

[636] Fangyin Zhou, « Equilibrium Analysis of the Tributary System » (2011) 4:2, *The Chinese Journal of International Politics* 147.[637] Wang Gungwu, « Ming Foreign Relations: Southeast Asia » dans Denis Twitchettand Frederick Mote dir, *The Cambridge History of China, Vol. 8: The Ming Dynasty,1368–1644, Part 2,* Cambridge, Cambridge University Press, 1998 à la p 304; Lien-ShengYang,

soumis à la Chine présentent régulièrement des tributs à l'empereur chinois ; en échange, la Chine assure la sécurité extérieure et l'autonomie intérieure des États tributaires.

Il s'agit donc, au fond, d'un régime d'échange d'intérêts : la Chine obtient des tributs et surtout la confirmation de sa position supérieure et centrale par rapport aux autres États de la région. En échange, les États tributaires bénéficient de la protection militaire, de la culture et des techniques avancées de l'Empire chinois. La reconnaissance officielle de la Chine vient légitimer leur autorité intérieure. L'assurance de leur autonomie intérieure représente l'enjeu le plus important pour le bon fonctionnement du régime. Cela suppose également que, malgré leur statut officiellement subordonné, les États tributaires constituent des parties indépendantes *de facto*. À noter que le régime de sécurité ou système tributaire est un processus d'interaction. Pour assurer sa sécurité périphérique, la Chine a elle aussi présenté des tributs aux États nomades, par exemple sous la dynastie des Song[637], tout en préservant, à son tour, son autonomie. On peut même employer la notion de « souveraineté », même si elle n'était pas encore apparue à l'époque[638]. Évidemment, il existe des différences importantes entre ce système traditionnel des relations internationales dominé principalement par la Chine et le système westphalien des relations internationales créé par l'Europe. L'objectif de la Chine est de

« Historical Notes on the Chinese World Order » dans John King Fairbank et Ta-tuan Ch'en, *The Chinese World Order: Traditional China's Foreign Relations,* vol. 32, Harvard University Press, 1968 à la p 20.

[637] Wang Gungwu, « Ming Foreign Relations: Southeast Asia » dans Denis Twitchettand Frederick Mote dir, *The Cambridge History of China, Vol. 8: The Ming Dynasty,1368–1644, Part 2,* Cambridge, Cambridge University Press, 1998 à la p 304; Lien-ShengYang, « Historical Notes on the Chinese World Order » dans John King Fairbank et Ta-tuan Ch'en, *The Chinese World Order: Traditional China's Foreign Relations,* vol. 32, Harvard University Press, 1968 à la p 20.

[638] La souveraineté moderne dans les relations internationales est instituée par les traités de Westphalie conclus après la guerre de Trente Ans et la guerre de quatre-vingts ans le 24 octobre 1648. Voir Stephen D. Krasner, *Sovereignty: Organized Hypocrisy,* Princeton University Press, 1999 à la p 20 ; Mario Telò, *International Relations: A European Perspective,* Ashgate Publishing, Ltd, 2013, aux pp 8-11. Ce régime de sécurité existe également dans l'histoire romaine et même à l'époque contemporaine, entre les États-Unis et les États d'Amérique centrale.

promouvoir l'harmonie sociale et cosmique, tandis que l'Europe a pour but principal d'assurer l'indépendance absolue de l'État[639].

La Chine ancienne représente une civilisation agricole qui a un style de vie sédentaire. Elle a fondé un empire centraliste qui, tenant compte du stress de l'approvisionnement, s'oppose à une expansion excessive. Celle-ci a entraîné la faiblesse générale et la vulnérabilité des empires occidentaux[640]. L'histoire de la Chine enseigne la même leçon aux dirigeants de l'empire[641]. Dans ce contexte, la Chine opte pour une stratégie plutôt défensive qu'offensive. Même avec les peuples nomades vivant principalement dans les périphéries du nord et constituant une menace constante pour l'Empire sédentaire, la Chine a signé des traités qui établissent le régime de tributs pour assurer la sécurité le long des frontières. Son système tributaire se révèle donc une stratégie défensive et préventive qui permet aux États tributaires de conserver l'intégrité de leur autonomie. En bref, le contrôle de l'Empire chinois est plus symbolique que réel, plus diplomatique que militaire, politique ou économique.

---

639 Yongjin Zhang, « Ambivalent Sovereignty : China and Re-Imagining the Westphalien Ideal », dans Trudy Jacobsen, Charles Samford et Ramesh Thakur, *Re-envisioning sovereignty: the end of Westphalia ?* Burlington, Ashgate, 2008 à la p 105 [Jacobson, Samford et Thakur].

640 Paul Kennedy, *The Rise and Fall of the Great Powers: Economic Change and Military Conflict from 1500 to 2000*, New York, Random House, 1987.

641 Voir Brantly Womack dir, *Contemporary Chinese Politics in Historical Perspective, Cambridge*, Cambridge University Press, 1991; voir aussi *China's Rise in Historical Perspective,* Rowman & Littlefield Publishers, 2010 à la p 11. D'après Brantly Womack, contrairement au cas du monde occidental, dont le centre du pouvoir change toujours, la Chine constitue le centre solide de l'Asie, principalement à cause de sa productivité supérieure et de sa population prépondérante dans la région. Cela s'explique par le fait que, au lieu d'établir un nouvel Empire, le relai du pouvoir se fait en Chine par le commencement d'une nouvelle dynastie. Cette succession relativement stable assure l'héritage de l'expérience de la dynastie précédente. C'est aussi pourquoi, à part le Confucianisme qui véhicule les valeurs politiques et sociales de la Chine, l'histoire des dynasties précédentes constitue également une part importante de l'héritage culturel que les jeunes empereurs chinois devraient étudier à l'école royale.

Section 3. Le règlement traditionnel des différends

Voici ce que Jhering propose au début de son fameux *Battle for rights* :

> All the law in the world has been obtained by strife. Every principle of law, which obtains had first to be wrung by force from those who denied it; and every legal right–the legal rights of a whole nation as well as those of individuals–supposes a continual readiness to assert it and defend it. The law is not mere theory, but living force. And hence it is that Justice, which in one hand, holds the scales, in which she weighs the right, carries in the other the sword with which she executes it. The sword without the scales is brute force, the scales without the sword is the impotence of law[642].

Cet extrait peut servir à illustrer la philosophie juridique des États occidentaux modernes qui est fondée sur l'idée des droits, plus spécifiquement des droits des individus. L'humanisme, tout en libérant l'esprit humain des fers religieux, aide les peuples à reconnaître la valeur de l'être humain et crée une foi en l'homme et en ses propres forces. L'homme est devenu la mesure de toutes choses, d'où la naissance de l'individualisme selon lequel l'individu ne doit pas être traité comme un moyen, mais comme une fin. Le mot individu vient du latin *individium*, c'est-à-dire ce que l'on ne peut pas diviser ; et le terme indivisible s'applique à un être unique et singulier par opposition à un genre ou à une espèce[643].

Il y a donc dans cette origine du mot « individu » une caractéristique irréductible, c'est-à-dire, l'homme individuel « réalise un type commun tout en étant distinct des autres et refuse d'être assimilé à ses

---

[642] Rudolf Von Jhering, *The Struggle for Law,* Londres, 1884 à la p 3, en ligne : Wikisource <http://en.wikisource.org/wiki/The_Struggle_for_Law/Chapter_I>.

[643] *Trésor de la langue française informatisé*, *sub verbo* « genre / espèce / individu ».

semblables »[644]. Il est certain que les sociétés démocratiques laïques de l'Occident moderne sont fondées sur l'individualisme. Pour protéger les droits des individus, les grands philosophes politiques rêvent d'une cité idéale où seraient sauvegardées la liberté et l'autonomie individuelles, d'où la nécessité de conclure un pacte social écrit sur lequel se fonde le droit. La Constitution, la loi fondamentale d'un État démocratique, consiste non seulement à fixer l'organisation et le fonctionnement d'un État, mais aussi à cristalliser les droits et les libertés des citoyens pour les protéger des abus de pouvoir potentiels des agents de l'État. L'idée des droits est ainsi enracinée et institutionnalisée dans la culture juridique occidentale. Grâce à des révolutions politiques ainsi qu'à certains arrangements institutionnalisés [645], il existe désormais une réaction instantanée, surtout aux États-Unis, pour revendiquer ses droits par le biais judiciaire. Cette culture est renforcée par l'apparition des « requérants d'habitude », la société souffrant d'une « explosion des contentieux »[646].

Cette situation n'existe pas en Chine. Pour comprendre la différence, il suffit de comparer le nombre total des avocats dans ces deux pays : en 2013, la Chine compte 230 000 avocats pour 1,4 milliard

---

[644] Paul Foulquié, dir, *Dictionnaire de la langue philosophique*, 6e éd, Paris, Presses universitaires de France, 1992, *sub verbo* « individu ».

[645] Les États-Unis légitiment les publicités d'avocat et le prélèvement d'un pourcentage sur les dommages par les avocats, encourageant ainsi le développement d'une industrie du contentieux pour le profit et l'explosion des contentieux.

[646] Voir Walter K. Olson, *Litigation Explosion: What Happened When American Unleashed the Lawsuit*, Truman Talley Books, 1992; Marc Galanter, « The Day After the Litigation Explosion » (1986) 3, *Md.L.Rev.* 46. « Legal pollution » est analysée dans le livre d'Ehrlich. Il est à noter également que « the differences found in the litigation rates cannot be explained in terms of the codified law or purely in terms of the mentality of legal actors. Instead, to explain the differences, it is necessary to look at the totality of the interrelationships among institutional factors, which I call "legal culture"», voir Erhard Blankenburg, « The Infrastructure for Avoiding Civil Litigation: Comparing Cultures of Legal Behaviour in The Netherlands and West Germany » (1994) 28:4, *Law and Society Review*, 789 à la p 2.

d'habitants[647], tandis que les États-Unis ont 1 268 011 avocats[648] pour 317 millions d'habitants.

Évidemment, l'histoire et la culture de la Chine proposent une voie différente, produisant un « legal ethos »[649] à la chinoise. La société traditionnelle de la Chine est agricole. Les membres des communautés agricoles connaissent un style de vie sédentaire qui crée des liens très forts entre eux. Il n'est pas question pour eux de privilégier les droits individuels dont la notion n'existe même pas dans la philosophie juridique. Au lieu d'accorder la priorité à la protection des individus et des propriétés privées, la société chinoise opte plutôt pour la protection de la collectivité ou de la communauté. Les membres qui se croisent tous les jours se connaissent très bien. De ce style de vie sédentaire est née la Chine du *Xiang tu* (village natal)[650]. La Chine du *Xiang tu* fonctionne non pas sur la base des droits individuels ou des contrats civils, mais sur celui des liens de parenté et d'amitié, dans la quête perpétuelle d'une société dominée par le *Li*. L'ordre familial est au centre de la relation communautaire. L'éducation a internalisé les règles du *Li* dans la conscience culturelle des membres de la communauté au point qu'ils seront jugés par leur entourage et non par le bras judiciaire de l'État, s'ils contreviennent au code coutumier. En bref, le *Xiang tu* constitue une société « sans contentieux » ou « anti-contentieux ». Même si cette idée représente une aspiration sociale assez idéaliste, cela n'empêche pas qu'elle soit institutionnalisée par le régime judiciaire.

---

647 L'Association du barreau de la Chine, *中国律师行业社会责任报告 (2013 年) [Rapport relatif à la profession d'avocat et leur responsabilité sociale]* [notre traduction], Beijing, 2013.

648 L'Association du barreau des États-Unis, *Total National Lawyer Counts (1878-2013)*, en ligne : l'Association du barreau des États-Unis <http://www.americanbar.org/content/dam/aba/administrative/market_research/total_national_lawyer_counts_1878_2013.authcheckdam.pdf>

649 Cette notion est employée par le légiste japonais, Kawashima, voir *Legal Ethos for Compliance with the Law*, Junpo Seishin, 1946.

650 Xiao Tong Fei, *From the Soil: The Foundations of Chinese Society (Xiang tu Zhong guo)*, University of California Press, 1992. La « Chine du sol » est la Chine rurale ou, plus spécifiquement, tenant compte du fait que la population majoritaire de la Chine est encore les paysans, ou les gens récemment émigrés des régions rurales, la notion de « Chine du sol » signifie également la société chinoise de base, à laquelle les règles de loi s'appliquent.

Les règles juridiques de la Chine favorisent la médiation plutôt que d'autres méthodes plus formelles. « The lowest level of courts, the magistrate's *Yamen* would typically be situated in the county seat, far from the village where the bulk of China's population resided. The time and expense to travel to and lodge at the county seat made litigation too expensive for those that did not live nearby »[651]. Même aujourd'hui, la médiation constitue la procédure obligatoire pour les couples qui demandent le divorce avant d'aller à la Cour.

Le particularisme culturel de la Chine résulte d'une tradition assez spéciale à l'égard de ses moyens pour le règlement des différends. Le Professeur Zhu Suli demande que les chercheurs chinois accordent une importance spéciale aux « ressources locales »[652]pour l'établissement de la loi à la chinoise. À l'aide d'une enquête dans les régions rurales du sud de la Chine, il constate que les juges ruraux, au lieu d'appliquer d'une manière conventionnelle les lois écrites, mettent simplement l'accent sur le règlement des différends ; comme dit le proverbe chinois, la loi sert à *ding fen zhi zheng* (régler les différends en clarifiant le droit de propriété). Ils prennent rarement des décisions judiciaires qui donnent tout ou rien aux parties concernées, et qui peuvent rompre totalement les liens sociaux existants. Au contraire, ils réconcilient les parties en leur faisant la leçon et en essayant de régler le litige tout en conservant la relation amicale. La « modernisation »[653] a donné lieu à la coexistence de lois écrites (*lex ferenda*) et de lois coutumières appliquées réellement (*lex lata*).

Le Japon, fortement influencé par le Confucianisme, suit en quelque sorte la même approche. Le sociologue juridique japonais Takeyoshi

---

[651] B.E. Barne, « Mediation and lawyers » dans Jean Dupuy dir, *L'Avenir du droit international de l'environnement: Colloque tenu à La Haye le 12 - 14 novembre 1984*, Martinus Nijhoff Publishers, 1985, 514 à la p 209.

[652] 朱苏力, « 送法下乡：中国基层司法制度研究 » [Envoyer la loi à la campagne : Une étude du système judiciaire de base de la Chine] dans *法治本土资源 [Les ressources locales pour le règne de la loi]*, Beijing, University of political Science Press, 1996.

[653] Ou « occidentalisation », employée souvent dans un sens plus ou moins péjoratif par des chercheurs chinois.

Kawashim[654] appréciait qu'il n'y eût pas, chez les Japonais, un esprit d'autonomie ou d'indépendance, c'est-à-dire, l'individualisme nécessaire à la mise en œuvre des règles de droit. Il y a évidemment un écart entre la connaissance traditionnelle des Japonais du système juridique et l'éthos juridique moderne[655]. La culture japonaise se caractérise également par sa répulsion pour les contentieux judiciaires et l'absence de toute notion de droits individuels. Les États de l'Association des nations de l'Asie du Sud-est (ANASE) sont aussi sous l'influence de la culture chinoise et ont l'habitude de régler leurs différends par des négociations dans « l'esprit coopératif du Mékong »[656], au lieu de porter plainte directement devant les tribunaux internationaux.

Cette approche orientale du règlement des différends pourrait également inspirer les États en vue de prévenir et de résoudre les conflits à un prix minime. Pour que le droit international soit réellement applicable à toute l'humanité, il faut qu'il intègre également les valeurs non occidentales. Même les légistes occidentaux reconnaissent la nécessité d'entreprendre des réformes pour réaliser une meilleure « retenue judiciaire » (en anglais : « judicial self-restriction »[657]). Le processus judiciaire, qui est très coûteux et qui résout le problème de manière catégorique entre tout et rien, détériore les relations amicales et sociales. La situation est la même quand il s'agit des États souverains.

---

654 Yoshiyuki Matsumura, « The Works of Takeyoshi Kawashima » (1988) 22:5, *Law and Society Review* 1037.

655 Kawashima, *Legal Ethos for Compliance with the Law*, Junpo Seishin, 1946.

656 *Supra* note 447.

657 *Le Renvoi relatif au mariage entre personnes du même sexe*, au para 62, [2004] 3, RCS 698. Selon la Cour suprême du Canada :

> 62. La Cour a rarement exercé son pouvoir discrétionnaire de refuser de répondre à une question posée dans un renvoi, ce qui témoigne de l'importance qu'elle attache à ses attributions consultatives. La Cour peut néanmoins refuser de répondre à une question posée dans un renvoi lorsqu'elle juge qu'il serait inapproprié d'y répondre, soit parce que sa teneur n'est pas suffisamment juridique (ce qui n'est pas le cas en l'occurrence), soit parce que tenter d'y répondre créerait des problèmes à d'autres égards.

Chapitre 2. L'identité internationale de la Chine : État d'amont communiste en voie de développement

Nous entendons par « l'identité internationale » de la Chine, ses connaissances et sa vision évolutive du système international, ainsi que sa volonté d'y participer. L'identité internationale de la Chine se construit dans ses interactions avec l'Occident et le système international. Notre étude est donc tout d'abord une recherche historique. Le Chapitre 2 couvre la période historique qui correspond à la modernisation de la Chine, commencée à partir du 19e siècle jusqu'à aujourd'hui. L'accent sera mis sur l'attitude évolutive de la Chine à l'égard du système international.

Section 1. La Chine moderne[658] et contemporaine[659] et le système international

Au 19e siècle, le droit international avait mauvaise réputation aux yeux des États non européens. Les Européens les avaient exclus du régime de la souveraineté[660], estimant qu'il était parfaitement légal de les forcer à signer des traités inégaux et de contrôler le pouvoir politique et économique des États « hors régime » par des conquêtes militaires. Il s'agissait ainsi d'un droit international impérialiste caractérisé par sa discrimination du statut juridique des États non européens[661].

---

[658] La « Chine moderne » constitue un concept historique. Selon la version officielle de l'histoire de la Chine, la « Chine moderne » commence en 1840 avec l'éclatement de la première guerre d'opium, quand la Grand Bretagne force la porte à la Chine, obligeant les Chinois à « ouvrir leurs yeux au monde », et se termine avec la création de la République Populaire de Chine en 1949. Voir Yves Viltard, « Naissance de la Chine contemporaine aux États-Unis : L'archéologie d'un énoncé sinologique américain » (1999) 54.1, *Perspectives chinoises* 60.

[659] D'après les historiens de la Chine, la fondation de la « Chine nouvelle » en 1949 annonce le commencement de la « Chine contemporaine ».

[660] R. P. Anand, « International Law and the Developing Countries » dans Gerrit W. Gong, dir, *The Standard of "Civilization" in International Society*, USA, Oxford University Press, 1984.

[661] Le droit international a longtemps été critiqué pour sa tendance eurocentrique, voir Robet Kolb, *Esquisse d'un droit international public : des anciennes cultures extra européennes*, Paris, 2010, A.Pedone ; voir aussi Onuma Yasuaki, *A Transcivilizationnal Perspective on International Law*, Leiden/Boston, Matinus Nijhoff Publishers, 2010 ; d'autres auteurs ont mis en lumière les fondations

Du côté de la Chine, après la guerre civile entre le Parti communiste et le Parti nationaliste, la Chine moderne a été fondée en 1949 par le Parti gagnant, soit les communistes. Il est reconnu que l'histoire de la participation chinoise au régime du droit international se divise en deux phases : la première débute à partir de la fondation de la Chine en 1949 jusqu'à 1979, l'année historique de sa réforme et de son ouverture vers le monde; la deuxième commence avec cette ouverture[662].

On peut se demander quelle est la légitimité des règles du droit international selon la perspective chinoise. Le droit international n'englobe pas seulement les règles du droit international, mais aussi le processus de prise de décisions concernant la formation des règles normatives. Le pouvoir de légiférer du parlement national en Chine est conféré par le peuple. Le consentement commun du peuple constitue donc la seule source de légitimité du pouvoir de l'État. Comme le droit interne, le droit international trouve sa légitimité et sa force contraignante dans le consentement des États. Oppenheim a proposé une définition très reconnue du droit, soit « a body of rules for human conduct within a community which by common consent of this community shall be enforced through external power »[663]. Selon cette définition, le consentement commun de la communauté internationale constitue la base de l'existence du droit international. Cela implique également que le consentement explicite ou tacite d'un État est nécessaire pour légitimer une règle ou un instrument du droit international.

La République populaire de Chine n'a récupéré sa place légale à l'ONU qu'en 1971, soit 22 ans après sa fondation, grâce à sa politique diplomatique exceptionnellement favorable aux États africains. Lors de ses 22 premières années, la Chine communiste fut isolée de la communauté internationale dominée à l'époque principalement par les

---

judéo-chrétiennes du droit international, voir Bederman, *International Law in Antiquity*, Cambridge, 2001 ; voir aussi Mark W. Janis et Carolyn Evan, dir, *Religion and International Law*, Hague Boston London, Martinus Nijhoff Publishers, 1999.

662 *Supra* note 659 à la p 23.

663 L. Oppenheim, *International Law: A Treatise (Vol. 1)*, 2e éd., Londres, Green and Longmans CO., 1912 à la p 36.

États-Unis[664]. La République populaire de Chine se trouva ainsi absente du processus de prise de décision concernant la législation internationale. Bien que la reconnaissance internationale de la Chine moderne et son intégration dans l'ONU implique un accord fondamental avec les règles et les principes du droit international, il existe un écart créé par des causes tant historiques qu'idéologiques entre la Chine et le système de droit international. Il résulte de cette absence historique une identité « hors régime » [notre traduction] de la Chine[665].

Tout d'abord, la Chine moderne a été victime de l'expansion coloniale des grandes puissances européennes. Au 19e siècle, la guerre de l'opium a forcé la Chine de la dynastie Qing qui voulait interdire le commerce de l'opium sur son territoire à s'ouvrir au monde. Ayant perdu les deux guerres de l'opium[666], la Chine fut forcée d'ouvrir sa porte au commerce de l'opium et de signer des traités inégaux[667]. Ce

---

664 *Restoration of the lawful rights of the People's Republic of China in the United Nations*, Rés AG 2758, Doc off AG NU, 26e sess, A/RES/ 2758 (XXVI), 1971.

665 徐崇利, « "体系外国家" 心态与中国国际法理论的贫困 » [L'État « hors régime » et la pauvreté des recherchés théoriques du droit international en Chine] (2006) 24 :5, *中国政法大学学报*[État hors régime].

666 La première guerre de l'opium est un conflit militaire, entre le Royaume-Uni et l'empire Qing en Chine de 1839 à 1842 ; la Seconde Guerre de l'opium commença en 1856 et termine en 1860, opposa la Chine à la France et au Royaume-Uni (soutenus par les États-Unis et la Russie).

667 Wang Tieya dresse une longue liste des traités inégaux imposés à la Chine de la dynastie Qing, *A Complete Collection Of Sino-Foreign Treaties and Agreements*, 1698-1949. Voir aussi International law in China: Historical and Contemporary Perspectives, *Collected Courses of The Hague Academy of International Law*, vol. 221, 1990, Boston, Brill ; Dong Wang, « The Discours of Unequal Treaties in Modern China » (2003) 76, *Pacific affaires*, 399 ; voir aussi Shotaro Hamamoto, « À propos de deux clichés sur l'histoire du droit international en Asie de l'Est : une reconsidération de l'ordre mondial chinois et du discours de traités inégaux » dans Pierre-Marie Dupuy et Vincent Chetail dir, *The Roots of International Law / Les fondements du droit international*, 743. Selon Hamamoto, « throughout the nineteenth century, the term itself was apparently not used by the Chinese, nor did the expression Unequal Treaties figure in Western discourse. The phrase did not in fact come into use until the early 1920s ». « La Chine s'engage dans le commerce extérieur depuis longtemps avec les États commerçant. Les étrangers étaient contraints de s'enfermer dans les ports spécifiquement

sont les premiers traités conclus avec des États occidentaux. Ils comportent les stipulations communes suivantes, imposées par les puissances occidentales: la juridiction consulaire unilatérale, la clause du traitement non réciproque de la nation la plus favorisée[668]. La souveraineté territoriale et l'indépendance judiciaire de la Chine furent sévèrement sapées. Ces traités inégaux ont créé chez les Chinois une mémoire collective amère du système de droit international. Celui-ci fut considéré comme un objet abominable purement et simplement importé des États impérialistes qui est à l'origine du sous-développement et du bouleversement social de la Chine moderne. La méfiance envers le régime traditionnel du droit international est ainsi profondément enracinée dans l'esprit chinois. Cela justifie partiellement l'importance primordiale que la Chine a toujours attachée au principe de la souveraineté, même face à l'Union soviétique durant les beaux jours de leurs relations dans les années 1950 « where internationalism and ideological bonds would supposedly prevail over national interests »[669].

En second lieu, la Chine nouvelle est apparue après la Seconde Guerre mondiale, quand les conflits fondamentaux entre le camp socialiste et les États capitalistes se sont manifestés dans les domaines politique, social et économique[670]. La Chine communiste a pris naturellement le parti des pays socialistes dirigés par l'Union soviétique

désignés et n'avaient pas de liberté de circulation dans le territoire chinois », « la juridiction consulaire n'avait ainsi rien d'extraordinaire pour la Chine. » De même, la clause du traitement non réciproque de la nation la plus favorisée dont ne bénéficient que les parties occidentales constitue « les droits octroyés aux étrangers non civilisés » qui sont « des manifestations de la bonne grâce de l'empereur. » La manière bilatérale de cet « octroi » signifie la supériorité de l'Empire du Milieu ; Voir aussi Dong Wang, *China's Unequal Treaties: Narrating National History*, Lexington Books, 2005.
Wikipédia a également fait une liste inexhaustive des traités inégaux imposés à la Chine, en ligne : <http://en.wikipedia.org/wiki/Unequal_treaty>.

[668] Voir Maddison Angus, *L'économie chinoise: Une perspective historique 960-2030 Ad*, 2e éd, 2007, OECD Publishing à la p 67.

[669] Xue Hanqin, *Chinese Contemporary Perspective of International Law*, Martinus Nijhoff Publishers, 2012 à la p 29 [Xue 2012].

[670] Voir James Peck, *Washington's China: The National Security World, the Cold War, and the Origins of Globalism*, Amherst, University of Massachusetts Press, 2006.

et des États nouvellement indépendants qui avaient vécu l'histoire coloniale d'oppression impérialiste des pays occidentaux. Les recherches juridiques de la Chine sont profondément influencées par la doctrine marxiste, d'après laquelle, « la règle de droit est un moyen d'oppression de la classe dominante » [notre traduction][671], parce que le droit international représente la volonté collective des États capitalistes. Cette position idéologique « coïncide » [672] parfaitement avec l'expérience moderne de la Chine. Il était donc impossible, pour elle, à l'époque d'admettre la légitimité de ce système qui ne constituait qu'un instrument capitaliste et, donc, de s'y intégrer.

Comme nous l'avons dit précédemment, la deuxième phase de la modernisation de la Chine débute après l'ouverture de la Chine vers l'extérieur en 1979. Dès lors, elle commence à adopter une attitude plus positive envers le régime international en faisant des efforts importants pour s'y intégrer et représenter la position des États en voie de développement [673]. Les légistes chinois, soucieux de l'écart considérable des études sur le droit international entre le monde occidental et la Chine, commencent à s'intéresser à l'évolution du droit international avec la participation des États du tiers monde[674]. Wang Tieya indique que l'apparition des États en voie de développement sur la scène internationale a étendu significativement le champ d'application du droit international[675] qui est « in a dynamic state – a state of transition from a Eurocentric system to a truly universal system that applies to all nations in the world »[676].

---

[671] 张文显，*法理学 [Jurisprudence]*, Beijing，高等教育出版社，2011.

[672] Il est difficile de répondre à la question : c'est la Chine qui a choisi le communisme ou bien c'est le communisme qui a choisi la Chine.

[673] 牛军，*后冷战时代的中国外交 [La diplomatie de la Chine de l'après-guerre froide]*, Beijing, 北京大学出版社, 2009.

[674] Le tiers monde est composé principalement par les pays en voie de développement en Asie, Afrique, Amérique latine, etc.

[675] 王铁崖，«第三世界和国际法» [Le troisième monde et le droit international] dans 邓正来, dir, *王铁崖文选 [Recueil d'articles de Wang Tieya]*, Beijing, 中国政法大学出版社, 2013.

[676] Zhaojie Li, « Teaching, Research and the Dissemination of International Law in China: the Contribution of Want Tieya » (1993) 31, *Canadian Yearbook of International Law* à la p 195.

Section 2. Insistance de la Chine sur le principe de la souveraineté et sur le droit au développement

L'identité internationale de la Chine en tant qu'État communiste en voie de développement peut expliquer sa compréhension du principe de la souveraineté et son insistance sur le principe d'une responsabilité commune, mais différenciée en droit international.

La Chine a longtemps été considérée comme l'un des derniers bastions de la souveraineté westphalienne. D'après Friedmann, « the communist revolutionary doctrine is incompatible with the principles of the law of coexistence but the defence of the interests of communist states had turned them into tenacious defenders of that very law, in their strict views on respect for state sovereignty »[677]. Dans les années 1950, la Chine et d'autres États nouvellement indépendants ont proposé les cinq principes de coexistence pacifique qui traduisent le droit international de coexistence[678].

La souveraineté et les cinq principes de coexistence pacifique

Avec d'autres États en voie de développement, la Chine, insistant sur l'autonomie interne et la non-ingérence dans les affaires intérieures, interprète le principe de la souveraineté dans un sens plus ou moins traditionnel, voire même obsolète. Cela s'explique par sa pénible expérience dans l'histoire moderne, comme l'ancien premier ministre Wen Jiabao l'expliquait lors de la 63e session de l'Assemblée générale des Nations Unies en 2008 :

---

677 Charles Leben, « The Changing Structure of International Law Revisited By Way of Introduction » (1997) 3, *European Journal of International Law* 399 à la p 407.

678 Selon Leb :

> « States do not always interact in cooperation with one another. Coexistence continues to play a role as an ' umbrella ' for cooperation and peaceful relations among States, and the law of coexistence continues to exist today in parallel with the law of cooperation.106 State relations are more frequently in a state of cooperative coexistence than in a state of cooperation. »

Voir Leb 2013, *supra* note 49 à la p 35; voir aussi la Partie I-I, ci-dessus.

> Respect for sovereignty and non-interference in the internal affairs of other countries is the prerequisite for sound State-to-State relations. The Chinese people have learned from their modern history of humiliation that when a country loses sovereignty, its people lose dignity and status. China is firm in upholding its hard-won-sovereignty and territorial integrity and will never tolerate any external interference. According to the principle of equality, China also respects the sovereignty and territorial integrity of other countries as well as the independent choice of their people for social systems and development paths[679].

Cette insistance sur la souveraineté de l'État a été systématiquement réaffirmée dans les cinq principes de coexistence pacifique. En 1954, la Chine, l'Inde et le Myanmar ont proclamé, dans le préambule du *Traité sino-indien sur le Tibet,* le « droit international de l'Asie »[680], les cinq principes de coexistence pacifique : respect mutuel de la souveraineté et de l'intégrité territoriale, non-agression mutuelle, non-ingérence

---

[679] Selon Xue Hanqin:

> « China reserves its position on the principles of sovereignty and non-interference, because it believes that sovereignty, in the final analysis, is not so much about the concept itself, relevant or obsolete; it is a claim about the way in which how different political and social systems, different forms of civilization and culture should correlate and treat each other in international relations. It serves to maintain that each state has the autonomy to freely choose the development model it seems suitable for its own country and that such choice should not be subject to external scrutiny and interference. »

Voir Xue 2012, *supra* note 670 à la p 95.

[680] Voir Lazar Focsaneanu, « Les "cinq principes" de coexistence et le droit international », *Annuaire français de droit international*, vol. 2, 1956 aux pp 150-180. À la suite de la signature du Traité, les deux premiers ministres de la Chine et de l'Inde avaient énoncé que « ces principes sont valables non seulement pour nos deux pays, mais pour d'autres aussi bien, auxquels ils pourraient servir d'exemple » et « s'ils pouvaient être reconnus dans des domaines plus vastes, alors la crainte de la guerre disparaîtrait et l'esprit de coopération se développerait entre les nations ».

mutuelle dans les affaires intérieures [681], égalité et avantages réciproques et coexistence pacifique[682].

Cette interprétation de la souveraineté est à l'origine de l'identité internationale de la Chine partiellement partagée par les autres États nouvellement indépendants depuis la Deuxième Guerre mondiale. Avec les cinq principes de coexistence pacifique, la Chine a proposé sa

---

[681] Le principe de non-ingérence mutuelle dans les affaires intérieures est spécifié dans la Déclaration relative aux principes du droit international touchant les relations amicales et la coopération entre les États conformément à la Charte des Nations Unies:

> « Aucun État ni groupe d'États n'a le droit d'intervenir, directement ou indirectement, pour quelque raison que ce soit, dans les affaires intérieures ou extérieures d'un autre État. En conséquence, non seulement l'intervention armée, mais aussi toute autre forme d'inférence ou toute menace, dies contre la personnalité d'un État ou contre ses éléments politiques, économiques et culturels, sont contraires au droit international.
> Aucun État ne peut appliquer ni encourager l'usage de mesures économiques, politiques ou de toute autre nature pour contraindre un autre État à subordonner l'exercice de ses droits souverains et pour obtenir de lui des avantages de quelque ordre que ce soit. Tous les États doivent aussi s'abstenir d'organiser, d'aider, de fomenter, de financer, d'encourager ou de tolérer des activités armées subversives ou terroristes destinées à changer par la violence le régime d'un autre État ainsi que d'intervenir dans les lutes intestines d'un autre État.
> L'usage de la force pour priver les peuples de leur identité nationale constitue une violation de leurs droits inaliénables et du principe de non-intervention.
> Tout État a le droit inaliénable de choisir son système politique, économique, social et culturel sans aucune forme d'ingérence de la part d'un autre État.
> Rien dans les paragraphes qui précèdent ne devra être interprété comme affectant les dispositions de la Charte relatives au maintien de la paix et de la sécurité international. »

Déclaration relative aux principes du droit international touchant les relations amicales et la coopération entre les États conformément à la Charte des Nations Unies, Rés AG 2625 (XXV), Doc off AG NU, 25e sess, Doc NU A/8018 (1970).

[682] Lazar Focsaneanu a aussi donné la définition des autres principes, voir Lazar Focsaneanu, *supra* note 681.

vision réaliste des relations internationales. Mettant surtout l'accent sur l'indépendance et la non-ingérence dans les affaires intérieures, ces cinq principes de coexistence pacifique nous rappellent l'esprit de la souveraineté westphalienne qui confirme le postulat de l'indépendance absolue d'un État souverain. Néanmoins, ils s'en distinguent considérablement en mentionnant l'importance de l'égalité et des avantages réciproques. Ils représentent un appel à la coopération internationale, surtout entre les États en voie de développement.

En ce sens, les cinq principes de coexistence illustrent l'aspiration commune des États nouvellement indépendants à la paix et leur volonté de garantir l'intégrité de leur souveraineté et de participer au processus international de prise de décision avec un statut équivalent à celui de leurs anciennes métropoles. Grâce à leurs efforts, les cinq principes de coexistence ont obtenu une reconnaissance mondiale en tant que principes fondamentaux du droit international.

Comme il fut proclamé par les États du monde dans la *Déclaration sur l'inadmissibilité de l'intervention dans les affaires intérieures des États et la protection de leur indépendance et de leur souveraineté de l'ONU de 1965*[683]:

> Les États s'abstiennent, dans leurs relations internationales, de recourir à la menace ou à l'emploi de la force, soit contre l'intégrité territoriale ou l'indépendance politique de tout État, soit de toute autre manière incompatible avec les buts des Nations Unies, le principe relatif au devoir de ne pas intervenir dans les affaires relevant de la compétence nationale d'un État, conformément à la Charte, le principe que les États règlent leurs différends internationaux par des moyens pacifiques, de telle manière que la paix et la sécurité internationale ainsi que la justice ne soient pas mises en danger, le devoir des États de coopérer les uns avec les autres conformément à la Charte, le principe de l'égalité de droits des peuples et de leur droit à disposer

[683] *Déclaration sur l'inadmissibilité de l'intervention dans les affaires intérieures des États et la protection de leur indépendance et de leur souveraineté*, Rés AG 2131 (XX), Doc off AG NU, 20e sess, Doc NU A/6220 (1965).

d'eux-mêmes, le principe de l'égalité de souveraineté des États.

Les principes susmentionnés constituent la traduction ou l'interprétation des cinq principes de coexistence, qui ont intégré avec succès les intérêts et les aspirations des États nouvellement indépendants de la colonisation dans le droit international public. De même, en 1970, la *Déclaration relations amicales*[684] a énoncé des principes similaires.

Au cœur des cinq principes de coexistence pacifique se trouve l'insistance sur la souveraineté de l'État. Le principe de non-ingérence implique des obligations d'abstention qui sont l'expression du droit international de coexistence. La Chine se montre ferme quand il s'agit de sa souveraineté. En 1950, dans le premier traité signé entre la Chine et l'Union soviétique[685], son allié le plus important à l'époque, elle a insisté sur la résolution des problèmes de souveraineté laissés par l'histoire, mettant ainsi fin aux privilèges que l'Union soviétique conservait depuis la Seconde Guerre mondiale. Par conséquent, l'Union soviétique fut d'accord pour abandonner tous ses droits sur les chemins de fer de l'est de la Chine, pour évacuer la base militaire située à Port Arthur et pour renoncer à ses privilèges au Port Dalian. La Chine a recouvré sa souveraineté à Hong Kong en 1997 de la main du Royaume-Uni de Grande-Bretagne et, en 1999, à Macao des Pays-Bas[686].

---

684 *Déclaration relation amicale*, *supra* note 127 :

> « The principle concerning the duty not to intervene in matters within the domestic jurisdiction of any state, in accordance with the Charter… No state or group of States has the right to intervene, directly or indirectly, for any reason whatever, in the internal or external affairs of any other state. »

VVoir aussi Miguel de Serpa Soares, « Keynote Speech at the International Colloquium on the Five Principles of Peaceful Co-existence and the Development of International Law » (2014) 13:3, *Chinese Journal of International Law*, 481.

685 L'article 5 du Traité sino-soviétique d'amitié, d'alliance et d'assistance mutuelle de 14 février 1950.

686 张春生 et 许煜，*周南解密港澳回归——中英及中葡谈判台前幕后 [L'histoire en coulisse des négociations concernant la rétrocession de Hong Kong et Macao]*, 1e éd, Beijing, 新华出版社，2014.

Le principe de responsabilité commune, mais différenciée : droit au développement

Après les cinq principes de coexistence pacifique, le principe de responsabilité commune, mais différenciée constitue un autre principe que la Chine invoque pour justifier sa position en droit international, surtout dans le domaine de l'environnement. Ce principe qui propose un traitement différentiel entre les États développés et les États moins développés constitue un prolongement du principe de la souveraineté. Il démontre que la Chine s'efforce de suivre les règles internationales de coopération tout en soulignant que ces règles la désavantagent en tant qu'État en voie de développement. En préconisant ce principe surtout dans le domaine de la protection de l'environnement international, elle injecte de nouvelles règles dans le cadre normatif du système international[687].

Le 5 juillet 2011, concernant la proposition de la Chancelière allemande Angela Merkel pour conclure une nouvelle convention internationale sur le réchauffement planétaire, le porte-parole du ministre des Affaires internationales de la Chine, lors d'une conférence de presse, répondait comme suit :

> Les changements climatiques constituent un défi sérieux pour l'humanité. Les pays du monde doivent y faire face ensemble conformément à la Convention-cadre des Nations Unies sur les changements climatiques et au principe des « responsabilités communes, mais différenciées » établi par la Convention. La Chine est d'avis qu'il faut réduire les émissions de carbone par habitant afin de limiter le réchauffement planétaire à moins de 2 degrés. Selon les statistiques de l'Agence internationale de l'énergie, actuellement, les émissions de carbone par habitant des pays développés dépassent largement la moyenne mondiale et sont plusieurs fois supérieures à celles des pays en

[687] Le principe de responsabilité commune, mais différenciée est aussi évoqué par Kamto en tant que l'un des principes fondamentaux du droit de l'environnement en Afrique. Voir Maurice Kamto, *Droit de l'environnement en Afrique*, Paris, EDICEF, 1996 à la p 54.

développement. Il est donc naturel que les pays développés procèdent en premier à une réduction massive et chiffrée de leurs émissions de gaz à effet de serre[688].

Le principe de responsabilité commune, mais différenciée constitue le point majeur pour la Chine et les pays du G77 dans leur négociation concernant les changements climatiques[689]. Ce principe a été proclamé pour la première fois dans la Déclaration de Rio[690] en 1992, déclaration finale de la Conférence des Nations Unies sur le développement durable, et représentait le point essentiel apporté par les pays en développement. Selon ce principe : « [l]es pays doivent partager des responsabilités communes dans la protection de notre planète tout en reconnaissant qu'ils sont à des étapes et niveaux différents de développement »[691].

La Chine estime que la pollution globale de l'environnement et surtout le réchauffement climatique sont principalement dus aux

[688] Conférence de presse du 5 juillet 2011 du ministre des Affaires étrangères de RPC, en ligne : China Embassy <http://mg.china-embassy.org/fra/fyrth/t837848.htm>.

[689] L'article 3 (1) de la CCNUCC :

« Il incombe aux Parties de préserver le système climatique dans l'intérêt des générations présentes et futures, sur la base de l'équité et en fonction de leurs responsabilités communes, mais différenciées et de leurs capacités respectives. Il appartient, en conséquence, aux pays développés parties d'être à l'avant-garde de la lutte contre les changements climatiques et leurs effets néfastes. »

[690] Le principe 7 de la Déclaration de Rio:

« Les États doivent coopérer dans un esprit de partenariat mondial en vue de conserver, de protéger et de rétablir la santé et l'intégrité de l'écosystème terrestre. Étant donné la diversité des rôles joués dans la dégradation de l'environnement mondial, les États ont des responsabilités communes, mais différenciées. Les pays développés admettent la responsabilité qui leur incombe dans l'effort international en faveur du développement durable, compte tenu des pressions que leurs sociétés exercent sur l'environnement mondial et des techniques et des ressources financières dont ils disposent. »

[691] Wen Jiabao (l'ancien Premier ministre de la Chine), « 战胜贫困共享人类发展成果», *Rio +20*, présentée à Rio de Janeiro, 21 juin 2012, en ligne : Xinhua Net <http://news.xinhuanet.com/world/2012-06/22/c_112272060.htm>.

émissions historiques des États développés[692] et constituent ainsi leur responsabilité. Ils sont tenus, d'une part, de réduire leurs émissions dans les proportions énoncées et, d'autre part, de partager avec les États en voie de développement, les techniques et les ressources financières dont ils disposent, en vue de réduire les émissions. Pour la Chine, comme pour d'autres États en voie de développement, il s'agit d'un problème international concernant à la fois l'environnement et le développement, bien qu'au fond ce soit un problème de développement[693].

En tant qu'État en voie de développement le plus important au monde, la Chine abrite encore environ 30 000 000 d'habitants qui vivent sous le seuil de pauvreté ; ce chiffre atteindrait 150 000 000 si on utilisait les critères des États-Unis[694]. Ce niveau de développement montre qu'il est impératif et urgent d'éradiquer la pauvreté et de favoriser le développement économique et social. Alors que les États développés polluent en consommant, les émissions des États en développement sont principalement des « survival emissions and international transfer emissions »[695]. L'affirmation du principe de responsabilité commune, mais différenciée illustre la lutte des États moins riches pour le droit au développement.

---

692 Voir 刘晗、李静, *气候变化视角下共同但有区别责任原则研究 [Étude sur la responsabilité commune, mais différenciée de la perspective des changements climatiques]*，1e éd. Beijing, 知识产权出版社，2012; 郭锦鹏，*应对气候变化：共同但有区别的责任 [Affronté des changements climatiques : responsabilité commune, mais différenciée]*，1e éd. Beijing, 首都经济贸易大学出版社，2014.

693 « Climate change is a major global issue of common concern to the international community. It is an issue involving both environment and development, but it is ultimately an issue of development. » China National Development and Reform Commission, National Climate Change Programme, June 2007 à la p 1, en ligne: <http ://www.ccchina.gov.cn/WebSite/CCChina/UpFile/File188.pdf, 6 December 2011>.

694 Voir dans le discours de Wen Jiabao, l'ancien Premier ministre chinois, « Building on Consensus, Strengthening Cooperation, Pushing Forward Climate Change Negotiation Process », Summit of Copenhagen Conference on Climate Change, 18 December 2009, présenté à Copenhague, en ligne: Chinese Embassy <http://kw.chineseembassy.org/eng/xwdt/t647091.htm>.

695 *Ibid.*

Après la Seconde Guerre mondiale, les États nouvellement indépendants ont invoqué la souveraineté westphalienne absolue pour justifier leur contrôle absolu sur leurs ressources naturelles et pour protéger leur souveraineté territoriale. Dans ce contexte, il s'agissait surtout d'une égalité politique entre tous les États. Dans les échanges économiques et la protection de l'environnement par contre, cette égalité politique crée des inégalités réelles dans la répartition des droits et devoirs. C'est ce qui explique la nécessité d'adopter des règles préférentielles pour les États en voie de développement. De toute façon, l'égalité n'a jamais été l'objet final du droit, car elle est plutôt un moyen pour garantir l'accomplissement de la justice. Le droit au développement est le résultat de cette quête commune des États nouvellement indépendants après la décolonisation des années 1950. L'énorme écart tant économique que social entre les États nouvellement indépendants et les anciens États colonisateurs a entraîné des contestations du droit international considéré comme le droit des puissances coloniales ainsi que des appels à un nouvel ordre international, économique et politique[696].

Apparu comme une réponse à la remise en cause d'un droit international qui avait été élaboré sans eux [697], le droit au développement a été tout d'abord étudié dans ses aspects économiques et financiers. Il a fait également partie de la réforme et de la redéfinition du droit international après l'intégration des nouveaux participants.

En 1964, lors de la première Conférence des Nations Unies sur le commerce et le développement (CNUCED[698]), des internationalistes

---

[696] Voir aussi dans la Partie I-II-1, ci-dessus.

[697] La contestation du droit international comme droit des puissances coloniales était un phénomène universel chez les États nouveaux à l'époque.

[698] En ligne: CNUCED <http://www.unctad.org>.

> « Créée en 1964, la CNUCED vise à intégrer les pays en développement dans l'économie mondiale de façon à favoriser leur essor. Elle est devenue progressivement une institution compétente, fondée sur le savoir, dont les travaux visent à orienter le débat et la réflexion actuels sur la politique générale du développement, en s'attachant tout particulièrement à faire en sorte que les politiques nationales et l'action internationale concourent ensemble à faire naître le développement durable. »

français ont « construit, systématisé et développé »[699] cette notion, nouvelle pour l'époque, « le droit international du développement »[700]. La situation d'inégalité des pays en développement surtout dans les échanges commerciaux internationaux a attiré l'attention universelle. Dans les années suivantes, les recherches commencent à s'orienter aussi vers le droit du développement social et culturel[701]. Le droit international du développement couvre des sujets très diversifiés : classement des États, rôle des organisations internationales, techniques juridiques, valeur des résolutions, souveraineté sur les ressources naturelles, transferts de technologie, aide financière, coopération bilatérale et multilatérale, rôle des organisations internationales (ONU, FMI, Banque mondiale, GATT, CEE), droit au développement, etc.

En 1986, la *Déclaration des Nations Unies sur le droit au développement*[702] définit ce droit comme « un droit inaliénable de l'homme en vertu duquel toute personne humaine et tous les peuples ont le droit de participer et de contribuer à un développement économique, social, culturel et politique dans lequel tous les droits de l'homme et toutes les libertés fondamentales puissent être pleinement réalisés, et de bénéficier de ce développement » ; et qu'il « suppose

---

[699] Guy Feuer, « Le droit international du développement : une création de la pensée francophone », dans Catherine Choquet et coll., « État des savoirs sur le développement », *Trois décennies de sciences sociales en langue française,* Paris, Karthala, 1993 *à la p* 229.

[700] Raul Prebisch a donné une communication sur le développement à la première Conférence des Nations Unies sur le commerce et le développement en 1964. Il a proposé qu'un régime préférentiel soit accordé aux États en développement, tenant compte de leur situation d'inégalité dans les échanges internationaux. Voir aussi Michel Virally, « Vers un droit international du développement » [1965], *Annuaire français de droit international*, aux pp 3-12 ; « Le régime juridique international des hydrocarbures et le droit international du développement » (1973), *Journal du droit international*; « Le droit international du développement : mythe ou réalité ? », SFDI., *Aspects du droit international économique*, Paris, Pedone, 1972 ; M. Bennouna, *Droit international du développement. Tiers monde et interpellation du droit international*, Paris, Berger-Levraut, 1983.

[701] Allain Pellet, *Droit international du développement*, Paris, PUF, 2e édition, 1987 à la p 125.

[702] *Déclaration des Nations Unies sur le droit au développement*, Rés AG 41/128, Doc off AG NU, 41e sess, A/RES/41/128, 1986, en ligne : ONU <http://www.un.org/fr/events/righttodevelopment/declaration.shtml>

aussi la pleine réalisation du droit des peuples à disposer d'eux-mêmes, qui comprend, sous réserve des dispositions pertinentes des deux Pactes internationaux relatifs aux droits de l'homme, l'exercice de leur droit inaliénable à la pleine souveraineté sur toutes leurs richesses et leurs ressources naturelles » (article 1).

Cette déclaration constitue le fruit des efforts entrepris par des non-alignés comme la Chine, dans les années 1960 et 1970, pour imposer un nouvel ordre économique international. « Elle n'a jamais été vraiment mise en œuvre, mais conserve néanmoins toute sa pertinence juridique, politique et morale » [703] . L'affirmation du droit au développement en tant que droit humain, suppose « le plein respect des principes du droit international touchant les relations amicales et la coopération entre les États conformément à la Charte des Nations Unies » et « le devoir » des États « de coopérer les uns avec les autres pour assurer le développement et éliminer les obstacles au développement »[704]. Ce droit au développement a été reconnu par la Cour internationale de Justice. Dans l'Affaire de l'usine de pâte à papier, au paragraphe 80 de l'ordonnance, selon la CIJ :

> [...] présente affaire met en évidence l'importance d'assurer la protection, sur le plan de l'environnement, des ressources naturelles partagées tout en permettant un développement économique durable ; qu'il convient notamment de garder à l'esprit la dépendance des Parties vis-à-vis de la qualité des eaux du fleuve Uruguay en tant que celui-ci constitue pour elles une source de revenus et de développement économique; que, dans cette perspective, il doit être tenu

[703] Melik Özden, « Le droit au développement : État des débats tenus à l'ONU sur la mise en œuvre de la Déclaration historique adoptée à ce propos par l'Assemblée générale des Nations Unies », 1986, en ligne : <http://www.cetim.ch/fr/documents/bro6-develop-A4-fr.pdf>.

[704] Il est inscrit dans l'article 3 de la Déclaration des Nations Unies sur le droit au développement aussi que :

> « Les États doivent exercer leurs droits et s'acquitter de leurs devoirs de façon à promouvoir un nouvel ordre économique international fondé sur l'égalité souveraine, l'interdépendance, l'intérêt commun et la coopération entre tous les États et à encourager le respect et la jouissance des droits de l'homme. »

compte de la nécessité de garantir la protection continue de l'environnement du fleuve ainsi que le droit au développement économique des États riverains[705].

En introduisant des droits fondamentaux de l'Homme dans le droit international, celui-ci « retrouve sa finalité perdue, son véritable sens »[706], soit le développement de l'être humain. Mais dans la rhétorique internationale, le droit au développement représente le droit au développement des pays (au nom de leur peuple) qui sont les nouveaux participants à ce régime et qui sont désavantagés dans les échanges économiques pour des raisons historiques. Si l'on tient compte de l'écart économique et social entre les États, l'égalité formelle de la répartition des responsabilités internationales crée une inégalité substantielle. C'est pourquoi, dans sa lutte contre le réchauffement planétaire, la Chine préconise le principe de responsabilité commune, mais différenciée, en insistant pour que les réductions d'émission soient plus lourdes pour les États développés que pour les États en développement[707]. Selon elle, ce principe se justifie ainsi : « les pays

---

[705] Affaire des usines de pâte à papier, *supra* note 170 à la p 38.

[706] Selon la remarque faite par Dr Wagué Hamadi Gatta :

> « Il est la nouvelle expression de la justice, qui se traduit par l'incarnation universelle et effective des droits fondamentaux de l'Homme. C'est grâce à ce nouveau droit que le droit international retrouve sa finalité perdue, son véritable sens, sa signification de « droit de gens » ou « jus gentium » selon Grotius. Mieux, le droit international du développement permettra de diffuser davantage un certain nombre de notions fondamentales du droit international en général. »

En ligne : Legavox <http://www.legavox.fr/blog/dr-wague-hamadi-gatta/droit-international-developpement-droit-controverse-5476.htm>.

[707] Cela disant, la Chine n'a pas non plus refusé d'assumer sa responsabilité dans la réduction d'émission. Selon le discours de l'ancien Premier ministre Wen Jiabao, la Chine a « amélioré le système de taxation » et « développé la réforme d'évaluation des ressources en vue d'établir à une date anticipée un mécanisme d'évaluation qui réponde à l'offre et à la demande du marché, à la rareté des ressources et au coût des dégâts environnementaux. » « À la fin du premier semestre de 2009, la consommation énergétique de la Chine par unité de PIB (Produit intérieur brut) a baissé de 13 % par rapport au niveau de 2005, soit une réduction de 800 millions de tonnes des émissions de dioxyde de carbone. » en ligne : <http://french.news.cn/documents/2009-12/19/c_13115025.htm>

doivent partager des responsabilités communes dans la protection de notre planète tout en reconnaissant qu'ils sont à des différentes étapes et niveaux de développement »[708]. Cette approche qui met l'accent sur la situation particulière des États moins développés ne représente pas forcément une excuse inventée par la Chine pour ne pas assumer plus de responsabilités internationales, mais elle démontre sa crainte de se voir imposer des restrictions qui nuiraient à son développement économique et social.

Du côté des États occidentaux, les réactions ont été assez paradoxales. Tout en admettant les progrès d'ouverture économique de la Chine, ils n'ont pas vraiment accepté son statut de membre à part entière de la

---

Afin de garantir que sa mise en œuvre sera soumise à la surveillance de la loi et de l'opinion publique, l'objectif de réduction est incorporé dans le plan de développement socio-économique de la Chine à moyen et long terme en tant qu'obligation. Voir dans le 12e plan quinquennal de la Chine, la Chine vise à réduire la consommation d'énergie par unité du PIB de 16 % d'ici 2015. Les émissions de dioxyde de carbone devraient chuter de 17 %, en ligne : CNTV <http://fr.cntv.cn/francais/special/12e_plan_quinquennal/Accueil/index.shtml>. Voir aussi « Climat : Chine et États-Unis se fixent de nouveaux objectifs d'émissions de gaz à effet de serre », 12 novembre 2014, Francetvinfo, en ligne : Francetvinfo <http://www.francetvinfo.fr/monde/environnement/climat-chine-et-etats-unis-se-fixent-de-nouveaux-objectifs-d-emissions-de-gaz-a-effet-de-serre_742355.html>.

> « Le 12 novembre 2014, la Chine et les États-Unis ont fait de nouveaux objectifs d'émission de gaz à effet de serre à Beijing lors du sommet pour la coopération économique en Asie-Pacifique, la Chine s'est fixé l'objectif d'inverser la courbe de ses émissions de gaz autour de 2030, avec l'intention d'essayer d'y arriver plus tôt et à faire passer à 20 % d'ici 2030 la part d'énergies renouvelables dans sa production énergétique, contre moins de 10% en 2013 ; tandis que les États-Unis se sont engagés sur une réduction de 26-28% de leurs émissions d'ici 2025 par rapport à 2005. »

Pour en savoir plus sur les efforts que la Chine a faits dans les dernières années pour améliorer les conditions environnementales, voir Xue 2012, *supra* note 607.

[708] Wen Jiabao, « Work Together to Write A New Chapter in Promoting Sustainable Development for Mankind », Conférence des Nations Unies sur le développement durable (Rio+20) présenté à Rio de Janeiro (20 juin 2012), en ligne : Rio+20 <http://www.uncsd2012.org/statementsrio20.html>.

communauté internationale[709]. De son côté, la Chine est demeurée méfiante à l'égard du régime international. Elle a donc opté pour une position utilitariste, c'est-à-dire qu'au lieu d'accepter l'ensemble des règles ou de s'y opposer fermement, elle a eu tendance à suivre et à intégrer les règles qui correspondaient à ses identités d'État. Cette position ressort aussi de son attitude à l'égard de l'arbitrage et du règlement judiciaire des litiges par les instances internationales.

Section 3. L'attitude chinoise à l'égard de l'arbitrage et du règlement judiciaire des litiges

Dans les années 80 et 90, avec la fin de la guerre froide, le régime politique international a connu des changements radicaux. La multipolarité, remplaçant la bipolarité Union soviétique-États-Unis, est devenue la tendance inévitable du système international. Les États, au lieu de s'opposer, optent pour une stratégie coopérative. Dans ce contexte, le droit international évolue également. L'un des avancements les plus remarquables constitue le développement des juridictions et des

---

[709] Dans le domaine économique, L'octroi du statut d'économie de marché à la Chine, l'Union européenne refuse jusqu'en 2016 de modifier le statut d'économie de marcher de la Chine, « de crainte de se faire inonder de crainte de se faire inonder de produits bon marché de produits bon marché » ; dans le domaine du droit de l'homme, depuis les événements de Tiananmen en 1989, « l'UE soulève la question des prérogatives universelles de l'individu dans tous les documents écrits importants liés à la Chine », en 1995 et en 2006, l'UE ont publié deux documents sous-titrés : « UE - Chine: Rapprochement des partenaires, accroissement des responsabilités », dans lesquels, il est indiqué comme l'un des deux points clés : le « soutien de la transition politique », c'est-à-dire, « l'UE et la Chine entretiennent un dialogue politique régulier sur les droits de l'homme, la protection des minorités et le renforcement de l'état de droit. »
voir « La Chine, une économie de marché ? », *Beijing Information*, 29 janvier 2016, en ligne : <http://french.beijingreview.com.cn/Chine/201601/t20160129_800047976.html>; Martyna Kowol, « L'éthique des affaires: la place des droits de l'Homme dans les relations sino-européennes », 7 nov, 2012, *Nouvelle europe*, en ligne : <http://www.nouvelle-europe.eu/l-ethique-des-affaires-la-place-des-droits-de-l-homme-dans-les-relations-sino-europeennes>; CE, Commission, *UE - Chine: Rapprochement des partenaires, accroissement des responsabilités*, Luxembourg, 1995, 2006.

arbitrages à l'international, c'est-à-dire, des moyens de régler les différends par une procédure aboutissant à une décision obligatoire.

Les tribunaux internationaux modernes sont institués après la Seconde Guerre mondiale. Depuis les années 90, à part les tribunaux spéciaux (à savoir, des tribunaux pénaux internationaux pour l'ex-Yougoslavie et le Rwanda), qui sont apparus à la suite de conflits et ont pour vocation principale de juger des faits liés directement à ces conflits, des tribunaux permanents ayant une vocation plus générale ont aussi connu un développement important[710]. Parmi ces tribunaux les plus importants, nous comptons la Cour internationale de Justice (CIJ, 1946), la Cour pénale internationale (CPI, 2004), le Tribunal international du droit de la mer (1996), l'Organe de règlement des différends de l'Organisation mondiale du commerce (OMC, 1995). Les juridictions régionales naissent grâce à la conclusion des traités bilatéraux et multilatéraux régionaux : la Cour de justice de l'Union européenne, la Cour européenne des droits de l'homme, la Cour de justice Benelux, la Cour de l'Organisation des pays exportateurs de pétrole (OPEP), la Cour de l'Union du Maghreb arabe, la Cour de justice de l'Amérique centrale, la Cour des droits de l'homme de l'Afrique, etc.

L'arbitrage représente un autre moyen de régler les différends. La Convention de Vienne[711], la Convention sur la diversité biologique et la CCNUCC ont toutes inclus dans leurs textes les clauses d'arbitrage. À l'instar des cours internationales, l'arbitrage fait aussi appel à l'intermédiaire d'un tribunal dont la décision obligatoire et définitive est imposée aux plaideurs et nécessite l'accord des parties au différend. Il existe, cependant, une différence subtile entre l'arbitrage et le règlement judiciaire des litiges. L'organe judiciaire est un organe permanent et son statut ne peut être modifié par les parties, tandis que le tribunal d'arbitrage est créé par les parties en conflit. Son existence dépend de leur volonté, mais une fois établi, le tribunal arbitral décide sur une base indépendante. Cela garantit aux parties un degré maximal d'autonomie procédurale. Selon les articles 20-29 de *la Convention de*

---

[710] Voir « The project on International Courts and Tribunals : the international Judicial in Context », en ligne : PCTI <http://www.pict-pcti.org/publications/synoptic_chart/synop_c4.pdf>.

[711] *Convention de Vienne de 1985*, *supra* note 110.

La Haye pour le règlement pacifique des conflits internationaux de 1899[712], la Cour permanente d'arbitrage (CPA), créée à La Haye, constitue l'organe d'arbitrage international le plus important au monde.

La Chine et la Cour internationale de Justice (CIJ)

La CIJ, instituée par la Charte des Nations Unies, est l'organe judiciaire de l'ONU. Elle a une double mission : juger les affaires juridiques qui lui sont soumises par les États et donner des avis consultatifs sur les questions juridiques que lui posent les organes et les institutions spécialisées de l'ONU. Il n'existe pas pour le moment d'obligation internationale de résoudre les conflits par le biais judiciaire. La Cour ne peut connaître d'un différend qu'à la demande d'un ou de plusieurs États. Les arrêts qu'elle rend sont sans recours et ont force obligatoire pour les parties en cause[713].

La juridiction obligatoire de la CIJ se fonde sur le consentement des États[714]. En 2014, 70 États au total avaient déposé leur déclaration d'acceptation de la juridiction obligatoire de la CIJ[715]. En outre, plus de 300 conventions ou traités bilatéraux ou multilatéraux reconnaissent la compétence de la Cour pour trancher les différends concernant leur application ou leur interprétation[716]. Jusqu'en 2014, 161 affaires ont été

---

[712] *Convention de 1899 pour le règlement pacifique des conflits internationaux*, 1899, La Haye.

[713] L'article 94 de la Charte des Nations Unies stipule que « [c] haque Membre des Nations Unies s'engage à se conformer à la décision de la Cour… dans tout litige auquel il est partie ».

[714] Le Statut prévoit qu'un État peut reconnaître comme obligatoire la juridiction de la Cour sur des différends d'ordre juridique à l'égard de tout autre État acceptant la même obligation. Dans ces cas, la Cour est saisie par requête. Voir l'article 36 du *Statut de la CIJ*, *supra* note 93.

[715] Déclarations de l'acceptation de la juridiction obligatoire, en ligne : CIJ <http://www.icj-cij.org/jurisdiction/index.php?p1=5&p2=1&p3=3>.

[716] L'article 36 (1) :

> « La compétence de la Cour s'étend à toutes les affaires que les parties lui soumettront, ainsi qu'à tous les cas spécialement prévus dans la Charte des Nations Unies ou dans les traités et conventions en vigueur. »

Voir dans le rapport annuel de la CIJ (2013-1014), Rapport de la Cour internationale de Justice 1er août 2013-31 juillet 2014, Doc off, AG NU, 69 sess,

jugées par la CIJ[717]. Selon le Rapport annuel de 2014, la CIJ avait en 2013 « une nouvelle fois déployé une activité particulièrement intense »[718], la Cour ayant rendu treize ordonnances et avait été saisie de sept nouveaux contentieux[719].

La Chine, représentée à l'époque par le gouvernement du Parti nationaliste, faisait partie des États fondateurs des Nations Unies et a déposé en 1946 une déclaration d'acceptation de la juridiction obligatoire de la CIJ. Néanmoins, en 1972, le gouvernement de la République Populaire de Chine, remplaçant l'ancien gouvernement nationaliste, a déclaré qu'il n'allait plus accepter la juridiction obligatoire de la CIJ[720]. La Chine n'a jamais conclu d'entente avec d'autres États dans lesquels les parties convenaient de soumettre conjointement leurs différends à la CIJ. En signant des conventions comportant des « clauses compromissoires »[721], elle a exprimé souvent sa réserve[722]. De 1978[723] jusqu'à aujourd'hui, la Chine n'a jamais porté

Supplément n° 4, A/69/4 à la p 12, en ligne : Cour internationale de Justice <http://www.icj-cij.org/court/fr/reports/report_2013-2014.pdf> [Rapport CIJ 2013].

717 Affaires de la CIJ, en ligne : CIJ <http://www.icj-cij.org/docket/index.php?p1=3>.

718 Rapport de la CIJ 2013, *supra* note 602.

719 *Ibid.*

720 Selon le *Statut de la CIJ*, le consentement d'un État peut s'exprimer de trois façons : un compromis ; une clause dans un traité ; une déclaration unilatérale. Ce système dit de la clause facultative revient à créer un groupe d'États ayant mutuellement donné compétence à la Cour pour régler tout différend qui pourrait surgir à l'avenir entre eux. En principe, chaque État de ce groupe a le droit de citer un ou plusieurs autres États du même groupe devant la Cour. Les déclarations peuvent contenir des réserves tendant à les limiter dans le temps ou à exclure certaines catégories de différends. Elles sont déposées par les États auprès du Secrétaire général de l'Organisation des Nations Unies.

721 Une clause compromissoire constitue une clause par laquelle un État Partie s'engage d'avance à accepter la compétence de la Cour si un différend surgit avec un autre État partie quant à l'application ou à l'interprétation dudit traité.

722 Le Gouvernement chinois inscrit ce droit de réserve sauf dans les traités internationaux techniques ou professionnels dans les domaines d'économie, de commerce, de technologie, d'aviation, d'environnement, de transport et de culture.

723 L'année préparatoire pour l'application générale de la politique d'ouverture et la réforme économique en 1979.

plainte devant la Cour internationale de Justice ni exprimé la moindre volonté de le faire.

La Chine et la Cour permanente d'arbitrage (CPA)

La Cour permanente d'arbitrage qui siège à La Haye constitue l'organe d'arbitrage interétatique le plus connu au monde. La CPA, composée de 116 États membres, est « idéalement située à la croisée du droit international public et du droit international privé pour répondre aux besoins de plus en plus pressants de la communauté internationale en matière de règlement des différends »[724]. Ce qui la rend différente de la CIJ, c'est qu'elle offre ses services à une multitude d'entités, qu'il s'agisse d'États, d'organes de l'État, d'organisations internationales ou de parties privées. De ce fait, les partis comme les litiges que la CPA arbitre sont beaucoup plus diversifiés que ceux de la CIJ. Elle a donc une compétence plus générale. Elle a aussi l'avantage d'être composée de juges choisis dans chaque cas par les parties elles-mêmes. Jusqu'à aujourd'hui, la Chine n'a signé aucune entente avec d'autres pays qui l'obligerait à se soumettre aux décisions arbitrales.

Dans *l'Arbitrage entre la République des Philippines et la République populaire de Chine*[725], la CPA fait fonction de greffe. C'est la première fois que la Chine figure comme l'une des deux Parties opposées dans une affaire devant la CPA. Néanmoins, dès le début, la Chine a rejeté la demande philippine. Elle a, en outre, refusé de reconnaître la compétence de la juridiction de la CPA et de coopérer avec cette dernière. Les audiences se déroulent en l'absence de représentants chinois. La Chine a réitéré maintes fois sa position selon laquelle « elle n'accepte pas l'arbitrage introduit par les Philippines » et que sa note verbale « ne doit pas être considérée comme l'acceptation de la procédure par la Chine ou la participation de cette dernière à la procédure »[726]. Autrement dit, cette demande d'arbitrage obligatoire se

---

[724] Cour permanente d'arbitrage, en ligne : Cour permanente d'arbitrage <http://www.pca-cpa.org/showpage.asp?pag_id=1081>.

[725] La République des Philippines c. La République populaire de Chine, en ligne : CPA <http://www.pca-cpa.org/showpage.asp?pag_id=1533>.

[726] « Résumé du Document de prises de position du gouvernement de la République populaire de Chine sur la question de la compétence dans l'arbitrage concernant la Mer de Chine méridionale initiée par la République des

fait évidemment contre son gré[727]. Elle va donc probablement continuer à ne pas participer.

La position de la Chine en matière de juridictions internationales est donc assez claire : elle n'accepte pas pour l'instant de règlement judiciaire ou d'arbitrage obligatoire, surtout en ce qui concerne l'utilisation des ressources naturelles. Elle prétend que toute procédure obligatoire qui implique l'intervention d'une tierce partie devrait se fonder sur le consentement des États concernés, c'est-à-dire, sur des traités bilatéraux ou multilatéraux. Ce refus d'une ingérence étrangère reflète l'importance qu'elle accorde à la souveraineté de l'État.

La position de la Chine étant très claire, on peut se demander par quels moyens elle compte résoudre ses différends internationaux. Selon les déclarations officielles du Gouvernement chinois, elle tient à résoudre les conflits internationaux de façon pacifique, mais généralement par le biais de consultations et de négociations directes entre les parties intéressées. Elle a exposé de façon claire son rejet des juridictions internationales le 22 mai 2014 quand elle a voté contre un projet de résolution sur la situation en République arabe syrienne. Ce projet de résolution, bloqué par la Chine et la Russie, demandait de saisir le procureur de la Cour pénale internationale (CPI) des crimes graves commis en Syrie. Selon la Chine,

> Toute action visant à saisir la Cour pénale internationale pour engager des poursuites judiciaires doit être fondée sur le respect de la souveraineté de l'État et sur le principe de complémentarité. La Chine, qui n'est pas partie au statut de Rome, a toujours émis des réserves sur la saisie de la Cour pour connaître de la situation dans un État. Il est cependant urgent de faire cesser les violences et de commencer un troisième processus de négociations à Genève. La Chine a

---

Philippines », 7 décembre 2014, en ligne : le ministère des Affaires étrangères du gouvernement de la Chine <http://www.fmprc.gov.cn/fra/wjb/zzjg/yzs/xgxw/t1217151.shtml>.

[727] Voir Duan Jielong, *中国国际法实践与案例*, *Des pratiques et des exemples de cas de la Chine en droit international*, Beijing, 法律出版社, 2011, à la p 369.

indiqué qu'elle préfère encourager la poursuite des négociations plutôt que de prendre une décision hâtive en saisissant la Cour[728].

Il s'agit ici d'un phénomène intéressant : depuis l'ouverture et la réforme économique, la Chine participe activement à l'élaboration de la législation internationale, mais reste très réservée à l'égard du règlement des différends par les instances internationales. Elle opte plutôt pour une résolution diplomatique et politique des litiges.

Certains prétendent que ce choix est probablement partagé par de grandes puissances. Selon l'idée traditionnelle du réalisme, dû au fait que l'anarchie règne encore dans les relations interétatiques, les États ne vont pas attacher une grande importance à la juridiction internationale si celle-ci ne peut pas les aider à maximiser leurs propres intérêts. Cela explique la préférence des grandes puissances pour les moyens diplomatiques qui sont généralement plus efficaces et moins coûteux. À noter cependant que beaucoup de pays, même les États-Unis, acceptent de voir leurs différends portés devant la CIJ et les autres instances internationales. Par exemple, sur les 170 affaires entendues par la CIJ, 24 impliquaient les États-Unis, 15 le Royaume-Uni, 15 la France, 6 l'Allemagne, 5 l'Australie, 5 l'Inde[729]. Quant à la Chine, sa préférence pour des moyens diplomatiques et politiques demeure claire et ferme. Voici ce que déclarait son représentant à l'ONU à propos de la Syrie en 2014 :

> China opposed all acts of violence in violation of international humanitarian law or human rights. However, [... a]ny action seeking referral to the International Criminal Court should be based on the premise of respect for the judicial sovereignty of States and the principle of complementarity, he said. Historically, China had always held reservations about referring situations to the Court

[728] Une résolution sur la Syrie bloquée par la Chine et la Russie au Conseil de sécurité, en ligne : ONU <http://www.un.org/apps/newsFr/storyF.asp?NewsID=27517>.
[729] Contentious cases ordered by countries involved, en ligne: Cour internationale de Justice <http://www.icj-cij.org/docket/index.php?p1=3&p2=3&p3=1>.

> […] Forcibly referring the situation to the Court in the current environment was neither conducive to building trust nor to the resumption of negotiations in Geneva […] it should have continued consultations so as to avoid disrupting unity rather than forcibly pushing for a vote […] China had always been committed to a political settlement of the conflict and had worked in a comprehensive and balanced manner to urge all parties involved to seek a middle path[730].

Selon cette déclaration, la Chine estime que le règlement judiciaire au lieu de régler une fois pour toutes le différend en cause peut en réalité aggraver la tension régionale. Pour elle, la négociation internationale représente une solution plus flexible et efficace. Même dans le cas d'une négociation, la Chine n'est pas non plus ouverte à l'intermédiaire d'une tierce partie ou à l'acceptation d'un cadre multilatéral. Le 14 juin 2011, en répondant à la proposition des États-Unis de créer un cadre de négociation multilatéral pour le règlement des différends relatifs à la possession des îles en mer de Chine méridionale, le porte-parole du ministère des Affaires étrangères a fait remarquer lors d'une conférence de presse :

> China always maintains to resolve territorial and jurisdictional disputes peacefully through friendly consultation and negotiation between directly-concerned sovereign states rather than resort to force or threat of force. This is also the consensus reached in the DOC by relevant countries of the region. We hope non-parties respect the directly-concerned parties' efforts to resolve disputes through direct negotiation[731].

---

[730] Organisation des Nations Unies, communiqué, « La Chine et la Fédération de Russie bloquent un projet de résolution sur la saisie de la Cour pénale internationale (CPI) pour les crimes graves commis en Syrie » (22 mai 2014), en ligne: ONU <http://www.un.org/News/Press/docs//2014/sc11407.doc.htm>.

[731] Foreign Ministry Spokesperson Hong Lei's Regular Press Conference on June 14, 2011, en ligne: China Embassy < http://www.china-embassy.org/eng/fyrth/t831355.htm >.

Sa préférence pour la négociation bilatérale est due partiellement à son attachement au principe de non-ingérence, mais aussi à sa philosophie juridique traditionnelle qui valorise le *Li*, selon lequel l'harmonie est principalement assurée par des moyens non judiciaires.

Section 4. L'identité de la Chine dans le domaine des cours d'eau transfrontaliers : État d'amont en voie de développement

Dans ses relations internationales hydriques avec les pays voisins, la Chine représente un État d'amont typique. Le plateau tibétain et les montagnes du nord de la Chine sont les berceaux des grands fleuves asiatiques. Les États qui partagent des fleuves avec la Chine sont les plus importants États en voie de développement du monde. La demande régionale en eau est immense. Nous allons essayer de montrer que la Chine, à cause de ses conditions hydrographiques et de ses besoins gigantesques en eau, a créé de graves tensions entre elle et ses voisins, ce qui lui a permis en revanche d'affirmer ses identités en tant qu'État d'amont en voie de développement.

Dans l'histoire de l'humanité, les cinq plus anciennes civilisations sont toutes apparues au bord de grands fleuves : l'Égypte est nourrie par le Nil, la ville de Babylone fut construite à cheval sur l'Euphrate ; l'Inde possède l'Indus et le Gange ; la Chine a prospéré le long du fleuve Yangtsé et du fleuve Jaune. Les mythes nous permettent souvent d'entrevoir les activités préhistoriques d'une nation. Selon la Bible, un grand déluge engloutit les terres. Dans la version chinoise, un chef du nom de Yu unit les tribus pour lutter contre les inondations préhistoriques. C'est alors que naît la nation chinoise. Les travaux hydrologiques qui demandent de larges investissements en main-d'œuvre et en temps ont modelé le style de gouvernance centralisée de la Chine[732]. Il n'est donc pas difficile d'imaginer que des mythes reliés aux fleuves existent aussi dans d'autres cultures. Le peuple indien et les États du Bas Mékong attachent aussi une grande importance culturelle, voire même religieuse au Gange et au Mékong. S'il est évident que les

---

[732] 黄仁宇 Huang Renyu，*万历十五年 1587, A Year of No Signifiance*, Beijing, 三联书店, 1997. La terre située entre les deux fleuves de la Chine a été divisée en neuf parties (Zhou), départements administratifs les plus anciens dans l'histoire de la Chine. Neaf Zhou est aujourd'hui un nom poétique pour la Chine.

grands fleuves sont le berceau des civilisations humaines, il n'est pas moins vrai que ce berceau est souvent partagé par plusieurs civilisations.

La Chine, en tant que pays le plus peuplé au monde (1,3 milliard d'habitants), deuxième économie mondiale et quatrième pays en superficie (après la Russie, le Canada et les États-Unis), abrite également 18 fleuves internationaux parmi les 263 qui existent dans le monde[733]. Ses frontières terrestres, mesurant 22 000 km, qu'elle partage avec 14 voisins et deux régions administratives spéciales (Hong Kong et Macao), sont traversées par quelque 40 grands cours d'eau internationaux (en comptant les affluents), dont les 11 plus importants sont présentés dans le tableau 12.

[733] Meredith A., Giordano et Aaron T. Wolf, *World's International Freshwater Agreements*, UNEP, OSU et FAO, 2002 à la p 1.

Tableau 12 Principaux fleuves transfrontaliers de la Chine

Source : Carte du Monde (Maison d'Édition de Carte de la Province du Shandong, 2009) [734]

Position	Nom	Limitrophe ou successif	Longueur (km)	Pays concernés
Nord-est	Amour (Fleuve Heilong)	Limitrophe	5498	Chine, Russie, Mongolie
	Yalu	Limitrophe	795	Chine, Corée
	Oussouri	Limitrophe	905	Chine, Russie
	Tuman	Limitrophe	525	Chine, Russie, Corée
Nord-ouest	Irtych	Successif	4248	Chine, Russie, Kazakhstan
	Ili	Successif	1236	Chine, Kazakhstan
Sud-ouest	Mékong (Fleuve Lancang)	Successif	4909	Chine, Birmanie, Laos, Thaïlande, Cambodge, Viêtnam
	Salouen (Nujiang)	Successif	3240	Chine, Birmanie
	Irrawaddy	Successif	2714	Chine, Birmanie
	Brahmapo-utre	Successif	2840	Chine, Inde, Bangladesh
	Indus	Successif	2900	Chine, Inde, Pakistan

734 李志文 Li Zhiwen, «跨国界河流问题与中国周边安全», «Les cours d'eau transfrontaliers et la sécurité périphérique de la Chine »（2011）, en ligne : http://wenku.baidu.com/link?url=YRemqGEPAyibF6uwGi6TRW8A2I_F4Ya5LG2LUiZuFCrIVWq_4moHamJx6k0y5r3MxVi6qF_4dUuytJ7WHCAJWGvX7rWGXqe3M2cVvCCIwWS.
Voir aussi Olli Varis a et al, « China's stressed waters: Societal and environmental vulnerability in China's internal and transboundary river systems » (2014) 53, *Applied Geography* 105.

La Chine est en amont sur la plupart de ses cours d'eau internationaux. En 2013, elle a reçu 21,49 milliards mètres cubes d'eau, par contre, elle en a remis 758,13 milliards d'eaux aux fleuves internationaux, dont 528,22 milliards mètres cubes aux fleuves successifs et 229,9 milliards aux fleuves limitrophes[735]. Parmi tous ses cours d'eau transfrontaliers, certains sont des fleuves limitrophes, certains sont successifs, certains sont des lacs ou des canaux[736]. Après avoir traversé des provinces et régions autonomes de la Chine, ils deviennent les lignes de vie des autres pays en aval. La Chine partage des ressources en eau avec chacun de ses voisins : la Corée du Nord, la Russie, la Mongolie, le Kazakhstan, le Kirghizistan, le Tadjikistan, le Bhoutan, le Myanmar, le Laos, le Népal, le Pakistan (Cachemire), l'Afghanistan, l'Inde et le Viêtnam et avec ses deux régions administratives spéciales (Hong Kong et Macao)[737].

Malgré cette abondance apparente, la Chine souffre d'une grave pénurie d'eau ; sa population de 1,3 milliard d'habitants, soit un cinquième de la population mondiale, ne dispose que de 7 % des ressources mondiales en eau douce. La disponibilité d'eau par habitant ne correspond qu'au quart de la moyenne mondiale, en tenant compte de trois facteurs : sa répartition géographique inégale selon les saisons ainsi qu'entre le nord et le sud et entre l'est et l'ouest ; la pollution et la

[735] Ministère des Ressources en eau du gouvernement de la Chine, «2013 年中国水资源公报», «Rapport relatif aux ressources en eau de la Chine (2013) », en ligne : China development gateway <http://cn.chinagate.cn/reports/2015-04/13/content_35308335.htm>.

[736] Les fleuves contigus ou limitrophes sont ceux qui forment la frontière entre deux États. Les fleuves successifs sont ceux qui traversent une frontière entre deux États. Souvent, un seul et même fleuve relèvera simultanément des deux catégories, comme dans le cas du Mékong et du Danube.

[737] 何大明 He Daming et 冯彦 Feng Yan, *国际河流跨境水资源利用与生态保护研究, Études sur l'utilisation des ressources en eau transfrontière et la protection écologique,* Beijing, 科学出版社, 2006, aux pp 1-5 ; 何大明 He Daming, 冯彦 He Daming et 胡金明 Hu Jinming，*中国西南国际河流跨境水资源利用与生态保护研究, Études sur l'utilisation des ressources en eau et la protection écologique des fleuves internationaux du sud-ouest de la Chine*, Beijing, 科学出版社, 2007, aux pp 1-10.

demande énorme d'eau pour le développement industriel du pays[738]. La pénurie d'eau pose actuellement de graves problèmes pour le développement durable du pays[739]. Dans les grandes villes chinoises, telles que Beijing et Shanghai qui comptaient toutes deux plus de 2,1 milliards d'habitants en 2013, la demande hydrique a connu un grand essor. La ville de Beijing ne dispose que de 3,6 milliards mètres cubes d'eau en moyenne, soit seulement 300 mètres cubes par personne, ce qui représente à peine un huitième de la moyenne nationale et un trentième de la moyenne mondiale[740]. Les énormes besoins en énergie des grandes villes ont également stimulé la demande de production d'hydroélectricité.

Cette demande intensive d'eau et d'énergie a alimenté les tensions sur l'utilisation des ressources en eau que partagent la Chine et ses voisins. Les accusations portées par les États voisins et par l'Occident, qui jouent le rôle d'Autre, ont eu pour effet de renforcer l'identité de la Chine en tant qu'État d'amont en voie de développement.

L'opposition de la Chine à l'adoption de la *Convention de New York* constitue un exemple parfait de l'influence qu'a son identité en tant qu'État d'amont en voie de développement. La Chine a voté contre cette Convention, parce qu'elle l'estime favorable aux États d'aval plutôt qu'aux États d'amont. Après le vote, le représentant chinois a expliqué ainsi les raisons de l'opposition de la Chine :

> There were obvious drawbacks in the draft convention. First, it failed to reflect general agreement among all countries, and a number of States had major reservations regarding its main provisions. Secondly, the text did not reflect the principle of the territorial sovereignty of a watercourse State. Such a state had indisputable sovereignty over a watercourse, which

738 *Review of World Water Resources by Country,* Rome, FAO, 2003, en ligne: Organisation des Nations Unies pour l'alimentation et l'agriculture <ftp://ftpfao.org/agl/aglw/docs/wr23e.pdf>.

739 *Supra* note 736.

740 黄忠臣 Huang Zhongchen, «北京市水资源状况调查分析», « Enquête sur la condition des ressources en eau de la Ville de Beijing » (2003) 19 :4, *北京建筑工程学院学报*.

> flowed through its territory. There was also an imbalance between the rights and obligations of the upstream and downstream States. [...] China could not support provisions on the mandatory settlement of disputes, which went against the principles set out in the United Nations Charter. His Government favoured the settlement of all disputes through peaceful negotiations. Accordingly, he would vote against the draft resolution to which the draft convention was attached[741].

La Chine présente trois arguments pour justifier son opposition : selon le premier, il n'y a pas d'accord général entre les États membres surtout au sujet des dispositions importantes, comme d'abord la relation entre les articles 5 et 7 portant sur le principe de l'utilisation raisonnable et équitable ainsi que sur l'obligation de ne pas causer de dommages significatifs ; puis l'article 12 concernant la procédure de notification. Selon la Chine, comme la Convention privilégie l'obligation de ne pas causer de dommages significatifs, elle tend à maintenir le statu quo pour l'utilisation des cours d'eau dans un bassin donné et favorise ainsi les premiers développeurs. À cela s'ajoute encore sa préoccupation d'un éventuel droit de veto des États d'aval qui pourraient bloquer unilatéralement ses projets de développement. Le troisième argument touche l'article 33 sur le règlement des différends ; la Chine estime qu'une enquête impartiale suppose une procédure obligatoire et, jusqu'à aujourd'hui, elle n'a accepté cette procédure obligatoire que dans les différends commerciaux qui n'ont aucun lien avec la souveraineté territoriale, ce qui n'est pas le cas pour l'utilisation des cours d'eau transfrontaliers. Tout compte fait, dans son libellé, la *Convention de New York* essaye d'atténuer l'importance du principe de la souveraineté dans la coopération internationale hydrique, ce qui l'oppose fondamentalement à la position de la Chine en tant qu'État d'amont en voie de développement.

---

[741] GA/9248, *supra* note 415 à la p 5.

Conclusion du Titre II

Dans sa philosophie politique officielle, la Chine réunit sous le nom de confucianisme le *Fa* qui est le récipient ou l'apparence, et le *Li* qui est le contenu ou le sens. Dans la Chine ancienne, il n'existait pas de relations internationales au sens strict, mais uniquement des relations intérieures et extérieures hiérarchiques. L'application du *Li* dans les relations extérieures a créé un système d'échange de tributs et de sécurité. Dans ce système, les États soumis à la Chine présentaient régulièrement des tributs à l'empereur chinois ; en revanche, la Chine assurait leur sécurité extérieure et leur autonomie intérieure. Pour la Chine, c'était une stratégie plutôt défensive et préventive qu'offensive, qui permettait aux États tributaires de conserver l'intégrité de leur autonomie. L'Empire chinois exerçait, ainsi, un contrôle plus symbolique que réel, plus diplomatique que militaire ou politique. Le respect de l'autonomie intérieure des autres États est donc une tradition enracinée depuis longtemps dans la culture politique de la Chine.

Pour le règlement des différends, la Chine traditionnelle agricole mettait en avant les valeurs de collectivité ou de communauté rurale plutôt que les droits individuels. Il est né de ce style de vie une « Chine du sol », qui choisit plutôt la protection de la vie communautaire que les droits individuels. Le peuple chinois aspire sans cesse à une société dominée par le *Li*, c'est-à-dire par les liens de parenté et d'amitié et sans contentieux ou anti-contentieux. Même aujourd'hui, les juges ruraux préfèrent réconcilier en donnant des leçons au lieu de jugements, en essayant de trancher le litige tout en conservant la relation amicale entre les locaux. Le recours judiciaire, qui est très coûteux et qui tranche le problème d'une manière catégorique entre tout rien, détériore les relations sociales amicales. Il en est de même dans le cas d'États souverains. La pensée traditionnelle juridique de la Chine est le principal facteur culturel qui explique sa position dans les affaires internationales, mais son histoire moderne a ajouté un facteur psychologique : le droit international est considéré comme un produit de la civilisation impérialiste occidentale. Il en résulte que la Chine, pour des raisons historiques et idéologiques, s'identifie comme un État hors régime.

Ses pratiques d'État font écho à son héritage historique et démontrent un attachement particulier au principe de la souveraineté et au droit au développement. La Chine n'a jamais été un partisan enthousiaste du règlement judiciaire ou arbitral des différends qui, selon elle, au lieu de mettre fin définitivement au différend en cause, peut en réalité aggraver la tension régionale. Elle préfère la négociation bilatérale qui permet une résolution plus flexible et efficace des différends. Il est pertinent de dire que ses identités, tant au niveau intérieur qu'international, affiche une culture remarquablement différente de celle du système international et définissent ses choix et ses comportements dans les relations internationales. Considérant qu'elle ne partage pas toutes les connaissances communes aux États créateurs du système international, la Chine se tient pour l'instant à une certaine distance du système international. Cette position nationale contribue aussi à expliquer ses comportements dans le domaine des cours d'eau transfrontaliers. En observant la tendance de la *Convention de New York* à amoindrir l'importance de la souveraineté, la Chine en tant qu'État d'amont en voie de développement a refusé son adoption. En fin de compte, ce sont toujours les identités de la Chine qui déterminent ses choix dans les relations internationales.

TITRE III

Identification des règles coopératives : une perspective chinoise

Comme nous l'avons déjà mentionné, avec une superficie de 9,6 millions de kilomètres carrés, la Chine dispose, en volume absolu, de considérables ressources en eau parmi lesquelles on trouve 18 fleuves internationaux. Face aux défis géopolitiques, elle s'est engagée dans la création de régimes coopératifs multilatéraux et bilatéraux avec la Russie, le Kazakhstan, l'Inde et les États du Bas Mékong pour l'utilisation des cours d'eau transfrontaliers. Après avoir passé en revue les sources du droit international applicables au cas spécifique de la Chine (Chapitre 1 et Chapitre 2), nous analyserons le mode de coopération de la Chine avec ses voisins tout en prenant en considération les facteurs historiques, culturels et psychologiques exposés précédemment. À l'aide de la méthodologie positiviste, nous analyserons le mode de coopération entre la Chine et d'autres États toujours à partir de cinq paramètres, c'est-à-dire, le champ d'application, les règles substantielles, les règles procédurales, les arrangements institutionnels et le règlement des différends. Nous verrons que la Chine a suivi un mode de coopération assez différent de celui des quatre bassins fluviaux déjà étudiés et que ce mode de coopération évoluera avec le changement futur de ses nouvelles identités (Chapitre 2). À la fin de ce Titre III, nous allons voir comment pourraient évoluer les identités de la Chine ainsi que l'éventuelle influence de cette évolution identitaire sur le choix de modèle de coopération qu'elle pourrait faire dans l'avenir (Chapitre 3).

Chapitre 1. Les traités multilatéraux et bilatéraux de la Chine en matière de fleuves transfrontaliers

La coopération multilatérale, assurée surtout par des traités multilatéraux, constitue l'un des remèdes contre la crise environnementale mondiale. Quand il s'agit de la protection des cours d'eau internationaux, cette coopération multilatérale est d'importance majeure considérant l'interdépendance hydrique entre les États riverains. Nous analyserons brièvement les pratiques de la Chine dans la coopération multilatérale et bilatérale en matière de cours d'eau transfrontaliers.

Section 1. Les cadres multilatéraux concernant les cours d'eau transfrontaliers

Comme nous l'avons vu dans la Partie I, dans le domaine des cours d'eau transfrontaliers, il existe jusqu'à maintenant deux conventions-cadres multilatérales d'application mondiale : la *Convention de New York* et la *Convention d'Helsinki*. La Chine est l'un des trois États qui ont voté contre la *Convention de New York* et elle n'est pas non plus partie contractante de la *Convention d'Helsinki*. Néanmoins, elle a signé et ratifié la *Convention relative aux zones humides d'importance internationale, particulièrement comme habitats des oiseaux d'eau*[742] et la CDB. La Convention de Ramsar encourage la conservation et l'utilisation durable des « zones humides », définies dans l'article 1 comme « des étendues de marais, de fagnes, de tourbières ou d'eaux naturelles ou artificielles, permanentes ou temporaires, où l'eau est statique ou courante, douce, saumâtre ou salée, y compris des étendues d'eau marine dont la profondeur à marée basse n'excède pas six mètres ». Le champ d'application de cette Convention coïncide partiellement avec celui de la *Convention de New York*. Selon l'article 5 de la Convention de Ramsar :

---

742 *Convention relative aux zones humides d'importance internationale, particulièrement comme habitats des oiseaux d'eau,* 2 février 1971, 996 RTNU 245, (entrée en vigueur : 21 décembre 1975) [*Convention de Ramsar*].

> Les Parties contractantes se consulteront sur l'exécution des obligations découlant de la Convention, particulièrement dans le cas d'une zone humide s'étendant sur les territoires de plus d'une Partie contractante ou lorsqu'un bassin hydrographique est partagé entre plusieurs Parties contractantes. Elles s'efforceront en même temps de coordonner et de soutenir activement leurs politiques et réglementations présentes et futures relatives à la conservation des zones humides, de leur flore et de leur faune.

L'esprit de coopération ressort de ces lignes. Même lorsque les zones humides ne sont pas nécessairement transfrontières, le principe de coopération est impliqué dans la Convention de Ramsar : dans l'article 4, il est spécifié que les Parties contractantes « encourageront la recherche et l'échange de données et de publications relatives aux zones humides, à leur flore et à leur faune ».

Quant à la CDB, le principe de coopération internationale est inscrit explicitement à l'article 5, selon lequel :

> Chaque Partie contractante, dans la mesure du possible et selon qu'il conviendra, coopère avec d'autres Parties contractantes, directement ou le cas échéant, par l'intermédiaire d'organisations internationales compétentes, dans des domaines ne relevant pas de la juridiction nationale et dans d'autres domaines d'intérêt mutuel, pour la conservation et l'utilisation durable de la diversité biologique.

En mettant l'accent sur la « conservation in situ » (article 8), c'est-à-dire, la protection « des écosystèmes et des habitats naturels et le maintien et la reconstitution de populations viables d'espèces dans leur milieu naturel et, dans le cas des espèces domestiquées et cultivées, dans le milieu où se sont développés leurs caractères distinctifs » (article 2), la Convention encourage la conservation et l'utilisation durable de la biodiversité, en particulier par la protection des écosystèmes. Cette approche fait écho aussi à l'article 21 (2) de la *Convention de New York*, selon lequel :

> Les États du cours d'eau, séparément et, s'il y a lieu, conjointement, préviennent, réduisent et maîtrisent la pollution d'un cours d'eau international qui risque de causer un dommage significatif à d'autres États du cours d'eau ou à leur environnement, y compris un dommage à la santé ou à la sécurité de l'homme, ou bien à toute utilisation positive des eaux ou bien aux ressources biologiques du cours d'eau.

Les deux Conventions se complètent sous bien des aspects : la *Convention de New York* encourage, en définissant les mesures à prendre, la production et la diffusion d'informations qui pourraient favoriser la collecte des données sur les bassins hydrographiques de la Convention sur la biodiversité. En outre, la biodiversité constitue également l'un des éléments essentiels à prendre en considération dans la protection des cours d'eau internationaux.

Section 2. Les traités bilatéraux de la Chine sur la question des fleuves transfrontaliers

Même si la Chine est Partie, elle aussi, en matière de cours d'eau transfrontaliers, des conventions multilatérales, on peut constater que sa position qui favorise plus l'approche bilatérale que multilatérale n'a pas changé.

Il existe jusqu'à maintenant entre elle et ses voisins une cinquantaine de traités bilatéraux portant sur les cours d'eau transfrontaliers ; la plupart entrent dans les cinq catégories suivantes : les mémorandums d'entente qui affichent une convergence d'intention de coopérer entre les parties intéressées, mais n'ont généralement pas force contraignante ; les traités de délimitation de frontières qui portent sur les fleuves contigus ; les traités de coopération économique qui couvrent souvent une série de sujets tels que la délimitation de la frontière, la navigation, le commerce international, le transport, la pêche, etc. ; les traités de bon voisinage ;

les traités de coopération générale en matière de protection de l'environnement. Ces cinq catégories de traités qui représentent la majorité absolue des traités ne visent pas à une entente spéciale pour la gestion des ressources en eau commune, mais ils énoncent tout de même dans leurs textes certains principes internationaux auxquels la Chine souscrit.

À part les traités mentionnés plus haut, il existe cinq documents sous forme de traités ayant pour but de créer un régime coopératif de partage de l'eau : *l'Accord entre la Chine et le Kazakhstan sur la coopération dans l'utilisation et la protection des eaux transfrontalières* (2001), *l'Accord entre la Chine et la Russie sur la protection de la qualité des eaux transfrontalières* (2011), *l'Accord entre la Chine et la Russie sur l'utilisation raisonnable et la protection des eaux transfrontalières* (2008), *l'Accord entre la Chine et la Russie sur la réserve naturelle internationale du lac Khanka/Xingkai* (1996), *l'Accord entre le ministère de l'Hydraulique de Chine et la Commission du Mékong sur l'échange des informations hydrologiques sur Lancang-Mékong durant les périodes de crue* (2002).

Tableau 13 Liste inexhaustive des traités signés entre la Chine et ses voisins

Pays	**Cours d'eau**	**Traités**
Inde	1. Indus 2.**Yarlung Zangbo /Brahmap-utra** 3. Gange	- Communiqué commun de 2010 (par. 9) ; - Mémorandum d'entente de 2008 sur l'échange de données du fleuve Brahmapoutre/Yaluzangbu en saison de crue ; - Mémorandum de 2005 sur l'échange de données du fleuve Langqen Zangbo/Sutlej en saison de crue ; - Mémorandum d'entente de 2002 sur la mise à la disposition de l'Inde de données en saison de crue par le ministère de l'Hydraulique de la République populaire de Chine.

Russie	1.Heilong/ Amour 2. Tumen 3. Argun 4. Irtych-Ob 5. Oussouri 6. Shuifeng 7. Kherlen 8.Lac Xingkai /Khanka	- **Accord de 2008 sur l'utilisation raisonnable et la protection des eaux transfrontalières ;** - **Accord de 2006 sur le système de gestion des frontières entre la Chine et la Russie ;** - Traité de 2001 de bon voisinage et de coopération amicale ; - Accord de 1999 sur l'utilisation économique mixte des îles séparées et des régions avoisinantes des rivières frontalières - Protocole de 1998 sur le transport de fret entre les ports côtiers et les ports intérieurs via la partie russe du fleuve Heilongjiang par des navires chinois ; - **Accord de 1996 sur la réserve naturelle internationale du lac Khanka / Xingkai ;** - Mémorandum d'entente de 1995 sur les principes environnementaux régissant la zone de développement économique du fleuve Tumen et Asie du Nord ; - Accord de 1995 relatif à la création de la Commission consultative sur le développement de la zone de développement économique du fleuve Tumen et Asie du Nord ; - Accord de 1994 sur la protection, la réglementation et la durabilité des ressources des eaux frontières de l'Amour et de l'Oussouri ; - Accord de 1992 sur l'organisation du transport des marchandises du commerce extérieur sur l'Amour et le Songhua ; - Accord de 1988 entre la Chine et l'Union soviétique en matière de pêche ; - Accord de 1956 sur les opérations conjointes de recherche pour

		déterminer les ressources naturelles du bassin du fleuve Amour, les perspectives de développement de ces ressources productives et les opérations de planification et d'exploration en vue de préparer un schéma d'exploitation de la rivière Argoun et du cours supérieur de l'Amour ; - Accord de 1951 sur la navigation et les projets de construction sur les eaux frontalières, y compris l'Amour, l'Oussouri, l'Argoun, le Sungacha et le lac Khanka.
Kazakhst an	1 Irtych 2. Ili 3.Eminhe	- Accord de 2011 sur la protection environnementale ; - **Accord de 2008 sur l'utilisation raisonnable et la protection des eaux transfrontalières ;** - Accord de coopération de 2010 sur la construction conjointe du projet de contrôle des dérivations de la rivière Horgos ; - Communiqué conjoint de 2007 ; - Accord de 2006 sur le système de la gestion des frontières entre la Chine et le Kazakhstan ; - Accord de 2006 sur la communication des données et hydrochimique les stations de Gauging sur les principales rivières transfrontières ; - Accord de 2006 sur le développement de la coopération pour des recherches scientifiques sur les rivières transfrontières ; - Accord de 2005 sur la communication d'urgence des parties en cas de catastrophes naturelles sur les rivières transfrontières ; - Accord de coopération de 2001 sur l'utilisation et la protection des rivières transfrontières.

Les pays du Bas Mékong	1.Lancang /Mékong 2.Nu /Salween 3.Ayeyarw-ady 4.Yuan-Red	- Déclaration conjointe de 2011 sur l'application des lois au fleuve Lancang-Mékong entre la Chine, le Laos, la Birmanie et la Thaïlande ; - Accord de 2009 Chine-Viêtnam sur le système de gestion des frontières ; - Accord de 2002 sur l'échange d'informations hydrologiques sur le Lancang-Mékong en saison de crue ; - Accord de 2000 sur la navigation commerciale sur le Lancang-Mékong entre le la Chine, le Laos, la Birmanie et la Thaïlande ; - Accord de 1997 sur la gestion des frontières et la coopération ; - Accord de 1994 sur le transport de fret et de passagers le long du Lancang-Mékong.

Source : Wouters[743] et 北大法宝[744]

Dans le chapitre qui suit, nous allons analyser en profondeur le texte de deux traités en matière de cours d'eau transfrontaliers signés entre la Chine et ses voisins (la Russie et le Kazakhstan). Les autres traités serviront aussi de matière importante pour percevoir la position coopérative de la Chine sur l'utilisation et la conservation de ses ressources naturelles transfrontières.

Chapitre 2. Les régimes coopératifs établis entre la Chine et ses voisins en matière de cours d'eau transfrontaliers

Ces dernières années, en raison de l'accélération du développement des projets hydroélectriques et de l'utilisation industrielle des cours d'eau du côté chinois, les conflits bilatéraux et régionaux sur les rivières transfrontières se sont intensifiés. En même temps, la coopération bilatérale et régionale s'est graduellement renforcée. Il

743 Patricia Wouter, « List of China's Major International Watercourses by Country with Treaties » (2013), en ligne: Academia <https://www.academia.edu/2474220/China_international_water_treaties>.
744 北大法律信息网，China Law Information, en ligne : <http://vip.chinalawinfo.com/>.

nous faut donc étudier le cas de la Chine d'une façon contextuelle, en tenant compte des conditions spécifiques à chaque bassin.

Section 1. La Chine et la Russie

Le problème de la pollution des cours d'eau internationaux surgit principalement au nord de la Chine. Le long du fleuve Songhua, l'affluent le plus important du fleuve Heilongjiang (Amour en Russie) à l'intérieur de la Chine, se sont installées plusieurs usines qui rejettent dans le fleuve des eaux usées sans effectuer le traitement exigé par la loi chinoise[745]. Des effluents industriels se déversent dans le fleuve et dérivent vers la Russie.

En 2005, des déversements provenant d'usines chinoises ont provoqué un désastre écologique qui a menacé la sécurité de l'alimentation en eau potable de la Russie[746]. Le 13 novembre 2005, une usine chimique dans la province du Jilin a déversé environ 100 tonnes de benzène dans le fleuve Songhua[747]. Le gouvernement russe a sévèrement dénoncé les comportements irresponsables des usines chinoises et a attribué les conséquences désastreuses subies par les

---

[745] Min Shao et al., « City clusters in China: air and surface water pollution » (2006) 4:7 *Frontiers in Ecology and the Environment*; voir aussi Dajun Shen, « The 2002 Water Law: Its Impacts on River Basin Management in China » (2004) 6:4 *Water policy*; Patricia Wouters *et coll.*, « The New Development of Water Law in China » (2003) 7, *U. Denv. Water L. Rev*; Chen Jiaqi et Xia Jun, « Facing the Challenge: Barriers to Sustainable Water Resources Development in China » (1999) 44:4 *Hydrological sciences journal*; 吕忠梅, «环境资源法视野下的新水法», « La nouvelle loi de l'eau sous la perspective du droit de l'environnement » (2003) 20:4, *法商研究*.

[746] LM Kondratyeva, NK Fisher et V. Bardyuk, « Bioindication of Transboundary Pollution of the Amur River with Aromatic Hydrocarbons after the Techno Genic Accident in China » (2012) 5:2 *Contemporary Problems of Ecology*; Peter H Gleick, « China and water » (2008) 2009, *The World's Water*; VL Rapoport et LM Kondrat'eva, « Pollution of the Amur River with Anthropogenic and Natural Organic Substances » (2008) 1:3 *Contemporary Problems of Ecology*.

[747] 何渊, «完善我国突发事件应急机制——从松花江污染事件说起», « Le système d'intervention d'urgence sur le fleuve Songhua»(2006) 1, *学习月刊*.

habitants des berges du fleuve Amour à l'absence d'une surveillance efficace des rejets d'eaux usées par le Gouvernement chinois.

Après cet événement, la Chine et la Russie ont établi, en créant un comité conjoint d'enquête, une coopération dans la lutte contre la pollution des eaux et un système commun d'intervention d'urgence[748]. En 2008, les deux pays ont signé à Beijing, *l'Accord entre le gouvernement de la République populaire de Chine et le gouvernement de la Fédération de Russie sur l'utilisation raisonnable et la protection des eaux transfrontalières*[749], renforçant encore cette coopération bilatérale. Les relations naissantes entre la Russie et la Chine dans le domaine des cours d'eau transfrontaliers pourraient s'étendre aux républiques d'Asie centrale, dans le cadre de l'Organisation de Coopération de Shanghai (OCS) [750] . Les organisations régionales constituent évidemment une autre plateforme prometteuse de coopération.

Cadre juridique

Il y a trois traités portant sur les eaux partagées entre la Chine et la Russie : l'*Accord sur la protection de l'environnement*[751] (1994), l'*Accord sur la réserve naturelle internationale du lac Khanka/Xingkai* (1996) (ci-après dénommé l'Accord du lac) et l'Accord des eaux (2008). Nous allons axer nos analyses sur l'Accord des eaux, car c'est lui qui a défini le cadre de coopération hydrique entre la Chine et la Russie.

---

[748] Xinhua News Agency, « China, Russia Discuss Cross-border River Pollution », 29 novembre 2005 en ligne: <http://www.china.org.cn/english/2005/Nov/150172.htm>.

[749] *Accord de sur la protection de la qualité de l'eau des rivières transfrontières*, Chine et Russie, 2008 [*Accord des eaux*].

[750] OCS est une organisation intergouvernementale régionale asiatique qui regroupe la Russie, la Chine, le Kazakhstan, le Kirghizistan, le Tadjikistan et l'Ouzbékistan. Elle a été créée à Shanghai les 14 et 15 juin 2001 par les présidents de ces six pays.

[751] *Accord sur la protection de l'environnement,* Chine et Russie, 1994 [*Accord de l'environnement*].

Tableau 14 Accord des eaux

Champ d'application	Article 1, 2
Règles substantielles	Préambule, Article 2, 7
Règles procédurales	Article 5, 6
Arrangements institutionnels	Article 3, 4
Règlement des différends	Article 7

Le champ d'application

Selon l'article 1 de l'Accord des eaux, « le présent accord s'applique à l'utilisation et à la protection des eaux transfrontalières ». Les eaux transfrontalières sont définies comme « les fleuves, les lacs, les ruisseaux et les marais qui marquent ou qui traversent la frontière entre la Chine et la Russie ».

Cette énumération correspond partiellement à la notion de cours d'eau internationaux. Ceux-ci sont définis dans la *Convention de New York* comme un « système d'eaux » constituant un ensemble unitaire qui inclut à la fois les eaux superficielles et les eaux souterraines captives et non-captives. La notion des eaux transfrontalières par contre ne désigne que les eaux superficielles. Compte tenu de la nature bilatérale de l'Accord, l'approche systématique est écartée pour éviter l'engagement involontaire d'autres États du bassin et l'implication d'éléments territoriaux dans la notion de bassin fluvial. De plus, en comparaison avec la notion de fleuve transfrontière qui peut impliquer la délimitation de frontières, la notion d'eaux transfrontalières met en relief purement et simplement les ressources en eau.

En éliminant préventivement toute préoccupation touchant des éléments de souveraineté, ce choix du terme « eaux transfrontalières » démontre la volonté des deux États riverains de prendre les mesures coopératives nécessaires pour protéger leurs ressources en eaux communes et exploiter ensemble la valeur économique des fleuves transfrontaliers. En somme, ce terme atteste d'une position centrale entre l'holisme des notions occidentales de bassin fluvial et de cours d'eau international et le conservatisme de la notion de fleuve transfrontalier.

Quant au champ d'application substantiel, le contrôle de la pollution constitue la préoccupation centrale de l'Accord. Le suivi de la qualité des eaux est mentionné plusieurs fois dans le texte de l'Accord.

Les règles substantielles

Le préambule de l'Accord des eaux mentionne le principe de coexistence pacifique et le principe de l'utilisation raisonnable et équitable (l'accent étant mis sur des éléments économiques et sociaux et sur la population). Pour la Chine et la Russie, la protection et l'utilisation des eaux transfrontalières sont deux aspects d'importance égale et impliquent le droit au développement des États en voie de développement. L'article 7 portant sur le règlement des différends mentionne lui aussi, dans l'alinéa 2, le principe de l'utilisation non dommageable des ressources en eau.

À noter que le principe de la souveraineté n'est mentionné nulle part dans le texte de l'Accord des eaux, mais il l'est dans le préambule de l'Accord relatif à la gestion des frontières entre la Chine et la Russie dans lequel sont fixées les frontières territoriales entre les deux États souverains. Cette omission de la souveraineté correspond à nos observations précédentes à propos du champ d'application de l'Accord des eaux qui élimine tous les éléments touchant à la souveraineté des États.

À part les règles substantielles susmentionnées, le principe de coopération constitue probablement le principe le plus important de l'Accord des eaux. Selon l'article 2 de l'Accord, les deux États coopèrent pour « l'utilisation des ressources en eau et la protection des eaux en général, y compris les fleuves transfrontaliers ». La coopération bilatérale se fait dans seize domaines différents : l'échange d'informations sur les technologies, les industries et le développement des politiques et des lois dans le domaine de la protection des ressources en eau ; le maintien et l'entretien des installations hydrauliques ; le dragage des cours d'eau fluviaux et la réduction de l'érosion des sols ; la prévention de dommages causés par l'émission de polluants ; la réduction des inondations ; le suivi de la qualité des eaux transfrontalières ; la notification des mesures projetées qui risquent de causer des dommages transfrontaliers significatifs et la prévention de ce risque ; les actions conjointes dans les cas d'urgence ; la prise en considération des usages traditionnels dans les zones aborigènes ; l'accès aux informations concernant la qualité des eaux transfrontalières et les mesures de protection ; la réalisation des recherches scientifiques et la création de normes communes pour les ressources en eau et pour des méthodes du suivi de la qualité de l'eau; la communication des résultats des recherches scientifiques concernant l'utilisation et la protection des eaux ; la promotion de la coopération entre les institutions scientifiques et les associations des deux États; le repérage des sources de pollution.

Les règles procédurales

L'article 5 de l'Accord des eaux porte sur la communication des informations. En vertu de cet article, les deux États fixent ensemble le moment, l'étendue et le contenu de leurs communications régulières d'informations. Chaque État peut aussi réclamer des informations supplémentaires, s'il estime la chose possible, mais il peut exiger certaines conditions en retour. Les informations communiquées, sauf accord contraire des parties, ne peuvent pas être divulguées à une tierce partie. Ce devoir d'information ne s'étend pas aux informations confidentielles des États.

En ce qui concerne l'alerte en cas d'urgence, il est stipulé dans l'article 6 que les deux Parties sont tenues d'établir un système d'alerte et d'alarme et d'en assurer le bon fonctionnement. Le Mémoradum[752], signé entre la Russie et la Chine en 2006, a précisé les procédures à suivre pour réduire les conséquences dommageables d'une crise environnementale.

Les arrangements institutionnels

L'article 4 sur la mise en application de l'Accord des eaux prévoit la création d'une Commission mixte dont les deux présidents sont désignés respectivement par les deux Parties. Les autres membres se répartissent sur une base égale les sièges. Les représentants d'autres ministères peuvent également être membres.

---

[752] *中华人民共和国环境保护部和俄罗斯联邦自然资源与生态部关于建立跨界突发环境事件通报和信息交换机制的备忘录, le Mémoradum de 2008 entre la Chine et la Russie relatif à la communication d'informations dans le cas d'urgence,* Chine et Russie, 2008 [*Mémoradum d'urgence*].

Les réunions régulières de la Commission se déroulent une fois l'an dans les deux États en alternance. Au besoin, une réunion spéciale peut être convoquée à la demande des deux présidents. Le pays hôte se charge des coûts de l'organisation de la réunion, le pays visiteur se charge des dépenses de sa délégation. La Commission mixte peut inviter un certain nombre d'experts à ses réunions.

La Commission a pour missions de coordonner les travaux exécutés dans le cadre de l'Accord et d'en faire le bilan ; de rédiger des plans pour la protection et l'exploitation des eaux transfrontalières ; de créer des normes communes pour la qualité de l'eau et sa surveillance; d'étudier les dommages transfrontières dans les situations d'urgence et d'élaborer des plans d'urgence pour prévenir, atténuer et éliminer ces conséquences dommageables ; de faciliter le règlement des différends.

Le règlement des différends

L'article 7 de l'Accord des eaux est consacré au règlement des différends, et stipule que la négociation bilatérale constitue le premier et ultime recours pour toute question d'interprétation ou d'application de l'Accord. La possibilité de l'intervention d'une tierce partie neutre n'est mentionnée nulle part. En revanche, l'Accord accorde une attention spéciale à la prévention des conflits. Chaque État prend toutes les mesures nécessaires pour prévenir des répercussions transfrontalières qui risquent de causer un dommage significatif à l'autre État. Lorsqu'un dommage significatif est néanmoins causé, il prend toutes les mesures appropriées par la négociation pour éliminer ou atténuer ce dommage.

Bilan

La Chine et la Russie sont deux grandes puissances limitrophes. Elles trouvent chacune leurs intérêts dans le régime coopératif des eaux transfrontalières. Selon l'article 3 de l'Accord des eaux, les ministères qui peuvent instituer la coopération bilatérale sont, du côté chinois, le ministère des Affaires étrangères, le ministère de l'Hydraulique et le ministère de la Protection de l'environnement ; du côté russe, le ministère fédéral des Ressources naturelles et l'agence fédérale des ressources en eau[753]. Loin d'être responsable de la gestion intégrée du bassin fluvial, la Commission mixte constitue plutôt un cadre coopératif interministériel, une plateforme de négociations et de communications. Il s'agit donc d'un mécanisme consultatif comme celui de l'Indus.

Section 2. La Chine et le Kazakhstan

Le principal problème dans la répartition des ressources en eau entre la Chine et le Kazakhstan touche les fleuves Ili et Irtych[754]. À cause du développement économique et démographique rapide de la Province du Xinjiang, une région autonome de Chine à majorité ouïgoure, le Kazakhstan s'inquiète de voir la Chine continuer d'augmenter la quantité de ses prélèvements d'eau dans ces deux fleuves, ce qui risque d'entraîner l'assèchement du lac Balkhash et de menacer son alimentation en eau[755]. En tant que pays en amont, la Chine a commencé en 1997 la construction d'un canal de 300 km pour détourner des eaux de l'Irtych et pour garantir l'approvisionnement en eau et l'irrigation agricole de la ville d'Urumqi. Le canal entrera en service en 2020 et diminuera de 20 % le débit annuel du fleuve Irtych qui se déverse dans le lac Balkhach. Ce prélèvement aura donc un impact sur l'utilisation des ressources en eau au Kazakhstan[756].

En 1992, la Chine et le Kazakhstan ont établi des relations diplomatiques et la Chine a commencé à élaborer son projet national sur l'utilisation des fleuves Ili et Irtych. La même année, inquiet de voir le projet de construction d'un canal par la Chine rompre l'équilibre des ressources en eau du fleuve Irtych, le Kazakhstan a rappelé à la Chine le principe de l'utilisation raisonnable et équitable des eaux transfrontalières. En 1994, il lui a transmis un projet d'accord

---

753 L'article 3 de l'Accord des eaux.

754 Le Kazakhstan et la Chine partagent au total 23 fleuves transfrontaliers, Ili et Irtych sont les deux plus importants.

755 吴婷, «饥渴的边疆», « Les régions frontières souffertes de soif », NetEase, 2012, en ligne : NetEase <http://www.360doc.com/content/12/0803/08/535749_228065859.shtml>.

756 张军民, «伊犁河流域综合开发的国际合作», « La Coopération internationale dans le bassin fluvial de l'Irtych » (2008) 28:2, *经济地理*.

intergouvernemental, en insistant sur l'enclenchement de négociations. En mars 1999, le président kazakh Noursoultan Nazarbaïev a envoyé une lettre personnelle à l'ancien président de la Chine, Jiang Zemin, mettant l'accent sur la coopération étroite sur les enjeux écologiques existant entre les deux pays et appelant la Chine à prendre des mesures urgentes pour faire face aux problèmes liés à l'utilisation des fleuves transfrontaliers. La Chine a répondu rapidement à cet appel en invitant des experts kazakhs en Chine et la première consultation a eu lieu à Beijing en mai de la même année[757]. La Chine a annoncé son soutien aux principes du droit international, rappelant l'importance de ne pas nuire aux intérêts des autres pays, et d'utiliser d'une façon équitable et raisonnable les cours d'eau transfrontaliers. En octobre 1999, de nouvelles consultations se sont déroulées à Almaty. Les deux Parties ont convenu d'échanger régulièrement des informations hydrographiques sur les fleuves Ili et Irtych.

Avec l'accroissement remarquable de l'utilisation industrielle de l'eau dans cette région enclavée et semi-aride, la détérioration de la qualité d'eau présente de nouveaux défis aux deux États riverains. En 2011, la protection de la qualité de l'eau a fait l'objet d'un nouvel accord bilatéral : l'Accord sur la protection de la qualité de l'eau des fleuves transfrontaliers.

Le cadre juridique

L'amélioration constante des relations politiques entre les deux pays a accéléré les négociations bilatérales et joué un rôle positif dans le progrès et l'efficacité de la coopération pour le règlement du différend. En 2001, les deux pays ont signé l'*Accord de coopération sur l'utilisation et la protection des fleuves transfrontaliers entre le gouvernement de la République populaire de Chine et le gouvernement de la République du Kazakhstan*[758]. Sur la base de cet accord, en 2005, les deux États riverains

757 邓铭江, «哈萨克斯坦跨界河流国际合作问题», « La Cooperation internationale sur les fleuves transfrontaliers du Kazakhstan » (2012) 35:3, *干旱区地理*.

758 *中华人民共和国政府和哈萨克斯坦共和国政府关于利用和保护跨界河流的合作协定*, *Accord de coopération sur l'utilisation et la protection des fleuves transfrontaliers entre le gouvernement de la République populaire de*

ont signé l'*Accord relatif à la notification des catastrophes naturelles concernant les fleuves transfrontaliers entre le ministère chinois de l'Hydraulique et le ministère de l'Agriculture du Kazakhstan*[759]. En 2006 les deux mêmes ministères ont signé l'*Accord relatif à la réalisation des recherches scientifiques sur les fleuves transfrontaliers*[760] et l'*Accord relatif à la communication des informations hydrologiques et des données sur la qualité de l'eau*[761]. En 2011, l'*Accord sur la protection de la qualité de l'eau des fleuves transfrontaliers*[762] est signé entre la Chine et le Kazakhstan.

Considérant que l'Accord des fleuves de 2001 a institué les règles et les principes fondamentaux pour la gestion coopérative des eaux transfrontalières, nous allons axer nos analyses sur l'Accord des fleuves tout en tenant compte aussi du contenu normatif des autres accords dans ce cadre coopératif.

Tableau 15 Accord des fleuves

Champ d'application	Articles 1 et 5
Règles substantielles	Préambule, Articles 2, 3, 4 et 5
Règles procédurales	Articles 6 et 7
Arrangements institutionnels	Articles 8, 9 et 10
Règlement des différends	Article 12

Chine et le gouvernement de la République du Kazakhstan], Chine et Kazakhstan, 2001 [*Accord des fleuves*].

759 *中华人民共和国水利部和哈萨克斯坦共和国农业部关于开展跨界河流科研合作的协议, Accord relatif à la réalisation des recherches scientifiques sur les fleuves transfrontaliers*, Chine et Kazakhstan, 2006 [*Accord scientifique*].

760 *中华人民共和国水利部与哈萨克斯坦共和国农业部关于双方紧急通报跨界河流自然灾害信息的协议, Accord relatif à la notification des catastrophes naturelles concernant les fleuves transfrontaliers entre le ministère de l'hydraulique de La Chine et le Ministère de l'Agriculture du Kazakhstan*, Chine et Kazakhstan, 2005 [*Accord notification*].

761 *中华人民共和国水利部和哈萨克斯坦共和国环境保护部关于相互交换主要跨界河流边境水文站水文水质资料的协议, Accord relatif à la communication des informations hydrologiques et des données sur la qualité de l'eau*, Chine et Kazakhstan, 2006 [*Accord information*].

762 *中华人民共和国政府和哈萨克斯坦共和国政府跨界河流水质保护协定, Accord sur la protection de la qualité de l'eau des fleuves transfrontaliers*, Chine et Kazakhstan, 2011 [*Accord qualité de l'eau*].

Le champ d'application

L'article 1 de l'Accord des fleuves définit les fleuves transfrontaliers comme tous les fleuves qui traversent ou marquent la frontière entre la Chine et le Kazakhstan. Cette notion exclut de son champ d'application les ressources en eaux sous d'autres formes, à savoir, les lacs, les canaux, les eaux souterraines, etc. L'Accord touche 23 fleuves, dont les deux plus importants sont les fleuves Ili et Irtych.

Quant au champ d'application substantiel, selon l'article 5 : les deux États peuvent fixer ensemble la position des installations pour le suivi de la qualité et de la quantité de l'eau ; décider des moyens communs pour l'observation, l'analyse et l'évaluation de l'eau ; compiler et analyser ensemble les données recueillies et prévenir les conséquences dommageables causées par les inondations et d'autres catastrophes naturelles. Il s'agit donc du contrôle de la quantité et de la qualité de l'eau. Les utilisations agricoles et industrielles représentent les deux principales préoccupations. La protection de l'environnement hydrologique et hydrobiologique est également mentionnée dans l'Accord qualité de l'eau (le préambule). Quant à la santé de la population, elle n'est néanmoins pas encore incluse dans le champ d'application des accords bilatéraux.

Les règles substantielles`

À part le principe de coopération qui constitue toujours son principe central, le préambule de l'Accord des fleuves énumère aussi les cinq principes de coexistence pacifique : le respect mutuel de la souveraineté et de l'intégrité territoriale, la non-agression mutuelle, la non-ingérence mutuelle dans les affaires intérieures, l'égalité et les avantages réciproques, enfin la coexistence pacifique. Les principes fondamentaux généralement reconnus au niveau international en matière de partage des ressources en eaux sont également inscrits dans les articles 2, 3 et 4. L'article 2 porte sur le principe de l'utilisation raisonnable et équitable sans spécifier les facteurs à prendre en considération. Le même article réaffirme le principe de coopération, en indiquant que les modalités seront précisées dans les pratiques coopératives des États. Il s'agit donc d'une approche qui favorise plus la flexibilité que la certitude. L'article 3 et l'article 4 sont une interprétation modifiée du principe de ne pas causer de dommages significatifs. Selon l'article 3, les deux États prennent toutes les mesures appropriées pour prévenir et réduire les dommages significatifs causés par des inondations ou des accidents. L'article 4 stipule qu'en prenant en compte les intérêts des deux, aucune des deux parties ne peut limiter l'autre dans l'utilisation et la protection raisonnable des eaux transfrontalières. La formulation des deux articles correspond partiellement à celle de l'article 7 de la *Convention de New York*, qui tend à soumettre le principe de ne pas causer de dommages significatifs à l'examen de la raison et de l'équité. Néanmoins, en divisant l'article 7 de ladite Convention en deux articles, la Chine exprime de façon claire deux choses : d'un côté, elle n'est pas contre le principe de l'utilisation non dommageable des cours d'eau, qui est l'une des règles fondamentales du droit international enracinée dans l'histoire des relations internationales ; d'un autre côté, elle insiste sur le droit au développement. Cependant, étant donné que les deux Parties ont chacune leurs intérêts dans l'exploitation des fleuves transfrontaliers, il faut que leur utilisation soit raisonnable.

Les règles procédurales

La formulation de l'échange des informations dans l'article 6 de l'Accord des fleuves ressemble beaucoup à celle de l'Accord des eaux. Il est dit dans l'article 6 que les deux États fixent ensemble le moment, l'étendue et le contenu des communications régulières d'informations. À la demande d'un État, d'autres informations peuvent être communiquées, si l'État estime pouvoir le faire. Les informations communiquées, sauf accord contraire, ne peuvent pas être divulguées à une tierce partie. Ce devoir d'information ne s'étend pas aux informations confidentielles de l'État. Dans l'article 3 de l'Accord information[763], il est stipulé que le Comité mixte pour l'utilisation et la protection des fleuves transfrontaliers étudiera les informations transmises.

Le système d'alerte en cas d'urgence n'est pas mentionné dans l'Accord des fleuves. Toutefois, dans l'Accord notification[764], il est

[763] *Accord information*, *supra* note 762.
[764] *Accord notification*, *supra* note 761.

stipulé que le même Comité mixte est chargé d'adopter un plan d'application du système qui spécifie les procédures à suivre.

Les arrangements institutionnels

L'article 8 de l'Accord des fleuves crée un comité mixte pour l'utilisation et la protection des fleuves transfrontaliers. Ce comité a pour mission d'adopter des règles de fonctionnement intérieur et se compose de six membres, chaque État fournissant un représentant principal et deux adjoints.

Les réunions régulières se déroulent sur une base thématique. La première réunion du Comité mixte de la Chine et du Kazakhstan s'est tenue en octobre 2003. En 2005, la Chine et le Kazakhstan ont signé le *Plan d'application de notification urgente au cas des catastrophes naturelles*, en 2006, l'Accord scientifique et l'Accord information et en 2010, l'*Accord relatif à la construction commune d'un canal sur le fleuve Khorgos*[765]. En 2011, avec la signature d'un nouvel accord sur la qualité des eaux, un régime de coopération dynamique a été ainsi établi[766].

---

765 *中国和俄罗斯关于共同建设霍果斯和水渠的协议, Accord relatif à la construction commune du canal sur le fleuve Khorgos,* Chine et Russie, 2010 [*Accord de Khorgos*].
Selon l'*Accord de Khorgos*, les coûts d'investissement et les charges d'exploitation sont répartis sur la base égale entre les deux États copropriétaires qui ont un droit individuel à une quote-part de l'ouvrage commun. Cet arrangement ressemble à celui des Ouvrages communs sur le fleuve du Sénégal. Mais le canal sur le fleuve Khorgos ne dispose pas encore d'un organe international chargé de l'exploitation et de la gestion commune. Selon l'article 8 de l'Accord, l'acceptation des ouvrages aura lieu respectivement à l'intérieur du territoire où ils se trouvent par le département compétent de chaque État.

766 王俊峰 et 胡烨, «中哈跨界水资源争端:缘起, 进展与中国对策», « Les différends sur les eaux transfrontalières entre la Chine et le Kazakhstan: origine, développement et les réponses de la Chine » (2011) 4, *国际论坛*.

Le règlement des différends

Selon l'article 12 de l'Accord des fleuves, tout différend concernant l'interprétation et l'application de l'Accord se règle par des négociations bilatérales, ce qui correspond à l'attitude traditionnelle de la Chine. Les moyens judiciaires ou arbitraux sont toujours exclus des options chinoises pour le règlement des différends bilatéraux.

Bilan

Comme l'Accord des eaux, l'Accord des fleuves constitue un accord-cadre dont les articles seront repris et approfondis par d'autres accords bilatéraux (article 13 de l'Accord des fleuves). Dans les accords suivants, portant à la fois sur la répartition de la quantité de l'eau et sur le contrôle de sa qualité, les États riverains ont établi un régime coopératif plus précis et plus complet qui soit en matière de fleuves transfrontaliers. L'emploi du terme « fleuve transfrontalier » démontre une position assez conservatrice de la part de la Chine, qui n'inclut pas les eaux souterraines. La lutte contre les inondations et le suivi de la qualité de l'eau constituent deux aspects de la coopération. La gestion intégrée du bassin ou la protection de l'environnement hydrologique ne font pas partie des objectifs principaux du régime prévu dans les accords.

Tout en servant de référence juridique importante pour l'utilisation raisonnable des eaux transfrontalières, l'Accord des fleuves et les autres accords sont au fond très généraux et vagues. L'article 4 de l'Accord des fleuves, qui porte sur le principe de l'utilisation raisonnable et équitable, ne spécifie pas tous les facteurs à prendre en considération, mais met l'accent sur l'exclusion des entraves à l'utilisation des fleuves. Cela trahit la faible volonté de la Chine, en tant qu'État d'amont en voie de développement, de renoncer à ses droits aux ressources en eau ayant leur source à l'intérieur de son territoire.

Les règles procédurales ne sont pas non plus précisées dans le texte de l'Accord des fleuves. Elles sont mentionnées de façon dispersée dans d'autres accords ou ententes interministériels qui laissent au comité mixte l'élaboration de plans d'application précis et détaillés. Quant aux arrangements institutionnels, les fonctions et la compétence du comité mixte sont loin d'être suffisamment précises. À part l'élaboration de plans d'application, le comité mixte sert principalement de cadre de négociation et d'information. Autrement dit, les deux États conservent l'intégrité de leur souveraineté et ne concèdent aucun pouvoir substantiel au comité mixte.

La Chine, n'acceptant jamais l'intervention d'une tierce partie dans le règlement des différends (même de la CIJ ou la CPA), fait preuve de méfiance à l'encontre du système juridique international. L'absence de mécanisme de conformité rend le régime coopératif plus diplomatique et formel que réel.

Tout compte fait, il s'agit toujours d'un mécanisme consultatif. Pourtant, grâce à l'adoption de règles complémentaires et à un comité commun actif, le régime coopératif établi entre la Chine et le Kazakhstan tend à être aussi un mécanisme communicateur.

Section 3. La Chine et les autres États voisins

Le Mékong est soumis, comme toute l'Asie du Sud, au régime de la mousson en été. Soixante-quinze pour cent des précipitations sur son bassin sont concentrées entre les mois de mai et d'octobre. De ce fait, 82 % du flux annuel du bassin est directement généré en aval de la péninsule fortement arrosée en été, alors que la Chine ne contribue qu'à la hauteur de 16 % au flux total. Pourtant, l'apport des glaciers à la source du fleuve est vital pendant la saison sèche, tant du point de vue écologique qu'humain[767].

Voyant dans le fleuve Mékong une importante source d'énergie renouvelable, la Chine a planifié des projets hydroélectriques en amont du fleuve, dans la province du Yunnan. À terme, une douzaine

[767] Voir Mekong River Commission, *The Flow of the Mekong*, 2009 à la p 18; Nam Sokleang et coll., « Mekong River flow data analysis » dans Mekong River Commission (MRC), *Mekong River Flow Data Analysis. Management Aspects of Cambodia's Freshwater Capture Fisheries. Eleven Presentations Given at the Annual Meeting of the Department of Fisheries of the Ministry of Agriculture, Forestry and Fisheries,* 27-28 January 2000, Phnom Penh (Cambodia).

de barrages devraient être édifiés sur le cours du Lancang[768]. Ces projets suscitent de fortes préoccupations de la part des pays en aval. Devant l'inquiétude exprimée par ses voisins, la Chine a entamé des procédures de coopération. Beijing a signé en 2002, l'*Accord sur la mise à la disposition de la Commission du Mékong de données en saison des crues par le ministère de l'Hydraulique de la République populaire de Chine*[769], par lequel la Chine accepte de fournir des informations à la MRC (Mekong River Commission) durant les saisons d'inondations ; en 2003 elle a accepté de revoir à la baisse ses ambitieux projets d'aménagement du fleuve. Sous la tutelle de la coopération sino-ANASE, la Chine et les pays du Bas Mékong sont en quête d'intérêts communs qui favoriseraient également leur coopération sur les cours d'eau[770].

Le Brahmapoutre, fleuve principal à l'est du sous-continent indien, prend sa source sur le plateau tibétain qu'il traverse dans sa partie sud, sous le nom tibétain de Yarlung Zangbo. La création d'une gigantesque retenue d'eau en amont représenterait pour les autorités indiennes une épée de Damoclès sur le cours inférieur.[771] Selon le porte-parole de la Chine,

---

[768] XX Lu et RY Siew, « Water Discharge and Sediment Flux Changes over the Past Decades in the Lower Mekong River: Possible Impacts of the Chinese Dams » (2006) 10:2, *Hydrology and Earth System Sciences Discussions*.

[769] *中华人民共和国水利部与湄公河委员会关于中国水利部向湄委会秘书处提供澜沧江-湄公河汛期水文资料的协议, Accord sur la mise à la disposition de la Commission du Mékong de données en saison des crues par le ministère des ressources en eau de la République populaire de Chine*, Chine et Commission de Mékong, 2002 [*Accord données*].

[770] Voir Yu 2011, *supra* note 22; 张文强, *中国与东盟水资源安全合作探略, Étude sur la coopération Sino-ANASE pour la sécurité des ressources en eau*, thèse de Maitrîse en droit, 上海师范大学, 2010 [non publié].

[771] Piers M Blaikie et Joshua SS Muldavin, « Upstream, Downstream, China, India: The Politics of Environment in the Himalayan Region » (2004) 94:3 *Annals of the Association of American Geographers*; Piers M Blaikie et Joshua Muldavin, « Policy as Warrant: Environment and Development in the Himalayan Region » (2004) ; 蓝建学, «水资源安全与中印关系», « La sécurité des ressources en eau et la relation entre la Chine et l'Inde » (2008), *南亚研究*.

> The degree of China's development and utilization of China-India cross-border rivers is very low, with the water resources development ratio of the Yarlung Zangbo River less than 1%. In order to satisfy the power demands of the Tibetan Autonomous Region, China began the construction of the Zangmu hydropower station on the middle part of the Yarlung Zangbo River in 2010. With a moderate installed capacity, the hydropower station does not have regulation or storage functions. Thus it will neither cause big fluctuations of downstream flow nor impair flood prevention and disaster reduction or the ecosystem of the downstream area[772].

Même si Beijing affirme que les barrages permettront de contrôler les crues, la possibilité qu'ils retiennent l'eau en période d'étiage ou déversent un surplus en période de mousson est vue à New Delhi comme un moyen de pression potentiel et un risque direct à sa sécurité. À noter que les relations diplomatiques sino-indiennes restent fortement affectées par le contentieux opposant les deux géants asiatiques sur la souveraineté de l'Arunachal Pradesh qui n'est pas réglé à ce jour. En raison d'un manque de confiance mutuel, le problème des ressources en eau se voit remarquablement et irrationnellement politisé.

Une certaine coopération sino-indienne a néanmoins vu le jour. La Chine a accepté, en 2002, de partager ses informations sur les risques de crue du Brahmapoutre pendant la mousson en signant le *Protocole d'entente sur la mise à la disposition de l'Inde de données en saison des crues par le ministère des Ressources en eau de la République populaire de Chine*[773]. En 2005, un accord du même type a été conclu pour la prévention des risques de crue sur le cours supérieur de la Sutlej, affluant de l'Indus. Néanmoins, considérant que les deux États ne se

---

[772] Foreign Ministry Spokesperson Hong Lei' s Regular Press Conference on March 2, 2012, en ligne: <http:// www.fmprc.gov.cn/ eng/ xwfw/ s2510/ 2511/ t911417.shtml>.

[773] *中国向印度提供雅鲁藏布江－布拉马普特拉河汛期水文资料的实施方案, Protocole d'entente sur la mise à la disposition de l'Inde de données en saison des crues par le Ministère des de l'hydraulique de La Chine*, Chine et Inde, 2002 [Protocole données Chine-Inde].

sont pas entendus sur la démarcation de leur frontière, la coopération de la Chine avec l'Inde reste encore la plus compliquée et, par conséquent, la moins développée en comparaison de celle avec ses autres voisins.

Quant à la Corée du Nord et au Kirghizistan, avec lesquels la Chine partage également des fleuves importants, elle n'a pas non plus établi de régime coopératif efficace, à cause de la précarité de la situation politique dans la région.

Section 4. Le modèle de coopération entre la Chine et ses voisins

Après une analyse positiviste des cadres coopératifs établis entre la Chine et ses voisins dans le domaine des cours d'eau transfrontaliers, nous allons synthétiser par rapport à chacun de nos cinq paramètres le modèle de coopération de la Chine tout en faisant ressortir l'influence de ses identités sur le modèle coopératif choisi.

Partageant avec plusieurs de ses voisins des cours d'eau transfrontaliers, la Chine a établi des cadres institutionnalisés surtout avec la Russie et le Kazakhstan. Une étude positiviste de ces deux régimes coopératifs nous a permis d'avoir une idée concrète de ce qui a été réalisé en termes de coopération dans le domaine de l'utilisation et de la protection des ressources en eau communes. Il nous faut maintenant en résumer les principaux points et les mettre dans un contexte plus général pour analyser l'approche de la Chine concernant l'obligation de coopérer en matière de cours d'eau transfrontaliers.

Le Champ d'application

En Chine, au lieu de cours d'eau ou de bassin fluvial, le gouvernement et les scientifiques utilisent généralement les notions de fleuve international, eaux transfrontalières ou fleuve transfrontalier dans les discours officiels ou les travaux de recherche.

Une recherche dans la base de données de la Cour de Chine[774], a révélé au total 17 documents gouvernementaux sur l'utilisation des

774 中国法院网, en ligne : <http://www.chinacourt.org/index.shtml>.

ressources en eau partagées par deux États ou plus. Ces documents ont adopté le terme *Kua Jing He Liu* (fleuves transfrontaliers) au lieu de *Guo Ji Shui Dao* (cours d'eau internationaux). C'est le terme officiellement adopté par le Gouvernement chinois. Il ne s'applique qu'aux fleuves (contigus et successifs) dont des parties se trouvent dans des États différents. Il s'agit d'une notion étroite qui est plus diplomatique que juridique et qui manque de précision, témoignant dans une certaine mesure de la préoccupation de la Chine en ce qui concerne l'affaiblissement du principe de la souveraineté.

Les termes « eaux transfrontières » et « fleuves transfrontaliers », adoptés officiellement par le Gouvernement chinois, correspondent totalement à l'approche bilatérale de la Chine. Ils ne prennent cependant pas en considération les eaux souterraines, contrairement au terme « cours d'eau internationaux » utilisé dans la *Convention de New York*. De plus, en adoptant ces deux termes, la Chine ne démontre aucune intention de distinguer les eaux souterraines captives des non-captives, mais elle a quand même reconnu le caractère international des ressources en eau transfrontalières en les incluant dans des cadres de coopération bilatérale.

Pour ce qui est des travaux de recherche en droit international, qui figurent dans la base de données du CNKI[775], sous la rubrique droit international, on trouve 43 articles contenant dans leurs titres le terme « Guo Ji He Liu » (fleuve international), tandis que le terme « fleuve transfrontalier » n'apparaît que dans les titres de 8 articles. Le terme « cours d'eau internationaux » est employé dans les titres de 18 articles, dont 13 citent le titre complet de la *Convention de New York*. Autrement dit, les 13 articles qui citent ce terme le font dans le but de présenter les pratiques internationales qui jouent le rôle de l'Autre plutôt que de présenter les propositions chinoises sur l'utilisation des ressources en eau communes. Les recherches chinoises importantes dans ce domaine ont presque toutes adopté le terme-fleuve international[776].

---

775 中国期刊全文数据库(CNKI :China National Knowledge Infrastructure) , en ligne : CNKI <http://epub.cnki.net/>.

776 何大明 et 汤成奇, *中国国际河流, Les fleuves internationaux en Chine*, Beijing, 科学出版社, 2000.

À noter que la définition chinoise de fleuve international en droit international diffère remarquablement de celle utilisée en géographie. Dans les manuels chinois de droit international, les fleuves internationaux sont définis comme « les fleuves dont les parties se trouvent dans des États différents et par lesquels les bateaux pourraient aboutir directement à la mer et sur lesquels la liberté de navigation est garantie par des traités spécifiques »[777]. En d'autres mots, pour qu'un fleuve soit considéré un fleuve international, il faut que tous les États riverains puissent l'emprunter et qu'il aboutisse directement à la mer. Les fleuves contigus ne sont donc pas internationaux puisqu'au lieu de traverser les frontières, ils les forment. Les fleuves multinationaux ne sont pas non plus des fleuves internationaux ; ils traversent plusieurs États, mais ils n'aboutissent pas nécessairement à la mer et ne sont pas nécessairement accessibles à tous les États riverains. Selon la définition de la Chine, il n'y a pas de fleuve international sur son territoire. Par contre, le Rhin, le Danube, le Congo, le Niger, etc., qui aboutissent à la mer et sur lesquels le principe de la libre navigation est assuré par un traité international sont des fleuves internationaux au sens strict.

Nous pouvons, ainsi, en déduire que la Chine n'est pas tout à fait d'accord avec le champ d'application de la notion des cours d'eau internationaux de la *Convention de New York*. Le Gouvernement chinois juge avoir une plus grande marge de manœuvre dans la notion de fleuve transfrontalier et, suivant la même logique, le milieu scientifique trouve plus pertinent d'adopter la notion de fleuve international.

Quant au champ d'application substantiel, il s'agit principalement de l'agriculture, de l'industrie, de la navigation et de la surveillance de la qualité d'eau qui est l'une des fonctions des comités mixtes. Cependant, les ressources en eau n'étant pas traitées comme un ensemble unitaire, ce qu'implique la notion de bassin fluvial, le champ d'application substantiel n'inclut pas la protection des systèmes écologique et

---

[777] 王铁崖, *国际法, Droit international,* 1er éd, Beijing, 法律出版社, 1995 à la p 232.

hydrique ni la protection de la santé des habitants riverains ou du moins pas explicitement[778].

Les règles substantielles

Dans tous les accords signés entre la Chine et ses voisins, la Chine juxtapose toujours les termes « utilisation » et « protection » dans le texte ou le titre, et l'utilisation précède toujours la protection. Cette juxtaposition montre l'importance primordiale qu'elle attache au droit au développement des États en voie de développement.

Des principes généralement reconnus, comme l'utilisation raisonnable et équitable de l'eau et aussi l'obligation de ne pas causer de dommages significatifs, sont tous mentionnés dans les traités, mais dans une formulation différente. Située à la source de nombreux grands cours d'eau d'Asie, la Chine donne parfois l'impression à ses voisins qu'elle pourrait un jour « fermer les robinets »[779], si ses besoins dépassent le flux qu'elle peut encore partager avec eux. Cette crainte a fait l'objet d'un article publié en 2011 dans le *Financial Times* sous la plume d'un chercheur indien (*Water Is the New Weapon in Beijing's Armoury*), qui laisse croire que la Chine fait de ses cours d'eau transfrontaliers des atouts politiques[780]. Le ministère des Affaires étrangères a réfuté cet article en ces termes :

> Il n'est évidemment pas vrai que la Chine ait refusé les conditions des ententes de partage des eaux [...] en ce qui touche la coopération avec les pays voisins et la protection des cours d'eau transfrontaliers, les pratiques de la Chine se sont conformées aux principes de la *Convention de New York*, tels que le principe de l'utilisation équitable et

---

[778] L'accent mis sur la coopération dans le suivi de la qualité de l'eau peut impliquer des préoccupations hygiéniques.

[779] Heim Alexandre, *La Chine, son eau et ses voisins*, thèse en droit, Institut des Relations internationales et stratégiques, 2010 à la p 3.

[780] Chellaney Brahma, « Water Is the New Weapon in Beijing's Armoury », *Financial Times,* 30 août, 2011, en ligne: Financial Times <http://www.ft.com/intl/cms/s/0/4f19a01e-d2f1-11e0-9aae-00144feab49a.html#axzz2Ge7d6I8L>.

raisonnable, le principe de ne pas causer de dommages importants et le principe de la coopération internationale[781].

Il est vrai que la Chine est l'un des trois pays qui ont voté contre la *Convention de New York*, mais cela ne signifie pas qu'elle désapprouve le principe de l'utilisation équitable et raisonnable des ressources en eau. Comme d'autres pays, elle ne s'oppose pas à la Convention dans sa totalité. Dans sa déclaration après son vote à l'ONU, elle ne s'est pas montrée opposée au principe de l'utilisation équitable et raisonnable de l'eau qui constitue la pierre angulaire de la Convention, ni à l'obligation générale de coopérer. Ce que la Chine a remis en question, c'est l'obligation de ne pas causer de dommages significatifs qui risquent de freiner l'utilisation des cours d'eau dans un bassin donné et de favoriser ainsi de premiers développeurs[782]. La Chine n'est donc pas contre le principe de l'utilisation non dommageable des cours d'eau, mais elle insiste sur le droit au développement et veut que le principe de l'utilisation non dommageable de l'eau soit soumis au test de la raison.

Quant au principe de la souveraineté, la Chine n'y a jamais renoncé. Elle se situe en amont sur la plupart des cours d'eau transfrontaliers sur son territoire. Étant donné sa position hydrographique en amont, nous considérons qu'elle se comporte de façon altruiste lorsqu'elle tient compte des intérêts des États d'aval. La nécessité de maintenir sa souveraineté dans la gestion des cours d'eau qui traversent son territoire est sa plus grande préoccupation[783]. Elle soutient qu'il faut

---

[781] *The Chinese Embassy Refutes The Financial Times's Article Attacking China As 'Hydro Hegemon'*, 2011, en ligne: ICEC <http://www.icec.org.cn/gjjl/fyyd/200907/t20090723_49591.html>

[782] Wegerich et Olsson, *supra* note 13. Wegerich et Olsson a indiqué que :

> « UN Convention is institutionalizing or freezing power relationships that prevailed at a particular time period. If one looks at the basins that do not have existing agreements and therefore have to comply with the international recommendations, then the emphasis on foreclosure of future utilization makes it clear that the early developers' rights are protected within the framework of equitable utilization as well as the no-harm principle.

[783] En réalité, dans le préambule, la Convention se réfère à l'article 2 de la Charte de l'ONU, selon lequel le principe de l'égalité souveraine est la pierre angulaire

reconnaître la particularité de chaque bassin, laisser la prise de décision aux pays de ce bassin et favoriser les coopérations régionales tout en tenant compte du droit au développement des pays en amont[784].

Les règles procédurales

La plus importante règle procédurale est l'obligation d'informer. Comme nous l'avons dit dans le Titre II de la Partie II, cette obligation comporte quatre volets. L'obligation d'échanger des données et des informations hydrologiques sur une base régulière et sur demande, l'obligation de surveiller et d'évaluer l'état de l'eau et d'établir un système d'alerte ou d'alarme en cas d'urgence ont été incluses dans les traités signés entre la Chine et ses voisins. Néanmoins, l'obligation de notifier l'autre partie des mesures projetées n'est mentionnée nulle part dans les traités existants[785].

Pour ce qui est d'autres questions, surtout celles de la démarcation des frontières, de la navigation et du prélèvement de l'eau, la Chine a tout de même inscrit dans les traités bilatéraux l'obligation de notification. L'article 17 du *Protocole sur la frontière entre la Chine et la Corée du Nord* (1964)[786] et l'article 2 de l'*Accord provisoire sur la frontière entre la Chine et le Viêtnam* (1991)[787] ont tous stipulé qu'un accord préalable est exigé pour tous les travaux de construction qui risquent de causer un dommage significatif à d'autres États du cours d'eau, mais leur application dans la pratique est douteuse. En bref, les règles procédurales généralement reconnues au niveau

---

de l'organisation. Dans l'article 8 de l'Accord, l'égalité souveraine a été également mentionnée.

784 Ministre des Affaires étrangères de la Chine, « 中方在跨界河流问题上不损害邻国利益 » [], 2006, en ligne : Xinhua net http://news.xinhuanet.com/world/2006-02/14/content_4179733.htm

785 Selon l'article 12 de la *Convention de New York*, « avant qu'un État du cours d'eau mette en œuvre ou permette que soient mises en œuvre des mesures projetées susceptibles d'avoir des effets négatifs significatifs pour les autres États du cours d'eau, il en donne notification à ces derniers en temps utile», même s'il n'implique pas nécessairement l'accord préalable des autres États riverains.

786 *中朝边界议定书, Protocole sur la frontière entre la Chine et la Corée du Nord*, 1964.

787 *中越边界暂行条约, Accord provisoire sur la frontière entre la Chine et le Vietnam*,1991.

international en matière de cours d'eau international sont incluses dans les traités conclus entre la Chine et ses voisins.

Les arrangements institutionnels

Les deux traités bilatéraux ont créé deux organes communs pour organiser des rencontres bilatérales régulières. Néanmoins, ni leur structure interne ni leurs fonctions ne sont spécifiées. Les deux organes communs qui ne disposent pas de secrétariat ne servent que de cadres de consultation pour l'utilisation et de protection des eaux transfrontalières.

Tableau 16 Arrangements institutionnels entre la Chine et ses voisins

Arrangements institutionnels	**La Chine et la Russie/le Kazakhstan**
Nature du régime	Cadre de négociation et d'information
Concession de souveraineté	Aucune
Fonctions	Étude
Composition	Deux présidents représentant les deux Parties
Financement	L'Inde et le Pakistan
Prise de décision	Unanimité
Fréquence de session	La Commission se réunit au moins une fois par an alternativement en Chine et en Russie (ou au Kazakhstan), ou quand les présidents le demandent.
Mécanisme d'application au niveau national	Aucun

Le règlement des différends

L'une des raisons pour lesquelles la Chine a voté contre la *Convention de New York* est que « China could not support provisions on the mandatory settlement of disputes which went against the principles set out in the United Nations Charter »[788]. Comme nous l'avons dit précédemment, la Chine préfère toujours les moyens

[788] GA/9248, *supra* note 415.

diplomatiques aux moyens judiciaires, l'approche bilatérale au recours à une tierce partie.

Tableau 17 Régime coopératif entre la Chine et ses voisins en matière de cours d'eau transfrontaliers

Mode de coopération	***Mécanisme consultatif avec certaines réserves***
Enjeux	Quantité et qualité de l'eau
Champs d'application	- Champ d'application géographique : Fleuves transfrontaliers / eaux transfrontalières - Champ d'application substantiel : Agriculture, Industrie, Navigation
Règles substantielles	Principe de la souveraineté (les cinq principes de coexistence pacifique); Droit au développement ; Principe de l'utilisation non dommageable ; Principe de coopération bilatérale
Règles procédurales	Échange régulier d'informations et de données ; Système d'alerte en cas d'urgence
Règlement des différends	Négociations

Comme nous l'avons mentionné précédemment, l'obligation de coopérer varie selon les conditions spécifiques à chaque bassin ; il faut donc examiner le mode de coopération cas par cas. Dans le cas de Chine, même si son mode de coopération ressemble souvent au mécanisme consultatif de l'Indus, il reste qu'il existe des nuances par rapport aux cinq indicateurs étudiés.

La Chine, tout en adoptant la notion de fleuves transfrontaliers, exclut du champ d'application les eaux souterraines et tout élément susceptible de toucher des facteurs territoriaux. En insistant sur les cinq principes de coexistence pacifique, elle démontre explicitement son attachement à la souveraineté. Contrairement à l'Inde, la Chine n'accepte aucun règlement judiciaire ou arbitral international. Cette approche fait écho à sa culture juridique traditionnelle et à son attitude conservatrice envers la souveraineté en tant qu'État d'amont en voie de développement. Il faut néanmoins reconnaître que les régimes coopératifs que la Chine et ses voisins ont créés suivent grosso modo les règles et les principes généralement reconnus. Le principe de l'utilisation raisonnable et équitable, le principe général de coopération, les règles procédurales d'information sont tous inscrits dans les traités. Parallèlement, la Chine manifeste des réserves à l'égard de l'acceptation totale des règles instituées sur la base de valeurs occidentales, ce qui correspond à son attitude générale face au système de droit international envers lequel elle demeure méfiante.

En examinant les cinq paramètres qui servent à définir notre cadre d'analyse positiviste de l'obligation de coopérer, nous constatons que la Chine s'est intéressée davantage aux exigences internationales minimales des règles procédurales (à l'exception de l'obligation de notification) et du champ d'application substantiel, probablement parce qu'ils représentent des facteurs relativement indépendants des identités d'État. Dans les deux traités bilatéraux, la Chine a néanmoins démontré sa position conservatrice quant aux autres facteurs, à savoir le champ d'application géographique, les règles fondamentales, les arrangements institutionnels et le règlement des différends et l'obligation de notifier des mesures projetées, parce que, d'une perspective constructiviste, ces facteurs ont tous des implications identitaires évidentes.

La définition du champ d'application géographique a prédéterminé s'il s'agit d'une gestion intégrée du bassin fluvial ou d'un régime coopératif strictement limité par la souveraineté territoriale des États. Quant aux règles fondamentales, la Chine qui est un État d'amont en voie de développement insiste toujours sur le principe de la souveraineté et le principe de l'utilisation raisonnable et équitable tout en limitant l'interprétation de l'obligation de ne pas causer de dommages significatifs. En outre, il est normal que la Chine, État historiquement hors régime qui demeure méfiant à l'égard du système international, refuse le règlement judiciaire des différends ou l'imposition d'une procédure obligatoire qui implique l'éventuelle intervention d'une tierce partie. La reconnaissance de la compétence des institutions bilatérales constitue pour les États une concession de leur souveraineté. La compréhension qu'a la Chine de sa souveraineté ne lui permet pas en ce moment de créer des institutions internationales ayant une compétence supranationale.

En bref, les identités de la Chine l'encouragent à adopter une vision du droit international de coexistence. Dans ses interactions avec ses voisins et avec le système international, la Chine n'a pas encore construit des « connaissances collectives » en matière de gestion des cours d'eau transfrontaliers.

Tableau 18 Comparaison entre les régimes coopératifs

	Convention de New York	**Inde et Pakistan (Indus)**	**Chine et ses voisins**
Champ d'application	Cours d'eau international ; Utilisations industrielles, agricoles, protection de l'environnement	Cours d'eau ; Utilisations industrielles, agricoles	Fleuves (eaux) transfrontières (eaux souterraines exclues) ; Utilisations industrielles, agricoles, protection de l'environnement
Règles substantielles	Principe de l'utilisation raisonnable et équitable ; Principe de ne pas causer de dommages significatifs ; Obligation générale de coopérer	Principe de l'utilisation raisonnable et équitable ; Principe de ne pas causer de « dommage matériel » ; Principe de réciprocité	Principe de l'utilisation raisonnable et équitable ; Principe de la souveraineté et de non-ingérence ; Principe de coopération internationale
Règles procédurales	Échange de données et d'informations ; Notification des mesures projetées ; Obligation de surveiller et	Échange de données et d'informations ; Notification des mesures projetées	Échange de données et d'informations ; Notification des mesures projetées ; Obligation de surveiller et

	d'évaluer l'état des eaux ; Établissement d'un système d'alerte ou d'alarme en cas d'urgence		d'évaluer l'état des eaux ; Établissement d'un système d'alerte ou d'alarme en cas d'urgence
Les arrangements institutionnels	Au besoin	Cadre de négociation et d'information ; Conservation intégrale de la souveraineté des États	Cadre de négociation et d'information ; Conservation intégrale de la souveraineté des États
Le règlement des différends	Consultation, négociation ; Solliciter les bons offices ; Médiation et conciliation ; Règlement judiciaire ou arbitral	Commission ; Expert neutre et indépendant désigné par la Banque Mondiale ; Cour permanente d'arbitrage	Négociation bilatérale

Chapitre 3. Quel futur pour la Chine dans la coopération internationale en matière de cours d'eau transfrontaliers

Après une analyse positiviste du modèle de coopération choisi par la Chine, nous pouvons conclure que les identités de la Chine, en tant qu'État d'amont en voie de développement qui reste hors régime et qui est culturellement anti-contentieux, exercent une influence remarquable sur son choix de modèle coopératif dans le domaine des cours d'eau transfrontaliers. Néanmoins, comme nous l'avons dit, les identités d'État évoluent toujours au cours des nouvelles interactions internationales.

« State identity fundamentally shapes state behaviour, and that state identity is, in turn, shaped by the cultural-institutional context within which states act»[789]. Autrement dit, au lieu d'être un processus linéaire, la construction des identités est plutôt un raisonnement circulaire. Les nouvelles identités d'État formées dans les interactions internationales vont à leur tour corriger les comportements dans une nouvelle série d'interactions interétatiques. Dans cette perspective constructiviste, nous avons peut-être raison d'être optimistes et d'anticiper dans un futur prévisible une stratégie plus coopérative de la Chine en matière de cours d'eau transfrontaliers. Dans cette optique, nous allons voir comment pourraient évoluer les identités de la Chine ainsi que l'éventuelle influence de cette évolution identitaire sur le choix de modèle de coopération qu'elle pourrait faire dans l'avenir.

Section 1. L'identité évolutive de la Chine : une superpuissance émergente

La Chine a connu un grand essor économique après sa réforme politique et son ouverture. Son économie est maintenant la deuxième en importance dans le monde. En s'engageant de plus en plus activement dans les affaires internationales, la position de la Chine s'est adoucie, passant de celle d'« opposant extérieur farouche » à celle de « révolutionnaire intérieur conservateur » [notre traduction][790] et finalement à celle de « participant actif » [notre traduction][791]. Cette évolution des identités se remarque tout d'abord dans sa participation dans les institutions internationales.

La participation de la Chine dans les organisations internationales reflète ses relations interactives avec le système international. Ce processus a rencontré certaines difficultés : dans les années 1960, à cause de la guerre froide, les États occidentaux ont refusé l'entrée de la Chine dans les principales organisations internationales. La Chine

---

789 Martha Finemore et Kathryn Sikkink, « International norm dynamics and political change » (1998) 52 :4, *International Organization* 887 à la p 902.

790 État hors régime, *supra* note 666.

791 Xue Hanqin, « China and International Law: 60 years in Review » (2013), en ligne: <http://www.chathamhouse.org/sites/files/chathamhouse/public/Research/International%20Law/080313summary.pdf> ; voir aussi Johnston 2008, *supra* note 626 à la p 45.

communiste (ou continentale)[792] n'a été admise à l'ONU qu'en 1971[793], soit 22 ans après sa fondation. Cette reconnaissance occidentale de la Chine en tant qu'État égal, qui peut participer à part entière à la rédaction des nouvelles règles internationales, lui a par la suite ouvert des portes importantes. Aujourd'hui, la Chine est un grand pays en voie de développement au sein de l'ONU et est également membre permanent du Conseil de Sécurité. Elle est membre de presque toutes les organisations intergouvernementales d'importance au monde, et a signé plus de 300 conventions multilatérales. Selon une étude positiviste de Jonhston[794], l'ampleur, l'importance et l'accroissement, de la participation chinoise dans les organisations internationales a remarquablement dépassé son niveau de développement économique et social.

S'il est vrai que la Chine joue un rôle important sinon indispensable dans les organisations internationales majeures, il importe de savoir si elle est un *rule taker* ou un *rule maker*[795]. Si l'on présume que les États, tout en restant égoïstes, peuvent tout de même adopter une stratégie coopérative, il est raisonnable de penser que la Chine peut s'adapter aux institutions internationales existantes au cours d'échanges économiques ou politiques avec d'autres joueurs. Étant donné son statut historique d'État absent du processus législatif international ainsi que sa condition actuelle de pays émergent et de

---

792 En comparaison avec le gouvernement exilé capitaliste situé à Taïwan.

793 La résolution 2758 annonce « le rétablissement de la République populaire de Chine dans tous ses droits et la reconnaissance des représentants de son gouvernement comme les seuls représentants légitimes de la Chine à l'Organisation des Nations Unies, ainsi que l'expulsion immédiate des représentants de Tchang Kaï-chek du siège qu'ils occupent illégalement à l'Organisation des Nations Unies et dans tous les organismes qui s'y rattachent », *supra* note 665.

794 江忆恩，«中国对国际秩序的态度», « Attitude de la Chine pour l'ordre international » (2005) 2, *国际政治科学* 26; voir aussi 魏明杰, «中国与国际条约六十年», « La Chine et les traités internationaux : 60 ans d'expérience » (2010)1, *国际观察* 52; voir aussi, *Yearbook of the International Organizations(YBIO)*, Bruxel, Union of International Association, 2008.

795 Gao Henry S, « China's Ascent in Global Trade Governance: From Rule Taker to Rule Shaker, and Maybe Rule Maker? » (2010), *Making Global Trade Governance Work for Development* 153.

nouvelle puissance, il est concevable que la Chine tente un jour d'ajouter de nouvelles règles, mais de façon pacifique. Elle n'est pas une adepte absolue des règles implantées par les Occidentaux dans le système international. Comme elle préconise avec d'autres États nouvellement indépendants, le principe de non-ingérence, il reste à redéfinir ce principe dans les opérations de consolidation de la paix que mènent les Nations Unies. Il est, donc, évident que le rationalisme de la pensée réaliste ne peut pas donner une explication satisfaisante de la participation assez enthousiaste de la Chine dans les institutions internationales de coopération.

L'institution intergouvernementale la plus importante est l'Organisation des Nations Unies. Après l'admission de la Chine nouvelle dans l'ONU, le 25 octobre 1971[796], elle a signé de nombreux traités internationaux dans lesquels le principe de coopération internationale est prescrit explicitement. En tant qu'État en voie de développement le plus important au monde, dans les années 1980 et 1990, la Chine a mis l'accent sur certains aspects de la coopération internationale, tels que le transfert de technologie vers les pays en voie de développement et la création de mécanismes de financement. Les appels de la Chine faisaient à l'époque partie de sa lutte pour un nouvel ordre économique international plus équitable.

Avec l'accroissement exponentiel de son économie, la Chine cherche maintenant à être reconnue comme une « grande puissance responsable »[797] dans le monde. Dans ce but, elle s'implique plus activement dans la gestion des crises internationales, surtout par son action mesurée et responsable au sein du Conseil de sécurité de l'ONU. Depuis 1971, la Chine compte 137 abstentions et 9 voix contre les résolutions dans ses votes au Conseil de sécurité. Dans les années 1970, à part les abstentions et les voix contre, la Chine s'est absentée lors de 71 votes. Si les abstentions et les voix contre démontrent quand même une certaine acceptation des règles et du

---

[796] *Supra* note 794.

[797] 宋旭明，«冷战后中国在联合国安理会弃权票行为研究», « Une étude sur des votes d'abstention de la Chine au sein du Conseil de sécurité de l'ONU après la guerre froide », Mémoire de Maîtrise en diplomatie, China Foreign Affaires University, 2012.

régime, ses absences démontrent une attitude de non-coopération et de désapprobation[798]. La Chine a été absente du vote surtout dans les années qui ont suivi le rétablissement de ses droits légitimes à l'ONU. Ses voix contre les résolutions expriment explicitement son opposition, mais dans une perspective plus engagée, tandis que les abstentions reflètent soit son désaccord exprimé de façon adoucie, soit son désintéressement[799]. Autrement dit, les voix contre démontrent un engagement plus actif dans la gouvernance coopérative des affaires internationales et une reconnaissance véritable du régime international.

Tableau 19 Les votes (abstentions ou contre) de la Chine au Conseil de sécurité (1971-2014)

Année/ Votes	Abstentions	Contre	Total
Oct. 1971-1980	59	1	60
1980-1990	6	0	6
1990-2000	18	2	20
2000- janvier 2015	2	6	8
Total	85	9	92

Source : 漆海霞 et 张佐莉, « 弃权还是否决 »[800] et le site web du Conseil de sécurité de l'ONU[801]

À partir de sa réforme économique et de son ouverture dans les années 1980 et en particulier après 2000, la Chine a voté plus souvent contre au Conseil de sécurité, même sur les affaires concernant le Moyen-Orient. Durant ses 29 premières années de présence, elle n'a voté qu'une fois contre, mais, après 2000, le nombre de contre atteint 6 voix.

[798] 漆海霞 et 张佐莉, «弃权还是否决——中国如何在安理会投票中表达反对立场», « Abstention ou contre : Comment la Chine exprime son opposition dans le Conseil de sécurité de l'ONU » (2014) 5, *世界经济与政治* 101.

[799] La Chine s'est abstenue principalement sur les thèmes dans lesquels ses intérêts sont moins concernés, par exemple, les résolutions par rapport à la situation au Moyen-Orient.

[800] *Ibid* à la p 114.

[801] *Procès-verbal de séance du Conseil de sécurité (1994-2015),* en ligne : Conseil de sécurité des Nations Unies <http://www.un.org/fr/sc/meetings/>.

L'engagement plus actif de la Chine dans la gouvernance coopérative mondiale se manifeste aussi par sa participation accrue aux opérations de maintien de la paix. Lors de la crise nord-coréenne, elle a même pris l'initiative d'engager des pourparlers à six[802] à Beijing, créant ainsi un cadre de coopération multilatérale favorisant le dialogue entre les États-Unis et la Corée du Nord[803].

En 2013, la Chine a lancé les initiatives « une ceinture et une route » [804] qui visent à promouvoir la construction de projets commerciaux et d'infrastructures de portée internationale pour créer des opportunités de croissance et des retombées économiques dans toute l'Asie, l'Europe et dans les autres pays limitrophes concernés. En 2015, lors du forum Boao, la Chine a publié officiellement la Vision et le plan d'action pour la construction conjointe de la Route de la soie et de la route maritime de la soie du 21e siècle[805]. En lançant ces initiatives ambitieuses, la Chine a spécifié les objectifs et les priorités des initiatives dans la Vision et le plan d'action, parmi lesquels l'échange culturel représente un aspect indispensable considérant que la Route de la Soie constituait à l'époque « une voie d'échanges commerciaux et culturels, qui reliaient les grandes civilisations de l'Asie, l'Europe et l'Afrique »[806].

Les pratiques de la Chine dans le régime international au cours des dernières années montrent une grande puissance plus engagée dans la

---

802 Les pourparlers à six ont réuni les deux Corées, les États-Unis, le Japon, la Russie et la Chine.

803 La politique de la Chine à l'égard de la crise a évolué. En 1993, les dirigeants chinois souhaitaient explicitement éviter toute ingérence dans les « affaires intérieures » d'un autre État.

804 C'est-à-dire, L'initiative d'une ceinture économique de la Route de la Soie et l'initiative d'une Route maritime de la Soie du 21e siècle [les initiatives « une ceinture et une route »].

805 Xi Jinping, *Vision et le plan d'action pour la construction conjointe de la Route de la soie et de la route maritime de la soie du 21e siècle,* présenté lors du forum Boao, Chine, 16 juin 2015 [Vision et plan d'action], en ligne: Gouvernement de Chine, <http://english.gov.cn/archive/publications/2015/03/30/content_281475080249035.htm>.

806 Vision et plan d'action, *ibid.*

prise de décisions internationales. Au lieu de mettre l'accent sur la coopération (au sens du droit de coexistence) qui favorise le développement économique des pays en voie de développement et qui exige uniquement des pays développés des obligations positives de *facere*, la Chine assume plus d'obligations positives dans le régime de coopération internationale. Néanmoins, pour mieux comprendre l'interprétation chinoise du principe de coopération internationale, il est nécessaire d'examiner aussi d'autres principes et règles observés par la Chine dans ses pratiques.

Nous constatons une influence réciproque entre les institutions internationales et la Chine. D'une part, la participation de la Chine (dont la population représente un cinquième de la population mondiale) dans les régimes institutionnels garantit leur légitimité et leur fonctionnement efficace ; d'autre part, l'ordre international institutionnel, qui réagit positivement et amicalement au développement économique et à la progression sociale de la Chine, en constitue également la garantie. En d'autres mots, les nouvelles identités de la Chine sont construites dans un processus d'interactions répétitives. En s'engageant de plus en plus activement dans les affaires internationales, sa position qui n'est plus celle d'un État étranger au régime de droit international s'est remarquablement adoucie.

Section 2. Compréhension de l'évolution en Chine du principe de la souveraineté évolutive

L'influence sur les comportements de la Chine de l'évolution de ses identités pour devenir une superpuissance émergente se manifeste surtout dans sa compréhension du principe de la souveraineté. Comme nous l'avons dit dans le chapitre 2 du Titre II, dans les années 1950, le principe de la souveraineté a été interprété par la Chine en collaboration avec d'autres États nouvellement indépendants dans le cadre des cinq principes de coexistence pacifique. Aujourd'hui encore, la Chine attache une importance majeure à ces cinq principes.

Le 29 juin 2014, à l'occasion de la commémoration du 60e anniversaire de l'adoption des cinq principes, le Président Xi Jinping, avec la participation du président birman U Thein Sein et du vice-président indien Mohammad Hamid Ansari, déclare à Beijing ce qui suit :

> Dans cette nouvelle ère, l'esprit des cinq principes de coexistence pacifique, au lieu d'être démodé, reste toujours aussi pertinent; leur signification, plutôt que de s'affadir, garde tout son sens; plutôt que de s'affaiblir, elle continue de grandir [notre traduction][807].

Le Président Xi Jinping explique ce point de vue en faisant valoir l'état actuel de la communauté internationale qui subit des changements profonds et complexes. La paix et le développement, la coopération et l'octroi d'avantages réciproques sont devenus une tendance irréversible. D'un autre côté, « l'injustice et l'inégalité sont encore de grands problèmes dans les relations internationales [...] des défis mondiaux continuent de surgir de même que des conflits et des guerres dans différentes régions »[808]. Par conséquent, « sauvegarder la paix mondiale et promouvoir le développement commun restent de grands défis pour l'humanité »[809].

De son côté, Beijing a beaucoup adouci sa position sur le principe à l'égard de la souveraineté et de la non-ingérence mutuelle dans les affaires intérieures. Comme nous l'avons mentionné précédemment, elle ne se considère plus comme un État étranger « hors régime ». Aujourd'hui, elle tend plutôt à mettre l'accent sur le principe d'égalité et d'avantages réciproques, ce qui implique une souveraineté limitée. Alors que sa compréhension traditionnelle de la souveraineté reflète une vision réaliste de l'ordre du monde, sa position adoucie montre

---

[807] Xi Jinping, « 弘扬和平共处五项原则， 建设合作共赢美好世界», « Promouvoir les cinq principes de coexistence et créer le monde coopératif gagnant-gagnant », 和平共处五项原则发表 60 周年纪念大会, La Conférence pour le 60e anniversaire des cinq principes de coexistence, présenté à Beijing, 2014.

[808] Président chinois : les cinq principes de coexistence pacifique ne sont pas démodés, en ligne : <http://french.xinhuanet.com/chine/2014-06/29/c_133446905.htm>.

[809] *Ibid.*

une volonté renforcée de coopérer. Autrement dit, suivant l'évolution du droit international qui passe de la coexistence à la coopération, la Chine opte pour une stratégie plus coopérative que non coopérative. Avec ses réussites dans son développement économique, on peut penser que sa position va encore changer, allant de celle de challenger et de révolutionnaire vers celle de participant dynamique au système de droit international.

Prenons l'exemple du principe de non-ingérence mutuelle dans les affaires intérieures. Le 24 février 2011, tout en insistant sur le principe de non-ingérence[810], la Chine s'est ralliée au vote unanime du Conseil de sécurité de l'ONU sur l'imposition des sanctions contre le régime de Qadhafi à la suite de la répression meurtrière en Libye[811]. Normalement, la Chine aurait estimé que cette question était une affaire intérieure et se serait abstenue de voter. Mais cette fois-ci, elle a voté et dans sa déclaration de vote, elle s'est dite préoccupée par la situation terrifiante qui prévalait en Libye.

Par contre, elle s'est abstenue de voter sur le projet de résolution dénonçant la validité du référendum sur le rattachement de la Crimée à la Fédération de Russie. À cette occasion, elle s'est exprimée de manière plus explicite : « la Chine a toujours respecté la souveraineté et l'intégrité territoriale de tous les États, c'est là l'aspect fondamental de la politique étrangère de la Chine ». Dans sa déclaration de position,

---

810 « 2011 年 2 月 24 日外交部发言人马朝旭举行例行记者会 », « Conférence de presse présidée par Monsieur le Porte-parole des affaires étrangère de la Chine en 24 février 2011 », en ligne : <ministre des affaires étrangères, http://www.fmprc.gov.cn/web/fyrbt_673021/jzhsl_673025/t801964.shtml>.
Le Porte-parole chinois a proclamé lors d'une conférence de presse concernant sa position à l'égard de la situation en Libye :

> The principle of non-ingérence in others' internal affairs is one of the pillars of China's foreign policy. We firmly adhere to the policy, which will not change. Meanwhile, as a permanent member of the UN Security Council, China has actively and constructively taken part in Security Council activities and played its due role.

811 Organisation des Nations Unies, communiqué, « Le Conseil de sécurité impose des sanctions contre le régime de Qadhafi à la suite de la répression meurtrière en Libye » (26 février 2011), en ligne : ONU <http://www.un.org/press/fr/2011/CS10187.doc.htm>.

la Chine ne s'est pas totalement opposée à l'ingérence internationale, mais elle n'est pas d'accord avec une ingérence extérieure à l'américaine qui ne contribue qu'à aggraver les tensions. Elle fait plutôt trois propositions :

> Créer le plus tôt possible un mécanisme de coordination international composé de toutes les parties en présence en vue de trouver une issue pacifique à la crise ; toutes les parties doivent s'abstenir de prendre des mesures visant à exacerber la situation et les institutions financières internationales devraient réfléchir à des mesures permettant à l'Ukraine d'assurer sa stabilité financière[812].

Ce changement d'attitude à l'égard des opérations de consolidation de la paix est un autre exemple de l'évolution de sa position[813]. Avant 1971, alors qu'elle était exclue des Nations Unies, la Chine s'opposait fermement aux opérations de consolidation de la paix de l'ONU dans les affaires intérieures, en accusant celle-ci d'être interventionniste. Après 1971, la Chine a commencé à s'engager dans les affaires internationales, mais sa position reste la même. Prenant le parti des États en développement, elle s'oppose aux interventions et n'y participe jamais. Cette insistance sur la non-participation a commencé à évoluer en 1981 quand elle a annoncé son appui limité à des opérations de consolidation de la paix. Dans les années 1990 (plus précisément de 1988 à 2000), nous avons vu un accroissement assez rapide de la participation chinoise dans les opérations des Nations

---

812 Organisation des Nations Unies, communiqué, « Le vote négatif de la Fédération de Russie fait obstacle à l'appel des autres membres du Conseil pour dénoncer la validité du référendum du 16 mars en Crimée » (15 mars 2014), en ligne : ONU <http://www.un.org/press/fr/2014/CS11319.doc.htm>.

813 Pang Zhongying, « China's changing attitude to UN peacekeeping » (2005) 12:1, *International Peacekeeping* 87; Stähle, Stefan « China's shifting attitude towards United Nations peacekeeping operations » (2008) 195, *The China Quarterly* 631; Allen Carlson, « Helping to keep the peace (albeit reluctantly): China's recent stance on sovereignty and multilateral intervention » (2004), *Pacific Affairs* 9 [Carlson].

Unies[814]. Au cours du nouveau millénaire, la Chine y participe de façon très active. La position chinoise changeante est liée étroitement à l'évolution de ses perspectives sur la souveraineté et, par conséquent, sur le principe de non-ingérence[815]. Selon Jing Chen,

> China's attitude toward UN peacekeeping operations changed as a result of the change in the international norm from prioritizing sovereignty to prioritizing human rights and the diffusion of norms of human rights into China[816].

Nous pouvons nous demander comment la Chine délimite l'exercice de sa souveraineté, surtout dans l'utilisation de ses ressources naturelles. Le 19 juin 2013, un représentant chinois déclarait au cours d'un débat au Conseil de sécurité sur la prévention des conflits liés aux ressources naturelles :

> Les facteurs conduisant aux conflits [sont] complexes et multiples et [que] les ressources naturelles n'en [constituent] pas l'unique cause. La communauté internationale devrait respecter la souveraineté des États sur leurs ressources naturelles. La Commission de consolidation de la paix devrait inclure davantage cette question dans ses efforts en vue d'aider les pays qui sortent d'un conflit. [...] les sanctions imposées par le Conseil de sécurité ne devraient pas constituer un but en soi et [...] il faudrait aussi porter

---

814 Voir Laïla Choukroune, *La Chine et le maintien de la paix et de la sécurité internationales : une relation complexe et multiforme entre indépendance, souveraineté et multilatéralisme*, Paris et Montréal, l'Harmattan, 1999.

815 Bates Gill et James Reilly, « Sovereignty, Intervention and Peacekeeping » (2000) 42 : 3, *Survival* 41 à la p 41; Miwa Hirono et Marc Lanteigne, « Introduction: China and UN Peacekeeping » (2011) 18: 3, *International Peacekeeping* 243.

816 Chen Jing, « Explaining the Change in China's Attitude toward UN Peacekeeping: a norm change perspective » (2009) 18:58, *Journal of Contemporary China* à la p 169.

une attention particulière aux organisations régionales ainsi qu'aux mécanismes tels que le Processus de Kimberley[817].

En d'autres mots, concernant l'utilisation des ressources naturelles, la Chine n'exclut pas la coopération internationale et régionale, mais le respect de la souveraineté constitue toujours une prémisse majeure à l'éventuel établissement d'un régime coopératif.

Pour veiller à ce que les règles ne soient pas modifiées à l'insu ou au détriment de la Chine, les représentants chinois n'ont pas annoncé de façon explicite dans leurs discours leur appui au principe de l'utilisation non dommageable du territoire, dans le cadre des réunions ou des conférences internationales. Mais cela n'implique pas que le Gouvernement chinois nie l'existence d'une limite à l'exercice de la souveraineté, surtout quand il s'agit de la protection de l'environnement. Bien au contraire, le principe de l'utilisation non dommageable du territoire, en tant que règle coutumière généralement reconnue du droit international, est inscrit partout dans les traités bilatéraux ou régionaux et les conventions multilatérales conclues par la Chine. Le livre *Des pratiques et des exemples de cas de la Chine en droit international* [818] est le premier à examiner, de façon systématique et sous tous ses aspects, la position de la Chine dans son interprétation et son application du droit international[819], y compris les règles internationales en matière de l'environnement. Dans la liste des principes fondamentaux pour la protection internationale de l'environnement, le principe de la souveraineté et le principe de l'utilisation non dommageable du territoire.

Pour ce qui est du règlement des différends, en intégrant l'OMC en 2001, la Chine a accepté, dans le cadre du Mémorandum d'accord sur le règlement des différends, la procédure prévue pour résoudre les

---

817 Organisation des Nations Unies, communiqué, « Le Conseil de sécurité examine les liens entre la gestion des ressources naturelles et la prévention des conflits » (19 juin 2013), en ligne : ONU <http://www.un.org/press/fr/2013/CS11037.doc.htm>.

818 *Supra* note 728.

819 Remarque faite par Shi Jiuyong, légiste du droit international d'autorité en Chine.

litiges commerciaux. Elle a été impliquée dans 8 différends en tant que plaignante, 23 en tant que défenderesse et 89 en tant que tierce partie. Au lieu d'être accaparée par des poursuites, la Chine a appris à observer les règles internationales tout en conservant sa propre perspective de l'ordre commercial international[820]. Sa participation en tant que tierce partie à 89 différends constitue la preuve que la Chine était prête à « se saisir avec le plus grand soin de ses nouveaux outils juridiques et de tous les droits dont elle dispose en tant que Membre »[821].

À l'encontre des préjugés conventionnels qui simplifient la position de la Chine en la présentant comme le bastion de la souveraineté westphalienne, la souveraineté revendiquée aujourd'hui par la Chine ne suit pas la doctrine de Harmon. Cela transparaît dans ses efforts pour appuyer activement l'intervention multilatérale[822] et dans l'adoucissement de son attitude à l'égard du principe de non-ingérence, surtout dans les opérations de consolidation de la paix. Il est important de tenir compte du fait que « China is in the midst of transition from a strict, traditional interpretation of non-interference to a limited, conditional one »[823], et cette transition n'est pas encore achevée.

---

[820] Voir Emmanuel Sibidi Darankoum, « Moralité publique et diversité culturelle : l'approche OMC dans la jurisprudence Chine - Services audiovisuels » (2011) 45, *R.J.T.* 431. Selon Darankoum, dans la jurisprudence Chine - Services audiovisuels, la proposition de la Chine peut constituer une contribution à l'enrichissement du droit de l'OMC. La performance de la Chine dans les contentieux de l'OMC nous permet de constater une « véritable montée en capacité juridique de ce pays ».

[821] Voir Leïla Choukroune, « La Chine et le système de règlement des différends de l'OMC » (2012) 1, *Perspective chinoise*, 51 à la p 51, en ligne : perspective chinoise <http://perspectiveschinoises.revues.org/6227?file=1>.

[822] Carlson, *supra* note 814; Jonathan E. Davis, « From Ideology to Pragmatism: China's Position in Humanitarian Intervention in the Post-Cold War Era » (2011) 44, *Vand. J. Transnat'l L* 217.

[823] Lai-Ha Chan, Gerald Chan et Fung Kwan, *China at 60: Global-local Interactions*, Singapore, World Scientific, 2011 à la p 23.

Section 3. Compréhension de l'évolution des cadres coopératifs concernant des cours d'eau transfrontaliers

Comme nous l'avons dit, l'évolution des identités de la Chine qui est maintenant une superpuissance émergente l'encourage à redéfinir sa souveraineté et à adopter une stratégie plus participative et plus coopérative dans ses interactions internationales. Puisque les nouvelles identités vont forcément reproduire les nouvelles interactions qui à leur tour vont reprendre de nouvelles normes, la Chine va certainement redéfinir son modèle de coopération hydrique dans ses interactions internationales. Cette hypothèse correspond parfaitement aux constatations de Sadoff et Grey, selon lesquels, il existe toujours une possibilité de transformation d'un mode primaire à un mode plus avancé[824].

Nous pouvons constater le même effet de l'évolution des identités dans d'autres pratiques d'État concernant l'utilisation des ressources en eau. C'est le cas par exemple de la Turquie, un autre État d'amont qui a voté contre la Convention de New York en 1997. Ce pays a rédigé une nouvelle loi sur l'eau afin de mieux s'adapter à la directive-cadre sur l'eau de l'UE[825]. Dans le processus d'accession de la Turquie à l'UE, le mécanisme coordinateur de l'Europe pour la gestion des eaux internationales va forcément influencer sa position identitaire en tant qu'État d'amont en voie de développement, et par la suite sa stratégie étatique sur son utilisation des cours d'eau internationaux. Nous pouvons nous attendre au même changement de la part de la Chine.

La création d'institutions régionales peut contribuer à la formation de nouvelles idées partagées par la Chine et les pays périphériques. La Chine émergente figure comme la véritable locomotive de l'Organisation de coopération de Shanghai qui regroupe, entre autres, la Russie et le Kazakhstan. En 2015, lors de l'ouverture de la 11e

---

824 Voir les analyses dans la Partie II-I-1, à la p 74, ci-dessus.

825 Ayşegül Kibaroğlu et Vakur Sümer, « Turkey's New Water Law and WFD Implementation: An Analysis », en ligne: academia < https://www.academia.edu/12931024/Turkeys_Draft_Water_Law_and_Water_Framework_Directive_Implementation_An_Analysis>.

réunion de l'Organisation de coopération de Shanghai, le secrétaire a spécialement mentionné l'importance de prendre en considération les impacts environnementaux dans les projets de construction sur les fleuves transfrontaliers partagés par la Chine et la Russie (Amour et Irtych)[826].

Pour l'ANASE qui regroupe tous les États riverains du Mékong dans un cadre économique[827], l'utilisation et la gestion collective des ressources en eau communes constituent toujours un sujet important. En 2009, la Chine a signé la Stratégie sur la protection de l'environnement Chine-ANASE : 2009-2015[828]. Sur la base de cet accord, le ministère chinois de l'Environnement a créé en 2011 le Centre de coopération en protection environnementale Chine-ANASE qui a pour missions principales non seulement de consulter, mais aussi de coordonner. La protection des ressources en eau internationales fait certainement partie de ses compétences.

La Chine a montré sa volonté d'assumer plus de responsabilités internationales. En 2013, en tant que superpuissance émergente, elle a proposé de créer la Banque asiatique d'investissement pour les infrastructures (AIIB) ayant pour but de financer les initiatives « une ceinture et une route ». Les investissements pour la construction de barrages ou des centrales hydrauliques entrent dans son champ de financement. En 2014, un projet de construction d'un barrage financé par une entreprise chinoise sur un fleuve à l'intérieur du Cambodge a été arrêté par le Cambodge, un autre barrage a subi le même sort en Birmanie en 2015. À cause de l'impact éventuel des projets de construction initiés par la Chine en Asie, nous avons constaté un accroissement remarquable des communications et des échanges de renseignements entre la Chine et ses voisins concernant l'utilisation et la protection des cours d'eau. Ces situations ont suscité de nouvelles

826 http://cn.sco-russia.ru/transcripts/20150311/1013300836-print.html

827 Voir Claudia Astarita, « Le rôle de la Chine dans l'évolution des organisations régionales d'Asie du Sud-Est » (2008) 3, *Perspectives chinoises* 85.

828 « 中国-东盟环保合作战略 : 2009-2015 », « La coopération stratégique Chine-ANASE : 2009-2015 », Chine et ANASE, 2009, en ligne : China-ANASE Environmental Cooperation Center, <http://www.chinaANASEenv.org/dmhjhz/hzwj/271592.shtml>.

occasions de réévaluer et de redéfinir le modèle de coopération pour l'utilisation et la protection des cours d'eau transfrontaliers.

L'émergence de nouveaux cadres de coopération entre la Chine et les États périphériques va certainement donner lieu à de nouvelles interactions internationales et nous avons donc raison de nous attendre à ce qu'ils partagent de nouvelles connaissances, et à ce que la Chine modifie ainsi ses identités et sa position sur l'utilisation des eaux transfrontalières.

Nous avons même raison d'espérer que la Chine participe à la *Convention de New York*. Selon Salman, la Chine ainsi que d'autres États d'amont ont probablement mal compris l'intention de la *Convention de New York*[829] surtout la relation entre l'article 5 et l'article 7. Selon l'article 7, l'obligation de ne pas causer de dommages significatifs est, en réalité, subordonnée au principe de l'utilisation équitable et raisonnable. Pour ce qui est du règlement des différends, la Convention a proposé une série d'options, la seule procédure obligatoire étant l'« enquête impartiale », mais qui s'engage « sauf accord contraire des Parties ». En bref, la *Convention de New York* cherche toujours le moindre dénominateur commun entre les États d'aval et les États d'amont, car tous les efforts visent à équilibrer leurs intérêts communs. La Chine a évidemment exagéré injustement l'aspect partial de la *Convention de New York*. Si, à l'époque, son attitude trahissait probablement une mentalité défensive et sa méfiance du système international, nous pouvons peut-être espérer dans l'avenir une stratégie plus coopérative suite à l'évolution de ses identités.

En bref, l'évolution des identités de la Chine en tant que superpuissance émergente va remarquablement modifier ses comportements dans ses nouvelles interactions en matière de ressources en eau. Nous avons raison d'espérer qu'au lieu de

---

829 Salman M. A. Salman, « Misconceptions Regarding the Interpretation of the UN Watercourses Convention » dans Flavia Rocha Loures et Alistair Rieu-Clarke dir, *the UN Watercourses Convention in Force : Strengthening International Law for Transboundary Water Management*, Londres et New York, Routledge, 2013, 28 à la p 30.

rechercher un pouvoir hégémonique et d'appliquer une stratégie unilatérale sur l'utilisation des ressources en eau, la Chine adoptera une stratégie plus coopérative et plus participative. D'une part, son identité culturelle, qui est le noyau le plus dur de ses identités, est fondamentalement pacifique et recherche toujours une harmonie sociale dans le monde. D'autre part, en cherchant l'acceptation de l'Autre pour ses nouvelles identités, la Chine doit assumer plus de responsabilités dans la coopération internationale afin de projeter l'image d'une superpuissance émergente. Cela est bel et bien ce qu'elle est en train de faire. Les nouvelles institutions régionales qu'elle a créées avec ses voisins constituent un cadre d'interactions qui pourrait l'aider à construire et à renforcer ses nouvelles identités.

Conclusion du Titre III

Même si le droit international en matière de cours d'eau transfrontaliers préconise une vision coopérative du droit international, la Chine reste encore attachée au droit international de coexistence. Nous avons constaté que, dans les traités bilatéraux, elle manifeste une attitude plus coopérative en ce qui touche la définition des champs d'application essentiels et des règles procédurales. Pour ce qui est des autres facteurs qui ont une relation plus étroite avec ses identités exprimées souvent dans sa compréhension de la souveraineté, la Chine tend à adopter une position plus conservatrice et donc moins coopérative. Son modèle de coopération ressemble au mécanisme consultatif adopté par les États riverains de l'Indus, mais démontre en même temps certaines réserves surtout sur l'acceptation du moyen judiciaire pour le règlement des différends.

La Chine a longtemps été perçue comme un exemple de la souveraineté westphalienne. Cette perception n'est pas sans fondement, mais il reste que la position chinoise sur la souveraineté et la non-ingérence a beaucoup évolué depuis la révolution économique et l'ouverture. Ces dernières années, les identités de la Chine ont également connu des changements importants. De nos jours, la Chine est reconnue comme une superpuissance émergente. Nous avons donc raison d'espérer que la Chine adoptera une stratégie plus coopérative et plus participative en matière des cours d'eau transfrontaliers.

Conclusion de la Partie III

Afin d'expliquer la formation du modèle d'application de l'obligation générale de coopérer, nous avons introduit, dans cette Partie III, une théorie constructiviste des identités d'*État*. Nous soutenons que les identités d'*État,* qui sont construites dans les interactions internationales, déterminent le choix de mode de coopération dans le domaine des cours d'eau transfrontaliers.

Pour des raisons culturelles, historiques et idéologiques, la Chine qui s'identifie comme hors régime se tient pour l'instant à certaines distances du système du droit international en vigueur. Dans ses pratiques d'*État*, nous constatons que la Chine démontre encore une insistance sur la souveraineté et propose, ainsi, sa vision réaliste du droit international de coexistence. Cela pourrait expliquer pourquoi la Chine, pays d'amont en voie de développement, a voté contre la *Convention de New York* qui atténue l'importance de la souveraineté d'*État* dans la gestion des cours d'eau transfrontaliers. Dans ses pratiques, mettant l'accent sur la souveraineté et le droit au développement, la Chine adopte le mécanisme consultatif de coopération. Nous avons vu qu'elle est prête à se conformer aux exigences internationales minimales des règles procédurales (à l'exception de l'obligation de notification) et du champ d'application substantiel, tout en démontrant sa position conservatrice quant aux autres facteurs qui ont des implications identitaires évidentes.

Tout en reconnaissant l'existence de la divergence existante dans l'approche chinoise, nous avons également constaté l'évolution des identités de la Chine dans le système international et sa tendance évidente vers un modèle plus avancé en matière de cours d'eau transfrontaliers. Les nouveaux cadres de coopération régionale ont aussi permis des interactions actives entre la Chine et les autres États et ont ainsi renforcé cette tendance évolutive. Cette constatation fait écho à l'idée constructiviste de Johnston, selon lequel, « actor behaviour that prior to social interaction tended to diverge may converge as a result of this social interaction ».

Conclusion générale

La coopération qui unit et maintient la communauté humaine a longtemps été un sujet controversé entre les auteurs des diverses disciplines.

En droit international, la tension entre les tenants de la souveraineté des États et ceux des intérêts communs est un facteur décisif qu'il faut prendre en considération dans la construction d'un régime coopératif international. À la suite d'une revue des documents officiels de l'ONU, nous constatons que le principe de coopération est incorporé dans la notion de souveraineté. La souveraineté coopérative a profondément changé l'image du droit international, en la faisant passer d'un droit de coexistence à un droit de coopération, bien que, selon Besson, ceci n'aurait pas nécessairement « amoindri » la souveraineté, son exercice étant simplement plus « concerté par son partage »[830].

Le postulat commun des théories économiques, l'*homo oeconomicus*, propose une vision individuelle et rationnelle de l'Homme qui serait absolument utilitariste et fondamentalement égoïste. Seul, sur une île déserte, « l'*homo oeconomicus* connaît parfaitement ses besoins et sait les prioriser à tout moment. »[831] Par conséquent, il n'est ni influençable ni coopératif. Dans le domaine de

[830] Besson, *supra* note 59.

[831] Wiliam, « Avez-vous dit Homo oeconomicuss ? » (24 février 2012), en ligne : Mutinerie, http://www.mutinerie.org/avez-vous-dit-homo-economicus.

la science politique, la théorie réaliste apporte, elle aussi, une perspective pessimiste de la coopération. Le réalisme prétend que les États fondamentalement s'empêchent de coopérer dans un monde anarchique où l'état de guerre est donc naturel, voire même permanent entre les États souverains. Selon le réalisme, les États, tenant en compte que d'autres États cherchent à accroître leurs pouvoirs en vue de maintenir leur sécurité, tendent à adopter une stratégie compétitive dans leurs relations internationales. En droit international, le système traditionnel westphalien, dont les règles régissent encore les relations internationales contemporaines, repose sur le postulat d'une indépendance étatique absolue. Il suppose que l'exercice de la souveraineté par un État quelconque ne concerne que celui-ci et personne d'autre. Il préconise le principe de non-ingérence et nie toute autorité supérieure. Il implique un monde qui est fragmenté par la souveraineté étatique.

La prise en considération de la notion de coopération propose une image totalement différente de la communauté internationale et de l'humanité. Dans sa quête de l'amélioration de son sort ainsi que de l'environnement où il réside, l'*homo reciprocans* est prêt à coopérer pour améliorer sa condition si les autres individus coopèrent et à punir les resquilleurs. Cette image correspond mieux à la réalité. L'*homo reciprocans* est de nature sociale et la considération d'autrui constitue un élément qui influence profondément sur ses prises de décision. De ce fait, « il peut accepter de payer davantage pour des produits écologiques et il s'apprête également à gagner moins pour un emploi mieux considéré et plus important »[832].

Il en est de même en ce qui a trait aux relations internationales. Selon les libéraux, étant donné que l'interdépendance économique s'accentue, les États n'ont qu'à coopérer les uns avec les autres pour stabiliser le prix des produits, garantir l'emploi et la croissance économique. De surcroît, comme les États industriels ont créé à l'intérieur de leur régime un siècle social qui fait prévaloir la sécurité sociale et la croissance économique sur le pouvoir étatique, la coopération internationale est même devenue une exigence pour la

[832] *Ibid.*

gouvernance des États souverains qui constituent les représentants de l'intérêt de différents groupes.

Dans les études hydropolitiques, il est généralement reconnu qu'il est dans l'intérêt des États riverains de coopérer. La guerre de l'eau n'est qu'une hypothèse sans fondement. Le conflit et la coopération coexistent toujours, interagissant et se transformant entre eux. Une fois qu'un accord est conclu, au lieu d'être un mode coopératif figé, la coopération internationale crée plutôt une situation dynamique présentant une possibilité de transformation d'un mode primaire à un autre mode plus avancé. Toutefois, la coopération dans un mode avancé n'entraîne pas nécessairement un profit maximal ou optimal ; à chaque bassin, son mode de coopération.

En bref, la coopération constitue une tendance prépondérante surtout dans les relations internationales hydriques. Il nous incombe alors de nous poser la question suivante : est-il fondé à affirmer l'existence d'une obligation de coopérer qui s'impose en droit international ? Après une analyse positiviste du droit international, nous constatons que l'obligation de coopérer, malgré les pratiques répétitives des États, constitue pour l'instant une règle coutumière émergente en droit international dans le domaine des cours d'eau transfrontaliers. La communauté internationale n'arrive pas encore à imposer cette obligation sans l'existence préalable de traités signés par les Parties concernées. Pourtant, la nécessité de préciser cette notion demeure, car plus elle sera claire et précise, plus l'obligation de coopérer pourra être normalisée et coercitive. L'obligation de coopérer, qui se caractérise généralement par sa flexibilité et l'application du principe de la coopération en tant que règle de fond du droit international, devrait être renforcée par des modalités dûment précisées en tant que norme positive et devrait être complétée sur le plan pratique par des règles et des prescriptions tant substantielles que procédurales.

En vue d'identifier les différentes modalités de l'existence de l'obligation de coopérer dans les pratiques de l'État surtout en matière de l'utilisation des cours d'eau transfrontaliers, nous avons adopté un cadre d'analyse que nous avons construit sur la base des cinq paramètres les plus importants : le champ d'application, les règles substantielles, les règles procédurales, les arrangements institutionnels et le règlement des différends.

Le champ d'application définit d'abord les eaux, les activités ou les usages qui sont pris en considération dans un régime coopératif. En second lieu, l'obligation de coopérer joue un rôle de pont entre les principes fondamentaux (les règles substantielles) et les règles procédurales. Elle englobe donc ces deux sortes de règles. Mais il ne suffit pas d'avoir seulement des règles substantielles et procédurales écrites, parce qu'elles ne s'imposent pas automatiquement, surtout dans les cas où les Parties, au lieu de spécifier les droits et les obligations dans les traités, préfèrent créer un régime interactif institutionnalisé pour garantir la mise en place des normes tant substantielles que procédurales. Le bon fonctionnement d'un organe commun sert de cadre de communication et de coordination qui crée de nouvelles règles explicatives. Si la création d'un organe commun représente une coopération antérieure capable d'apaiser les tensions quand tout est encore sous contrôle, le règlement des différends constitue le mécanisme postérieur ayant pour but d'éviter l'effondrement total du régime coopératif. Les deux derniers paramètres, fonctionnant conjointement, servent de garantie fiable pour la vitalité et la longévité d'un régime coopératif. Les cinq éléments constituent chacun un indicateur clé pour mesurer l'ampleur d'un régime coopératif.

Tout d'abord, nous avons appliqué ce cadre d'analyse aux deux conventions-cadres d'application mondiale. Les conventions-cadres internationales ont proposé des règles fondamentales de coopération, des normes internationales de référence qui servent de base à la création de normes plus précises. Les circonstances spécifiques d'application peuvent varier considérablement d'un bassin à un autre. D'après Barsegov,

> conformément aux normes positives du droit international et à la pratique des États, un système juridique applicable aux utilisations des cours d'eau internationaux à des fins autres que la navigation ne peut prendre forme qu'après

> accord entre États riverains au vu des caractéristiques du cours d'eau considéré et des particularités de son utilisation, il revient à la Commission d'aider les États à trouver eux-mêmes les moyens de concilier leurs propres intérêts et ceux des autres États riverains[833].

Il est donc important d'examiner l'obligation de coopérer dans le cas spécifique des États riverains. Sur la base de l'hypothèse que chaque bassin possède des conditions spécifiques et dispose de son propre mode de coopération qui doit être étudié au cas par cas, nous avons appliqué le cadre d'analyse susmentionné à quatre bassins fluviaux : l'Indus, le Mékong, le Rhin et le fleuve Sénégal. Après une revue précise du texte des traités fondateurs des quatre régimes coopératifs, nous constatons qu'à partir d'un simple panel pour la consultation, la concertation, voire même la coordination et l'action conjointe des États membres, les modes du régime coopératif se multiplient selon les conditions diverses de chaque bassin ; tous ont pour objectif de prévenir les conflits et de mettre en valeur les ressources du bassin. Les quatre mécanismes se différencient essentiellement par l'attitude des États membres face à la concession d'une partie importante de leur souveraineté hydrologique à un organisme commun, autrement dit, par la volonté des États riverains de restreindre l'exercice de leur souveraineté sur des cours d'eau transfrontaliers.

Malgré les niveaux variables de coopération, nous constatons toutefois que les quatre régimes fonctionnent parfaitement selon le cas spécifique du bassin. Celui-ci prouve qu'une coopération approfondie et étendue n'est pas nécessairement mieux qu'une coopération à un niveau moins avancé. Il n'existe probablement pas de critère commun pour évaluer ou prédire l'efficacité d'un régime coopératif. Par conséquent, il n'existe pas non plus de définition commune de l'obligation de coopérer en matière de cours d'eau transfrontaliers. La teneur spécifique de cette obligation est décidée plutôt sur la base de communications et de négociations bilatérales ou multilatérales entre les États concernés, c'est-à-dire qu'il s'agit plutôt d'une construction sociale au niveau du bassin permettant à chaque État de définir son propre modèle de coopération. Ainsi, l'obligation de coopérer n'est pas

---

[833] Troisième rapport, *supra* note 146 à la p 83.

non plus figée une fois que le traité est conclu, elle représente un processus dynamique même symphonique d'une quête perpétuelle d'un équilibre entre la souveraineté étatique et l'intérêt commun du bassin fluvial. Selon cette logique constructiviste, le régime coopératif constitue un cadre dynamique qui peut toujours évoluer selon les circonstances spécifiques de chaque bassin fluvial.
Cependant, nous n'avons pas expliqué jusqu'à maintenant les raisons derrière les choix des différents modèles de coopération. Pour répondre à cette question, il ne suffit pas d'adopter la perspective positiviste qui sert davantage à décrire le régime existant. Nous avons introduit une approche constructiviste qui est plus explicative. Nous soutenons que les identités d'État, construites et évolutives, déterminent le comportement de cet État. Les États ont formé, chacun, leurs nouvelles identités à partir de connaissances communes qui, en revanche, déterminent leurs comportements dans les nouvelles interactions internationales.

Dans le cas spécifique de la Chine, nous essayons de prouver que ses identités ont déterminé son choix de modèle coopératif. Il s'agit d'un pays culturellement « anticontentieux » ou « sans contentieux » et idéologiquement « hors régime », et d'un État d'amont en voie de développement dans le domaine des cours d'eau transfrontaliers. Nous soutenons que, de ces identités assez particulières, est née une version chinoise de l'obligation de coopérer en droit international.
Tout d'abord, la Chine est un pays confucianiste défini surtout par le *Li*. Elle applique le *Li* dans ses relations externes avec les pays périphériques, cherchant toujours à assurer l'harmonie sociale et cosmique. La Chine du *Xiang tu* fonctionne non pas sur la base des droits individuels ou des contrats civils, mais sur celui des liens de parenté et d'amitié, dans la quête perpétuelle d'une société dominée par le *Li*. Cette société du *Xiang tu* est fondamentalement anticontentieuse ou sans contentieux.

En second lieu, ayant été victime de l'expansion coloniale des grandes puissances européennes, la Chine garde ses distances face au système international. Ses identités en tant que pays communiste en voie de développement expliquent pourquoi elle conserve sur la scène internationale un attachement particulier à sa souveraineté étatique. La Chine met plutôt l'accent sur le principe de la souveraineté et de la non-ingérence tout en reconnaissant aussi l'obligation de respecter le principe de l'utilisation non dommageable du territoire ; le principe de responsabilité commune, mais différenciée qui implique un droit au développement constitue un autre aspect important.

Enfin, dans le domaine des cours d'eau transfrontaliers, la Chine est l'État d'amont en voie de développement le plus important au monde. Les régions situées le long des frontières chinoises sont reconnues pour leur exceptionnelle richesse en eau. Mais elles sont également les régions les plus peuplées et le moteur de la croissance économique du monde, regroupant les pays émergents les plus importants, tels que la Chine, l'Inde et la Russie, soit trois des quatre pays « BRIC ». La gigantesque demande en eau pour apaiser la soif causée par un développement à grande vitesse a intensifié la concurrence de l'utilisation de l'eau. La détérioration de la qualité de l'eau et la compétition sur les projets hydroélectriques alimentent les conflits. En résumé, le problème des cours d'eau se confond presque avec le problème du développement pour la Chine et les pays voisins. Les besoins d'énergie industrielle et d'irrigation agricole représentent, comme pour d'autres États en développement, deux questions incontournables. Ce tableau général confirme l'identité de la Chine dans le domaine des cours d'eau transfrontaliers, soit un pays d'amont en voie de développement.

La Chine adopte tout d'abord la notion d'« eaux transfrontalières » ou de « fleuves transfrontaliers », qui ne s'applique probablement qu'aux « fleuves » dont les parties se trouvent dans des États différents. Il s'agit d'une notion très étroite (fleuves contigus et successifs) qui est plus diplomatique que juridique et qui manque de précision, témoignant dans une certaine mesure de la préoccupation de la Chine d'assister à un affaiblissement du principe de la souveraineté. Les eaux souterraines, de même que l'idée d'une gestion intégrée du bassin, sont exclues de cette notion. La Chine suit grosso modo les mêmes principes dans le domaine des cours d'eau transfrontaliers, en mettant surtout l'accent sur le principe de la souveraineté. Elle n'est pas contre le principe de l'utilisation non dommageable des cours d'eau, qui est l'une des règles fondamentales du droit international, enracinée dans l'histoire du développement des relations internationales surtout en matière de la protection de l'environnement. Elle insiste davantage sur le droit au développement, mais étant donné que les États riverains ont chacun leur intérêt dans l'exploitation des fleuves transfrontaliers, il faut que cette utilisation soit raisonnable. Quant aux règles procédurales, la Chine a inclus, sans cependant avoir précisé suffisamment les modalités pour les mettre en pratique, les quatre volets de l'obligation d'informer dans les traités bilatéraux ou régionaux en matière de cours d'eau transfrontaliers. Pour ce qui est des arrangements institutionnels, la Chine a créé avec ses voisins des organes communs qui servent de cadre pour la coopération hydrique. Néanmoins, ni la structure interne ni les fonctions de ces organes ne sont spécifiées. Les deux organes communs qui ne disposent pas de secrétariat ne servent que de cadres de consultation en matière de l'utilisation et de la protection des eaux transfrontalières. En ce qui concerne le règlement des différends, la Chine préfère toujours les moyens diplomatiques aux moyens judiciaires, l'approche bilatérale au recours à une tierce partie. Elle n'accepte aucun règlement judiciaire ou arbitral international.

Après cette analyse positiviste, nous pouvons conclure que la Chine conserve l'intégrité de sa souveraineté dans la gestion des cours d'eau transfrontaliers. Le régime de coopération qu'elle a établi avec les États voisins ne constitue qu'un mécanisme de consultation modifié qui démontre une position conservatrice. Nous constatons également que la Chine s'est intéressée davantage aux exigences internationales minimales des règles procédurales (à l'exception de l'obligation de notification) et du champ d'application substantiel, deux facteurs qui sont relativement indépendants des identités d'État. Dans les deux traités bilatéraux, la Chine a néanmoins démontré sa position conservatrice quant aux autres facteurs, à savoir le champ d'application géographique, les règles fondamentales, les arrangements institutionnels et le règlement des différends ainsi que l'obligation de notifier des mesures projetées, parce que, d'une perspective constructiviste, ces facteurs ont tous des implications identitaires évidentes. Cela peut servir à justifier le fait que les identités de la Chine déterminent ses choix de modèle de coopération en matière des cours d'eau transfrontaliers.

Sur la base de cette constatation, nous continuons à explorer l'influence de la nouvelle identité de la Chine en tant que superpuissance émergente sur sa compréhension de la souveraineté et sur son choix de coopération. Pour l'instant, la Chine n'a pas reconnu complètement les règles du système du droit international. Néanmoins, nous pouvons constater que son modèle coopératif est en train d'évoluer vers un niveau plus avancé de coopération bilatérale et multilatérale, mais toujours flexible. Cette évolution est, sans doute, le résultat de la construction identitaire de la Chine comme État puissant et responsable grâce à une multitude d'échanges interactifs avec d'autres agents du système international et avec le système international dans son ensemble. Nous pouvons donc nous attendre à ce que la Chine s'engage plus activement dans la gestion coopérative des cours d'eau transfrontaliers.

Pour conclure, disons que l'obligation générale de coopérer est une règle émergente du droit international coutumier qui manque encore de précision. Néanmoins, il n'existe pas de modèle commun de coopération internationale qui pourrait s'appliquer à toutes les circonstances. La définition de l'obligation de coopérer est plutôt une construction sociale qui évolue avec le temps et qui peut varier énormément selon les facteurs historiques ou économiques, voire même selon l'acceptation par les États du système de droit international en vigueur. La formation d'un régime coopératif institutionnalisé, qui a pour but de favoriser la communication interétatique tout en permettant l'existence d'une certaine résilience du système, constitue en réalité un processus interactif et la recherche dynamique d'un équilibre entre la souveraineté et les intérêts communs. Malgré ces constatations générales, afin de justifier l'obligation de coopérer, nous constatons qu'il existe quand même quelques exigences minimales tant pour les États d'amont que pour les États d'aval, à savoir surtout le respect total de l'obligation d'informer qui garantit une meilleure communication internationale ainsi qu'une vision commune sur l'application des règles substantielles. En tant que pays d'amont le plus important au monde, la Chine a, elle aussi, créé son propre régime de coopération en matière des cours d'eau transfrontaliers. Nous soutenons que son interprétation de l'obligation de coopérer constitue une construction sociale déterminée par ses identités intérieures et internationales. Avec l'évolution de ses identités d'*État* en tant que superpuissance émergente, nous pouvons espérer une stratégie plus coopérative dans sa gestion des cours d'eau transfrontaliers.

Bibliographie

Doctrine

Monographies et ouvrages collectifs

Académie de droit international de La Haye, Centre d'étude et de recherche de droit international et de relations internationales, *Droits et obligations des pays riverains des fleuves internationaux : 1990*, La Haye, Martinus Nijhoff Publishers, 1991.

Allain, Pellet, *Droit international du développement*, Paris, PUF, 2e édition, 1987.

Andrew Moravcsik, *Liberalism and International Relations Theory*, Harvard University.

Angus, Maddison, *Études du Centre de Développement L'économie chinoise: Une perspective historique 960-2030 Ad*, 2e éd, 2007, OECD Publishing.

Arbuckle, Gary, *Restoring Dong Zhongshu (BCE 195-115): an experiment in historical and philosophical reconstruction*, thèse doctorale en étude asiatique, University of British Colombia, 1991, Ann Arbor : U.M.I. Dissertation Services, 1995.

Aron, Raymond, *International Relations: A Theory of Peace and War* traduit par Richard Howard et Annette Baker Fox, Garden City, N.J, Doubleday, 1973.

Association du Barreau de la Chine, *中国律师行业社会责任报告 (2013 年)(Rapport relatif à la profession d'avocat et leur responsabilité sociale)*[notre traduction], Beijing, 2013.

Attali, Jacques, S.M.A. Salman *et al., National Sovereignty and International Watercourses*, Hague, Green Cross International, 2000.

Axelrod, Robert et William D. Hamilton, « The Evolution of Cooperation » (1981) 211:4489, *Science* 1390.

Balmelli, T., *La Suisse saisie par l'Europe*, Éditions interuniversitaires suisses, 2003, 5.

Bennouna, M., *Droit international du développement. Tiers monde et interpellation du droit international*, Paris, Berger-Levraut, 1983.

Boudon, Raymond, *Le relativisme*, 1re éd. Presse universitaire de France, 2008.

Bourne, Charles *et al.*, *Dissenting Opinion presented to the International Law Association by some members of the Water Resources Committee,* Water Resources Committee, 2004.

Balmelli, T., dir, *La Suisse saisie par l'Europe*, Éditions interuniversitaires suisses, 2003.

Baylis, John, Steve Smith et Patricia Owens, *The globalization of world politics: An introduction to international relations*, 6e éd. Oxford University Press, 2013.

Boczek, Boleslaw Adam, *International Law : A Dictionary*, Scarecrow Press, 2005.

Bonein, Aurélie, « La réciprocité, entre psychologie et rationalité économique » (2008) 23.1, *Revue française d'économie* 203.

Brauch, Günter, Hans et al., dir, *Facing Global Environmental Change: Environmental, Human, Energy, Food, Health and Water Security Concepts*, Berlin, Springer, 2009, 325.

Bruno, Hellendorff, *L'eau, les conflits et la coopération : gestion de l'eau en Afrique de l'Ouest, Risques et opportunités*, Bruxelles, GRIP, 2013.

Carr, E. H., *The Twenty Years Crisis, 1919-1939: An Introduction to the Study of International Relations,* Londres et New York, Harper Torchbooks, 1964.

Caponera, Dante Augusto, *Principles of water law and administration: national and international*, vol. 1, Taylor & Francis Group, 1992.

Carr, Edward Hellet, *The Twenty Years' Crises: an Introduction to the Study of International Relations*, London, Macmillan, 1939.

Cot, Jean-Pierre, Alain Pellet et Mathias Forteau, *La charte des Nations Unies : Commentaire article par article II*, 3e éd, Paris, Economica, 2005

CEE-ONU, *Guide to implementing the Water Convention* (2013), n°de doc ECE/MP.WAT/39.

Chan, Lai-Ha Gerald Chan et Fung Kwan, *China at 60: Global-local Interactions*, Singapore, World Scientific, 2011.

Choquet, Catherine *et al. Trois décennies de sciences sociales en langue française,* Paris, Karthala, 1993.

Choukroune, Laïla, *la Chine et le maintien de la paix et de la sécurité internationales : une relation complexe et multiforme entre indépendance, souveraineté et multilatéralisme*, Paris et Montréal, l'Harmattan, 1999.

Cullet, Philippe, *Differential Treatment in International Environmental Law*, Burlington, Ashgate Publishing Limited, 2003.

Dr. Röling, B. V. A., *International law in an expanded world*, Djambatan, 1960.
Brownlie, Ian, *Legal Status of Natural Resources in International Law: Some Aspects*, Collected Courses of The Hague Academy of International Law, vol. 162, 1979, 245.

Dunoff, J.L., S. R. Ratner et D. Wippman, *International Law: Norms, Actors, Process: A Problem-Oriented Approach*, New York, Wolters Kluwer, 2010.

Dutoit, Bernard, *Coexistence et droit international à la lumière de la doctrine soviétique*, Paris, Pedone, 1966.

Environmental Law Programme of the International Union for the Conservation of Nature and Natural Resources (IUCN) et The International Council of Environmental Law, Environmental Policy and Law Paper No. 31 Rev. 3, *The Draft International Covenant on Environment and Development*, 4e éd. IUCN, 2010, en ligne: <https://portals.iucn.org/library/efiles/documents/EPLP-031-rev3.pdf>

Erik Mostert, *Conflict and Cooperation in the Management of International Freshwater Resources: A Global Review*, UNESCO, 2003.

FAO, *Review of World Water Resources by Country,* Rome, 2003, en ligne: FAO <http://ftp.fao.org/agl/aglw/docs/wr23e.pdf>

Fei, Xiao Tong, *From the Soil: The Foundations of Chinese Society (XiangtuZhongguo)*, University of California Press, 1992.

Fitzmaurice, Malgosia. et Olufemi. Elias, *Watercourse Cooperation in Northern Europe: A Model for the Future*, Hague, TMC Asser Press, 2004.

Friedmann, Wolfgang, *Droit de coexistence et droit de coopération: Quelques observations sur la structure changeante du droit international*, Éditions de l'Institut de sociologie, 1970.

Frenken, Karen et Jean-Marc Faurès, *Irrigation Potential in Africa: A Bassin Aprroach*, Rome, Food & Agriculture Org., 1997.

Gill, Bates et Chin-Hao Huang, *China's expanding role in peacekeeping: Prospects and policy implications*, Stockholm International Peace Research Institute, 2009.

Gilpin, robert, *U.S. Power and the Multinational Corporation: The Political Economy of Foreign Direct Investment*, New York, Basic Books, 1975. *War and Change in World Politics*, Cambridge, Cambridge University Press, 1981.
Jhering, Rudolf Von, *Battle for Rights,* Londres, 1884, en ligne :<http://en.wikisource.org/wiki/The_Struggle_for_Law/Chapter_I>.

Grocius, Hugo, *On the law of war and peace,* Kessinger Publishing, LLC, 2010.

Haas, Erst B., *Beyond the Nation-State: Fuctionalism and International Organizations*, Stanford, Stanford University Press, 1964.
Hall,William Edward, *A treatise on international law*, 8e éd, Oxford, Higgins, A.P., 1924.

Hegel, Georg Wilhelm Friedrich, *Principes de la philosophie du droit*, Paris, Gallimard, 1940.

Hobbes, T., *Leviathan, or the Matter, Forme and Power of a Common Wealth Ecclesiastical and Civil*, Yale University Press, 1928.

Hume, David, *Traité de la nature humaine*, III, I, I, Folliot,

Institut de droit international, *La pollution des fleuves et des lacs et le droit international*, session d'Athènes, 1979.

Islam, Nahid, *The Law of Non-Navigational Use of International Watercourses: Options for Regional Regime Building in Asia,* Alphen aan den Rijn, Kluwer Law International, 2010.
Kamto, Maurice, *Droit de l'environnement en Afrique*, Paris, EDICEF, 1996.

Kalas, Peggy, *International Environmental Dispute Resolution: Why We Need a Global Approach*, New York, World Federalist Movement & Center for Development of International Law, 2002.

Kawashima, *Legal Ethos for Compliance with the Law*, Junpo Seishin, 1946.

Kee, Joyce leFever, Betty J. Paulanka et Carolee Polek, *Handbook of Fluids, Electroyles and Acid Base Imbalances*, 3e éd, New York, Delmar, 2009.

Kelsen, Hans, Les rapports de système entre le droit interne et le droit international public, t 14, *Recueil des cours de l'académie de droit international de La Haye*, 1926, 227.

Kelsen, Hans, *Law and Peace in International Relations: the Oliver Wendell Holmes lectures, 1940-41*, Harvard University Press, 1948.

Kelsen, Hans, *The Law of United Nations : A Critical Analysis of Its Fundamental Problems*, the Law book Exchange, 1951.

Kelsen, Hans, *Principles of International Law,* Clark, the Law book Exchange Ltd., 2005.

Kennedy, Paul, *The Rise and Fall of the Great Powers: Economic Change and Military Conflict from 1500 to 2000*, New York, Random House, 1987.

Keohane, Robert O., *After Hegemony: Cooperation and Discord in the World Political Economy*, Princeton, Princeton University Press, 2005.

Keohane, Robert O. et Joseph S. Nye, *Power and Interdependence: World Politics in Transition* Boston, Little, Brown and Company, 1977.

Koskenniemi, Martti, *From Apology to Utopia: The Structure of International Legal Argument*, New York, Cambridge University Press, 2005.

Labrecque, G., *Les différends internationaux en Asie : règlement judiciaire*, Paris, Éditions l'Harmattan, 2007.

Lasserre, Frédéric et Luc Descroix, *Eaux et territoires: tensions, coopérations et géopolitique de l'eau*, Sainte-Foy, Québec, Presses de l'Université du Québec, 2005.

Leb, Christina, *Cooperation in the Law of Transboundary Water Resources*, vol.102 Cambridge University Press, 2013.

Mahiou, Ahmed, *La codification du droit international*, Paris, Édition A Pedone, 1999.

Majzoub, T., *Les fleuves du Moyen-Orient*, Paris, L'Harmattan, 1994 à la p 157.

Mario Telò, *International Relations: A European Perspective: A European Perspective,* Ashgate Publishing, Ltd, 2013.

Marek, Krystyna, *Précis de la Jurisprudence de la Cour Internationale*, vol 2, Brill, 1973.

McCaffrey, Stephen, *The Law of International Watercourses*, 2e éd, Londres, Oxford International Library, 2007.

McKinney, Daene C., *Transboundary water challenges: Case studies* (1 juin 2011), en ligne: <http://www.caee.utexas.edu/prof/mckinney/ce397/readings/transboundarywaterissues.pdf>.

Meredith, Giordano A. et Aaron T. Wolf, *World's International Freshwater Agreements*, UNEP, OSU et FAO, 2002.

Mekong River Commission, *Integrated Water Resources Management-based Basin Development Strategy, 2011-2015,* en ligne : Mekong River Commission <http://www.mrcmekong.org/assets/Publications/strategies-workprog/BDP-Basin-Dev-Strategy-2013-Eng.pdf>.

Mekong River Commission, *The Flow of the Mekong*, 2009.

Mirkine-Guetzévitch, Boris, *La doctrine soviétique du droit international*, Paris, A. Pedone, 1926.

Molle, Franois, Tira Foran et Mira Käkönen, dir, *Contested Waterscapes in the Mekong Region: Hydropower, Livelihoods and Governance,* Earthscan, 2012, 23.

Morgenthau, Hans J., *Politics Among Nations: The Struggle for Power and Peace,* 5e éd., New York, Knopf, 1973.

Nie, Jianqiang, Keisuke Iida,*The Enforcement of Intellectual Property Rights in China :Implications of Good Governance, the Rule of Law and Legal Culture*, Londres, Cameron May, 2006, 63.

Olson, Mancur, *The Logic of Collective Action: Public Goods and the Theory of Groups*, Harvard University Press, 2009.

Olson,Walter K., *Litigation Explosion : What Happened When America Unleashed the Lawsuit*, New York, Truman Talley Books, 1992.

Oppenheim, L., *International Law: A Treatise* (Vol. 1), 2e éd., Londres, Green and Longmans CO., 1912.

Organisation des Nations Unies, *Global Transformation*, New York, United Nations Univ. Press, 1994.

Paquerot, Sylvie, *Eau douce : la nécessaire refondation du droit international*, Québec, Presses de l'Université du Québec, 2005.

Peck, James, *Washington's China: The National Security World, the Cold War, and the Origins of Globalism*, Amherst, University of Massachusetts Press, 2006.

Pellet, Allain, *Le droit international du développement*, 2e éd, Paris, Presses universitaires de France,1987.

Perrez, F. X., *Cooperative Sovereignty – From Independence to Interdependence in the Structure of International Environmental Law*, The Hague: Kluwer Law International, 2000.

Phillips, David Marwa Daoudy et al., *Trans-boundary Water Cooperation as a Tool for Conflict Prevention and Broader Benefit Sharing,* Stockholm, Ministère suédois des Affaires étrangères, 2006.

Pop, Iftene, *Voisinage et bon voisinage en droit international*, Paris, Éditions A. Pedone, 1980.

Prigogine, Ilya, *From Being to Becoming: Time and complexity in the physical sciences*, New York, W.H. Freeman, 1980.

Programme des Nations Unies pour le développement, *Rapport mondial sur le développement humain 2006 : Beyond scarcity:Power, poverty and the global water crisis,* par Kevin Watkins et al., New York, Palgrave Macmillan, 2006, 203.

Programme des Nations unies pour l'environnement, *Afrique : Atlas de l'eau*, Nairobi, 2010, en ligne : < http://www.zaragoza.es/contenidos/medioambiente/onu/340-fre.pdf>.

Ragazzi, Maurizio, *The Concept of International Obligations Erga Omnes*, Oxford, Clarendon Press, 1997.

Rajamani, Lavanya, *Differential Treatment in International Environmental Law*, Oxford, Oxford University Press, 2006.

Rousseau, Jean-Jacques, *Discours sur l'origine et les fondements de l'inégalité parmi les hommes* dans *Jean-Jacques Rousseau : Œuvres complètes*, Arvensa Editions, 2014.

Ruz-Fabri, H., « Règles coutumières générales et droit international fluvial » (1990) 36, *Annuaire de français de droit international*, 821.

Salman, M. A. Salman et Kishor Uprety, *Conflict and Cooperation on South Asia's International Rivers: A Legal Perspective*, Washington, DC, World Bank Publications, 2002.

Sands, Philippe et Jacqueline Peel, *Principles of International Environmental Law*, Cambridge University Press, 2012.

Schrijver, Nico, *Sovereignty over natural resources: balancing rights and duties (Vol. 4)*, Cambridge University Press, 2008.

Smith, Herbert Arthur, *The Economic Uses of International Rivers*, Londre, PS King & Son, 1931.
Stephen D. Krasner, *Sovereignty: Organized Hypocrisy*, Princeton University Press, 1999.

Simon, Herbert A., *Models of Bounded Rationality: Empirically grounded economic reason*, MIT Press, 1982.

Szazi, E., *NGOs: Legitimate Subjects of International Law*, Leiden, Leiden University Press, 2012.

Tanzi, Attila, *The Relationship between the 1992 UNECE Convention on the Protection and Use of Transboundary Watercourses and International Lakes and the 1997 UN Convention on the Law of the Non-navigational Uses of International Watercourses, Report of the UNECE Task Force on Legal and Administrative Aspects*, Geneva, 2000, en ligne: <http://www.unece.org/fileadmin/DAM/env/water/publications/documents/conventiontotal.pdf>.

Thirlway, Hugh, *The Source of International Law*, Oxford, Oxford University Press, 2014.

Triepel, Heinrich, *Droit international et droit interne* traduit par René Brunet, Paris, A. Pétone, 1920.

Waltz, Kenneth N., *Man, the State, and War: A Theoretical Analysis*, New York, Columbia University Press, 1959.

Waltz, Kenneth N., *Theory of International Politics,* Waveland Press, 2010.

Wang, Dong, *China's Unequal Treaties: Narrating National History*, Lexington Books, 2005.

Womack, Brantly, *Contemporary Chinese Politics in Historical Perspective, Cambridge*, Cambridge University Press, 1991.

Womack, Brantly *China's Rise in Historical Perspective,* Rowman & Littlefield Publishers, 2010.

Wang, Rui, *the Chinese Imperial Examination System: an Annotated Bibliography*, Plymouth, Rowman & Littlefield, 2013.

Verdross, *Zeitschriftfur Volkerrecht* VIII, (1914) 329.

Vinogradov, Sergei, Patricia Wouters et Patricia Jones, *Transforming Potential Conflict into Cooperation Potential: the role of international water law*, UNESCO, 2003.

Wang Tieya, *A Complete Collection of Sino-Foreign Treaties and Agreements*, 1698-1949.

Wang Tieya, *International Law in China: Historical and Contemporary Perspectives, Collected Courses of The Hague Academy of International Law*, vol. 221, Boston, Brill, 1990.

Xue Hanqin, *Chinese Contemporary Perspectives on International Law: History, Culture and International Law*, Martinus Nijhoff Publishers et The Hague Academy of International Law, 2012.

Yates, Robin D.S., *Five Lost Classics: Tao, Huang-lao, and Yin-yang in Han China (Classics of Ancient China),* 1e éd., Ballantine Books, 1997.

段洁龙, *中国国际法实践与案例*, Beijing, 法律出版社, 2011.

黄仁宇, *万历十五年(1587，A Year of No Signifiance)*, Beijing, 三联书店,1997.

何大明 et 汤成奇, *中国国际河流*, Beijing, 科学出版社, 2000.

王铁崖, 国际法, 1e éd.，Beijing, 法律出版社, 1995.

李志斐, *跨国界河流问题与中国周边安全*, 2011.

何大明, 冯彦, *国际河流跨境水资源利用与生态保护研究,* Beijing, 科学出版社 1

何大明, 冯彦 et 胡金明，*中国西南国际河流跨境水资源利用与生态保护研究*，Beijing, 科学出版社，2007 .

李春林，*国际环境法中的差别待遇研究*，1e éd., Beijing,中国法制出版社，2013.

刘晗、李静,*气候变化视角下共同但有区别责任原则研究*，1e éd., Beijing, 知识产权出版社，2012.

郭锦鹏，*应对气候变化：共同但有区别的责任*，1e éd., Beijing, 首都经济贸易大学出版社，2014.

苏力, *法治本土资源*, 1e éd., Beijing, 中国政法大学出版社, 1996.

张文显，*法理学*，Beijing，高等教育出版社，2011.

牛军, *后冷战时代的中国外交,* Beijing, 北京大学出版社, 2009.

高其才, 罗昶, *中国法律制度概要*, 清华大学出版社，2005.

张春生，许煜，*周南解密港澳回归——中英及中葡谈判台前幕后*, 1e éd., Beijing, 新华出版社, 2014.

马小红, *中国古代法律思想史*, 1e éd., Beijing, 法律出版社, 2004.

王雅梅, *礼法中国: 中国古代的法律*，1e éd., 希望出版社, 2012.

Articles

Articles de revue

Commission du droit international, « Projet d'articles sur le droit relatif aux utilisations des cours d'eau internationaux à des fins autres que la navigation » (1994) II:2, *Annuaire de la Commission du droit international.*

Alam, Undala Z., « Questioning the Water Wars Rationale: A Case Study of the Indus Waters Treaty » (2002) 168:4, *The Geographical Journal* 341.

Allexamdre Kiss, « Les traités-cadres : une technique juridique caractéristique du droit international de l'environnement » (1993) 39, *Annuaire français de droit international* 792.

Ames, Roger T., « Dong Zhongshu (Tung Chung-shu) » dans Antonio S. Cua dir., *Encyclopedia of Chinese Philosophy*, Routledge, 2002.

Blaikie, Piers M et Joshua S Muldavin, « Upstream, Downstream, China, India: the Politics of Environment in the Himalayan Region » (2004) 94:3 *Annals of the Association of American Geographers.*

Blaikie, Piers M et Joshua Muldavin, « Policy as Warrant: Environment and Development in the Himalayan Region » (2004).

Biswas, Asit K., «Integrated Water Resources Management: A Reassessment » (2004) 29:2, *Water International* 248.

Biswas, Asit K., « Indus Water Treaty: the Negotiating Process » (1992) 17: 4, *Water international* 201.

Blankenburg, Erhard, « The Infrastructure for Avoiding Civil litigation: Comparing Cultures of Legal Behaviour in the Netherlands and West Germany » (1994), *Law and Society Review* 789.

Bowles, S. et H. Gintis « Behavioural Science: Homo Reciprocans » (2002) 415:6868,

Nature 125.

Caflisch, Lucius, « Règles générales du droit des cours d'eau internationaux » dans *Recueil Des Cours de l'Académie de Droit international de La Haye, 1989-VII*, Martinus Nijhoff Publishers, 1992.

Caflisch, Lucius, « La convention du 21 mai 1997 sur l'utilisation des cours d'eau internationaux à des fins autres que la navigation » (1997) 43:1, *Annuaire français de droit international.*
Carlson, Allen, « Helping to Keep the Peace (albeit reluctantly): China's Recent Stance on Sovereignty and International Law Associationteral intervention »(2004), *Pacific Affairs* 9.

Chen Jiaqi et Xia Jun, « Facing the Challenge: Barriers to Sustainable Water Resources Development in China » (1999) 44:4, *Hydrological Sciences Journal.*

Chen Jing, « Explaining the Change in China's Attitude toward UN Peacekeeping: a norm change perspective » (2009) 18:58, *Journal of Contemporary China.*

Clemens, Jürgen, « La paix au travers de la gestion transfrontière de l'eau ? Le Traité des eaux de l'Indus entre l'Inde et le Pakistan » (2005)1, *Agriculture & développement rural* 60.

Commission du droit international, « Résolution sur les eaux souterraines transfrontières » (1994) II:2, *Annuaire de la Commission du Droit international.*

Davis, Jonathan E., « From Ideology to Pragmatism: China's Position in Humanitarian Intervention in the Post-Cold War Era » (2011) 44, *Vand. J. Transnat'l L* 217.

Dupuy, Pierre-Marie, « Soft law and the international law of the environment » (1990) 12, *Mich. J. Int'l L.* 420.

Elhance, Arun P., « Conflict and Cooperation over Water in the Aral Sea Basin » (1997) 20:2, *Studies in Conflict and Terrorism* 207.

Eutton, Arlbert, « Which Rule Should Prevail in International Water Disputes: That of Reasonableness or That of No Harm » (1996) 36 *Nat. Resources J.*

Eutton, Alrbert, « Which rule should prevail in international water disputes: That of reasonableness or that of no harm » (1996) 36 *Nat. Resources J.*

Evensen, Jens, « First report on the law of the non-navigational uses of international watercourses » (1983) II: 1, *Annuaire de la commission du droit international.*

Evensen, Jens, « Second Report on the Law of the Non-navigational Uses of International Watercourses » (1984) II:1, *Annuaire de la commission du droit international.*

Fairbank, J. K., «Tributary Trade and China's Relations with the West » (1942)1, *The Journal of Asian Studies* 129.

Focsaneanu, Lazar, « Les cinq principes de coexistence et le droit international »(1956)2, *Annuaire français de droit internationa*l.

Galanter, Marc, « The Day After the Litigation Explosion »(1986) 3, *Md. L. Rev.*46.

Gill, Bates et James Reilly, « Sovereignty, Intervention and Peacekeeping » (2000) 42 : 3 *Survival.*

Grieco, Joseph M., « Anarchy and the Limits of Cooperation: A Realist Critique of the Newest Liberal Institutionalism » (1988)42:3, Int*ernational Organization* 485.
Gao Henry S, « China's Ascent in Global Trade Governance: From Rule Taker to Rule Shaker, and Maybe Rule Maker? » (2010), *Making Global Trade Governance Work for Development* 153.

Garcia, Beatriz, « Exercising a Community of Interests: A Comparison Between the Mekong and the Amazon Legal Regimes » (2009) 39, *Hong Kong LJ* 421.

Guggie, John G., « What Makes the World Hang Together ? Neo-utilitarianism and the Social Constructivist Challenge » (1998) 52, International Organization 855.

Hardin, Garrett, « The Tragedy of the Commons » (1968), *Science*162.3859, aux pages 1243-1248.

Hayton, Robert D., « Report on the Dakar Meeting of International River Commissions » (1983) 23, *Nat. Resources J.* 441.

Hirono, Miwa et Marc Lanteigne, « Introduction: China and UN peacekeeping » (2011) 18: 3, *International Peacekeeping* 243.

Hirsch, Philip, Kurt Mørck Jensen et al., *National Interests and Transboundary Water Governance in the Mekong*, 2006, à la p 75, en ligne: University of Sydney <http://sydney.edu.au/mekong/documents/mekwatgov_mainreport.pdf>.

International Law Association, « The Helsinki Rules on the Uses of the Waters of International Rivers » (les *Règles d'Helsinki* relative aux usages des cours d'eau internationaux), 1966.

Jeffrey W. Jacobs, « The Mekong River Commission: Transboundary Water Resources Planning and Regional Security » (2002) 168, *Geographical Journal* 354.

Jia, Bingbing, « China and International Criminal Court: current situation » (2006)10, *2006 Singapore Year Book of International Law and Contributors*, en ligne: <http://councInternational Law Associationndcourt.org/files/2012/11/Journal-Article-China-and-ICC-1.pdf>.

Kearney, Richard, « First report on the law of the non-navigational uses of international watercourses » (1976)II: 1, *Annuaire de la commission du droit international*.

Keohane, Rovert O., «Realism, Neorealism, and the Study of World Politics » (1986)1, *Neorealism and its Critics* 26.

Kipping, Martin, « Conflits et coopération liés à l'eau du fleuve Sénégal » (2005)80 : 4, *Géocarrefour* 335.

Kiss, Allexandre et Margaret Brusasco-Mackenzie, « Les relations extérieures de la Communauté européenne en matière de protection de l'environnement » (1989)35, *Annuaire français de droit international* 702.

Kohen, Marcelo, « Les principes généraux du droit international de l'eau à la Lumière de la Jurisprudence récente de la Cour internationale de Justice » dans *Colloque d'Orléans de la Société française pour le droit international : L'Eau en Droit international,* Paris, A. Pedone, 2011, 91.

Kondrat'eva, LM, « Pollution of the Amur River with Anthropogenic and Natural Organic Substances » (2008) 1:3 *Contemporary Problems of Ecology*.

Kondrat'eva, LM, NK Fisher et VV Bardyuk, « Bioindication of Transboundary Pollution of the Amur River With Aromatic Hydrocarbons After the Techno Genic Accident in China » (2012) 5:2 *Contemporary Problems of Ecology.*

Krasner, Stephen D, « Structural Causes and Regime Consequences: Regimes as Intervening Variables » (1982) 36:2, *International Organization*: *International Regimes* 185.

Lamballe, Alain, « L'eau, source de conflits en Asie du Sud » (1999), *Guerres mondiales et conflits contemporains*.

Leb, Christina, « One Step at a Time: International Law and the Duty to Cooperate in the Management of Shared Water Resources » (2015) 40:1, *Water International* 21.

Li, Zhaojie « Teaching, Research, and the Dissemination of International Law in China: the Contribution of Want Tieya » (1993) 31,*The Canadian Yearbook of International Law.*

Lu XX et R.Y. Siew, « Water Discharge and Sediment Flux Changes over the Past Decades in the Lower Mekong River: Possible Impacts of the Chinese Dams » (2006) 10:2, *Hydrology and Earth System Sciences Discussions*.

Lynch, Cecelia et Audie Klotz, « Le constructivisme dans la théorie des relations internationales » (1999)2 :2, *Critique internationale* 51.

McCaffrey, Stephen, « Third report on the law of the non-navigational uses of international watercourses » (1987) II:1, *Annuaire de la commission du droit international.*

McCaffrey, Stephen, « Harmon Doctrine One Hundred Years Later: Buried, Not Praised » (1996) 36 *Nat. Resources J* 549.

McCaffrey, Stephen, « Preliminary report on the law of the non-navigational uses of international watercourses » (1985) II: 1, *Annuaire de la commission du droit international.*

McCaffrey, Stephen, « Second report on the law of the non-navigational uses of international watercourses » (1986) II:1, *Annuaire de la commission du droit international.*

McCaffrey, Stephen, « Fourth report on the law of the non-navigational uses of international watercourses » (1988)II:1, *Annuaire de la commission du droit international.*

McCaffrey, Stephen, « Fifth report on the law of the non-navigational uses of international watercourses » (1989) II:1, *Annuaire de la commission du droit international.*

McCaffrey, Stephen, « Sixth report on the law of the non-navigational uses of international watercourses (1990) II:1, *Annuaire de la commission du droit international.*

McCaffrey, Stephen, « Seventh report on the law of the non-navigational uses of international watercourses » (1991) II:1, *Annuaire de la commission du droit international.*

McCaffrey, Stephen, « An assessment of the work of the International Law Commission » (1996) 36, *Natural Resources Journal* 297.

Melkevik, B., « Un regard sur la culture juridique chinoise: l'École des légistes, le confucianisme et la philosophie du droit » (1996)37 :3, *les Cahiers de droit* 603.

Momtaz, Djamchid, « Le régime juridique des ressources en eau. Les cours d'eau internationaux du Moyen-Orient » (1993) 39:1, *Annuaire français de droit international.*

Pang Zhongying, « China's changing attitude to UN peacekeeping » (2005)12:1, *International Peacekeeping*, 87

Paradell-Trius, Lluís, « Principles of international environmental law: an overview » (2000) 9:2, *Reciel* 93.

Perrez, Franz Xaver, « The Relationship between Permanent Sovereignty and the Obligation Not to Cause Transboundary Environmental Damage » (1996) 26, *Envtl. L.*187

Peter H. Gleick, « China and Water » (2008) 2009, *The World's Water.*

Rieu-Clarke, Alister, « A Cure or a Curse? Entry into Force of the UN Watercourses Convention and the Global Opening of the UNECE Water Convention » (2014) 8, *Qestion de droit international* 3.

Rosenstock, Robert, « First report on the law of the non-navigational uses of international watercourses » (1993) II: 1, *Annuaire de la commission du droit international.*

Rosenstock, Robert, « Second report on the law of the non-navigational uses of international watercourses » (1994) II: 1, *Annuaire de la commission du droit international.*

Sadoff, Claudia et David Grey, « Cooperation on International Rivers : A Continuum for Securing and Sharing Benefits » (2005)30:4 *Water International* 1.

Sadoff, Claudia et David Grey, « Sink or Swim? Water Security for Growth and Development » (2007)9 *Water Policy* 545.

Sadoff, Claudia et David Grey, « Beyond the River: the Benefits of Cooperation on International Rivers » (2002):4 *Water Policy* 389.

Salman, Salman, M. A, « The Helsinki Rules, the UN Watercourses Convention and the Berlin Rules: Perspectives on International Water Law » (2007) 23:4 *Water Resources Development* 627.

Salman, Salman M. A, « The United Nations Watercourses Convention Ten Years Later: Why Has its Entry into Force Proven Difficult? » (2007) 32:1 *Water International* 1.

Salman, Salman M. A., « The Baglihar Difference and its Resolution Process: a Triumph for the Indus Waters Treaty? » (2008) 10, *Water Policy* 105.

Salman, Salman M. A., « Downstream riparians can also harm upstream riparians: the concept of foreclosure of future uses » (2010) 35:4 *Water international.*

Schwabach, Aaron., « United Nations Convention on the Law of Non-navigational Uses of International Watercourses, Customary International Law, and the Interests of Developing Upper Riparians » (1998) 33, *Tex. Int'l LJ* 257.

Schwebel, Stephen, « First Report on the law of the non-navigational uses of international watercourses » (1979) II: 1, A/CN.4/320 et Corr.1, *Annuaire de la commission du droit international* [Schwebel, premier rapport].

Schwebel, Stephen, « Second report on the law of the non-navigational uses of international watercourses » (1980) II:1, *Annuaire de la commission du droit international.*

Schwebel, Stephen, « Third report on the law of the non-navigational uses of international watercourses »(1982)II:1, *Annuaire de la commission du droit international.*

Shao Min *et al.*, « City Clusters in China: Air and Surface Water Pollution » (2006) 4:7 *Frontiers in Ecology and the Environment.*

Shen Da jun, « The 2002 Water Law: its impacts on river basin management in China » (2004) 6:4 *Water policy.*

Sherk, George William, Patricia Wouters et Samantha Rochford, « Water Wars in the Near Future? Reconciling Competing Claims for the World's Diminishing Freshwater Resources: The Challenge of the Next Millennium » (1998) 3 *CEPMLP Internet Journal.*

Sinha, Uttam Kumar et al., « Will the Indus Water Treaty Survive? » (2012) 36: 5, *Strategic Analysis* 735.

Soares, Miguel de Serpa, « Keynote Speech at the International Colloquium on the Five Principles of Peaceful Co-existence and the Development of International Law » (2014) 13:3, *Chinese Journal of International Law*,481.

Stähle, Stefan, « China's Shifting Attitude towards United Nations Peacekeeping Operations » (2008) 195, *The China Quarterly*, 631.

Su, Yu, « Contemporary Legal Analysis of China's Transboundary Water Regimes: International Law in Practice » (2014) 39:5, *Water International* 705.

Tanzi, Attila, « Comparing the 1992 UNECE Helsinki Water Convention with the 1997 UN New York Convention on International Watercourse: Harmonization over Conflicts » (2014) 8, *Question de droit international* 19.

Tickner, J. A, « Hans Morgenthau's Principles of Political Realism: A Feminist Reformulation » (1988)17:3, *Journal of International Studies* 429.

Touscoz, Jean, « Le régime juridique international des hydrocarbures et le droit international du développement » (1973) 2, *Journal du droit international.*

Van Alstyne, William, W., « International Law and Interstate River Disputes » (1960) 48:4 *California Law Review* 576.

Viltard,Yves, « Naissance de la Chine contemporaine aux États-Unis : L'archéologie d'un énoncé sinologique américain » (1999) 54 :1, *Perspectives chinoises* 60.

Virally, Michel, « Vers un droit international du développement » (1965), *Annuaire français de droit international* 3.

Wang, Dong « The Discours of Unequal Treaties in Modern China » (2003)76, *Pacific affaires* 399.

Ward, J.V., et al. « Understanding Natural Patterns and Processes in River Corridors as the Basis for Effective River Restoration » (2001)17:4-5, R*egulated Rivers: Research and Management* 311.

Walther, Henri, « La révision de la Convention de Mannheim pour la navigation du Rhin » (1965)11 : 11, *Annuaire français du droit international*, 810.

Wegerich, Kai et Oliver Olsson, « Late Developers and the Inequity of Equitable Utilization and the Harm of Do No Harm » (2010) 35:6, *Water International* 707.

Wendt, Alexander, « Anarchy Is What States Make of It: The Social Construction of Power Politics » (1992) 46: 2, *International Organizations* 391.

Wendt, Alexander, « Collective Identity Formation and the International State » (1994) 88:2, *American Political Science Review* 384.

William, W. Van Alstyne, «International Law and Interstate River Disputes » (1960) 48:4 California Law Review 576.

Wu, Xiaohui, « No Longer Outsider, Not Yet Equal : Rethinking China's Membership in the World Trade Organization » (2011)10, *Chinese Journal of International Law.*

Wolfrom, Marc, « La pollution des eaux du Rhin » (1964) 10, *Annuaire français de droit international* 737.

Wolf, Aaron, Shira B. Yoffe et Mark Giordano, « International waters: Identifying basins at risk » (2003) 5:1 *Water policy*, 29.

Wouters, Patricia, «what lessons from Europe? A comparative analysis of the legal frameworks that govern Europe's transboundary waters »(2006) 36:10292, *Environmental Law Reporter News and Analysis*.

Wouters, Patricia, Sergei Vinogradov*et al.*, *Sharing Transboundary Waters, An Integrated Assessment of Equitable Entitlement : The Legal Assessment Model*, Paris, International Hydrological Programme (IHP) of the United Nations Educational, Scientific and Cultural Organization (UNESCO), 2005, 74.

Wouters, Patricia et Huiping Chen, « China's 'Soft-Path'to Transboundary Water Cooperation Examined in the Light of Two Un Global Water Conventions–Exploring the 'Chinese Way' » (2013) 22, *The Journal of water law 229.*

Wouters, Patracia, « The International Law of Watercourses: New Dimensions » (2010)3, *Collected Courses of the Xiamen Academy of International Law* 347.

Wouters, Patricia *et al.*, « The New Development of Water Law in China » (2003) 7,*U. Denv. Water L. Rev.*

Yoshiyuki Matsumura, « The Works of Takeyoshi Kawashima » (1988) 22:5, *Law and Society Review* 1037.

Yoffe, Shira, Aaron T. Wolf et Mark Giordano, « Conflict and cooperation over international freshwater resources: Indicators of basins at risk » (2003) 39:5 *JAWRA Journal of the American Water Resources Association* 1109.
Yoffe, Shira, Aaron T. Wolf et Mark Giordano, « Basins at Risk: Conflict and Cooperation Over International Freshwater Resources: Indicators and Findings of the Basins at Risk Project » (2003) 39:5 JAWRA Journal of the American Water Resources Association1109.

Zawahri, Neda A., « Designing river commissions to implement treaties and manage water disputes: the story of the Joint Water Committee and Permanent Indus Commission » (2008) 33: 4, *Water International* 464.

Zeitoun, Mark et Naho Mirumachi, « Transboundary water interaction I: reconsidering conflict and cooperation » (2008)8, *International Environmental Agreements* 297.

Zhang, Shiming, « A Historical and Jurisprudential Analysis of Suzerain-Vassal State Relationships in the Qing Dynasty » (2006) 1:1, *Frontiers of History in China.*

Zhou, Fangyin, « Equilibrium analysis of the tributary system » (2011) 4:2,*The Chinese Journal of International Politics* 147.

Zhu Lijiang « Chinese Practice in Public International Law: 2013» (2014) 13:2, *Chinese Journal of International Law*, 395.

吕忠梅, « 环境资源法视野下的新水法 » (2003) 20:4 *法商研究.*

何渊, « 完善我国突发事件应急机制——从松花江污染事件说起 » (2006) 1 *学习月刊.*

王俊峰 et 胡烨, « 中哈跨界水资源争端：缘起，进展与中国对策 » (2011):4 *国际论坛.*

张军民, « 伊犁河流域综合开发的国际合作 » (2008) 28:2 *经济地理.*

邓铭江, « 哈萨克斯坦跨界河流国际合作问题 » (2012) 35:3, *干旱区地理.*

杨建梅, « 中哈召开会议讨论跨界河流利用问题 » (2006):11 *中亚信息.*

王俊峰 et 胡烨, «中哈跨界水资源争端: 缘起，进展与中国对策 » (2011):4 *国际论坛.*

蓝建学，« 水资源安全与中印关系 »（2008），*南亚研究*.

江忆恩，« 中国对国际秩序的态度 »（2005）2, *国际政治科学* 26.

徐崇利, « "体系外国家"心态与中国国际法理论的贫困 » (2006)24 :5, *中国政法大学学报*.

漆海霞, 张佐莉, « 弃权还是否决——中国如何在安理会投票中表达反对立场 » (2014) 5, *世界经济与政治* 101.

2013 魏明杰，« 中国与国际条约六十年»（2010）1, *国际观察* 52.

Articles d'études d'ouvrages collectifs

Abi-Saab, Georges, « The changing world order and the international legal order: The structural evolution of international law beyond the state-centric model » dans *Global Transformation*, New York, United Nations Univ. Press, 1994, 439.

Abdoul Samboly Ba et Makane Moïse Mbengue, « Le régime juridique du fleuve Sénégal : aspect du droit des cours d'eau dans un contexte régional », *Annuaire africain de droit international vol 12*, Leiden, Martinus Nijhoff Publishers, 2004, 309.

Anand, R.P., « International Law and the Developing Countries » dans Gerrit W. Gong dir, *The Standard of "Civilization" in International Society*, USA, Oxford University Press, 1984.

Barne, B.E., « Mediation and lawyers » dans Jean Dupuy, dir, *L'Avenir du Droit international de l'environnement: Colloque tenu à La Haye le 12-14 novembre 1984*, Martinus Nijhoff Publishers, 1985, 514.

Feuer, Guy, « Le droit international du développement : une création de la pensée francophone » dans Catherine Choquet et al., dir., *État des savoirs sur le développement : Trois décennies de sciences sociales en langue française,* Paris, Karthala, 1993.

Lien-ShengYang, « Historical Notes on the Chinese World Order » dans John King Fairbank et Ta-tuan Ch'en, *The Chinese World Order: Traditional China's Foreign Relations*, Boston, Harvard University Press, 1968.

Lankford, B. A. et Julien Cour, « From Integrated to Adaptive: A New Framework for Water Resources Management of River Basins » dans *the Proceedings of the East Africa River Basin Management Conference*, Morogoro, Tanzania. 2005.

Middleton, Carl, Jelson Garcia et Tira Foran, « Old and new hydropower players in the Mekong region: Agendas and strategies » dans Franois Molle, Tira Foran et Mira Käkönen, dir., *Contested Waterscapes in the Mekong Region: Hydropower, livelihoods and governance,* Earthscan, 2012, 23.

Mason, Simon A, Tobias Hagmann et coll., « Linkages Between Subnational and International Water Conflicts: The Eastern Nile Basin » dans *Facing Global Environmental Change* Springer Berlin Heidelberg, 2009, 325.

Meredith, Giordano A. et Aaron T. Wolf, « The world's international freshwater agreements: historical developments and future opportunities » dans *Atlas of international Freshwater Agreements*, UNEP/Earthprint, 2002.

Natalia, Ochoa-Ruiz, « Dispute Settlement Over Non-Navigational Uses of International Watercourses: Theory and Practice » dans Laurence de Chazournes at Salman. Salman, M. A, dir., *Water Resources and International Law*, Brill Academic Pub, Bilingual edition, 2005.

Ochoa-Ruiz, Natalia, «Dispute Settlement Over Non-navigational Uses of International Watercourses : Theory and Practice » dans Laurence de Chazournes et S. A. Salman, dir.,*Water Resources and International Law*, Bilingual ed, Brill Academic Pub, 2005.
O'Connell, M. E., « The Role of Soft law in a Global Order » dans Shelton D. dir., *Commitment and Compliance: The Role of Non-Binding Norms in the International Legal System*, Oxford, Oxford

University Press, 2000, 100.

OMVS, « Bassin du fleuve Sénégal, Guinée, Mali, Mauritanie, Sénégal » dans UNESCO, *Premier Rapport mondial des Nations Unies sur la mise en valeur des ressources en eau (WWAP)*, 2003, 449.

Poydenot, Anna, « Le droit international de l'eau, état des lieux » dans *les notes d'analyse du CIHEAM*, n° 29, 2008.

Samantha Besson, « La souveraineté coopérative en Europe ou comment la Suisse pourrait être à la fois européenne et souveraine » dans T. Balmelli dir, *La Suisse saisie par l'Europe*, Éditions interuniversitaires suisses, 2003, 5.

Seck, S. M., A. Lericollais et G. Magrin, « L'aménagement de la vallée du Sénégal. Logiques nationales, crises et coopération entre les États riverains », dans Raison Jean-Pierre et Magrin Géraud, dir., *Des fleuves entre conflits et compromis : essais d'hydropolitique africaine*, Paris, Karthala, 2009, 31.

Shotaro Hamamoto, « À propos de deux clichés sur l'histoire du droit international en Asie de l'Est : une reconsidération de l'ordre mondial chinois et du discours de traités inégaux » dans Pierre-Marie Dupuy et Vincent Chetail dir., *The Roots of International Law / Les fondements du droit international* 743.

Taillard, Christian, « Le Comité international du Mékong : du chemin de la réussite à celui de l'échec » dans *les Phénomènes de frontière dans les pays tropicaux : Table ronde organisée en l'honneur de Pierre Monbeig,* Paris, Éditions de l'IHEAL, 1981, 431, en ligne : Open edition Books <http://books.openedition.org/iheal/1453>.

Thatte, Chandrakant D., « Indus Waters and the 1960 Treaty Between India and Pakistan » dans Olli Varis, Cecilia Tortajada et Asit K. Biswas, dir, *Management of transboundary rivers and lakes*. Berlin, Springer, 2008,165.
Wang Gungwu, « Ming Foreign Relations: Southeast Asia » dans Denis Twitchettand Frederick Mote dir,*The Cambridge History of China, Vol.*

8: The Ming Dynasty,1368–1644, Part 2, Cambridge: Cambridge University Press, 1998.

Zhang, Yongjin, « Ambivalent Sovereignty : China and Re-Imagining the Westphalian Ideal », dans Trudy Jacobsen, Charles Samford et Ramesh Thakur, *Re-envisioning sovereignty: the end of Westphalia ?* Burlington, Ashgate, 2008 à la p 105.

王铁崖，«第三世界和国际法» dans 邓正来 dir.*王铁崖文选*，Beijing, 中国政法大学出版社，2013.

苏力, «送法下乡» dans *法治本土资源*, Beijing,中国政法大学出版社, 1996.

Conférences

Wen Jiabao, l'ancien Premier ministre chinois, « Building on Consensus, Strengthening Cooperation, Pushing Forward Climate Change Negotiation Process », Summit of Copenhagen Conference on Climate Change, présenté à Copenhague, 18 December 2009, en ligne: Chinese Embassy <http://kw.chineseembassy.org/eng/xwdt/t647091.htm>

Mekong River Commission (MRC), «Mekong River flow data analysis. Management aspects of Cambodia's freshwater capture fisheries». *Annual Meeting of the Department of Fisheries of the Ministry of Agriculture, Forestry and Fisheries,* présenté à Phnom Penh(Cambodia), 27-28 January 2000.

Wen Jiabao, « Work Together to Write A New Chapter in Promoting Sustainable Development for Mankind », Conférence des Nations Unies sur le développement durable (Rio+20) présenté à Rio de Janeiro (20 juin 2012),
en ligne : Rio+20 <http://www.uncsd2012.org/statementsrio20.html>.

Wen Jiabao (l'ancien Premier ministre de la Chine), « 战胜贫困共享人类发展成果 », *Rio +20*, présentée à Rio de Janeiro, 21 juin 2012, en ligne : Xinhua Net <http://news.xinhuanet.com/world/2012-06/22/c_112272060.htm>.

Xi Jinping, « 弘扬和平共处五项原则，建设合作共赢美好世界 », 和平共处五项原则发表 60 周年纪念大会, présenté à Beijing, 2014, en ligne : Xinhua Net <http://french.xinhuanet.com/chine/2014-06/29/c_133446905.htm>.

Résolutions de l'Organisation des Nations Unies

Année internationale de la coopération dans le domaine de l'eau (2013), Rés AG 65/154, Doc off AG NU, 65e sess, Doc NU A/RES/65/154, 2011.

Charte des droits et devoirs économiques des États, Rés AG 3281, Doc off AG NU, 29e sess, supp n° 31, Doc NU A/9631, 1975.

Résolution 3281, *Charte de droits économiques et des obligations étatiques*

Développement économique et conservation de la nature, Rés AG 1831, Doc off AG NU, 17e sess, 1962.

Convention des Nations Unies sur le droit relatif aux utilisations des cours d'eau internationaux à des fins autres que la navigation, Rés AG 51/229, Doc off AG NU, 58e sess, supp n° 49, Doc NU A/51/49.

Développement progressif et codification des règles de droit international relative aux voies d'eau internationales, Rés AG 2669, Doc off AG NU, 25e sess, Doc NU A/2669(1970).

Développement progressif et codification des règles de droit international relative aux voies d'eau internationale, Rés AG 2669(XXV), Doc off AG NU, 25e sess, A/RES/ 2669 (XXV), 1970.

Déclaration concernant l'instauration d'un nouvel ordre économique international, Rés AG 3201, Doc off AG NU, 6e sess, Doc NU A/RES/3201 (S-VI), 1974.

Déclaration relative aux principes du droit international touchant les relations amicales et la coopération entre les États conformément à la Charte des Nations Unies, Rés AG 2625, Doc off AG NU, 25e sess, A/RES/ 2625 (XXV), 1970.

Déclaration des Nations Unies sur le droit au développement, Rés AG 41/128, Doc off AG NU, 41e sess, A/RES/41/128, 1986, en ligne : ONU
<http://www.un.org/fr/events/righttodevelopment/declaration.shtml>.

Développement progressif et codification des règles de droit international relative aux voies d'eau internationale, Rés AG 2669, Doc off AG NU, 25e sess, Doc NU AG/RES/2669 (XXV),1970.

Recommandations concernant le respect, sur le plan international, du droit des peuples et des nations à disposer d'eux-mêmes, Rés AG 837, Doc off AG NU, 9e sess, supp n° 21, Doc NU A/2890, 1954.

Recommandations concernant le respect, sur le plan international, du droit des peuples et des nations à disposer d'eux-mêmes, Rés AG 1314, Doc off AG NU, 13e sess, supp n° 18, Doc NU A/4090, 1958.

Restoration of the lawful rights of the People's Republic of China in the United Nations, Rés AG 2758, Doc off AG NU, 26e sess, A/RES/ 2758 (XXVI), 1971.

Souveraineté permanente sur les ressources naturelles, Rés AG 1803, Doc off AG NU, 17e sess, supp n° 17, Doc NU A/5217, 1962.

Autres documents de l'ONU

Charte des Nations Unies, 26 juin 1945, RT Can, 1945 n° 7.

Coopération dans le domaine de l'environnement en matière de ressources naturelles partagées par plusieurs États, Doc off AG NU, 34e sess, Doc NU A/RES/34/186, 1979.

Coopération internationale dans le domaine de l'environnement, Doc off AG NU, 34e sess, Doc NU A/RES/34/188, 1979.

Draft Principles of Conduct in the Field of the Environmentfor the Guidance of States in the Conservation and Harmonious Utilization of Natural Resources Sharedby Two or More States, Doc off AG NU, 33e sess, supp n° 25(A/33/25), annexe I, en ligne: <http://legal.un.org/ilc/documentation/english/a_cn4_l353.pdf>.

Gestion des ressources en eau internationales :aspects institutionnels et juridiques chap. VI, sect. A.l. Ressources naturelles/Série eau n° 1, en ligne : ONU < http://legal.un.org/ilc/documentation/french/a_cn4_427.pdf>

Tanzi, Attila, « Achievements and prospects of the water law process in the UNECE region » dans *Second International Conference on Sustainable Management of Transboundary Waters in Europe tenue du 21 au 24 avril 2002 à Miedzyzdroje (Poland)*, UN/ECE, 2003, 263, en ligne: CEE/ONU <http://www.unece.org/fileadmin/DAM/env/water/meetings/conf2/proceedings/beginning.pdf>.

Procès-verbal de séance du Conseil de sécurité(1994-2015), en ligne : Conseil de sécurité des Nations Unies <http://www.un.org/fr/sc/meetings/>.

Propositions de la Turquie, de l'Éthiopie, de la Chine concernant les articles 6 et 7, octobre 1996, UN doc.A/C/6/51/NUW/WG/crp.

Proposition présentée par l'Égypte concernant le lien entre l'article 5 et 7, octobre 1996, UN doc.A/C/6/51/NUW/WG/crp.

Rapport annuel de la CIJ (2013-1014), Rapport de la Cour internationale de Justice 1 er août 2013-31 juillet 2014, Doc off, AG NU, 69 sess, Supplément n° 4, A/69/4.

Déclaration sur l'inadmissibilité de l'intervention dans les affaires intérieures des États et la protection de leur indépendance et de leur souveraineté, UNGA 20 Sess., Supp. No. 14, at 11, U.N. Doc. A/6014 (December 21, 1965)

Documents internationaux

Accord de coopération de 1983 entre les États-Unis et le Mexique pour la protection et l'amélioration de l'environnement dans la zone frontière, 14 août 1983, 22 ILM 1025.

Accord de coopération pour un développement durable du bassin du Mékong (Agreement on the cooperation for the sustainable development of the Mekong River ou Accord du Mékong), Cambodge, Lao, Thaïlande et Viêtnam, 5 avril 1995, en ligne: Mekong River Commission < http://ns1.mrcmekong.org/agreement_95/agreement_95.htm>.

Accord concernant la Commission internationale pour la Protection du Rhin contre la Pollution, Allemagne, France, Luxembourg, Pays-Bas et Suisse, 29 avril 1963.

Accord sur les eaux transfrontalières signé entre la Russie et le Kazakhstan, Russie et Kazakhstan, 17 août 1992.

Acte final du Congrès de Vienne, 9 juin 1815, 225 Cons TS 188.

Acte additionnel aux traités de délimitation conclus les 2 décembre 1856, 14 avril 1862 et 28 mai 1866, France et espagnol, le 26 mai 1866.

Agreement on the cooperation for the sustainable development of the Mekong River Basin, Cambodge, Laos, Viet Nam, ThaInternational Law Associationnde, Birmanie, 4 May 1995, 34 ILM. 864.

Amendements au Statut de Rome de la Cour pénale internationale relatifs au crime d'agression, 11 juin 2010, RC/8, en ligne: Cour pénale internationale <http://www.icc-cpi.int/iccdocs/asp_docs/ASP9/OR/RC-11-FRA.pdf>.

Convention between the United States of America and Mexico Concerning the Equitable Distribution of the Waters of the Rio Grande for Irrigation Purposes, 21 May 1906.

Convention pour la protection du Rhin, France, Allemagne, Luxembourg, Pays-Bas et Suisse 12 avril 1999 (entrée en vigueur : le 1er janvier 2003).

Convention sur la coopération pour la protection *et l'utilisation durable du Danube, Jo* n° L 342 du 12/12/1997, au p 19 (entrée en vigueur 22 oct. 1998)

Convention sur la coopération pour la protection et l'utilisation durable des eaux du Luso-Espagne de 1998 signé entre l'Espagne et le Portugal [notre traduction] (Convention on Cooperation for Portuguese-Spanish River Basins Protection and Sustainable Use),30 novembre 1998, INAG, (entrée en vigueur : 17 January 2000).

Convention sur la Diversité biologique, 5 juin1992, 1760 RTNU 79.

Convention des Nations Unies sur le droit de la mer, 10 décembre 1982, 1834 RTNU 3.

Convention sur la protection et l'utilisation des cours d'eau transfrontaliers et des lacs internationaux, 19 mars 1992, 1936 RTNU 269.

Convention et Statut sur le régime des voies navigables *d'intérêt international*, 20 avril 1921, vol VII LNTS 57.

Convention de Vienne pour la protection de la couche d'ozone, 1985, Montréal.

Convention sur la diversité biologique, Sommet de la Terre, 1992, Rio de Janeiro.

Convention-cadre des Nations Unies sur les changements climatiques, 1992, Rio de Janeiro.

Convention de 1899 pour le règlement pacifique des conflits internationaux, 1899, La Haye.

Convention relative à la protection du Rhin contre la pollution par les chlorures, Allemagne, France, Luxembourg, Pays-Bas et Suisse, 3 décembre 1976.

Convention relative à la protection du Rhin contre la pollution chimique (convention chimie), Allemagne, France, Luxembourg, Pays-Bas et Suisse, 3 décembre 1976.

Convention portant création de l'organisation pour la mise en valeur du fleuve Sénégal, Sénégal, Mali, Maurice et Guinée, 11 mars 1972.

Convention portant création de l'organisation pour la mise en valeur du Fleuve, Sénégal, Mali, Maurice et Guinée, mars 1972, en ligne : FAO <http://www.fao.org/docrep/W7414B/w7414b0d.htm>.

Convention internationale sur la responsabilité civile pour les dommages dus à la pollution par les hydrocarbures, Bruxelles le 29 novembre 1969, RTNU vol 973, au p 12, (entrée en vigueur le 19 juin 1975), en ligne : <http://www.iopcfunds.org/uploads/tx_iopcpublications/Text_of_Conventions_f.pdf>

Convention relative aux zones humides d'importance internationale, particulièrement comme habitats des oiseaux d'eau, 2 février 1971, 996 RTNU 245, (entrée en vigueur : 21 décembre 1975)[*Convention de Ramsar*].

*Convention sur la diversité biologique des Nations Unies,*5 juin 1992, 1760 RTNU 79, (entrée en vigueur : 29 décembre 1993)[*Convention de biodiversité*].

Convention révisée pour la navigation du Rhin, Grand-Duché de Bade, la Bavière, la France, la Grand-Duché de Hesse, les Pays-Bas et la Prusse, 17 octobre 1868, RO 1969 1645.

Charte des eaux du fleuve Sénégal, Mali, Sénégal, Mauritanie, 28 mai 2002, en ligne: <http://www.portail-omvs.org/sites/default/files/fichierspdf/charte_des_eaux_du_fleuve_senegal.pdf>

Déclarations de l'acceptation de la juridiction obligatoire, en ligne : CIJ <http://www.icj-cij.org/jurisdiction/index.php?p1=5&p2=1&p3=3>.

Déclaration finale de la conférence des Nations Unies sur l'environnement, Stockholm, 1972.

Déclaration de Rio sur l'environnement et le développement, 1992, Conférence des Nations Unies sur l'environnement et le développement, Doc. A/CONF.15/5/Rev.1, en ligne : Organisation des Nations Unies <http://www.un.org/documents/ga/conf151/french/aconf15126-1annex1f.htm>.

Déclaration finale de la Conférence des Nations Unies sur l'environnement, ou Déclaration de Stockholm, Conférence des Nations Unies sur l'environnement, Stockholm, 16 juin 1972.

Indus Water Treaty, Inde, Pakistan et Banque Mondiale, 19 septembre 1960, 419RTNU126.

Joint Declaration of Principles for the Utilization of the Waters of the Lower Mekong Basin, 1975, en ligne : OCID <http://ocid.nacse.org/tfdd/tfdddocs/374ENG.pdf>.

Protocole sur l'eau et la santé à la Convention de 1992 sur la protection et l'utilisation des cours d'eau transfrontaliers et des lacs internationaux, 24 mars 1999, 2331 RTNU 202 (entrée en vigueur : 4 août 2005).

Protocole de 1976 de la Convention internationale de 1969 sur la responsabilité civile pour les dommages dus à la pollution par les hydrocarbures, Londres, le 19 novembre 1976.

Protocole d'assesion de la République Populaire de Chine, OMC WT/L/432, N° 01-5996, 4e sess, Dora 9-13 décembre 2001, en ligne : OMC <http://www.wto.org/french/thewto_f/countries_f/china_f.htm>

Protocole sur la responsabilité civile et l'indemnisation en cas de dommages causés par les effets transfrontières d'accidents industriels sur les eaux transfrontalières, se rapportant à la Convention de 1992 sur la protection et l'utilisation des cours d'eau transfrontaliers et des lacs internationaux et à la Convention de 1992 sur les effets transfrontières des accidents industriels, Doc. ECE/MP.WAT/11-ECE/CP.TEIA/9, 2003, en ligne: UN Treaties <https://treaties.un.org/doc/source/RecentTexts/27_16F.pdf>

Rome Statute of International Criminal Court, 2011, en ligne : Cour pénale internationale <http://www.icc-cpi.int/iccdocs/PIDS/publications/RomeStatutEng.pdf>.

Statute for the Committee for Coordination of Investigations into the Lower Mekong Basin, September 1957, en ligne : IEA database project <http://iea.uoregon.edu/pages/view_treaty.php?t=1957-StatuteLowerMekongBasinCommittee.AA19571031.EN.txt&par=view_treaty_html>.

Traité du 17 janvier 1961 entre le Canada et les États-Unis d'Amérique relatif à la mise en valeur, en commun, des ressources hydrauliques du bassin du Columbia, 17 janvier 1961, 20 ILM 10.

Traité du 17 janvier 1961 entre le Canada et les États-Unis d'Amérique relatif à la mise en valeur, en commun, des ressources hydrauliques du bassin du Columbia, Washington,17 janvier 1961. 20 ILM 10.

Traité sur l'Union européenne[2012] JO n° C 326.

Traités multilatéraux pour lesquels le secrétaire général exerce les fonctions de dépositaire : État au 31 décembre 2002, 2003, en ligne : UN Treaties <https://treaties.un.org/doc/source/publications/MTDSG/1978-french.pdf>.

UNECE Task Force on Monitoring & Assessment, *Guidelines on water quality monitoring and assessment of transbondary rivers*, 2000, en ligne: CEE-ONU <http://www.unece.org/fileadmin/DAM/env/water/publications/documents/guidelinestransrivers2000.pdf>.

UNDP-GEF, International Waters Project, *International Waters: Review of Legal and Institutional Frameworks* (2011), en ligne: UNDP < http://www.undp.org/content/dam/aplaws/publication/en/publications/environment-energy/www-ee-library/water-governance/international-waters-review-of-legal-and-institutional-frameworks/IW_Review_of_Legal_Instl_Frameworks_Project_Report.pdf>

中华人民共和国政府和哈萨克斯坦共和国政府关于利用和保护跨界河流的合作协定, Chine et Kazakhstan, 2001.

中华人民共和国水利部和哈萨克斯坦共和国农业部关于开展跨界河流科研合作的协议, Chine et Kazakhstan,2006.

中华人民共和国水利部和哈萨克斯坦共和国环境保护部关于相互交换主要跨界河流边境水文站水文水质资料的协议, Chine et Kazakhstan, 2006.

中华人民共和国政府和哈萨克斯坦共和国政府跨界河流水质保护协定, Chine et Kazakhstan,2011.

中华人民共和国政府和哈萨克斯坦共和国政府跨界河流水质保护协定, Chine et Kazakhstan, 2011.

中华人民共和国水利部与哈萨克斯坦共和国农业部关于双方紧急通报跨界河流自然灾害信息的协议, Chine et Kazakhstan, 2005.

中国向印度提供雅鲁藏布江一布拉马普特拉河汛期水文资料的实施方案，Chine et Inde, 2002.

中华人民共和国水利部与湄公河委员会关于中国水利部向湄委会秘书处提供澜沧江-湄公河汛期水文资料的协议, Chine et Commission de Mékong, 2002.

中华人民共和国政府和俄罗斯联邦政府关于合理利用和保护跨界水的协定, Chine et Russie, 2008.

中华人民共和国环境保护部和俄罗斯联邦自然资源与生态部关于建立跨界突发环境事件通报和信息交换机制的备忘录, Chine et Russie, 2008.

Thèses et Mémoires

Alexandre, Heim, *La Chine, son eau et ses voisins*, thèse en droit, Institut des Relations internationales et stratégiques, 2010.

Benabdallah, Jaouad, *Règlement pacifique des différends internationaux*, mémoire de DESA, Faculté des Sciences juridiques, économiques et sociales, Université Mohamed 1er Oujda, 2007 [non publié].

Dansou, Dossa, Hyppolite *Les défis de la protection de l'eau et le droit international de l'environnement*, Mémoire de Maîtrise en droit, Université de Limoges, Faculté de droit et des sciences économiques, 2008 [non publiée], en ligne : <http://www.memoireonline.com/01/12/5110/m_Les-defis-de-la-protection-de-leau-et-le-droit-international-de-lenvironnement11.html>

Dressayre, C., *La mise en place du droit international de l'eau: mythe ou réalité ?* Thèse de Doctorat en droit, Université de Montpellier I, Faculté de Droit, 2002 [non publié].

Leb, Christina, *Cooperation in law of transboundary waters*, Thèse de doctorat en droit, Univ. Genève, 2011[non publiée].

M. Édouard Boinet, *La gestion intégrée des Ressources en eau du fleuve Sénégal : International Law Associationn et perspectives*,

Mémoire de stage, Université Paris Sud XI, la faculté Jean Monnet, 2011 [non publié].

Vanessa, Richard, *Le régime juridique de la gestion des cours d'Eau Internationaux en Asie*, thèse de Docteur en Droit, Université de droit, d'économie et des sciences d'Aix-Marseille III, Faculté de droit et de science politique d'Aix-Marseille, 2004 [non publié]

余元玲, *中国-东盟国际河流保护合作法律机制研究*, thèse de doctorat en droit, 重庆大学, 2011 [non publié].

张文强, *中国与东盟水资源安全合作探略*, thèse de maîtrise en droit, 上海师范大学, 2010 [non publié].

宋旭明, « 冷战后中国在联合国安理会弃权票行为研究 », Mémoire de Maîtrise en diplomatie, China Foreign Affaires University, 2012.

Documents gouvernementaux

Ressources en ligne

Base de données sur les conflits transfrontières sur l'eau : The Transboundary Freshwater Dispute Database (TFDD), en ligne : Program in Water Conflict Management and Transformation of Oregon State University <http://www.transboundarywaters.orst.edu/database/index.html>.

Basin At Risk (BAR water event database), en ligne : Program in Water Conflict Management and Transformation of Oregon State University <www.transboundarywaters.orst.edu>.

Cour internationale de Justice, en ligne : CIJ <http://www.icj-cij.org/docket/index.php?p1=3>.

Basin Development Plan Program, en ligne: Mekong River Commission <http://www.mrcmekong.org/about-mrc/programmes/basin-development-plan-programme/>

Chateauraynaud, Francis, « Une entéléchie d'après la guerre froide: Note sur les modes d'existence de la communauté internationale », en ligne : https://hal.inria.fr/file/index/docid/114311/filename/communaute_internationale.pdf.

Conférence des Nations Unies sur le commerce et le développement, en ligne: CNUCED <http://www.unctad.org>.

Convention on the Protection and Use of Transboundary Watercourses and International Lakes, en ligne : United Nations Treaty Collection <https://treaties.un.org/pages/ViewDetails.aspx?src=TREATY&mtdsg_no=XXVII-5&chapter=27&lang=en#1>.

Conferences of ministers, en ligne : La Commission internationale pour la Protection du Rhin, en ligne <http://www.iksr.org/index.php?id=27&L=3>.

Delbourg, Esther et Eric Strobl., « Cooperation and conflict between upstream and downstream countries in African transboundary rivers » (2012), en ligne: <http://www.feem-web.it/ess/ess12/files/papers/delbourg>.

Global Water Partnership, en ligne: GWP < http://www.gwp.org/>.

Commission internationale pour la protection du Rhin, en ligne: CIPR <http://www.iksr.org/fileadmin/user_upload/Dokumente_de/Kommuniques/1963_Berner_Uebereinkommen_FR.pdf>.

El Hadji Malick Ndiaye, « Le fleuve Sénégal et les barrages de l'OMVS :quels enseignements pour la mise en œuvre du NEPAD ? »(2003)4 :3, *VertigO - la revue électronique en sciences de l'environnement*, en ligne : <http://vertigo.revues.org/3883>.

International Environmental Law Research Centre, en ligne : <http://www.ielrc.org/water/doc_countriesmis.php>.

La directive, en ligne: Union d'Europe <http://europa.eu/legislation_summaries/institutional_affairs/decision making_process/l14527_fr.htm>.

La liste des accords signés entre les États-Unis et le Canada, en ligne : <http://www.ec.gc.ca/eau-water/default.asp?lang=Fr&n=B947BAA8-1>.

Le 12e plan quinquennal de la Chine, en ligne: China National Television <http://fr.cntv.cn/francais/special/12e_plan_quinquennal/Accueil/index.shtml>.

McCaffrey, Stephen, « Convention sur le droit d'utilisation des cours d'eau à des fins autres que la navigation » (2004), en ligne : UN Treaties <http://untreaty.un.org/cod/avl/pdf/ha/clnuiw/clnuiw_f.pdf>.

Melik Özden, « Le droit au développement : État des débats tenus à l'ONU sur la mise en œuvre de la Déclaration historique adoptée à ce propos par l'Assemblée générale des Nations Unies », 1986, en ligne : <http://www.cetim.ch/fr/documents/bro6-develop-A4-fr.pdf>.

Mise en place de la coopération, en ligne : La Commission internationale pour la Protection du Rhin <http://www.iksr.org/index.php?id=385&L=1&Fsize=>.

Mostert, Erik, « International Cooperation on Rhine Water Quality 1945–2008: An example to follow? », en ligne : ICPR <http://www.iksr.org/>.

Note sur le processus d'adhésion de la République de Guinée à l'OMVS, en ligne: OMVS <http://cda.portail-omvs.org/sites/cda.portail-omvs.org/files/sites/default/files/fichiers_joint/fe10900.pdf>.

OMVS, « Stratégie régionale et programme d'actions contre les bilharzioses et le paludisme », en ligne : OMVS <http://cda.portail-

omvs.org/sites/cda.portail-omvs.org/files/sites/default/files/fichiers_joint/12167.pdf>

Paquero Sylvie, « Le droit international et la coopération dans le domaine de l'eau » (2005), L'eau en Amérique du Nord : facteur de coopération, outil de développement ou enjeu de conflit ? En ligne: Vertigo<http://vertigo.revues.org/1923>.

Règlement intérieur et financier de la CIPR, en ligne : CIPR <http://www.iksr.org/fileadmin/user_upload/Dokumente_fr/R%C3%A8glementCIPR_f_30.06.10.pdf>.

The project on International Courts and Tribunals : the international Judicial in Context, en ligne : PCTI <http://www.pict-pcti.org/publications/synoptic_chart/synop_c4.pdf>.

Waltz, Kenneth N., « The anarchic structure of world politics » dans Robert J. Art et Robert Jervis, dir., *International Politics: Enduring Concepts and Contemporary Issues,* 12e éd. Pearson, 2014, 29.

Wouters, Patricia, « Universal and regional approaches to resolving international water disputes: what lessons learned from state practice ? » (2013), en ligne: SSRN < http://papers.ssrn.com/sol3/papers.cfm?abstract_id=2359872>.

Xue, Hanqin, « China and International Law: 60 years in Review », en ligne: <http://www.chathamhouse.org/sites/files/chathamhouse/public/Research/International%20Law/080313summary.pdf>.

Yves Pariaud, « L'eau sera-t-elle le poison du 21e siècle ? Les bienfaits de l'eau alcaline ionisée » (2010), en ligne : Brochure eau ionisée Novatech < http://www.fichier-pdf.fr/2010/07/12/bd4mnzj/>.

中国法院网, en ligne : <http://www.chinacourt.org/index.shtml>.

中国期刊全文数据库 (CNKI：China National Knowledge Infrastructure) , en ligne : CNKI <http://epub.cnki.net/>.

Articles de journaux et communiqués

The Chinese Embassy Refutes the Financial Times's Article Attacking China as 'Hydro Hegemon', 2011. En ligne: ICEC <http://www.icec.org.cn/gjjl/fyyd/200907/t20090723_49591.html>.

Brahma, Chellaney « Water is the new weapon in Beijing's armoury », *Financial Times,* en ligne: Financial Times <http://www.ft.com/intl/cms/s/0/4f19a01e-d2f1-11e0-9aae-00144feab49a.html#axzz2Ge7d6I8L>.

Commission internationale pour la protection du Rhin, « 15e Conférence ministérielle sur le Rhin », communiqué (28 octobre 2013), en ligne : CIPR <http://www.iksr.org/index.php?id=27&L=1&ignoreMobile=1http%3A%2F%2Fwww.iksr.org%2Findex.php>.

Conférence de presse du 5 juillet 2011 du ministre des Affaires étrangères de RPC, en ligne : China Embassy <http://mg.china-embassy.org/fra/fyrth/t837848.htm>.

Cour permanente d'arbitrage, communiqué, « Arbitrage entre la République des Philippines et la République populaire de Chine : le tribunal arbitral établit le Règlement de procédure et le calendrier de procédure initial »(27 août 2013), en ligne : CPA <file:///C:/Users/echo/Downloads/PH-CN%20-%20Press%20Release%20(FR)%2020130827.pdf>.

Foreign Ministry Spokesperson Hong Lei' s Regular Press Conference on March 2,
2012, en ligne: <http:// www.fmprc.gov.cn/ eng/ xwfw/ s2510/ 2511/ t911417.shtml>.

Foreign Ministry Spokesperson Hong Lei's Regular Press Conference on June 14, 2011, en ligne: China Embassy < http://www.china-embassy.org/eng/fyrth/t831355.htm >.

Foreign Ministry Spokesperson Hong Lei' s Regular Press Conference on March 2,
2012, en ligne : ministre des affaires étrangères de Chine <http:// www.fmprc.gov.cn/ eng/ xwfw/ s2510/ 2511/ t911417.shtml>.

Ministre des Affaires étrangères de la Chine, 中方在跨界河流问题上不损害邻国利益, 2006, en ligne : Xinhua net <http://news.xinhuanet.com/world/2006-02/14/content_4179733.htm>.

Organisation des Nations Unies, communiqué, « Le Conseil de Sécurité défère au procureur de la Courpénale international (CPI) la situation au Darfour depuis le 1er juillet 2002 » (31 mars 2005), en ligne: Recherche de communiqué de presse des Nations Unies <http://www.un.org/press/fr/2005/CS8351.doc.htm>.

Organisation des Nations Unies, communiqué, « Le vote négatif de la Fédération de Russie fait obstacle à l'appel des autres membres du Conseil pour dénoncer la validité du référendum du 16 mars en Crimée », en ligne: Recherche de communiqué de presse des Nations Unies <http://www.un.org/News/Press/docs//2014/sc11319.doc.htm>.

Organisation des Nations Unies, communiqué, CS/11407, « La Chine et la Fédération de Russie bloquent un projet de résolution sur la saisine de la Cour pénale internationale (CPI) pour les crimes graves commis en Syrie »(22 mai 2014), en ligne:

Organisation des Nations Unies, communiqué, GA/9248, « General Assembly Adopts Convention on Law of Non-Navigational Uses of International Watercourses » (5 mai 1997), en ligne: Recherche de communiqué de presse des Nations Unies <http://www.un.org/news/Press/docs/1997/19970521.ga9248.html>.

Recherche de communiqué de presse des Nations Unies <http://www.un.org/News/Press/docs//2014/sc11407.doc.htm>.

Wang Guangya, « It Is for the Sudan to Prosecute Those Guilty for Violating Human Rights in Dafur », Renmin Net (31 March 2005), en ligne: Renmin Net <http://world.people.com.cn/GB/1029/3288284.html>.
吴婷，*饥渴的边疆*，2012. en ligne : <http://www.360doc.com/content/12/0803/08/535749_228065859.shtml>.

Xinhua News Agency, « China, Russia Discuss Cross-border River Pollution », en ligne: China.org <http://www.china.org.cn/english/2005/Nov/150172.htm>.

Table de législations

Directive n° 91/271 du 21/05/91 relative au traitement des eaux urbaines résiduaires

Directive n° 98/83/CE du 03/11/98 relative à la qualité des eaux destinées à la consommation humaine

Directive n° 2008/105/CE du 16/12/08 établissant des normes de qualité environnementale dans le domaine de l'eau

Directive n° 76/464/CEE du 04/05/76 concernant la pollution causée par certaines substances dangereuses déversées dans le milieu aquatique de la Communauté

Jurisprudences et arbitrages internationaux

Affaire de la Fonderie de Trail (Canada/États-Unis), 16 avril 1938 et 11 mars 1941, Recueil des sentences arbitrales, vol III,au p 1965.

Affaire du plateau continental de la mer du nord (Républic fédérale d'Allemagne/Danemark, Républic fédérale d'Allemagne/Pays-Bas)(1969), CIJ rec 4, au p 48 au para. 85, en ligne: <http://www.icj-cij.org/docket/files/52/5560.pdf>.

Affaire concernant des comptes entre le Royaume des Pays-Bas et la République française en application du Protocole du 25 septembre 1991 additionnel à la Convention relative à la protection du Rhin contre la pollution par les chlorures du 3 décembre 1976.(Pays-Bas c. France), (12 mars 2004), Cour permanente d'arbitrage :tribunal arbitral Pays-Bas-France, en ligne : CPA <http://www.pca-cpa.org/showpage.asp?pag_id=1221> [Affaire chlorures]

Affaire du Lac Lanoux (Espagne c. France) (1957),Vol. XII, R.S.A. aux pages 281-317 (tribunal arbitral constitué en vertu du compromis d'arbitrage entre les gouvernements français et espagnol sur l'interprétation du Traité de Bayonne),(arbitres : Sture Petrén. Plimio Bolla, Paul Reuter. Fernand de Visscher, Antonio de Luna).

Affaire relative à la Juridiction territoriale de la Commission internationale de l'Oder, (1929)CPJI série A N 23

Indus Waters Kishanganga Arbitration Pakistan c. Inde (20 décembre 2014), (Cour permanente d'arbitrage), en ligne : < file:///C:/Users/echo/Downloads/PK-IN%20Final%20Award,%2020%20December%202013.pdf>

Affaire de la Compétence en matière de pêcheries (Royaume-Uni c. Islande), Cour internationale de Justice, 1973, en ligne : < http://www.icj-cij.org/docket/files/55/5696.pdf>

Affaire relative au projet Gabcikovo-Nagymaros (Hongrie v Slovaquie), ordonnance du 5 février 1997 [1997], CIJ rec 3.

Affaire relative à des usines de pâte à papier sur le Fleuve Uruguay (Argentine c. Uruguay), [2010], CIJ rec 14.

La République des Philippines c. La République populaire de Chine, en ligne : CPA <http://www.pca-cpa.org/showpage.asp?pag_id=1533>.

中国船舶燃料供应福建有限公司因在国内航线运输船舶碰撞致漏油申请按《1969 年国际油污损害民事责任公约》设立油污损害赔偿责任限制基金案 (2002), 广州海事法院，CLI. C.22278.

Autres sources

International Law Association, *Les règles de Berlin sur les ressources en eau*, Berlin, 2004, en ligne : International Water Law Project <http://www.internationalwaterlaw.org/documents/intldocs/INTERNATIONAL LAW ASSOCIATION_Berlin_Rules-2004.pdf>.

International Law Association, « Fourth Report of Berlin Conference (2004) Water Ressources Law», Berlin, Germany, 2004.

International Law Association, *Montreal Rules of International Law Applicable to Transfrontier Pollution*, 1982, Montréal.

International Water Law Project, « Bibliography : United Nations International Law Commission Materials (Work on Non-navigational Uses of International Watercourses)», en ligne: International Water Law Project <http://www.internationalwaterlaw.org/bibliography/UN/UNILC/>.

China National Development and Reform Commission, National Climate Change Programme, June 2007, en ligne: Climate Change China < http ://www.ccchina.gov.cn/WebSite/CCChina/UpFile/File188.pdf, 6 December 2011>.

CEE-ONU, *L'Ouverture Mondialede la Convention sur l'eau de 1992*, Doc ECE/MP.WAT/43 (2013), en ligne : <http://www.unece.org/fileadmin/DAM/env/water/publications/brochure/Brochure_on_opening/Brochure_ECE_FRE_WEB.pdf>

CEE-ONU, *Amendements des articles 25 et 26 de la Convention sur la protection et l'utilisation des cours d'eau transfrontaliers et des lacs internationaux,* Doc.ECE/MP.WAT/4, 28 novembre 2003 (entrée en vigueur : 6 février 2013)

Code de l'eau de la République Islamique de Mauritanie, 1986, en ligne : <http://www.droit-afrique.com/images/textes/Mauritanie/mauritanie_code_eau.pdf>.

Commission du droit international, « The Law of Non-navigational Uses of International Watercourses: Draft Articles and Commentaries thereto Adopted by the Drafting Committee on Second Reading: Articles 1-33 » (1994) II:2, *Annuaire de la commission du droit international.*

Décision du Conseil du 25 juillet 1977 portant conclusion de la convention relative à la protection du Rhin contre la pollution chimique et de l'accord additionnel à l'accord signé à Berne le 29 avril 1963 concernant la Commission internationale pour la protection du Rhin contre la pollution, Doc.77/586/CEE:, voir en ligne : Europa <http://eur-lex.europa.eu/legal-content/FR/TXT/?uri=CELEX:31977D0586>.

Entrée en vigueur de l'Amendement des articles 25 et 26 de la Convention sur la protection et l'utilisation des cours d'eau transfrontaliers et des lacs internationaux, C.N.639.2012.TREATIES-XXVII.5.b.

France, Assemblée nationale, Commission des affaires étrangères, *Rapport N° 3565 sur le projet de loi (n° 2880) autorisant l'approbation de la Convention pour la protection du Rhi*n (30 janvier 2002) par Député. Marc Reymann, en ligne : Assemblée générale de France <http://www.assemblee-nationale.fr/11/rapports/r3565.asp>.

GWP, *Integrated Water Resources Management. Technical Advisory Committee Background Paper No. 4*, Global Water Partnership, Stockholm, 2000.

Chateauraynaud, Francis, « Une entéléchie d'après la guerre froide: Note sur les modes d'existence de la communauté internationale », en ligne : https://hal.inria.fr/file/index/docid/114311/filename/communaute_internationale.pdf.

Yves Pariaud, « L'eau sera-t-elle le poison du 21e siècle ? Les bienfaits de l'eau alcaline ionisée » (2010), en ligne : Brochure eau ionisée Novatech, en ligne : http://www.fichier-pdf.fr/2010/07/12/bd4mnzj/.

Structures éditoriales du groupe L'Harmattan

L'Harmattan Italie
Via degli Artisti, 15
10124 Torino
harmattan.italia@gmail.com

L'Harmattan Hongrie
Kossuth l. u. 14-16.
1053 Budapest
harmattan@harmattan.hu

L'Harmattan Sénégal
10 VDN en face Mermoz
BP 45034 Dakar-Fann
senharmattan@gmail.com

L'Harmattan Cameroun
TSINGA/FECAFOOT
BP 11486 Yaoundé
inkoukam@gmail.com

L'Harmattan Burkina Faso
Achille Somé – tengnule@hotmail.fr

L'Harmattan Guinée
Almamya, rue KA 028 OKB Agency
BP 3470 Conakry
harmattanguinee@yahoo.fr

L'Harmattan RDC
185, avenue Nyangwe
Commune de Lingwala – Kinshasa
matangilamusadila@yahoo.fr

L'Harmattan Congo
67, boulevard Denis-Sassou-N'Guesso
BP 2874 Brazzaville
harmattan.congo@yahoo.fr

L'Harmattan Mali
Sirakoro-Meguetana V31
Bamako
syllaka@yahoo.fr

L'Harmattan Togo
Djidjole – Lomé
Maison Amela
face EPP BATOME
ddamela@aol.com

L'Harmattan Côte d'Ivoire
Résidence Karl – Cité des Arts
Abidjan-Cocody
03 BP 1588 Abidjan
espace_harmattan.ci@hotmail.fr

L'Harmattan Algérie
22, rue Moulay-Mohamed
31000 Oran
info2@harmattan-algerie.com

L'Harmattan Maroc
5, rue Ferrane-Kouicha, Talaâ-Elkbira
Chrableyine, Fès-Médine
30000 Fès
harmattan.maroc@gmail.com

Nos librairies en France

Librairie internationale
16, rue des Écoles – 75005 Paris
librairie.internationale@harmattan.fr
01 40 46 79 11
www.librairieharmattan.com

Lib. sciences humaines & histoire
21, rue des Écoles – 75005 Paris
librairie.sh@harmattan.fr
01 46 34 13 71
www.librairieharmattansh.com

Librairie l'Espace Harmattan
21 bis, rue des Écoles – 75005 Paris
librairie.espace@harmattan.fr
01 43 29 49 42

Lib. Méditerranée & Moyen-Orient
7, rue des Carmes – 75005 Paris
librairie.mediterranee@harmattan.fr
01 43 29 71 15

Librairie Le Lucernaire
53, rue Notre-Dame-des-Champs – 75006 Paris
librairie@lucernaire.fr
01 42 22 67 13

www.ingramcontent.com/pod-product-compliance
Lightning Source LLC
LaVergne TN
LVHW011135061026
849535LV00003B/494
* 9 7 8 2 3 4 3 2 0 5 6 1 8 *